经以除七
建行前来
贺教方印
重大又向项目
心王玉嵌

李宏林
硕士方八

教育部哲学社会科学研究重大课题攻关项目

创新人才与教育创新研究

RESEARCHES INTO CREATIVE TALENTS AND CREATIVE EDUCATION

林崇德

等著

经济科学出版社
Economic Science Press

图书在版编目（CIP）数据

创新人才与教育创新研究／林崇德等著．—北京：
经济科学出版社，2009.9
（教育部哲学社会科学研究重大课题攻关项目）
ISBN 978 - 7 - 5058 - 7859 - 4

Ⅰ．创…　Ⅱ．林…　Ⅲ．①人才－培养－研究
②创造教育－研究　Ⅳ．C961　G40

中国版本图书馆 CIP 数据核字（2009）第 001538 号

责任编辑：肖　勇
责任校对：徐领弟　杨　海
版式设计：代小卫
技术编辑：潘泽新　邱　天

创新人才与教育创新研究

林崇德　等著

经济科学出版社出版、发行　新华书店经销

社址：北京市海淀区阜成路甲 28 号　邮编：100142

总编部电话：88191217　发行部电话：88191540

网址：www.esp.com.cn

电子邮件：esp@esp.com.cn

北京中科印刷有限公司印装

787×1092　16 开　23.25 印张　440000 字

2009 年 9 月第 1 版　2009 年 9 月第 1 次印刷

印数：0001—8000 册

ISBN 978 - 7 - 5058 - 7859 - 4　定价：51.00 元

课题组主要成员

编审委员会成员

总　序

哲学社会科学是人们认识世界、改造世界的重要工具，是推动历史发展和社会进步的重要力量。哲学社会科学的研究能力和成果，是综合国力的重要组成部分，哲学社会科学的发展水平，体现着一个国家和民族的思维能力、精神状态和文明素质。一个民族要屹立于世界民族之林，不能没有哲学社会科学的熏陶和滋养；一个国家要在国际综合国力竞争中赢得优势，不能没有包括哲学社会科学在内的"软实力"的强大和支撑。

近年来，党和国家高度重视哲学社会科学的繁荣发展。江泽民同志多次强调哲学社会科学在建设中国特色社会主义事业中的重要作用，提出哲学社会科学与自然科学"四个同样重要"、"五个高度重视"、"两个不可替代"等重要思想论断。党的十六大以来，以胡锦涛同志为总书记的党中央始终坚持把哲学社会科学放在十分重要的战略位置，就繁荣发展哲学社会科学做出了一系列重大部署，采取了一系列重大举措。2004年，中共中央下发《关于进一步繁荣发展哲学社会科学的意见》，明确了新世纪繁荣发展哲学社会科学的指导方针、总体目标和主要任务。党的十七大报告明确指出："繁荣发展哲学社会科学，推进学科体系、学术观点、科研方法创新，鼓励哲学社会科学界为党和人民事业发挥思想库作用，推动我国哲学社会科学优秀成果和优秀人才走向世界。"这是党中央在新的历史时期、新的历史阶段为全面建设小康社会，加快推进社会主义现代化建设，实现中华民族伟大复兴提出的重大战略目标和任务，为进一步繁荣发展哲学社会科学指明了方向，提供了根本保证和强大动力。

　　高校是我国哲学社会科学事业的主力军。改革开放以来，在党中央的坚强领导下，高校哲学社会科学抓住前所未有的发展机遇，紧紧围绕党和国家工作大局，坚持正确的政治方向，贯彻"双百"方针，以发展为主题，以改革为动力，以理论创新为主导，以方法创新为突破口，发扬理论联系实际学风，弘扬求真务实精神，立足创新、提高质量，高校哲学社会科学事业实现了跨越式发展，呈现空前繁荣的发展局面。广大高校哲学社会科学工作者以饱满的热情积极参与马克思主义理论研究和建设工程，大力推进具有中国特色、中国风格、中国气派的哲学社会科学学科体系和教材体系建设，为推进马克思主义中国化，推动理论创新，服务党和国家的政策决策，为弘扬优秀传统文化，培育民族精神，为培养社会主义合格建设者和可靠接班人，做出了不可磨灭的重要贡献。

　　自 2003 年始，教育部正式启动了哲学社会科学研究重大课题攻关项目计划。这是教育部促进高校哲学社会科学繁荣发展的一项重大举措，也是教育部实施"高校哲学社会科学繁荣计划"的一项重要内容。重大攻关项目采取招投标的组织方式，按照"公平竞争，择优立项，严格管理，铸造精品"的要求进行，每年评审立项约 40 个项目，每个项目资助 30 万～80 万元。项目研究实行首席专家负责制，鼓励跨学科、跨学校、跨地区的联合研究，鼓励吸收国内外专家共同参加课题组研究工作。几年来，重大攻关项目以解决国家经济建设和社会发展过程中具有前瞻性、战略性、全局性的重大理论和实际问题为主攻方向，以提升为党和政府咨询决策服务能力和推动哲学社会科学发展为战略目标，集合高校优秀研究团队和顶尖人才，团结协作，联合攻关，产出了一批标志性研究成果，壮大了科研人才队伍，有效提升了高校哲学社会科学整体实力。国务委员刘延东同志为此做出重要批示，指出重大攻关项目有效调动各方面的积极性，产生了一批重要成果，影响广泛，成效显著；要总结经验，再接再厉，紧密服务国家需求，更好地优化资源，突出重点，多出精品，多出人才，为经济社会发展做出新的贡献。这个重要批示，既充分肯定了重大攻关项目取得的优异成绩，又对重大攻关项目提出了明确的指导意见和殷切希望。

　　作为教育部社科研究项目的重中之重，我们始终秉持以管理创新服务学术创新的理念，坚持科学管理、民主管理、依法管理，切实增强服务意识，不断创新管理模式，健全管理制度，加强对重大攻关项目的选题遴选、评审立项、组织开题、中期检查到最终成果鉴定的全过程管理，逐渐探索并形成一套成熟的、符合学术研究规律的管理办法，努力将重大攻关项目打造成学术精品工程。我们将项目最终成果汇编成"教育部哲学社会科学研究重大课题攻关项目成果文库"统一组织出版。经济科学出版社倾全社之力，精心组织编辑力量，努力铸造出版精品。国学大师季羡林先生欣然题词："经时济世　继往开来——贺教育部重大攻关项目成果出版"；欧阳中石先生题写了"教育部哲学社会科学研究重大课题攻关项目"的书名，充分体现了他们对繁荣发展高校哲学社会科学的深切勉励和由衷期望。

　　创新是哲学社会科学研究的灵魂，是推动高校哲学社会科学研究不断深化的不竭动力。我们正处在一个伟大的时代，建设有中国特色的哲学社会科学是历史的呼唤，时代的强音，是推进中国特色社会主义事业的迫切要求。我们要不断增强使命感和责任感，立足新实践，适应新要求，始终坚持以马克思主义为指导，深入贯彻落实科学发展观，以构建具有中国特色社会主义哲学社会科学为己任，振奋精神，开拓进取，以改革创新精神，大力推进高校哲学社会科学繁荣发展，为全面建设小康社会，构建社会主义和谐社会，促进社会主义文化大发展大繁荣贡献更大的力量。

教育部社会科学司

前 言

"提高自主创新能力，建设创新型国家。这是国家发展战略的核心，是提高综合国力的关键。""进一步营造鼓励创新的环境，努力造就世界一流科学家和科技领军人才，注重培养一线的创新人才，使全社会创新智慧竞相迸发、各方面创新人才大量涌现。"

——摘自中共十七大报告

我们承担了首批教育部哲学社会科学研究重大课题攻关项目"创新人才与教育创新研究"（项目批准号：03JZD0034），为什么要承担这个课题呢？缘起是自己的三个困惑与三个思考。困惑一，为什么中国公民没有得过诺贝尔奖？尽管我们和犹太人是智商最高的两个民族，可是犹太人所获得的诺贝尔奖的人数是我们外籍华人的28倍，可见高智商并不等于高创造。困惑二，为什么我们的学生考试成绩很高，却缺乏创造力？我们是通过中英青少年科技创造力发展对比研究，获得这一结论的，可见高知识不等于高创造。困惑三，如何解决李约瑟悖论？李约瑟说，尽管中国有古代的四大发明，但现代的科技创新却没有中国人的份。我们在对此悖论表示气愤之余，感叹我们必须要坚持自主创新、迎头赶上。思考一，"自主创新能力还不强"（中共十七大报告语），缺乏创造性人才是问题所在！思考二，检讨教育的失衡是解决问题的突破口，我们要从教育创新入手，进一步营造鼓励创新的环境，注重培养创新人才。思考三，实施教育创新，培养创造性人才将关系民族的前途命运。我们曾对创新人才进行了长达30年的研究，在此基础上，2003年我才敢承担教育部哲学社会科学研究重大课题攻关项目"创新人才与教育创新研究"。

创新（Innovation）和创造性或创造力（Creativity）应视为同义语，根据国际上大量的研究，我们曾在 20 世纪 80 年代初将其定义为：根据一定的目的，运用一切已知信息，产生出某种新颖、独特、有社会意义或个人价值的产品的智力品质。创新或创造性的实质是我们主体对知识经验或思维材料高度概括后集中而系统的迁移，进行新颖的组合分析，找出新异的层次和交结点。概括性越高，知识系统性越强，减缩性越大，迁移性越灵活，注意力越集中，则创造性就越突出。30 年研究的结论是：创造性人才 = 创造性思维（智力因素）+ 创造性人格（非智力因素）。创新或创造性的培养首先应该从学校教育开始，实施创造性教育。与此同时，要提高整个国民的创新或创造性素质，其目的在于提高我国的"自主创新能力，建设创新型国家"。

从获准承担这一项重大攻关课题之后，我们立即按申请书的计划把这个课题分成八个子课题，对创新人才的心理特点与教育创新进行了系统研究。这八个子课题及其承担人分别为：第一，教育创新的理论研究（北京师范大学和华东师范大学的教育学教授，石中英，郑金洲等人）；第二，创新型拔尖人才效标群体的研究（金盛华，张景焕，王静等人）；第三，创造性人才测量工具的研制（沃建中，韦小满，蔡永红等人）；第四，青少年创造力的跨文化研究（申继亮，胡卫平，A. 菲利普等中、英、美、德、日、新六国学者）；第五，学校教育中的创造力培养实施（陈英和等人）；第六，中小学课堂教学创新研究（郑金洲等人，该子课题组成果另行出版）；第七，教育信息化与创造性的培养（何克抗先生和余胜泉等人）；第八，创造性与心理健康的关系（俞国良，罗晓路等人）。经过整个课题组"励精图治"、卓有成效的艰巨研究，我们终于获得了可喜的研究成果：我们在马克思主义哲学的指导下，探索了教育创新的基本理论；我们在与科学技术界的院士们、与人文社会科学界的资深教授们的深度访谈中，获得了创新拔尖人才的特征、成长过程及其影响因素；我们在充分参考国际上最新的创造性量表的基础上，根据国情以中学生为被试编制了创造性人才测量工具；我们通过六国青少年创造力的跨文化的比较研究，获得了各国被试创造性思维和创造性人格的特征及其异同点；我们通过对中小学创造性教育与创造性学习的大量调查，获得了创造型教师和创造型学生的心理和行为特征，提出了创造性教育的理念；我们深入中小学的课堂，揭示了中小学课堂教学的机制、方法和途径；我们用现代化教育技术为手段，进行创造性教育的改革实验，大面积地提高了中小学的教育质量；我们探索了大学生和中学生创造性与心理健康的关系，健全了心理健康教育的理念，提高了人们对这两者之间关系的科学认识。我们把这八个子课题的研究成果汇编成册，最后由我统稿，这就是现在"创新人才与教育创新研究"的基础。

近30年来，我们坚持一个理念：融东西方教育模式为一体，培养学贯中西的"T"型人才——创新或创造性人才。我们曾把这个理念带到了几个国际学术会议上。围绕着我们所承担的重大攻关项目的研究成果，于2007年10月还召开了专门的国际学术论坛，在论坛上，我们再次展示了"T"型人才的学术观点（其中，"横"代表西方的教育观念、教学方法、教学模式；"竖"代表东方的教育观念、教学方法、教学模式）。

西方模式	知识面宽　创造力　适应性　独立性　实践能力
东方模式	逻辑思维 知识深度 重视读书 统一规范 集体主义

摘 要

2003 年 12 月，由林崇德教授主持的课题"创新人才与教育创新研究"，被批准为教育部哲学社会科学研究重大课题攻关项目，于 2007 年 11 月结题。该课题分别从心理和教育领域，理论和实践层面，采用多种研究方法，开创性地、系统地探索了创新人才的核心能力、创新人才培养等一系列我国学术领域尚未解决的重大问题。

三年来，我们课题组从七个方面对创新人才与教育创新进行了系统的研究，并发现了一些有价值、有启发性的结果：

1. 创新人才及其培养的理论思考

该子课题着力探讨了教育创新的内容和途径。在教育创新内容方面，探讨了教育思想与教育观念的创新、教育管理模式与体制的创新、课程体系和教材内容的创新、教学方法和手段的创新、教育评价的创新、教师教育的创新；在教育创新的途径上，探讨了理论的创新与宣传、教育创新方案的实践检验。

2. 创新型人才效标群体特征的研究

该子课题首次采用效标群体的研究方法，对 34 位科学家（院士），16 位社会科学学者和 22 位艺术家进行了深入访谈，探索了创新拔尖人才的思维特征、人格特征、成长历程和创造性成果的获得过程。据此构建了创造性人才的特征模型，科学地揭示了创新人才的心理特征。

3. 创新人才测量工具的编制

根据创新人才效标群体的调查结果和有关创造性研究的近几年国

际上的最新文献，编制了基于中学生为被试的《创造性思维能力量表》和《创造性人格量表》。在全国的六个地区进行了全面正式试测，结果表明量表具有很好的信度、效度。该量表的编制为鉴定创新人才提供了科学的方法和工具，同时也为我国建立创新人才测评体系奠定了基础。

4. 中外青少年创造性跨文化对比研究

该子课题进行了中国、日本、德国和英国青少年创造性的跨文化研究，研究结果发现，不同国家青少年创造力的显著差异不在水平的高低，而是在创造力不同类别上。如对中日英三国学生的研究发现：中国学生在问题提出和科学想象能力上高于英日学生，但是产品设计和产品改进的能力较低；中国学生的思维流畅性和灵活性水平显著高于英日学生，但中日学生在独特性水平上不存在显著差异，更突出表现在创造性人格类型的差异上。这对我国学校如何培养具有创新精神和创新能力的创造性人才有重要的借鉴意义。

5. 学校教育中的创造力培养实践

我们始终将在学校中如何培养学生的创造力作为研究的重要问题，因此该子课题在了解中小学生创造力发展的基础上，通过研究学校的主体（学校的管理者、教师、学生）、学校的客体（校园的物理环境、校园的文化氛围等）及其相互作用，分析了学校里影响创造力培养的因素，检验了教育创新的理论，提高了实验学校教师的科研能力和素质。

6. 教育信息化促进教育创新

该子课题组把信息技术与课程改革有机地结合起来，使新课程改革在一个比较高的水准上推进，在小学的语文、英语、信息技术三个学科实现跨越式的发展，使小学生在综合能力、学科知识、创新思维等方面均有显著改善。该研究把以计算机及网络为核心的信息技术作为促进学生自主学习的认知工具与情感激励工具、学习环境的创设工具，并将这些工具全面地应用到各学科教学过程中，促进以教师为中心的教学结构的变革，培养学生的创新精神、实践能力及自主学习的能力。

7. 创造力与心理健康的关系

创造性人才的心理健康问题一直是我们关注的一个重要方面。通过研究表明，大学生的创造力与心理健康存在显著相关，心理健康水平高的大学生，其创造力水平也高，与心理健康水平低的大学生相比有显著差异。干预研究表明，对中等程度焦虑和抑郁情绪的大学生的心理咨询和治疗，使个体的焦虑和抑郁情绪恢复到正常状态后，可以提高其创造力的发挥水平。

此外，我们在国内外核心杂志上发表了22篇研究报告及论文，著作26本，提交了10篇研究咨询报告，2007年10月召开了课题成果的国际学术交流会议。因此，本课题在教育部主持的最终成果鉴定中，经全体鉴定专家一致同意通过鉴定，并被确定为优秀。

Abstract

In December 2003, the project titled "Researches into Creative Talents and Educational Innovation", directed by Professor Lin Chongde, was ratified as a kernel project for researches on philosophy and social sciences sponsored by the Ministry of Education of China. The project was completed in November 2007. From the perspectives of psychological and educational disciplines, on both the theoretical and applied dimensions, with various research methods, the project initiatively and systemically explored kernel abilities of creative talents, nurturing of creative talents, etc. , which are series of major issues unresolved in the academic community of China.

During a period of three years, seven aspects concerning creative talents and educational innovation were conducted systemically through the project, and some valuable and enlightening results were obtained:

1. Theoretical thinking on creative talents and their nurturing

The sub-project was focused on exploring the contents and approaches of creative education. The contents of creative education explored include the following topics: innovation of educational thoughts and perception, innovation of educational management patterns and educational systems, innovation of curriculum system and instructing materials, innovation of instructing approaches and methods, innovation of educational evaluation, innovation of teacher education. For approaches of educational innovation, two topics were explored, i. e. innovation and spreading of theories, practical testing of educational innovation schemes.

2. Research on the features of criterion group of creative talents

The sub-project adopted the research methods of criterion group for the first time in China. Based on intensive interviews of 34 scientists (academicians), 16 social science scholars and 22 artists, the thinking features, personality features, growth experiences and processes of obtaining creative achievements attributing to top creative talents were explored. The models for features of creative talents were constructed based on the data, and psychological features of creative talents were revealed.

3. Construction of assessment tools for creative talents

Based on research results on criterion group of creative talents, and the latest literature on creativity in international community, the Scale for Abilities in Creative Thinking and the Inventory for Personalities in Creative Thinking were constructed with middle and high school students as subjects. Results of extensive tests in six regions of China demonstrate the satisfying reliability and validity of such scales. The scales can offer scientific methods and tools for identifying creative talents, and has also established a foundation for assessment system of creative talents in China.

4. Cross-cultural comparative studies on creativities in adolescents of China and other countries

The sub-project conducted cross-cultural studies on creativities in adolescents from China, Japan, Germany and Britain, and it was found that significant differences in creativities among adolescents from different countries lied in different categories rather than in different levels of creativities. For instance, the studies with the students from China, Japan and Britain found the following: (1) Chinese students were superior to Japanese and British students in problem proposing and scientific imagination abilities, however, the former ones were inferior to the latter ones in product designing and product improving abilities; (2) Chinese students significantly outperformed Japanese and British students in fluencies and flexibilities of thinking, however, there were no significant differences in originalities among the students from the three countries, and the significant differences among the students from the three countries lied in personality categories. These findings are quite important to schools in China in fostering creative talents with creative spirits and creative abilities.

5. The practice of creativity fostering in school education

We always stress how to nurture the students' creativity, hence, on the basis of understanding creative development in adolescents and children, by studying the subject (administrators, teachers and students), and the object (physical environment on campus, cultural atmosphere on campus, etc.) in schools and their interactions, the sub-project analyzed the factors which contribute to creativity fostering in schools, tested the theories of creative education and improved the teachers at experimental schools with their abilities in research and teaching.

6. Educational informationization facilitates creative education

The sub-project integrated information technology with curriculum reform, and it propelled the neo-curriculum reform at a higher level, realized development by leaps and bounds in the courses of Chinese language, English language and information technology in primary schools, and significantly facilitated the primary school students in comprehensive abilities, school subject knowledge, creative thinking, etc.. The studies employed information technology revolving round computer and internet as cognitive tools, as affect prompting tools and learning environment making tools for students in self-regulating learning. Moreover, all those tools were utilized extensively in various school subjects teaching to facilitate reform of instructional structure centered on teachers, and foster creative spirit, practical abilities and self-regulating learning abilities in students.

7. The relation between creativity and mental health

The issue of mental health of creative talents has been one of our main concerns in our studies. The research findings indicated that creativity of college students was significantly correlated with their mental health; as compared with the students who have a lower level of mental health, we can see the significant difference that the university students who are at higher level of mental health may contain a higher-level creativity. Interventional studies indicated that psychological counseling and psychotherapy conducted on the college students with medium degree of anxiety and depression, which resulted in anxiety and depression of the individuals moving to normal states, was beneficial to exertion of creativity in the students.

Moreover, through the work of our team, we have published 22 research reports and papers on national and international prestigious journals, 26 books, proposed 10 advisory reports and held an international academic conference on the project findings in October 2007. Therefore, in the assessment of the final findings hosted by the Ministry of Education, all the members from the assessment group unanimously offered grade A to the project findings.

目　录

Contents

第一章▶创新人才及其培养的理论研究　1

一、创新人才培养：时代的要求　2

二、创新人才培养与中国传统文化　9

三、全球化时代的创新人才培养　15

四、创新人才培养呼唤教育创新　18

五、创新人才的心理特征　25

六、培养创新人才的关键是提高未成年人的创造性　28

第二章▶创新型人才效标群体研究　35

一、研究的方法学过程　35

二、创造者的心理特征及思维类型　46

三、创造者关于创造心理特征的反身认知　64

四、创造者的成长过程及其影响因素　84

五、最后的说明　97

第三章▶创新人才测量工具的编制——基于中学生群体的研究　105

一、创新人才测量工具编制的现状　105

二、本测量工具编制的构想和目标　112

三、本测量工具的编制过程　113

四、本测量工具编制的结果　121

五、本测量工具编制的启示　132

第四章▶青少年创造性及教师创造性观念的跨文化比较　147

一、创造性思维及其跨文化比较　149

二、创造性人格及跨文化研究　159

三、教师创造性观念及跨文化比较　174

第五章▶学校教育中的创造力培养实践　194

一、学生创造力的发展　194

二、学校环境与创造力　208

三、课堂教学与学生的创造力　217

四、教师与学生的创造力　224

第六章▶教育技术与教育创新的研究　237

一、研究目标及其理论基础　238

二、研究实施情况　253

三、项目取得的成果　260

四、学校领导、老师、家长及学生对项目的反馈　282

第七章▶大学生创造力、心理健康的发展特点及其相互关系　289

一、创造力和心理健康的关系　289

二、以往大学生创造力和心理健康研究的局限　292

三、大学生创造力和心理健康关系的研究　293

四、大学生创造力发展特点的研究　296

五、大学生心理健康的发展特点及其与创造力的关系　313

六、基于心理健康的大学生创造力培养实验　332

七、研究结论　343

后记　345

Contents

**Chapter 1   Theoretical Researches into Creative Talents and
Their Nurturing   1**

1. Creative Talents Nurturing: A Call of the Era   2
2. Creative Talents Nurturing and Traditional Chinese Culture   9
3. Creative Talents Nurturing in the Context of Globalization   15
4. Creative Talents Nurturing Calls for Innovative Education   18
5. Psychological Features of Creative Talents   25
6. Key to Creative Talents Nurturing: Increasing Creativity of Juveniles   28

Chapter 2   Researches into Criterion Groups of Creative Talents   35

1. Process of Research Methodology   35
2. Psychological and Thinking Features of Creators   46
3. Self-reflection of Creators on Their Features of Creative Mind   64
4. Growth Process and Influential Factors of Creators   84
5. Final Explanation   97

**Chapter 3   Construction of Assessment Tools for Innovative Talents:
Based on Researches on High School Students   105**

1. Current Situation in Construction of Assessment Tools for Innovative Talents   105
2. Conception and Target of Constructing the Present Assessment Tools   112
3. Procedure of Constructing the Present Assessment Tools   113
4. Outcome of Constructing the Present Assessment Tools   121
5. Implication of Constructing the Present Assessment Tools   132

Chapter 4   Cross-cultural Comparisons on Creativities in Adolescents and Creative Ideas of Teachers   147

1. Creative Thinking and Its Cross-cultural Comparisons   149

2. Creative Personality and Its Cross-cultural Research   159

3. Creative Ideas of Teachers and Its Cross-cultural Comparisons   174

Chapter 5   The Practice of Creativity Fostering in School Education   194

1. Development of Students' Creativity   194

2. School Environment and Creativity   208

3. Classroom Teaching and Creativity of Students   217

4. Teachers and Creativity of Students   224

Chapter 6   Researches into Educational Technology and Innovation   237

1. Research Target and Theoretical Foundations   238

2. Implementation of the Research   253

3. Achievements of the Project   260

4. Feedback for the Project from School Faculty, Students and Their Parents   282

Chapter 7   Features of Creativity and Mental Health Development in College Students and Their Interrelation   289

1. Relations between Creativity and Mental Health   289

2. Limitations of Previous Studies on Creativity and Mental Health in College Students   292

3. Researches into Relations between Creativity and Mental Health in College Students   293

4. Researches into Features of Creativity Development in College Students   296

5. Features of Mental Health Development and Their Relations with Creativity in College Students   313

6. Experiments on Nurturing Creativity in College Students Based on Mental Health   332

7. Research Conclusions   343

Postscript   345

第一章

创新人才及其培养的理论研究 *

20 03 年 12 月，我们的课题"创新人才与教育创新研究"，被批准为教育部哲学社会科学研究重大课题攻关项目。这个课题主要是想通过采用多种研究方法相综合的研究路线，寻找已经表现出创新特点的效标群体，从效标群体出发，采用多种定性和定量研究技术收集数据，然后进行编码统计，揭示出创新人才的特征模型，进而制定创造量表，逐步对人才的创新性特征这一国际学术难题做深入探索，提出新的理论模型，丰富和深化目前有关创造性的研究；此外，我们力图通过实验研究，解决与创新教育有关的一系列理论和实践问题，为中国的教育改革与发展提供思路和依据，为广大中小学生创新素质的提高服务，为民族素质和综合国力的提高服务。三年来，我们的课题组分成 8 个子课题组：（1）创新人才及其培养的理论研究；（2）创新人才效标群体特征的研究；（3）创造性人才测量量表的制定；（4）中外青少年创造性跨文化对比研究；（5）学校教育中的创造力培养实践；（6）中小学课堂教学创新研究；（7）教育信息化促进教育创新；（8）创造力与心理健康教育。每个子课题组都在认真地、深入地、从理论到实证地开展研究，并获得了较为丰硕的成果。

---

　　* 本章是由北京师范大学和华东师范大学三个研究小组分别完成的，最后由北京师范大学石中英和林崇德两位教授根据总课题组的建议统稿。北京师范大学研究小组成员有石中英、宋兵波、李润洲、梁卿、闫利雅、余丽红、王绅、丁义静、卫娟娟等。华东师范大学研究小组成员有郑金洲、黄向阳、陶保平、周志平、张元增、郅庭谨、程亮、杨海燕、赵成亮、张丽娜等。总课题组从理论思考的是林崇德和罗良。考虑总报告的性质和该部分在总报告中的位置，三个研究小组丰富的研究成果在这部分没有全部反映出来，一些材料和观点也有取舍和综合，特此说明。

　　大力开展教育创新，培养创新人才①，是应对时代挑战、建设创新型国家的必然要求和战略选择，也是当代国际教育改革的共同追求与核心目标。关于创新人才，有狭义和广义两种理解：从狭义的方面来说，称得上是创新人才的人，一定是在社会生产和社会过程中做出了创造性贡献的人，或者说，一定是采用与众不同的方式解决了某种实际问题从而为社会创造出了新价值的人；从广义的角度来理解，创新人才不仅指那些事实上已经为社会做出了创造性贡献的人，而且还应该包括那些具备创造性素质、可能为社会做出创造性贡献的人，甚至应该包括那些还不具备某一领域的创造性素质但具备比较好的创造性潜能的人。一个人能否在社会生产和生活领域做出创造性贡献，不仅与主体的创新能力高低有关系，而且还与众多的社会政治、经济、文化因素有关系，因此，研究创新人才的培养问题，除揭示创新人才的心理特征外，理清上述因素与创新人才培养之间的关系，揭示如何利用这些因素，有效开展创新人才的培养，也具有重要的意义。本章主要对创新人才及其培养相关的因素进行理论研究，意在交代本课题的时代背景、明晰研究中的核心概念，为进一步的实证研究指明方向。

一、创新人才培养：时代的要求

　　创新已经成为世界各国经济和社会发展中的一个主题。各国的领导人对创新给予了高度的重视，把创新视为社会进步和经济发展的推动力。各国政府则制定了各种各样的政策，推动和促进创新。专家学者们也纷纷撰文，探讨创新的概念，鼓吹创新的意义，寻求推进创新的途径。一般的大众媒体也不遗余力地宣传创新，力图为创新营造一个良好的舆论环境。可以说，创新已经成为这个社会的主流意识形态之一。创新人才培养成为这个时代最紧迫的任务。

（一）培养创新人才是知识经济时代的客观要求

　　20世纪90年代中叶以来，世界经济发展进入了一个新的时期，即从工业经济向知识经济转变的时期。进入21世纪后，知识经济已逐渐占据主导地位，一个国家知识经济的规模和质量，将决定它在国际竞争中的地位。在知识经济时代，影响经济增长的关键因素不再是传统的资源、能源和资本，而是新的知识、技术、工艺和新的价值观念。社会的主导型支柱产业也不再是能源、钢铁、农业，而是各种高新技术产业。在知识经济时代，新知识、新技术、新工艺和新的价值观念将成为关键性的战略资源，成为经济可持续发展的推动力。哪一个国家

---

　　① 创新（Innovation）和创造性或创造力（Creativity）尽管有一定的区别，但我们看成是同义语。

在获取这种战略资源方面具有优势，就会在激烈的国际竞争中占有优势；反之，哪一个国家在这些战略性资源生产方面受制于人，就会在各种激烈的国际竞争中处于下风。鉴于这种显而易见的道理，世界各国在知识创新能力以及创新人才争夺方面会更加激烈，纷纷出台了各种旨在鼓励高科技人才移民的法案。因此，对于一个主权国家来说，在知识经济时代，形成自己的创造新知识的能力，培养自己的创新人才是至关重要的，甚至可以说是生死攸关的。只有这样，才能真正坚持自主发展的道路，才能够在发展过程中摆脱对外界的严重依赖或依附，才能够使得整个社会的发展稳定、持续和健康地进行下去，使得整个国家在国际上立于不败之地。总之，在知识经济时代，标志一个国家国际竞争力的将是其创造力，而确定一个国家整体创造力大小的是其创新人才的数量、质量与结构。

（二）培养创新人才是发达国家关注的问题

面对知识经济时代的挑战，欧美日发达国家和一些新型国家纷纷把科技创新和创新人才培养提升到国家战略层面，出台了一系列的政策措施，试图进一步增强自己的科技创造力，力图在日新月异的科技革命中掌握先机。

美国是当今世界上唯一的超级大国。近年来，为了有效地维护自己的地位，美国出台了多项措施，以提升自己的创造力。1993 年，美国成立了以总统、副总统、总统科技事务助理、各内阁部长、有关部门的领导及其他白宫官员为成员的美国国家科学技术委员会（NSTC），是协调联邦政府各部门科技政策的主要机构。1994 年和 1996 年，美国先后发布《科学与国家利益》和《技术与国家利益》两份报告，系统地阐述了美国在新时期的科学技术政策，分别提出了美国科学发展的五大目标和技术发展的五大目标，以及实现这些目标的政策建议，从而在国家科技发展战略的层面为美国科技发展做了规划。此外，美国还提出了多项具体的科技计划，这些计划的提出与实施，对美国的科技发展产生了很大的影响。美国不仅大力提升科学技术水平，还着力支持技术的商业化。从 1995 年到2000 年美国政府先后颁布了《国家技术转让与促进法》（1995）、《联邦技术转让商业化法》（1997）、《技术转让商业化法》（2000）等，为技术成果的商业化应用创设有利于创新的环境。美国高度重视教育和教育改革，希望通过教育改革，提高教育质量，培养出具有较强创造力的人才。1994 年，美国通过了《美国 2000 年教育目标法》，提出了 8 项教育改革目标，并增加了教育的政府投入。1996 年美国国会又通过了《成人教育法》，要求企业对员工进行职业再培训。2002 年 1 月，布什总统签署了名为《不让一个孩子落后》的教育改革法案，要求所有学校必须在 12 年内使所有学生在阅读与数学能力上达标。布什政府还推出了"数学与科学教育伙伴关系计划"，拟在 5 年内拿出 10 亿美元，鼓励科技实力较强的大学与中小学结为伙伴关系，以加强中小学数学和科学教育。除了着力培养国内人才，提高国民教育水平之外，美国还修改移民制度，吸引外国优秀人才去美国工作。

日本也非常重视大力发展新型科学技术，培养创新人才。1995年，日本颁布了《科学技术基本法》，提出将"科学技术创造立国"作为基本国策，强调要重视基础理论和基础技术的研发，从而在将振兴科技上升为法律的同时，为日本科技发展指明了方向。1996年，日本政府根据《科学技术基本法》，制定了第一期《科学技术基本计划》（1996～2000）。2001年，日本政府出台了第二期《科学技术基本计划》（2001～2005），其内容全面、重点突出。这个计划提出了三个目标，即依靠知识创造和技术的灵活运用为世界做出贡献的国家；具备国际竞争力的、可持续发展的国家；人民安居乐业且生活质量高的国家。为实现这些目标，该计划将生物技术、信息技术、环境技术和纳米技术作为四个重点发展领域，并提出了多项措施确保这四个领域所需战略资源（人才、资金、设备）的落实。为保证各项目标得以实现，该计划除了将研发经费从第一期计划的17万亿日元增加到第二期计划的24万亿日元以外，还提出要进行科技体制改革，涉及研发课题资金的分配、研究成果的评估，企业、国立科研机构和大学的合作以及成果转化体制等诸多方面。本期计划的另一个重要的特点就是不强调短期效益，而偏重于基础研究。2006年，日本开始实施第三期《科学技术基本计划》。根据这项计划，日本将继续增加对生命科学、信息技术、环境科学以及纳米和材料科学等四个研究领域的经费投入；持续集中支持四个二级重点领域，即能量、制造技术、社会基础设施和前端科学。此外，本期计划还通过了许多措施以创造更具竞争性的研究环境，并计划打击不端的研究行为。此外，日本还实施了人才战略，推出了特别研究员制度、海外特别研究员制度和外国人特别研究员制度。

近年来，法国政府根据本国的经济、科技发展现状和特点出台了一系列政策和计划以推进科学技术创新。2003年，法国出台了《国家创新计划》。该计划鼓励创建高新技术企业，强调要加强企业与科研部门的合作，增强企业的研发能力，并实现欧盟为成员国确定的2010年国内研发经费投入占国内生产总值3%的目标①。为此，法国从金融、税收等多方面提出了设立单人风险基金公司、引导大学生进入研究和创新领域等多项措施。2005年，法国政府出台了"竞争点"计划，希望通过整合优势、突出重点、以点带面的方式促进法国企业的技术创

---

① 转引自：铁岭市科技信息网，《法德发展科技工业园区政策启示录》，http：//www. tlstinfo. gov. cn/memo. php?id＝4641，2005. 09. 20。

新，从而推动法国经济的发展。所谓"竞争点"是指在有潜在竞争力培育前景的地区，企业、培训中心和研究机构组成合作伙伴，发挥优势互补的作用，共同开发以创新为特点的项目，从而最大限度地提高竞争力。为了确保这项计划的有效实施，法国政府将自 2006 年起的 3 年内对 66 个"竞争点"提供 15 亿欧元的资金支持。同时，法国政府还进行了机构改革，新成立了"企业创新署"（AII），以配合其他机构为法国企业在技术的研发和应用、研究经费的筹措以及产品的推广等方面提供切实服务①。

2002 年，德国修订并实施了新的职员发明法。根据这项修订后的法律，高等院校的科研成果可以更快、更有针对性地得到使用，这有利于系统地开发高等院校和科研机构的研究潜力。2003 年 3 月 14 日，德国联邦政府提出了"2010 年议程"一揽子方案，决心进行全面改革。根据这项议程，德国将在未来 10 年内，使全国的研发强度达到 3%。这项议程的另一个重要内容是科技体制改革，重点是在科研经费的分配上引入竞争机制；同时要继续对科研机构进行优化重组，将研究方向、研究内容相似或有互补性的研究所合并，以提高重点研究领域的创新能力和竞争力。2004 年 1 月，德国政府正式启动"主动创新"战略，其核心内容是促使经济界和科学界联合起来，在研发领域结成创新伙伴，从而研发出更多的高新技术产品。为了给德国的科学和研究创造更好的条件，德国联邦和各州于 2005 年 6 月正式批准了"顶尖科研资助项目"以及《研究和创新协定》。据此，德国将投入巨资培育一批世界一流大学，建立一批世界顶尖的研究中心，着力培养青年科学家。

1994 年以来，英国政府先后公布了多份以创新为主题的白皮书和行动计划，全面阐述了英国在 21 世纪的科学和创新战略。英国创新战略的总目标是使英国在科学上领先于世界其他各国，成为全球经济的知识中心。为达到这一目标，英国出台了一系列的举措：（1）大力扶持中小企业的技术创新；（2）大力推动形式多样的政府—产—学—研合作，促进科技成果的产业化；（3）大力增加科技投入；（4）高度重视中小学的科学和创新教育；（5）重视研究的效益问题。

综观世界各国在科技领域实施的创新计划，我们能够深切地感受到创新能力对于一个国家科技实力和科学技术发展水平所具有的决定作用。如何提高科技人才的创新意识和能力，如何培养具有创新精神的新一代科学技术人才，如何能够又快又好地做出科学发现，关系到一个国家整体科技实力的大小，关系到国家综合竞争能力的大小。

---

① 转引自：《科技日报》，《法科技创新新举措：从竞争点出发竞争未来》，2008.06.02。

（三） 培养创新人才是提高我国科技创新能力的重要举措

知识经济时代的到来，世界上各主要国家将科技创新作为国家的基本战略，着力提升各自的创造力，在这样的背景下，大力提升我国的科技创新能力成为必需。2006 年 1 月 9 日，中国发布《国家中长期科学和技术发展规划纲要（2006~2020）》（下文简称《纲要》）[①]。《纲要》立足国情、面向世界，以邓小平理论和"三个代表"重要思想为指导，认真落实科学发展观，以增强自主创新能力为主线，以建设创新型国家为奋斗目标，对我国未来 15 年科学和技术的发展做出了全面规划和部署。对于创新型国家，当前学术界较一致的看法是，至少要具备四个特点[②]：（1）创新投入高，国家的研究开发（R&D）投入占 GDP 的比例一般在 2% 以上；（2）自主创新能力强，国家的对外技术依存度指标通常在 30% 以下；（3）科技进步贡献率要在 70% 以上；（4）创新产出高，目前世界上公认的 20 个左右的创新型国家所拥有的发明专利数量占全世界总数的 99%。按照这四条标准来衡量，很显然中国还不是创新型国家，而且还存在很大的差距，尤其是在科技创新能力上。

一个国家发表的科技论文的数量和质量是其科技创新能力的重要表征。当前，学界通常把科学引文索引（SCI）、工程索引（EI）、科技会议录索引（ISTP）三大系统收录一国科技论文的情况，作为评价一国科技创新能力的重要指标。近几年来，我国在 SCI、EI、ISTP 三大系统中发表的科技论文数量大幅度增加，在世界上的位次也在不断提升。按国际论文数量排序，自 2002 年以来，我国在三大系统发表的论文数量始终保持在世界第 5 位。这反映出我国近年来科技创新能力取得了长足的进步。但是，从论文的质量上来说，我国与世界上的主要国家相比，仍有不小差距。这主要表现在以下几个方面，首先，在国际高水平刊物上，我国作者发表的论文数量不多。2003 年，在影响因子 ≥10 的国际刊物中，我国作者仅发表 55 篇论文，占这些期刊发表世界论文总数的 3‰。其次，我国在国际上发表的科学论文，被别人引用的次数普遍较低。根据美国科学信息研究所（ISI）统计，从 1992 年 1 月至 2002 年 6 月 30 日（10 年 6 个月），我国学者在 ISI 所收录的所有自然科学领域中发表的科学论文总量，已排在所统计的151 个国家和地区的前 10 名；所有论文的总被引用次数排名第 20 位；但是，单篇论文的平均被引用次数仅为 2.55 次，低于韩国的 3.39 次、印度的 2.80 次和

---

① 中华人民共和国国务院：《国家中长期科学和技术发展规划纲要（2006~2020）》，《人民日报》，2006.02.10。

② 金振蓉：《建设创新型国家：从振兴到强盛的必由之路》，《光明日报》，2006.01.11（001）。

俄罗斯的 2.60 次，排名在 120 位以后。1993～2003 年，我国 SCI 论文平均每篇论文被引证次数仅为 2.78 次；从 1994 年 1 月至 2004 年 10 月间，我国 SCI 论文平均每篇论文被引证次数 3.07 次，虽然有所进步，但是在国际上的排名仍然相当落后，仅列第 123 位。这不但远远落后于主要发达国家，而且也落后于巴西、印度和俄罗斯等国家。最后，基础研究是科学研究中最基本的部分，反映着一个国家的原始创新能力。在 ISI 的三大检索工具中，SCI 以收录基础科学研究论文为主。但从我国科技论文被 SCI 收录的情况来看，我国基础科学研究水平与世界先进水平还有相当距离。

专利权是一种知识产权。专利指标反映了一国技术发明创造活动的水平和产出状况，因此它是衡量各国科技活动产出的一项重要指标。从总量上看，在专利的申请和授权数量上，我国近年来在不断地提升，发明专利的申请和授权数量也连年攀升。这说明，我国的科技创新能力呈现为不断增强的态势。但是，总的来说，从专利的情况来看，我国的科技创新能力与世界上的主要发达国家相比，还是存在很大的差距。首先，专利分为三种，即发明专利、实用新型专利、外观设计专利。在这三种专利中，真正属于核心技术类的专利并且标志着国家科技创新能力高低的是国内发明专利，特别是国内职务发明专利。2005 年，我国国内提出的发明专利申请量为 93 485 件，占国内提出的专利申请量的 24.39%。同年，国外提出的发明专利申请量为 79 842 件，占国外提出的专利申请量的 85.75%。从授权量上来看，2005 年，我国国内获得的发明专利授权量是 20 705 件，占国内获得的专利授权量的 12.06%，同年，国外获得的发明专利授权量为 32 600 件，占国外获得的专利授权量的 76.92%。发明专利申请量和授权量在三项专利中比例不高说明我国的创新意识和能力还有待进一步提升。在职务发明专利上，2005 年，国内提出的职务发明专利申请 62 270 件，占国内发明专利申请的 66.6%。同年，国外提出的职务发明专利申请却占到国外发明专利申请量的 97.2%，差距非常明显。在发明专利的授权上，国内组和国外组相比，也存在类似的现象。这说明，在核心科技竞争力的提升上，我国还有很长的路要走。其次，一个国家在国外的发明专利申请量和获得的授权量也是反映该国科技水平的重要指标。从这一指标来看，我国在国外，特别是在发达国家或地区的专利申请量和获得的授权量比较少。2003 年，我国获得美国授权的发明专利仅为 442 件，而同年美国在我国获得授权的发明专利为 5 733 件。除此之外，与发达国家相比，我国的专利寿命也比较短。我国发明专利平均寿命只有五到七年，而国外则是十几年的时间；实用新型和外观设计平均寿命更短，平均约三四年时间。这也反映出我国创新能力还有待进一步提高。

（四）培养创新人才是我国经济和社会发展的现实需求

面对我国科技创造力较弱的现状，面对世界主要国家所采取的一系列加强科技竞争力的措施，我国必须大力进行教育创新，加强创新人才培养，满足经济社会发展对新知识、新技术、新工艺和新的价值观念的强烈需求。

首先，全面建设小康社会的经济增长目标要求培养创新人才，增强国家的科技创新能力。在经济增长目标上，全面建设小康社会的目标是，国内生产总值到2020年比2000年翻两番。要达到这一目标，我国就必须保持从改革开放以来到2020年的连续40年7%以上的经济高速增长，在世界经济发展史上，这是前所未有的。当前，我国科技进步对经济增长的贡献率只有39%的水平，如果保持这一水平不变，要实现翻两番的目标，就要求投资率达到52%的水平，从现实的角度来说，这是不可能做到的；即使投资率保持在近年40%左右的高水平，科技进步贡献率也必须达到60%，才能实现建设小康社会所要求的经济增长目标。也就是说，只有大幅度提升我国的科技创造力，全面建设小康社会的经济增长目标才能达到。

其次，要实现全面建设小康社会的经济增长目标，必须有一定的资源和能源投入。但是，当前，我国的基本国情是人口众多，资源相对不足。资源和能源已经成为我国经济发展中的重要制约因素。为了缓解资源和能源的瓶颈制约，必须建设资源节约型社会。这就要求加强国家创新能力建设和创新人才培养。众所周知，在资源总量上，我国是一个大国，但是在人均资源拥有量上，我国则是一个"小国"，各类主要自然资源的人均占有量远低于世界平均水平。我国人均占有的原煤储量、石油储量和天然气储量分别相当于世界平均水平的55%、10%和4%，人均耕地面积只有世界平均水平的1/3，45种主要矿产资源人均占有量只有不到世界平均水平的一半。而我国人口还将持续增长，因此，主要资源的人均占有量还将持续下降。一方面，我国资源和能源不足，另一方面，近年来，我国资源和能源需求快速增长，2002 ~ 2004 年，我国能源消费年增长率分别达到9.8%、10.1%和15.2%，主要原材料消耗也超过 GDP 增长率，资源的供需矛盾十分突出。当前，我国正在经历大规模的工业化和世界上速度最快、规模最大的城市化进程，随着这一进程的进一步展开，资源不足所导致的资源供需矛盾将进一步加剧，资源短缺对经济和社会发展的制约将进一步突现。今后，资源和能源短缺的基本国情，决定了在全面建设小康社会的进程中，我国将面临着更大的资源压力。为了如期完成全面建设小康社会的各项任务，必须依靠科技创新，建设资源节约型社会。

其三，除了经济上的目标外，全面建设小康社会的一个重要目标就是促进社会和谐。为此，必须按照以人为本的要求，注重经济和社会的协调发展。这就需要加强科技创新能力建设。近年来，我国经济发展较快，但社会发展相对滞后，这就面临着一系列的问题，如环境、人口、各种重大疾病的威胁和公共安全等。多年来粗放型的经济增长方式带来了严重的环境污染问题，使得环境问题近年来备受关注。环境的污染，严重破坏了我国的生态系统，减弱了我国抵抗各种自然灾害的能力，不仅对经济和社会发展造成了直接的巨大损失，也制约了国家的可持续发展。今后相当长一段时间里，我国人口总量将继续保持增长态势，并且将出现人口的老龄化问题和出生人口性别比例失衡问题。这些问题都是以前所没有碰到过的，在西方国家现代化的过程中也没有出现过。这些问题的解决没有现成的经验可循，需要我们大力推进理论创新、科技创新、制度创新，在环境、生育监测、生殖健康、医疗和制药技术等诸多方面取得新的突破。

最后，全面建设小康社会需要保障经济和国防安全，这也要求我国的科技创造力有很大的提升。长期以来，我国实行的是"以市场换技术"的战略，有力地推动了产品技术更新换代和产业结构优化升级。但是，在具体的实践中，一直存在重引进轻消化吸收再创新的问题。其重要表现就是用于技术引进的经费远远高于用于消化吸收的经费。目前，我国对外技术依存度高达50%以上①。在激烈的国际竞争中，核心技术和创新能力的缺乏，使我国经济发展严重依赖于别国，对我国的经济安全提出了严峻的挑战；在许多重点领域，特别是国防领域的对外技术依赖，严重威胁着国家安全。因此，从当前的情况来看，为了有效维护国家的经济和国防安全，我们必须大力培养创新人才，进行国家创造性或创造力建设。

二、创新人才培养与中国传统文化

在谈到创造性或创造力培养和创新人才培养的时候，国内的舆论包括一部分学术界同仁总有一种认识，认为中国文化传统缺少一种鼓励创新的基因，因而使得整个民族创造性或创造力在国际比较方面处于劣势地位。这是一种比较简单也是非常危险的观点。如果任由这种观点传播，不对文化与创造的关系进行深入的分析和研究，那么在培养中华民族创造性或创造力和创新人才方面，只能得出悲观主义的结论：不改变我们的文化传统包括其中的

---

① 转引自：新华网，《中国对外技术依存度高达50%》，http：//news. xinhuanet. com/fortune/2005 - 12/09/content_3896987. htm，2005. 12. 09。

思维方式，就不能极大地培育创新人才；而要改变几千年来的文化传统几乎是不可能的事情，因此大规模地培育创新人才也是不可能的。事实上，正如张岱年先生所指出的，"历史证明，中华民族是具有创新精神的民族，是一个坚强不屈、不断发展的民族。"[①] 中国的文化传统也是一个自强不息、不断创新的传统。当然，我们这么说，不是说中国的文化传统中没有消极的东西，没有阻碍创造的因素，只是想针对上述形而上学和悲观主义的看法进行一个矫正，以便在培育创新人才的时代大潮中正确地对待传统文化，积极地汲取传统文化的资源。

（一）文化与创造力

从哲学角度来说，文化是与自然相对而言，是人工的产物而非自然的馈赠。自然慷慨地给予了人类许多的必需之物，但是却不能给予人类一点点的文化。文化是人类创造性或创造力的表现与确证，是最愚笨的人类区别于最聪明的动物的标识。无论是语言符号，还是社会制度或习俗风尚，凡是今天人们称之为文化的东西，没有一样不是源自人类的创造和再创造。因此，可以毫不夸张地说，整个人类文化史就是人类创造的历史，是人类创造性或创造力不断跃升的历史，是人类勇于突破、不断创新的历史。从这个角度来看，世界上根本找不出一种缺少创造性的文化。所有的文化，都是富于创造性或创造力的；所有的民族，都是富于创新精神的民族。

从总体而言，文化对人的创造性或创造力既有积极促进的一面，也有消极阻碍的一面。具体而言，文化对人创造力的积极促进作用主要表现为如下方面：一是提供文化手段的作用。二是文化变迁为人的创造性或创造力的生成提供了一个适宜的环境。但是，文化对人的创造性或创造力的发展也具有消极的阻碍作用。可以说，每次文化的转型都伴有新文化的殉道者，新文化的创造者常常是用自己的生命为新文化开辟着前进的道路。

那么，为什么文化对人的创造性或创造力既有促进又有阻碍作用，而人的创造性或创造力最终又会冲破文化对人的创造性或创造力造成的桎梏而促进文化的变迁？首先，创造性或创造力作为人的一种潜能，是人人具有的一种能力，这是由人的认识的个性化、独特性所决定的。其次，文化对人的创造性或创造力既促进又阻碍，也是由文化本身所具有的悖论导致的。所谓"文化悖论"是指文化的自我相关的不合理性和矛盾性。

---

① 张岱年著：《文化与哲学》，教育科学出版社，1988，79。

（二）中国传统文化的特质

这里所要谈的"中国传统文化"在时间维度上是指"1840年鸦片战争以前的中国文化"[①]。我们拟从生态哲学的视角，不仅探讨构成传统文化系统诸要素的特征，而且分析传统文化各要素间相互作用所形成的文化生态关系。

第一，在人与自然的关系问题上，中国传统文化崇尚"天人合一"。在中国传统文化中，关于人与自然的关系，主要有三种学说：一是以老庄为代表的顺从自然说。二是以荀子为代表的改造自然说。三是以《易经》为代表的"天人合一"说，这种"天人合一"的思想逐渐占据主导地位。"天人合一"即天人相协调，人不违天，天亦不违人。而西方文化则强调天人相分，主张人要征服自然、战胜自然。《圣经》上说：人和自然本来相处得很好，由于人类始祖亚当和夏娃偷吃了伊甸园的禁果——智慧果，上帝就惩罚他们，让蛇与人世世为仇，让土地长出荆棘和蒺藜，人须终年劳苦、汗流浃背，才能有食物吃。这些说法在人与自然的关系上就预设了如下观念：其一，人处于自然界之外，拥有统治自然界的权利。其二，人与自然是对立的或敌对的。其三，人要在征服自然、战胜自然的斗争中才能求得自己的生存。从生态哲学的视角来看，"人—社会—自然"是一个有机联系、统一的整体，这一点日益为越来越多的人所认识，因此，"天人合一"虽然由于分离不出主、客体的"二元对立"思想，因而不利于现代科学技术的发展，但是，如果"天人合一"不仅仅只是停留在理念层面上，而是确立起与有机生态的理念相适应的价值取向与制度性架构，它显然有利于人与自然之间保持良好的亲和关系，从而避免人类继续沿着在人与自然的对立中使人类趋于自毁的道路走下去。

第二，在人与他人的关系问题上，中国传统文化从血缘亲情与宗法人伦出发，构建了一种义务伦理规范。这种义务伦理有助于维护社会的整体利益，增强人们的责任感和凝聚力。西方文化在人与他人的关系问题上，则从个人的权利出发建构出一种权利伦理规范，奉行个人本位，以自我为中心，注重个体的人格和尊严。从生态哲学的观点来看，无论是整体主义，还是个体主义，对个人的成长和社会的发展都是不利的，但如何使二者取得相对平衡，保持必要的张力，需要根据社会发展的状态和个体人的素质，在整体利益与个体利益协调一致的情况下，使二者有机地结合起来。

第三，在人与自身的关系问题上，中国传统文化推崇"内圣外王"（《庄子·天下》）的人格理想和"真人"的逍遥。所谓"内圣"是指人的内在道德修养，

---

① 张岱年、方克立主编：《中国文化概论》，北京师范大学出版社，1994，9。

表现为善的德性；而所谓"外王"是指治国平天下的事功。道家的"真人"首先表现为合于自然，即"不以心捐道，不以人助天，是之谓真人。"（《庄子·大宗师》）而在西方，就人与自身的思考，则勾勒出多种人的形象，诸如"宗教人"、"自然人"、"理性人"与"社会人"等，其中某种人的形象在社会发展的某个时期占据着主导地位。由此可见，在人与自身关系问题上，中国传统文化所追求的"内圣外王"或"真人"，与西方文化所向往的"宗教人"、"自然人"、"理性人"和"社会人"相互映照，阐明了人的存在的丰富性与复杂性，向世界贡献了独特的人生哲学。

第四，在人与终极关怀的关系问题上，中国传统文化立足人的现世关怀，确立起人性自足的终极关怀价值系统。所谓"终极关怀"是指对人类从何处来、到何处去的深层探问，它从根本上解决有限如何超越无限的人性最高需求。而西方文化在人的终极价值关怀上则求救于上帝，认为人是否能够从有限到无限实现永恒，最终取决于上帝。基督教认为，人类应该完全按照上帝的意志和具体要求，努力工作，争取早日彻底洗刷自己的原罪，回到上帝的怀抱，最终超越生死。

中国传统文化通过上下五千年的历史积淀，浩如烟海，博大精深，以上仅是从人与自然、人与他人、人与自身、人与终极关怀等方面概要地分析、探讨了传统文化的内涵，因而在阐述时就难免挂一漏万，尤其是一些具有现代意义的思想没有被提起，比如"和德"思想。① "和德"表现在待人接物上为"和气"，在人际关系上为"和睦"，作为一种德性为"中庸"，在价值取向上为"和谐"，在对待差异上为"和而不同"（《论语·子路》）。这种"和德"思想对于社会和谐发展和文化交流都具有重要的现实意义。中国传统文化几千年延续不绝、推陈出新并独一无二的事实说明：中国传统文化是有着旺盛的生命力和创造性的。

（三）中国传统文化蕴涵着丰富的创造力

中国传统文化蕴涵着丰富的创造性或创造力，主要体现在以下几个方面。

首先，中国传统文化崇尚独立自主的人格，而独立自主的人格是创新人才最重要的人格特征。无论是儒家还是道家，他们都反对过度的人生依附，强调形成一种自主的人格。在这方面，孟子等人有着系统的论述，把"富贵不能淫，威武不能屈，贫贱不能移"（《孟子·滕文公》）的大丈夫气概作为理想人格来追求。历史上，有许多的仁人志士为了保持这种独立的人格而甘愿牺牲自

---

① 张岱年、方克立主编：《中国文化概论》，北京师范大学出版社，1994，283。

己的生命。当然，也有人认为，中国传统的人格类型根本是依附性的而不是独立性的，因而责备传统文化。我们认为，依附性的人格类型不是传统文化的主张，而是封建政治统治的需要。像孔子尽管强调"君君、臣臣、父父、子子"（《论语·颜渊》），但也不是把君臣、父子关系绝对化，一切强调发乎情、止于礼、晓以大义。如果君不君、臣不臣，那么关系中的另一方就可以大胆地发表自己的意见，甚至推翻另一方。那种认为中国传统文化压抑人的主体性和自主人格的主张主要地不是从文化角度来分析和讨论的，而是从政治角度来认识和讨论的，把自主性的人格理想和依附性的人格现实混淆起来。应该说，这是一种错误的认识。

其次，中国传统文化是具有怀疑精神的，而怀疑精神是创造的源泉之一。从中国文化传统的表面来看，似乎这种怀疑精神并不是非常显著，常见的倒是"述而不作"（《论语·述而》）的遵从传统与权威。但是，实事求是地说，中国传统文化还是非常富有怀疑精神的。以孔子在传统文化史上"定于一尊"（《史记·秦始皇本纪》）的地位，无论是在死后不久，还是在两千多年的封建社会中，"问孔"、"刺孔"、"难孔"、"打倒孔家店"的呼声还是延续不绝，孔子的思想不断地受到历代学者和普通百姓的质疑、批判与重构。比起孔子来，亚里士多德的思想在西方则长期处于权威地位，直到近代哲学的诞生。所以，那种认为中国传统文化完全是缺乏批判精神、死寂一潭的看法是站不住脚的。重要的是，这种充满批判精神的文化习惯在长期的封建社会和小农经济时代没有其政治和经济基础，没有能够得到发扬光大，更没有成为鼓励人们从事创造性活动的深厚动力。而今天，所有的政治障碍与经济约束都已经不复存在，吸取传统文化中的批判精神，实事求是，勇于创新，应该是培育创新人才、大力提高民族创造性或创造力的重要途径之一。

其三，"和而不同"的思维方式为创新提供了思维基础。什么样的思维方式才有利于创新？一种观点认为，只有那种极端的思维方式才能够把问题推向极端，才能够打破常规，做出与众不同或不同寻常的事情。与之相反，那种注重关系的整体思维则不利于创新。这种观点也是值得商榷的。极端的思维是否会导致新的发现，我们认为是不一定的。在通常的情况下，极端的思维只能导致对事物片面的理解与实践。而片面的理解并不等于创新。如果那样的话，形而上学的思维方式就会成为科学的惯常思维方式，因为形而上学就习惯于片面地、静止地看待问题。真正的创造应该是博采各家之长的结果，是对已有的方案进行批判性检验的结果，是多样综合的结果，而不是盲目地自我崇拜、对一切简单否定的结果。从这个角度来看，注重"和而不同"的中国传统文化是一种健康的创新文化，它有助于人们既尊重前人或他人的成果，又注重形成自己独立的观点和方案。这才是真正的创新，是推陈出新，是温故知新，是革故鼎新，而不是为创新而创新的文化猎奇。"和而不同"的思维方式还造就了传统文化海纳百川、有容乃大、自由开放的品格。这种品格，是文化创新的关键。纵观人类文化的历史，文化创新的鼎盛时期，都是不同文化相互交流和激荡的时期。没有多样文化的存在和相互交流，就没有文化创新。正如古人所说，"夫和实生物，同则不继。以他平他谓之和，故能丰长而物生之。若以同稗同，尽乃弃矣。"（《国语·郑语》）不同事物之间彼此为"他"，"以他平他"即把不同事物联结起来，使其取得平衡，就能产生新事物，也即"和实生物"。而如果把相同的事物放在一起，就只能是量的增加而不会产生质的变化，就不可能产生新事物，事物的发展就停止了。这种情形已被人类历史上几次创造性或创造力高峰的形成所证实。古希腊和文艺复兴时期，我国的春秋战国时期，当时之所以创造纷呈，就在于各种不同文化的交流与碰撞。

最后，中国传统文化是"崇尚理性"的文化，既能客观地认识自己的现实，又能公正地对待外来文化。梁漱溟早就论述过中国文化的"理性早熟"问题，他的观点是正确的。比起西方文化来说，中国传统文化没有在神话的阶段停留太长的时间，很快地就进入到了注重经验、注重理性思维的阶段。这也是中华文明成为世界古代文明代表的原因之一。这种早熟的中国传统文化最大的优点就是没有发展出一种压抑性的超自然崇拜。人们主要地是通过自己的思考和判断来应付自然、社会和自身出现的各种问题。在对待异文化方面，它显得特别理性和冷静，很少表现出极端的狂热与排斥。近代以来，这种崇尚理性的特征主要表现为如下几方面：其一，能够正确地认识、了解中国文化的现实。其二，能够清醒地对待西方文化。其三，能够客观地对待传统文化。这就为文化创新奠定了很好的基础。

此外，中国传统文化还有许多与创造性或创造力培育有关的宝贵品质，如不断进取的人生态度、造福于民的价值理想、刻苦勤奋的学习文化、学而不厌的知识态度，等等。总的来说，中国传统文化具有丰富的创造基因，只不过由于种种原因没有能够在封建社会里得到很好的表达机会。中国传统文化因此构成了创新人才培育和创造性或创造力提升的丰富资源，而不是阻碍创造性或创造力培养的罪魁祸首。对于这一点，我们必须有足够清醒的认识。诚然，任何文化都是一个优缺点并存的整体，中国传统文化也有其自身的弱点，有一些弱点与其他因素结合在一起，也会影响到创新人才的培育与创造性或创造力的培养。这些也是需要十分注意的。在新的时代，我们要想吐故纳新、锐意进取、不断创新，就要吸收人类一切文化包括自身文化传统的长处，立足实际，取长补短，推陈出新，综合创新，以适应不断改变的自然、社会与人文环境提出的新挑战、新要求。

三、全球化时代的创新人才培养

全球化是伴随着 21 世纪的到来走进教育的一种新潮流，它把教育拖进了全球旋涡，使教育在许多方面都带有一定程度的全球特征。那么，全球化会给创新人才培养带来怎样一些变化呢？大概至少会表现在以下几方面：

第一，全球化要求重新确立人才规格标准，创新人才的素质要求有所丰富。以全球化、高速化、个体化为特征的多媒体网络正在覆盖全球，出现了经济生活和贸易文化的全球性趋同现象，全球性的共同发展目标形成。为了在经济竞争中获胜，"国际人"正在成为各个国家和各大公司首选对象，培养"国际人"成为世界性人才战略潮流，也成为创新人才培养的目标指向之一。日本有人率先提出国际人应具备的 10 个基本条件：积极肯干，但是不蛮干；人际关系融洽，不以自我为中心；兴趣广泛，知识丰富；外语出色，乐意结交外国人；行动迅速；能很快适应异国他乡；意志刚强，富有忍耐性；深谋远虑，但不优柔寡断；安排、处理好家庭生活关系；身体健康，精神焕发[①]。1994 年 10 月 3 日，在日内瓦召开了第 44 届国际教育大会，会议通过辩论，通过了《为和平、人权和民主的教育综合行动纲领》。该纲领为教育目的做了如下规定：（1）为和平、人权和民主的教育之最终目标，是发展每个人的普遍价值感和各种行为方式，而和平文化正是基于此而被预示的，因此有可能即使在不同的社会—文化环境下识别那些能被普遍认可的价值观念。（2）教育必须发展尊重自由的能力和面对挑战的技能。这意味着使公民做好准备以应付困难的而又变化莫测的形势，并使他们能独立自主和承担责任，意识到个人的职责必须同确认公民义务的价值相联系，同确认与他人一起解决问题并共同建设一个公正、和平和民主的社会相结合。（3）教育必须发展承认并接受存在于各种个人、男女、民族和文化之中的价值观的能力并发展同他人进行交流、分享和合作的能力。教育必须加强个人的特性并鼓励集中那些能增强个人和民族之间的和平、友谊和团结的各种思想和解决方法。（4）教育还应促进培养学生思想中的内在和平观，这样他们就能更牢固地形成宽容、同情、分忧和相互关心的品质。（5）教育必须培养公民做出明智选择的能力，不仅使他们的判断和行动基于对当前形势的分析，而且以对理想未来的憧憬为基础。（6）教育必须教育公民尊重文化遗产，保护环境并采取有

---

① 薛荣久：《经济全球化的影响与挑战》，引自胡元梓等主编：《全球化与中国》，中央编译出版社，1998，129~130。

利于可持续性发展的生产方法和消费方式。个人和集体价值观念之间的和谐一致以及当前的基本需要和长远的利益之间的和谐一致也是必要的。（7）教育应该从一种长期均衡发展的角度，培养在国家和国际范围内的团结和公平的感情①。

第二，全球化会引发教育上的一系列冲突，使创新人才培养面临新的挑战。对于发展中国家来说，全球化势必会诱发各种各样的矛盾，使教育的结构、形式等产生一系列改变，这些矛盾集中体现在以下几个方面：（1）全球化与本土化之间的矛盾。全球化推动个人、团体和制度接受相似的行为方式，或参与更有包容力、更有协调性的进程、组织或体制。相反，本土化则使个人、集团和制度缩小其眼界，接受不同的行为方式，退回到不大有包容力的进程、组织或体系中。全球化和本土化两股力量的差异造成了对领土性质的相反理解。全球化正在淡化与土地相联系的边界和身份，而本土化则正在退缩压力的驱动下强调边界的意义，强化对能够左右情感和理智的土地的深深依恋。简言之，全球化是在扩大边界，而本土化是在强调边界。前者允许人员、货物、信息、规范、习俗和制度到处流动，不去理会或干脆不管边界问题；而强调边界的本土化进程旨在抑制或阻止人员、货币、信息、规范、习俗和制度的流动。这种矛盾体现在创新人才素质特别是价值观念上就是贡献国家与贡献人类的矛盾，体现在教育改革和创新上就是国家本位与世界意识的矛盾。（2）传统与反传统之间的矛盾。全球化与既有的传统总是有着或多或少、或大或小的冲突的，它不能完全认同传统，更不可能完全被传统吸纳，在文化传统积淀较深厚的国家尤为如此。这样一来，在全球化过程中，教育中的传统与反传统就成了贯穿始终的一对矛盾。另外，教育特别是学校教育本身就是既定传统的产物，同时也是维护传统的手段，它习惯于将已有的价值规范、思想观念重复地传递给下一代。这种保持传统的特性，使得教育不易接受新的变化，有排斥、拒绝变迁的倾向。教育的这种固有性质，在一定程度上会激化其内部传统与反传统之间的矛盾，并且要求教育创新必须直面这种矛盾，做出正确的抉择。（3）教育内部发展不均衡带来的矛盾。与上面提到的原因相似，在全球化进程中教育内部也会因发展的参差不齐产生诸多的矛盾，如为着全球化的需要，培养具有一技之长的人所设置的职业教育、专门教育与普通教育之间的矛盾；高等教育的大量发展与中等教育之间存在的不衔接；追求学历与"真正"的教育之间的矛盾；正规教育的大量发展与非正规教育之间的矛盾等。在处理这些矛盾的过程中，

---

① 赵中建编：《教育的使命——面向二十一世纪的教育宣言和行动纲领》，教育科学出版社，1996，193～196。

教育须坚持扬弃与创新相结合的原则，要以开放的胸襟、兼容的态度，对国际教育的组成要素和结构形式进行科学的分析和审慎的筛选。根据我国教育发展的实际需要，发扬教育理论工作者和实践工作者的主体意识，经过辩证的综合，创造出既有本民族特色又充分体现时代精神的新教育。

第三，全球化会对创新人才培养的具体实践产生广泛的影响，从学校管理体制到课程、教学乃至教师的成长等，给创新人才培养提出一系列新挑战。在学校管理方面，秉承了现代化以及现代主义所强调的普遍性，有可能导致学校多样性的丧失，强化学校的同一性，从而削弱了学校根据社会文化环境和发展需求进行自主创新的可能性。正如英格哈德所说，"全球化对当代社会的冲击是厌恶差异的普遍主义的自由主义所造成的结果，尽管自由主义表面上看并不反对差异。自由主义暗含的做法是：通过市场使世界同质化，从而消除民族国家和民族文化……西方现代性的必然结果基本上是以整个市场的普遍的一元文化特征为基础的。"① 在课程与教学方面，有学者谈到，随着全球化的推进有可能给知识带来这样一些影响：其一，知识的生产和传播深受商业化的影响，而呈现出事实与价值分离的状态。其二，知识的虚拟化。知识本身随信息化的逼近正在脱离现实，呈现虚拟的形态，与拥有知识者本人及其所处地方脱节，也就是常说的"非地方化"。其三，知识自身的作用弱化，能力变得日益重要和突出。美国教育学家赖克认为适合未来功能的这类教育应培养抽象思维能力，促进复杂和相关系统思维的发展，培养实验与合作能力、集体精神及与同事的相互交流。换言之，教育应是易变的和交互式的，造就的应是善于怀疑、求知欲强且具创造性的头脑。其四，教学的不确定性、模糊性增加。随着全球化进程的加快，教育上会被不确定性所笼罩，教师一方面不知道到底应该教给学生什么，另一方面如果教的话又会给学生带来什么。这种矛盾、对立会伴随在教师左右，使教师变得不知所措，也许就不会"教"了。"在教育界，全球化过程造成的普遍不确定性一直在某些方面存在。后现代派就'什么东西可以信心十足地教给学生'这一问题所怀的担忧，如今更因'信心十足地教意味着什么'这一难以理解的问题加剧——尤其是在所谓的新知识经济时代，教学往往被简单还原为如何'管理教育空间'，除了计划和组织技巧外，不需要教师有任何个人才干"。"今日教学面临的最大威胁，也许是那些制定当代教育政策的人，似乎对教师的经验置若罔闻。像多数其他形式的劳动一样，教学正被贬为无序的劳动市场的一个商品，决策者对教学本身意味着什么这一问

---

① 转引自（美）阿兰：《面向全球化》，引自王列等编译：《全球化与世界》，中央编译出版社，1998，20。

题没有兴趣，对其作出的新计划会对教师或学生的生活质量产生什么影响漠不
关心。"① 在教师素质方面，面对全球化形成的巨大冲击波，教师将在身份认
同、权威以及职业自主性等方面面临新的危机。在全球化所提供的广阔背景
下，教师可以支配的权威领域正在日益失去其领地。在通信和网络技术的支持
下，知识和信息资源可望在全球范围内实现共享和重新配置，这意味着人人都
有可能成为这些资源的拥有者，在知识和信息的获取上权威角色渐渐失去了它
的对象。同教师自身一样，学生——教师权威的对象——完全暴露在知识和信
息资源之中，他们同样可以通过更加丰富与便捷的渠道自主地获取这些资源，
因此，传统的教师作为知识专家或知识拥有者的角色以及由此形成的权威正在
面临崩溃，同时学生作为知识欠缺者的地位也将发生深刻变化。同时，在全球
化过程中，由多元文化价值观所形成的道德相对主义，也对教师的道德权威构
成了威胁。

四、创新人才培养呼唤教育创新

创新人才培养是一个系统工程，学校教育在创新人才培养过程中居于主导的
地位。这是因为，如果学校教育不能够极大地保护和提高学生的创造性或创造
力，那么就谈不上什么向社会提供创新人才。而培养创新人才对于学校体制来说
是一个全新的任务和使命。以前的学校教育体制，从观念到制度、内容再到方
法，不能说阻碍了学生创造潜能的发挥和实现，但是至少说没有把培养学生的创
造性或创造力及其相关思维和人格品质作为核心目标来追求，这是众所周知的事
实。因此，要顺应时代的要求，造就大量的创新人才，整个学校教育体系，从学
前教育到基础教育一直到高等教育，都必须进行认真的反思，大力推进指向创新
人才培养和创造性或创造力提升的教育创新，从而更有效地开展创新教育。只有
这样，学校教育才能实现自己鲜明的社会性和时代性，才能跟上时代进步的
步伐。

（一）走向创新人才培养的世界教育改革

20 世纪 80 年代以来，为了适应新的社会政治、经济、科学技术和文化发展
的趋势，世界各国开展了新一轮的教育改革运动。由于各个国家面临的发展问题
不同，这次世界范围内的教育改革运动在目标上也呈现出多样性。但是，透过纷

---

① （加）史密斯著，郭洋生译：《全球化与后现代教育学》，教育科学出版社，2000，前言，15、
19。

繁复杂的目标表述，我们清晰地发现，应对科学技术、知识经济和未知危险的挑战，大力培养学生的创造性或创造力，加快创新人才培养，几乎是所有国家教育改革的共同目标，也是国际教育组织反复强调的价值选择。

美国荣登世界上"最具有创造力的国家"排行榜第一位[①]。这与美国的教育理念和实践有很大的关系。纵观美国的教育，一个非常明显的特征是：学校注重提倡学生独立思考，鼓励青少年学生向既定的结论和权威发出质疑与挑战，从来不压抑那些看起来稀奇古怪、离经叛道的想法或行为。可能正是由于这样，近30年来，荣获诺贝尔物理学奖、化学奖、生理学或医学奖的人数中，美国科学家占了半数以上。但是，就是这样，美国教育行政机构、学术机构和学校仍然不满意，对于青少年学生的创造性或创造力培养充满了危机感，纷纷进行深入系统的研究，探索进一步提高学生创造性或创造力、培养创新人才的新途径。2003年9月，哥伦比亚大学师范学院发表了一份题为《婴幼儿和创造力：美国教育目标小组的经验教训》的报告。该报告充分阐述了创造性或创造力培养的极端重要意义，就创造性或创造力与学习方法、创造性或创造力与早期儿童教育等问题进行了大量的研究。除了幼儿教育，美国在中学和大学的课程设置上也十分注重创造性或创造力的培养。比如，美国的 AUTA 模式（Awareness、Understanding、Techniques、Self-actualization，即意识、理解、方法、自我实现），这是戴维斯等人20世纪80年代初设计的创造性或创造力培养方法。再比如美国现在使用最广泛的 CPS 教育，强化创造性解决问题的教育和训练。

进入21世纪，法国根据人力资源开发的需要，不断增加教育经费。截至2005年，教育经费比1988年增加45%，即从3 980亿法郎，增加到5 760亿法郎。在增加教育经费的同时，法国的教育改革高度重视培养儿童的创造性或创造力问题，强调：（1）树立正确的儿童观，认识学生是学习活动的主体、主人，应该是自己管理自己，实行"自治"，使其充分得到自由发展；（2）启发学生学习求知，顺应学生学习兴趣，相信学生学习的成功，尊重学生的人格；（3）培养创造性或创造力，一般是通过创作构思、造型艺术、素描、绘画、音乐、舞蹈和各种实验活动。在教学时间上，分成创造时间、吸收时间、对话时间、探索时间、自学时间[②]。这种教学实践的安排使得青少年学生有充分的时间来从事创造性的思考、学习、探究和表现。

20世纪80年代以来，青少年学生的创造性或创造力培养问题也引起亚洲各

---

① 转引自：《解放军报》，2003.04.22。

② 转引自：《关于国外中小学创造教育》，创新合肥，http://www.hfczxh.cn/html/2005 - 09/18.htm，2005.09.24。

国或地区的高度重视。1985 年 6 月 26 日，日本政府出台了《日本临时教育审议会关于教育改革的第一次审议报告》①。该报告明确提出了改革的目标，即使日本成为具有创造性和活力的国家。在基本设想中，明确提出教育要培养青少年学生进行创造性思考的能力。1986 年 4 月 23 日，日本政府再次提出了《日本临时教育审议会关于教育改革的第二次审议报告》②。在该报告中，提出了 21 世纪的教育目标并明确指出教育要培养"宽广的胸怀，健康的体魄和丰富的创造性或创造力"。此后，日本政府又陆续出台了《日本临时教育审议会关于教育改革的第三次审议报告》③ 和《日本临时教育审议会关于教育改革的第四次审议报告》④，不断地重申教育在发展个性与培养创造性或创造力方面的职能和使命。新加坡教育部于 1998 年在学校推行思维课程，要求在各科教学中融入思维技能的训练，培养学生良好的思维习性，其核心目标是提高学生创造性地解决问题的能力。2003 年起，新加坡教育部又在学校推行"专题作业"（Project Work），让学生实践创造性思维，并将专题作业的成绩作为各科正规评估指标体系的一部分。

（二）培养创造性或创造力——新时期中国教育改革的主题

20 世纪 80 年代以来，中国政府以及社会各界人士逐渐认识到培养民族创造性或创造力的必要性和重要性，并很快地把创新精神和创造性或创造力的培养作为教育改革的重要目标来追求。早在 1985 年《中共中央关于教育体制改革的决定》中，就明确提出要培养青少年学生的"创新精神"。进入 90 年代以来，随着国际和国内形势的变化，创新精神和创造性或创造力培养的问题更加突出。1995 年 5 月 26 日，江泽民在全国科学技术大会上发表了《实施科教兴国战略》的重要讲话，提出"创新是一个民族进步的灵魂，是国家兴旺发达的不竭动力。……一个没有创新能力的民族，难以屹立于世界先进民族之林。"⑤ 1998 年初，他在对中科院《迎接知识经济时代，建设国家创新体系》的报告上批示："知识经济，创新意识，对于我们 21 世纪的发展至关重要"，"科技的发展，知识的创新越来越决定着一个国家、一个民族的发展进程。"同年 6 月，在接见部分科学院院士时，他又指出："迎接科学技术的挑战，最重要的是坚持创新，勇于创新。"而"创新的关键在人才，必须有一批又一批优秀年轻人才脱颖而出，必须大量培养年轻的科学家和工程师。"⑥ 同年 10

---

① ② ③ ④ 吕达：《当代外国教育改革著名文献（日本、澳大利亚卷）》，人民教育出版社，2004。
⑤ 江泽民：《江泽民文选（第一卷）》，人民出版社，2006，432。
⑥ 江泽民：《江泽民文选（第二卷）》，人民出版社，2006，132、133。

月，教育部副部长吕福源在上海考察教育工作时指出：教育战线要全面、深入学习邓小平教育理论，贯彻"三个面向"题词精神，大力实施以培养学生创新精神、创造能力为核心的素质教育。1999 年 6 月 15 日，江泽民同志从教育的角度，再次强调创新这一时代的主题。他精辟地指出，"教育是知识创新、传播和应用的主要基地，也是培育创新精神和创新人才的重要摇篮。无论在培养高素质的劳动者和专业人才方面，还是在提高创新能力和提供知识、技术创新成果方面，教育都具有独特的重要意义"。"中华民族是富有创造精神和创新能力的伟大民族。古代中国人曾以四大发明等众多科技创造闻名于世，对世界文明的发展作出过重大贡献。今天，面对世界科技飞速发展的挑战，我们必须把增强民族创新能力提到关系中华民族兴衰存亡的高度来认识。教育在培育民族创新精神和培养创造性人才方面，肩负着特殊的使命。"[1] 2001 年，中共中央、国务院在关于基础教育改革与发展的有关文件中再次将创造性或创造力的培养作为基础教育的重要目标。2002 年 9 月 8 日，江泽民在北京师范大学建校 100 周年庆祝大会上发表的重要讲话中，首次明确提出"教育创新"的概念，系统地阐述了关于"教育创新"的思想，提出"教育是培养人才和增强民族创新能力的基础，必须放在现代化建设的全局性战略性重要位置。""教育创新，与理论创新、制度创新和科技创新一样，是非常重要的，而且教育还要为各方面的创新工作提供知识和人才基础。"[2] 这些重要论述，极大地推动了整个社会创新文化的培育和教育创新。

20 世纪 90 年代以来，为了培育创新人才，提高整个民族特别是未来一代的创造能力，中国的教育实践——从高等教育到基础教育——发生了带有根本性的、全局性和深刻性的变化。就高等教育领域而言，1995 年，教育部启动"211 工程"，旨在重点建设一批高等院校和重点学校，并在 2000 年前后完成其首期计划，后又启动二期计划，通过院校、专业、课程的调整，进一步提高高等院校的知识创新能力和科研水平。"211 工程"着力改善高等院校办学的基本条件，在人才培养特别是高层次人才培养方面取得显著成效，已基本实现立足于国内培养高层次人才的目标。1998 年，教育部实施了旨在使高等院校跟踪国际学术发展前沿、成为知识创新和高层次创新性人才培养基地的"高层次创新人才工程"。该工程强调重视培养高层次创新人才的团结、协作和奉献精神；国家加强对高等院校的科研经费的支持，增设博士专项奖学金，提高教学、科研质量和设备的装备水平，稳妥地扩大高校博士后流动站的数量与规

---

① 江泽民：《江泽民文选（第二卷）》，人民出版社，2006，331、334。
② 江泽民：《江泽民文选（第三卷）》，人民出版社，2006，499。

模。此外，它还强调要加强国际学术交流。同年，教育部实施了"985工程"，该工程的总体思路是：以建设若干所世界一流大学和一批国际知名的高水平研究型大学为目标，建立高等院校新的管理体制和运行机制，抓住机遇，突出重点，体现特色，坚持跨越式发展，走有中国特色的建设世界一流大学之路。"985工程"一期工程取得明显效果，并于2004年启动"985工程"二期建设。"985工程"二期建设目标是巩固一期建设成果，紧密结合国家创新体系建设，创建一批科技创新平台，为创建世界一流大学和一批国际知名的高水平研究型大学进一步奠定坚实基础，建设若干所世界一流的有创新精神的研究性的大学。从2003年开始，教育部通过立项方式资助"研究生教育创新计划"。该计划强调改革研究生的招生和选拔制度，继续推进学分制并适当调整修业年限，将研究生的培养和导师的负责制联系起来。采取评选优秀学位论文、举办博士生学术论坛和暑期学校等多种手段，鼓励并资助研究生参加科研创新，使创新人才脱颖而出。

就基础教育领域而言，20世纪80年代中叶以来也发生了巨大的变化，把培养青少年学生的创造性或创造力作为一个核心的目标来追求。从观念上看，20多年来那种只注重知识灌输和死记硬背的填鸭式教学与学习理念遭到了不断批判，以促进学生自主学习、合作学习和研究性学习为目的的新的教学和学习理念逐渐为广大中小学教师和学生所接受，学生在学习过程中的内在兴趣、问题意识、批判性思维能力和创造性表达自我认识的能力都得到很大的提高。从课程和教学组织形式上看，不仅日常的学科教学注重培养学生的质疑意识、讨论意识和独立思考的能力，提倡课程与教学的创新性，而且还拿出了专门的学时用来开展各种形式的研究性学习，让学生在学习中研究、在研究中学习，丰富他们科学研究的经验，培养他们初步的问题意识、设计能力、实施方案的能力以及得出研究结果与报告研究成果的能力。从评价方式上来看，传统的注重知识掌握与再现的终结性评价、选拔性评价越来越为多元的评价方式所补充和完善，不同的评价方式给予了学生多样化学习和表现的空间，有利于学生创造性的形成和发展。从教师素质来看，近二十多年来，教师的素质特别是教师的科研素质——从科研意识到科研能力——都有了很大的提高，"教师即研究者"的观念深入人心。越来越多的教师都能够自觉地结合教育教学和管理实际，以实际问题为核心，开展各种形式的研究活动，并通过自己的研究发现来调整和促进教育教学与管理水平的提高。教师研究素质的提高对培养学生的创造性无疑是非常重要的。在一个只知道"死教书、教死书和教书死"的老师门下，是走不出富有创造性或创造力的一代新人的。从师生关系来看，传统的注重权威的师生关系正在为平等、民主与和谐的新型师生关系所替代。这种师生关系性质的变化也为学生创造性的保护、发展和不断提升创造了社会条件。在一种极端不平等或专制的师生关系里，青少年仅有的一点创造潜能都会被扼杀，更谈不上成为有创造性或创造力的新人了。

（三）创新人才培养必须加快教育创新的步伐

自从 2002 年 9 月 8 日江泽民同志在北京师范大学建校一百周年的讲话[①]中提出"教育创新"的任务以来，教育创新的研究与实践都在不断深入，教育对于新时期社会经济发展的适应性在不断增强，教育培养创新人才的意识和能力也在不断地增强，一个新的充满生机和活力的教育新体系正在酝酿和形成当中。但是，客观地说，教育创新如同其他社会领域的创新一样，不是轻而易举和一蹴而就的事情，总是受到种种主客观条件的制约，总是受到各种不利因素的干扰或阻碍。要适应时代发展的要求，大力培养创新人才，提高中华民族的创造性素质，就必须继续深刻领会教育创新的重要意义，克服一些干扰和阻碍，进一步加快教育创新的步伐。

从教育外部来看，阻抗创新教育的因素主要来自于已有文化传统中的消极因素，突出地表现为过于注重人与社会的协调及偏重"中庸"的思维方式。注重人与社会之间的协调是我国文化传统中的一个重要成分，它使得中华民族增强了其自身的凝聚力和社会归属感，但与此同时，也使得人在其社会化的历程中消磨掉了不少独特性的成分。社会化与个性化在很大程度上是相对的两个方面，常常不可兼而顾之，过多地社会化的企求和渴盼，往往会把创造性的火花和萌芽扼杀或弱化。"中庸之道"、"叩两端"，是中华民族思维传统中的又一大特征。它虽然从根本上避免了极端化的看法与认识，使得对事物的分析更趋合理，但与此同时，也使得人们缺少追本溯源的科学精神与批判态度，缺少刘禹锡所讲的"千淘万漉虽辛苦，吹尽狂沙始到金"（《浪淘沙九首》）的精神。而对于创新而言，所需要的不仅仅是将不同的材料加以汇总、整理，更需要对问题进行多角度、多视野的透彻分析，提出全新的看法与见解。

从教育内部来看，阻抗创新的因素主要来自于教育总体上的特征、学校的运作模式、目的、课程、教学过程等方面。就教育自身而言，它在总体上所体现出的并不是发散的特性，而恰恰是收敛的特性。教育现象之所以出现，学校之所以产生，就是为了给青年一代定向、定规，让他们遵奉一定的规范，学习并掌握前人所积累下来的知识经验，将"师异道，人异论，百家殊方，指意不同"（《汉书·董仲舒传》）归于一统。前面我们已经提到，创造性是辐合思维和发散思维

---

① 全文见 2002 年 9 月 9 日《中国教育报》第一版。

的统一，二者相辅相成，缺一不可。因此过于强调辐合和统一，而忽视发散和差异，会大大阻碍创新能力的培养。意识不到这点，或者说，每个教育工作者若没有这样一种自我意识，创新教育或者教育创新也就在缺乏自我批判的氛围中逐渐与以往的教育趋于一致了。

现代教育尤其是学校教育是伴随着工业化的浪潮和机器大工业生产而逐渐发展的，在一定意义上是工业革命的产物。学校（指真正意义上的学校）从设立之初，就在很大程度上沿用了工业化的操作模式，以追求效率和批量化地培养人才而著称。西方"非学校化理论"的代表人物伊里奇（Illich，I）、赖默（Reimer，E）等曾批评美国资本主义的学校是工厂的"化身"，是资本主义经济形态的再现，认为学校实际上是把资本家已经包装好了的东西兜售给学生，学生成了消费者，而教师主要承担的是广告商的角色。这种评论虽有过激之嫌，但自有其道理。在这种操作模式中，个体之间的差异极容易被忽视，个体的创造热情也极容易被窒息。创新是知识经济的要求和呼唤，那么对于作为工业经济产物的学校来说，意味着的可能不仅是小修小改，而是从观念到行为的根本性变革。

创新总是和自主结合在一起的，没有了学生自主支配的时间和空间，教师主宰了一切，创新也就无从谈起。托兰斯曾谈到，在创造性教学中，教师应该使学生"敏锐地感受或意识到存在的问题、缺陷、知识差距、缺损因素、不和谐因素等；综合所得的信息；明确困难或识别缺损因素；搜寻答案；进行猜测或对缺损提出假设；对这些假设进行检验和再检验；然后对它们进行修改和再检验，完善这些假设；最后将结果与其他人交流"[1]。可以说，创新教育并不见得一定需要具有较强创新能力的教师，但是却肯定需要能够给儿童营造创新氛围，鼓励和支持儿童好奇心和探索精神的教师，而这样的教师首先应该转变的是原有的有上下之分、尊卑之别的师生关系，与学生之间建立起新型的平等、合作的交往。标准化测验，打着客观的旗号去评判学生的学业成绩，无疑是当今教育中扼杀创造性或创造力的最强有力的武器，是最冷面的"杀手"。它"绝杀"了教学过程和学习过程中产生的创造性火花，将学生的思维由创造引向刻板、僵化，这对于我们这样一个一向崇尚考试的民族来说，更是如此。

类似的阻抗因素还有很多，如管理体制、班级组织等，在此不一一枚举。在这里，重要的不在于将所有的阻抗因素都展示出来，而在于我们要从思想深处认识到，创新落实在教育上并不是件轻而易举的事情，而是存在着重重阻力和障碍的。每一个教育工作者如何剔弊理纷，找出自己教育教学中实施创新的最大阻抗因素并予以克服，才是最为重要的。

---

① Torrance, E. P. (et al.), Creative Learning and Teaching, P. 22, 1970.

五、创新人才的心理特征

发达国家都在努力培养创新人才，作为发展中国家的我们更是亟须大量创新人才，那么要成为创新人才，需要具备什么样的心理特征呢？这是一个从理论上和实证上都值得学术界探讨的问题，而且越来越受到心理学领域研究的重视，例如，对著名的心理学文摘数据库[①]（PsycInfo）以"Innovation 或 Creativity"为主题词在关键词中搜索发现，1960 年时，仅有 72 篇文章，到了 1999 年，达到了631 篇，2007 年的数字则为 1689 篇。前面已经提到，创新人才有狭义和广义两种理解：狭义的创新人才指在社会生产和社会过程中做出了创造性贡献的人，广义的创新人才还包括那些具备创新性素质或者潜能，可能为社会做出创造性贡献的人。但是，不管是从狭义还是从广义来说，凡是可以称得上是创新人才的人，其最核心的特征是具有丰富的创造性。

（一）创造性或创造力的实质

关于创造性的实质，学术界一直存在较多的争议。目前的研究中，出现了三种倾向，一是认为创造性是一种或多种心理过程；二是认为创造性是一种产品；三是认为创造性是一种个性，不同人有不尽相同的创造性。我们认为创造性既是一种心理过程，又是一种复杂而新颖的产品，也是一种个性的特征或品质。这样，我们才把创造性定义为：根据一定目的，运用一切已知信息，产生出某种新颖、独特、有社会或个人价值的产品的智力品质（林崇德，1984，1986，1992，2002，2004）。这里的产品是指以某种形式存在的思维成果。它既可以是一个新概念、新思想、新理论，也可以是一项新技术、新工艺、新作品。很显然，这一定义是根据结果来判别创造性的，其判断标准有三，即产品是否新颖，是否独特，是否具有社会或个人价值。"新颖"主要指不墨守成规、敢于破旧布新、前所未有，这是相对历史而言的，为一种纵向比较；"独特"主要指不同凡俗、别出心裁，这是相对他人而言的，为一种横向比较；"有社会价值"是指对人类、国家和社会的进步具有重要意义，如重大的发明、创造和革新；"有个人价值"则是指对个体的发展有意义。可以说，人类的文明史实际上是一部灿烂的创造史。对这个定义，我们还需要做一些解释。

---

① 心理学文摘数据库（简称 PI）由美国心理协会（American Psychological Association）出版，收录了 170 多万条记录，是心理学学科的国际性数据库。该库信息覆盖了超过 45 个国家，以 30 多种语言写就的心理学学术、研究和实践专著。

毋庸置疑，个体的创造性一般是通过进行创造活动，产生创造产品体现出来的，因此根据产品来判断个体是否具有创造性是合理的。另一方面，产品看得见，摸得着，易于把握。而目前人们对个体的心理过程、个性特征的本质和结构并不十分清楚。因此，以产品为标准化比以心理过程或创造者的个性特征为指标，其可信度更高些，也符合心理学研究的操作性原则。因此，可以认为，在没有更好的办法之前，根据产品或结果来判定创造性是切实可行的方法和途径。此外，我们之所以强调创造性是一种智力品质，主要是把创造性视为一种思维品质，重视思维能力的个体差异的智力品质（林崇德，1986，1990，1992，1999）。简言之，创造性是根据一定目的产生有社会（或个人）价值的具有新颖性成分的智力品质。

无独有偶，心理学家德雷夫达尔（J. Drevdarl）指出，创造性或创造力是个体产生任何一种形式思维结果的能力，而这些结果在本质上是新颖的，是产生它们的人事先所不知道的，它有可能是一种想象力或是一种不只局限于概括的思维综合，也正是在这个前提下，苏联有部分心理学家把创造力与"幻想"等同起来。创造性或创造力本身就包括着由已知信息建立起新的系统和组合的能力。此外，它还包含把已知的关系运用到新的情境中去和建立新的相互关系的能力。与此同时，创造性活动必须具有明确目标，尽管产品不必直接得到实际应用，也不见得尽善尽美，但产品必须是目标所追求的。这种产品可以是一种艺术的、文学的或科学的形式，或是可以实施的技术、设计或方式方法。这一点对于更好地理解创造性的定义是很有帮助的。

虽然产品的新颖性、独特性和价值大小是判断一个人是否具有创造性或创造力的标准之一。但这并不意味着由此可以断定没有进行过创造活动，没有产生出创造产品的个体就一定不具有创造性或创造力。有无创造性或创造力和创造性或创造力是否体现出来并不是一回事。具有创造性或创造力并不一定能保证产生出创造产品。创造产品的产生除了具有一定创造性的智力品质外，还需要有将创造性观念转化为实际创造产品的相应知识、技能以及保证创造性活动顺利进行的一般智力背景和个性品质，同时它还受到外部因素，如机遇、环境条件等的影响。由此可见，犹如智力有外显内隐之分，创造性或创造力也有内隐和外显两种形态。内隐的创造性或创造力是指创造性以某种心理、行为能力的静态形式存在，它从主体角度提供并保证个体产生创造产品的可能性。但在没有产生创造产品之前，个体的这种创造性或创造力是不能被人们直接觉察到的。当个体产生出创造产品时，这种内隐的创造性或创造力就外化为物质形态，被人们所觉知，这时人们所觉知的创造性或创造力是主体外显的创造性或创造力。

（二） 创新人才＝创造性思维＋创造性人格

相对论的提出者爱因斯坦，裸体雕像大卫的塑造者米开朗基罗，《命运》交响曲的创作者贝多芬，《红楼梦》的作者曹雪芹，《本草纲目》的编著者李时珍，无疑都是名垂千古的创新人才。然而，创新人才并非都是这样的"大家"、"大师"或"巨匠"，人人都有成为创新人才的潜力。前面已经提到，创造性是思维的一种品质，即创造性思维，但要成为创新人才，仅仅有创造性思维还不够。美国心理学家韦克斯勒（D. Wechsler）曾收集了众多诺贝尔奖金获得者青少年时代的智商资料，结果发现，这些诺贝尔奖金获得者中大多数不是高智商，而是中等或中上等智商，但他们的人格与个性与一般人有很大区别。由此可见，创新人才，不完全表现在智力或创造性思维上，创造性人格可能发挥更重要的作用，因此，在一定意义上说，创新人才就是创造性思维加创造性人格。

所谓创造性思维，按我们 20 世纪 80 年代直至目前的研究发现，它有五个特点及其表现：一是新颖、独特且有意义的思维活动。如前所述，"新颖"是指"前所未有"；"独特"是指"与众不同"；"有意义"是指"社会或个人的价值"。二是思维加想象，即通过想象，加以构思，才能解别人所未解决的问题。三是在智力创造性或创造性思维的过程中，新形象和新假设的产生带有突然性，常被称为"灵感"。灵感是长期思考和巨大劳动的结果，是人的全部高度积极的精神力量。灵感跟创造动机和对思维方法的不断寻觅联系着。灵感状态的特征，表现为人的注意力完全集中在创造的对象上，所以在灵感状态下，创造性思维的工作效率极高。四是分析思维和直觉思维的统一。分析思维就是按部就班的逻辑思维；而直觉思维则是直接领悟的思维。人在进行思维时，存在着两种不同的方式：一是分析思维，即遵循严密的逻辑规律，逐步推导，最后获得符合逻辑的正确答案或作出合理的结论；二是具有快速性、直接性和跳跃性（看不出推导过程）的直觉思维。五是创造性是辐合思维和发散思维的统一。辐合思维与发散思维是相辅相成、辩证统一的，它们是智力活动中求同与求异的两种形式。前者强调主体找到对问题的"正确答案"，强调智力活动中记忆的作用；后者则强调主体去主动寻找问题的"一解"之外的答案，强调智力活动的灵活和知识迁移。前者是后者的基础，后者是前者的发展。

关于创造性人格的研究，在国际上较著名的有两家。吉尔福特（1967）提出八条：（1）有高度的自觉性和独立性；（2）有旺盛的求知欲；（3）有强烈的好奇心，对事物的运动动机有深究的动机；（4）知识面广，善于观察；（5）工作中讲求条理性、准确性、严格性；（6）有丰富的想象力，敏锐的直觉，喜好抽象思维，对智力活动与游戏有广泛的兴趣；（7）富有幽默感，表现出卓越的文艺天赋；（8）意志品质出众，能排除外界干扰，长时间地专注于某个感兴趣的问题中。斯滕伯格（R. T. Sternberg，1986）提出创造力的三维模型理论，第三维为人格特质，由七个因素组成：（1）对含糊的容忍；（2）愿意克服障碍；（3）愿意让自己的观点不断发展；（4）活动受内在动机的驱动；（5）有适度的冒险精神；（6）期望被人认可；（7）愿意为争取再次被认可而努力。我们在多年研究的基础上，则将创造性人格概括为五个方面的特点及其表现，即：（1）健康的情感，包括情感的程度、性质及其理智感；（2）坚强的意志，即意志的目的性、坚持性（毅力）、果断性和自制力；（3）积极的个性意识倾向，特别是兴趣、动机和理想；（4）刚毅的性格，特别是性格的态度特征，例如勤奋，以及动力特征；（5）良好的习惯。

从上面分析可以看出，培养和造就创新人才，不仅要重视培养创造性思维，而且要特别关注创造性人格的训练；不能简单地将创造性视为天赋，而更重要地要看作是后天培养的结果；不要把创造性的教育限于智育，而是整个教育，即德、智、体、美诸育的整体任务，这需要通过教育创新，更有效地开展创新教育。

六、培养创新人才的关键是提高未成年人的创造性

如何在中国文化背景下，培养出大批具有全球视野的创新人才？可以说，这个问题是近年来教育理论界和实践界一直在关注的热点，人们提出了众多的理论观点和操作原则，力图提高各类社会群体的创新能力。那么，培养创新人才、进行教育创新的重点在哪？2006年2月6日国务院发布的《全民科学素质行动计划纲要（2006－2010－2020)》指出，未成年人、农民、城镇劳动人口、领导干部四大重点人群的科学素质行动带动全民科学素质的整体提高，是突破建设创新型国家"瓶颈制约"的关键。

（一）未成年期是创造力发展的重要阶段

在过去的心理学研究中，创新能力的研究对象仅仅局限于少数杰出的发明家和艺术家。近30年来，众多的研究者发现：创新能力是一种连续的而不是全有全无的品质，人人乃至每个儿童都有创造性思维或创新能力。幼儿就有创新能力的萌芽，并且可以通过一定的方法进行训练和培养，这种发展表现在幼儿的动作、言语、感知觉、想象、思维及个性特征等各方面的发展之中，尤其是幼儿的好奇心和创造性想象的发展是他们创造力形成和发展的两个最重要的表现。小学生有明显的创造性表现，儿童入学后，想象获得了进一步发展，有意想象逐步发

展到占主要地位；想象的目的性、概括性、逻辑性都有了发展；另一方面，想象的创造性也有了较大提高，不但再造想象更富有创造性成分，而且以独创性为特色的创造性想象也日益发展起来。中学生在学习中不断发展着创新能力。中学生的创造力不再带有虚幻的、超脱现实的色彩，而更多地带有现实性，更多地是由现实中遇到的问题和困难情境激发的；中学生的创新能力带有更大的主动性和有意性，能够运用自己的创造力去解决新的问题；中学生的创新能力更为成熟。我们课题组胡卫平教授的研究发现，17 岁青少年的科学创造能力趋于定型。

（二）我国未成年人的创造力亟待提高

上面已经提到，未成年期是创造力发展的重要阶段，但一些实证的研究却使我们忧心忡忡。国内学者查子秀等人较早进行了青少年创造力的国际比较研究。20 世纪 80 年代，应德国慕尼黑大学教育心理研究所之邀，开展了超常儿童方面的研究，确立了主题为《中德儿童技术创造力跨文化研究》的合作项目，研究对象主要是五年级、七年级的超常和常态儿童。从 1993 年开始，中国科学院心理研究所与台湾师范大学、香港理工大学合作，进行了三地区四城市（台北、香港、北京、上海）儿童创造思考与创造倾向的研究，并取得了初步的成果。新中国成立以来，范围最广、时间最长的一项青少年创造性或创造力的调查要数由教育部科学技术司、共青团中央学校部、中国科协青少年部和中国（科协）科普研究所联合承办《青少年创造能力培养现状社会调查和对策研究》，这项研究在 1998 年、2000 年、2002 年对中国大陆、香港地区的创造性或创造力培养状况进行了调查，这项调查覆盖全国 31 个省（自治区、直辖市、特别行政区），涉及多所大学和中学以及香港青少年当中大约 11 000 名学生。为了提供一个参照系，还进行了一些比较研究，在 2001 年和 2002 年，分别运用《青少年创造能力培养现状社会调查和对策研究》的评估标准，对中—美、中—加的青少年创造性或创造力培养状况进行了比较。

比较得出的结论是：我国青少年创造性或创造力发展的总体水平不容乐观。首先，从创造性或创造力的综合得分来看，中国青少年距离其他国家的青少年还有较大的差距。其次，具有创造性或创造力特征的青少年所占的比例也明显低于其他国家。以中加青少年的创造性或创造力比较[①]为例，中国自评具有初步创造性或创造力特征的学生在学生总体中所占的比例只有 23.3%，而加拿大有47.2%，相差二十多个百分点；中国自评具有创造性或创造力特征的青少年所占比例只有 9.1%，加拿大有 24.8%，相差十多个百分点。其三，从青少年创造性

---

① 马抗美、翟立原主编：《青少年创造力国际比较》，科学出版社，2003。

或创造力的发展前景来看，中国青少年创造性或创造力的未来发展有增长疲软的迹象，而且两极分化现象严重。在中德儿童技术创造性或创造力的跨文化研究中，连续三年的测验结果显示，虽然中方创造性或创造力的总体水平暂时领先于德方，但是德方儿童创造性或创造力的增长幅度和稳定性明显高于中方儿童，未来几年的发展状况如何还有待进一步研究。

在一定程度上，我们可以得出结论说，我国现有教育体制下青少年的创造性或创造力存在一定的值得引起关注的危机，主要表现在：第一，青少年创造性或创造力呈现随年龄增长持续下降的反常现象。黄小莲（2004）对中小学生科学素养的调查指出，小学生比中学生更具有求实的探索精神①。2002 年的"上海市青少年科学探究学习活动"的调研②主要针对小学、初中、高中和职业高中的学生开展了调查，研究发现，随着文化程度的上升，自评具有初步创造性或创造力特征的学生比例逐渐减少。在对各阶段学生发现问题、提出问题能力的比较中，也可以发现创造性提问能力是逐渐降低的。第二，青少年创造性或创造力发展呈现"两极分化"的畸形结构。韦楠舟（2003）③对广西中心城市和边远农村的少数民族高中生的创造性进行了比较，研究发现，中心城市少数民族高中生的创造性均值是 107.4，而边远地区少数民族学生的创造性均值是 90.39，中间相差一个标准差。尽管随着年级的升高，中心城市少数民族学生的创造性有所回落，但是仍然高于创造性水平略显上升的边远农村少数民族的学生。除了地区之间的差异外，校际之间学生创造性或创造力水平也存在着明显的区别。第三，青少年独立改造生活的能力匮乏。在科学素养方面，我国远远低于国际基本标准。尽管中国学生基础扎实、抽象思维能力强，在国际奥林匹克竞赛中总是捷报频传，在国际教育成就评估中国学生的表现也不示弱，可是这些都不能掩盖中国学生知识转化能力差、动手解决问题的能力不强的事实。在生活体验方面，我国青少年明显不足。创造性或创造力在未来科技领域的发展中将发挥着重要的作用，这不仅需要扎实的学科知识，还需要有较丰富的生活体验。

（三）培养未成年人的创造性或创造力，需要创新教育

当前教育体制下，提高我国未成年人的创造能力，亟须教育创新，进行创新教育。所谓创新教育不是另起炉灶的一种新的教育体制，而是教育创新的一项内容，它是创造型的管理和学校环境中由创造型教师通过创造型教育方法培养出创

---

① 黄小莲：《论学生科学素养的缺失——以一次科学教育调查数据的分析为试点》，《中国教育学刊》，2004（7），39~42。
② 牛灵江、翟立原主编：《青少年科学探究》，中国言实出版社，2005。
③ 韦楠舟：《广西少数民族高中生创造性人格的研究》，广西师范大学，硕士学位论文，2003。

新型学生的过程。

创新教育是学校三种群体产生五种效能的教育。三种群体是指校长为首的管理队伍、教师队伍和广大学生。产生效能为：由创造型校长创造出创造型管理；由创造型管理创造出创造型的学校环境；在校长的带动下，建设一支创造型的教师队伍；由创造型的教师进行创造型的教育教学；这种教育教学工作培养出创造型的学生。具体地说创新教育，它不须专门的课程和形式，但必须依靠改革现有教育思想、教育内容和教育方法来实现，渗透到全部教育活动之中，特别要考虑到：（1）呈现式、发现式、讨论式和创造式的开放教学方式；（2）聚合思维和发散思维的教学效果；（3）创造教育教学与学生身心发展的关系；（4）学科教学、教学方法和课外活动的作用。

创新教育的关键在于转变教育观念。在创新教育中，要树立正确的教育观念，尤其是人才观念。现代教育观念强调人才的多样性、广泛性和层次性，认为为社会做出贡献的都应该算是人才，在其能力中，肯定包括着不同程度的创造性或创造力。同时，我们应该认识到，尽管随着时代的发展，社会需要高学历、高学位的人才；但社会同样需要低学历、低学位的人才，需要受过一定的系统教育的人才，需要在实际工作中自学成才和有一定特长或专长的人才，他们都在不同程度上表现出创造性，有的还十分突出，即所谓"行行出状元"，所以，这些都是我们社会必不可少的人才。如前所述，现代教育观念还对学校如何培养未来人才提出了新的要求：要重视培养学生的创新精神和创造才能，以及独立获取知识并运用知识解决实际问题的能力；要尊重学生的人格，重视发展学生的个性特长。有了这种教育观念，才使我们能够改革教学的内容，不仅能稳妥地改革教材与课程，而且也会积极地改革考试内容，在考试中突出创新精神和创造性；才使我们能够改革教学方法，面向未来，才能使我们实现在前言中提倡的培养"T"型人才的教育目的，并为之大胆地投入改进教学方法的实验研究。

创新教育的内容十分丰富，形式也可以多种多样。下面的一些章节，会通过一些教学实验，进行更充分的论述。在这里，我们只是从理论上，对创新教育应遵从的一些指导思想进行论述。其一，创造性或创造力与智力、非智力因素都有一定关系，有人说相关系数高，有人说相关系数不高，我们的研究表明：创造性与其他智力的思维品质的相关系数在 0.40[①] 以上，这个相关系数不算太高，也不能算低。因此，我们重视学生的智力培养对创造性或创造力发展的作用，更注意学生的非智力因素，尤其是"创造"的成就动机对创造性发展的作用。其二，改革不利于学生发展的教育体系，改变课程和管理安排，把对学生创造性的培养

---

① 李春密：《高中物理实验操作能力的研究》，北京师范大学心理学院，博士论文，2002。

融在各学科教学之中。其三，国外有许多创造性或创造力训练的特殊技巧，可以为我们所借鉴，所以我们比较重视对这些方法的采纳。其四，营造创造性发展的社会氛围，使课内与课外，校内与校外教育统一起来，是我们课题组的一贯主张。所以，我们在本研究中重视信息技术在创造性教育中的作用，重视由课外或校外活动小组来培养学生的创造性。

通过本章，我们对创新人才培养的时代背景、创新人才培养与中国传统文化及全球化潮流之间的关系、教育创新的必要性、创新人才的心理特征以及培养创新人才的关键突破口等问题，从理论的视角进行了分析。但是，要进行创新人才培养，开展教育创新还有大量具体问题需要解决，例如，被公认的创新人才在创造性思维和创造性人格上具备哪些特点，其成长经历是怎样的？青少年身上蕴藏着巨大的创造潜能，如何去测量和评价？不同文化背景下青少年的创造性思维和创造性人格究竟有哪些共性和差异？如何通过教育创新，在学校层面有效开展创新教育？怎样利用信息化技术开展创新教育？具有高创新能力的人，心理一定不健康吗？面对这些问题，理论分析并不能提供答案，课题组通过大量实证研究对以上问题逐条进行了探讨，我们将在本书的后面各章节中做详细论述。

参考文献

［1］江泽民著：《江泽民文选》，人民出版社，2006。

［2］陈文博、郑师渠主编：《"三个代表"重要思想与教育创新》，北京师范大学出版社，2003。

［3］胡鞍钢著：《中国：新发展观》，浙江人民出版社，2004。

［4］鲍宗豪、张华金等著：《科学发展观论纲》，华东师范大学出版社，2004。

［5］张岱年、方克立主编：《中国文化概论》，北京师范大学出版社，1994。

［6］杨东平主编：《2005年：中国教育发展报告》，社会科学文献出版社，2006。

［7］顾明远著：《中国教育的文化基础》，山西教育出版社，2004。

［8］林崇德著：《教育的智慧——写给中小学教师》，开明出版社，1999。

［9］林崇德著：《培养和造就高素质的创造性人才》，北京师范大学学报（哲社版），1999（1），7。

［10］郑金洲、瞿葆奎：《中国教育学百年》，教育科学出版社，2002。

［11］吴季松著：《21世纪社会的新趋势：知识经济》，北京科学技术出版社，1998。

［12］［美］查尔斯·M·萨维奇著，谢强华等译：《第五代管理》，珠海出版社，1998。

［13］［英］雷蒙·威廉斯著，刘建基译：《关键词：文化与社会的词汇》，生活·读书·新知三联书店，2005。

［14］王英杰、刘保存著：《国际视野中的大学创新教育》，山西教育出版社，2005。

［15］冯增俊著：《教育创新与民族创新精神》，福建教育出版社，2002。

［16］马抗美、翟立原主编：《青少年创造力国际比较》，科学出版社，2003。

［17］［美］伯顿·克拉克主编，王承绪译：《研究生教育的科学研究基础》，浙江教育出版社，2001。

［18］程斯辉主编：《创新型教师》，东方出版社，2001。

［19］江泽民：《全面建设小康社会，开创中国特色社会主义事业新局面——在中国共产党第十六次全国代表大会上的报告》，人民日报，2002－11－18。

［20］World Competitiveness Center of Switzerland's IMD, World Competitiveness Yearbook 2006. Url：http：// www. 01. imd. ch / documents /wcc /content / overallgraph. pdf.

［21］中国科技部（产出指标），Url：http：// www. sts. org. cn/ sjkl /kjtjdt/ data2004 / 2004－4. htm。

［22］徐元旦：《中国科技竞争力的国际比较及对策建议》，《中国发展》，2005，3：54～57。

［23］胡锦涛：《在中国科学院第十三次院士大会和中国工程院第八次院士大会上的讲话》，人民日报，2006－06－06（002）。

［24］Taylor C. W. , Holland J. H. . Development and application of tests of creativity. Review of educational research. 1962，62（1）：91－102.

［25］国家教育发展研究中心：《发达国家教育改革的动向和趋势》，人民教育出版社，1992，1～11，170～181。

［26］田野郁夫著，张晓鹏译：《高等教育的结构不变化》，《复旦教育论坛》，2003，1（2）：54～61。

［27］孟庆枢、于长敏：《面向21世纪日本教育发展趋向——〈日本第15届中央教育审议会第一次咨询报告〉浅析》，《日本学论坛》，1998，1：29～34。

［28］王璐：《重在提高基础教育质量——英国〈1988年教育改革法〉评介》，《比较教育研究》，1990，5：10～14。

［29］Guilford J. P. . Measurement and Creativity. Theory into practice. 1966，5（4）：186－189.

［30］中华人民共和国国务院：《全民科学素质行动计划纲要（2006－2010－2020）》，人民日报，2006－03－21（008）。

［31］林崇德：《当代中国心理学家文库（林崇德卷）》，北京师范大学出版社，2006。

［32］Franzis Preckel, Heinz Holling, Michaela Wiese. Relationship of intelligence and creativity in gifted and non－gifted students：An investigation of threshold theory. Personality and Individual Differences，2006，40（1）：159－170.

［33］胡卫平：《青少年科学创造力的发展与培养》，北京师范大学出版社，2003。

［34］林崇德：《教育与发展——创新人才的心理学整合研究》，北京师范大学出版社，2004。

［35］Yang S. C. , Lin W. C. . The Relationship Among Creative, Critical Thinking and Thinking Style in Taiwan High School Students. Journal of Instructional Psychology，2004，31（1）：33－45.

［36］Egan T. M. . Creativity in the Context of Team Diversity：Team Leader Perspec-

33

tives. Advances in Developing Human Resources. 2005, 7 (2): 207 – 225.

　　[37] Reimer T. , Hoffrage U. . Can Simple Group Heuristics Detect Hidden Profiles in Randomly Generated Environments? Swiss Journal of Psychology 2005, 64 (1): 21 – 37.

　　[38] Tjosvold D. , Poon M. , Yu Z. . Team effectiveness in China: Cooperative conflict for relationship building. Human Relations, 2005, 58 (3): 341 – 367.

　　[39] David W. C. (2004) . Multiple intelligences of Chinese gifted students in HongKong: perspectives from students, parents teachers, and peers. Roeper Review, 27 (1): 18 – 24.

　　[40] Niu W. H. , Sternberg R. J. (2003) . Societal and school influences on student creativity: the case of China. Psychology in Schools, 40 (1): 103 – 114.

　　[41] Runco M. A. . Creativity (2004) . Annual Reviews of Psychology, 55: 657 – 687.

　　[42] 王瑞明、陈红敏、佟秀丽等：《用微观发生法培养幼儿科学创造力的实验研究》，《学前教育研究》，2007，07 – 08：41 – 45。

　　[43] Toth E. E. , Klahr D. , Chen Z. . Bridging research and practice: A cognitively based classroom intervention for teaching experimentation skills to elementary school children. Cognition and Instruction, 2000, 18: 423 – 459.

　　[44] 郑金洲：《审视"创新教育"》，《教育参考》，2000 (1)。

第二章

创新型人才效标群体研究[*]

现有的有关创造力的研究，绝大多数都是用创造性测量得分的方式来界定和筛选高创造力人员。这种方式具有很大的冒险性，因为创造力测验上显示的高得分与实际的创造力之间，可能存在许多中间因素，二者可能有某种程度的一致性，也可能存在本质的区别。就目前创造力研究领域积累的资料而言，还高度缺乏证据来证明创造力测量上的高得分是未来实际创造才能的有效预测源。为此，林崇德教授在他主持的教育部哲学社会科学研究重大课题攻关项目"创新人才与教育创新研究"中，启动了一个不同的研究路线，即选择已经被社会公认的创造性成就的人才，通过回顾性地研究他们的思维、个性、代表性的实际创造成就及个人成长经历，试图揭示具有实际超越创造才能的人员诸方面的特点，同时揭示其实际创造才能的形成机制。

一、研究的方法学过程

本章的研究主要分为两个主要部分。一部分是科学创造者，主要是针对 34 位具有原创性高水平科研成就的院士科学家所进行的研究，另一部分是对 38 位具有突出创造性成就的社会、艺术领域的杰出人士的研究结果。两个部分研究的方法学技术基本一致。

---

* 本章负责人：金盛华教授；执笔人：金盛华、张景焕和王静。本章研究成员：金盛华、姚梅林、辛自强、张景焕、王永丽、王静等。

（一） 研究被试的选择

1. 科学创造者——创造型院士、科学家选择

本章将科学创造者界定为，科学创造者是指生活于特定历史阶段、在所在的学科中做出了创造性成就的科学家。成果创造性的评价以本领域对创造者研究成果的创造性水平的承认为标志，被系统性地认为做出创造性成就的科学研究者就是科学创造者。成果是否具有创造性，用成果的新颖性和适用性（包括解决问题的能力、解释事物的能力、预言发展的能力）来衡量。科学发现有大有小，创造性也可以有程度不同的表现。近代中国，特别是新中国成立50多年以来，中国科学界对世界科学发现的重大贡献可圈可点的虽然为数不多，但是各个科学领域也都取得了重大进展。正是这些发展才使得各个学科出现了今天这样一个发展水平。这些进展与一些人的创造性贡献是分不开的，做出这些创造成就的人就是本研究界定的科学创造者。本研究在科学领域选定数学、物理、化学、地学、生命科学5个学科作为研究的学科范围。首先选定中科院院士作为备选研究对象①，考虑到院士大多数年龄较大，同时选择获国家自然科学一、二等奖的青年科学家作为备选对象②。在这两部分备选人员中查找工作单位在北京、上海（发达城市，科研院校与研究所较为集中）、济南和合肥（内陆城市，拥有国内著名院校）的科学工作者，每个学科各100人，共500人。

进一步的科学创造者的确认程序是，将符合以上条件的研究者的代表性成果匿名列出，请有关方向三年级博士生（选择三年级博士是因为其博士论文的进展需要了解有关领域的前沿成果）评定其成果的新颖性和适用性（包括解决问题的能力、解释事物的能力、预言发展的能力）。在500名备选研究对象中，由于找不到合适的评判者，或者评判者不能准确认定该成果创造性特征等原因不能成为本研究被试的，有393名。最后，本研究得到107名合乎标准的被试。

本研究被试基本情况见表2-1。

被访者出生年代在1911~1965年间，其中2人为女性科学家，其余32人为男性科学家。受访科学家的出生地与童年成长地遍布包括台湾省在内的我国27个省（自治区、直辖市）。

---

① 根据《中国科学院院士章程》和《中国科学院院士增选工作实施细则》，院士是经过同伴提名的、做出受到广泛认可的创造性成就的人（截至2004年7月，包括已去世院士在内，科学院院士1 027人，工程院院士663人，两院院士共1 690人）。

② 根据国务院1999年4月28日发布的《国家科学技术奖励条例》，国家自然科学奖"授予在基础研究和应用基础研究中阐明自然现象、特征和规律，做出重大科学发现的公民"。它非常强调原创性、首创性，通常授予做出原创性科学成果的科学家。

表 2 – 1　　　　　　　　　　　被访科学家情况表

学科分布		年龄分布	
学科名称	各个学科人数（人）	年龄段	各年龄段人数（人）
数学学科	6	40 岁以下	3
物理学科	8	41～50 岁	7
化学学科	6	51～60 岁	6
地学学科	7	61～70 岁	8
生命科学	7	71～80 岁	7
		80 岁以上	3
合计人数	34		34

2. 社会、艺术领域的创造型被试选择

本研究中被试选定的社会、艺术领域的创造型人才分为两类，一类是学术性创造型人才，主要指从事人文社会科学领域相关学科研究，并在其领域取得了独创性成果的人员；另一类是社会性创造型人才，主要指社会认可程度较高，有一定的为人所瞩目的作品和成就，并且这些成就具备原创性特点的人员，比如从事艺术创造的画家，书法家，导演，舞蹈家，音乐家等。

很显然，两类人才的创造性标准是不尽相同的。对于学术性创造型人才，主要是以他们研究成果的原创性、独创性来判断他们创造性所达到的水平，而对于社会性创造型人才，则是以其作品的创新性以及由此延伸出来的社会认可程度和领域知名度为标准。两类人才最终有 38 名进入本研究，与科学创造型人才数量基本对应，他们的具体分布如表 2 – 2 所示。

为保证进入本研究的社会、艺术领域的被研究者的确是具有原创性高水平创造力的专家，本研究制定了严格的被试入选标准。

首先，被试在其所在的领域必须有创新性成果；其次，被试目前仍然是活跃在所在领域或是相关领域的知名专家；最后，考虑到社会与艺术领域的必要积累性，被试需要在有关领域从事相关工作或研究 20 年以上。

（1）人文社会科学类创造者的选择

在具体的遴选方法上，依据教育部《学科分类手册》将社会学科分为 24 个学科类别和中国社会科学院设置的 21 个学科研究所，框定人文社会科学研究人员的范围。考虑到某些学科的特殊性，本研究主要选择了对有重大社会影响的社会学、哲学、历史、语言学和文学研究等 5 个领域。

表 2 – 2　　　　　　　　　被访人文社会科学家与艺术家情况表

学科领域			年龄分布	
	学科名称	人数（人）	年龄段	人数（人）
艺术领域	视觉艺术	4	41～50 岁	10
	舞蹈	4	51～60 岁	8
	书法	3	61～70 岁	6
	音乐	3	71～80 岁	10
	导演	3	80 岁以上	4
	作家	5	合计	38
	合计	22	兄弟姐妹中的排行	
			排行	人数（人）
社会领域	中文	3	老大	13
	历史	3	居中	17
	语言	4	老小	6
	哲学	3	缺失	2
	社会	3	合计	38
	合计	16		

　　本研究最后选定的人文社会科学被试考虑到人文社会科学研究领域没有像自然科学领域一样的院士制度，参考了中国社会科学院从 2006 年开始恢复的学部委员制度和教育部 2004 年成立的教育部人文社会科学委员会的相关章程。进入两个委员会的委员成员，基本代表了目前活跃在我国有关人文社会科学研究领域最高水平的群体。因此本研究初步框定了两个委员会有关领域的顶级专家，共 122 名。

　　考虑到这两个群体以目前活跃于各自领域的中、青年研究人员居多，对于目前已经退休的老一辈的"国宝"级人才，并不能在这个名单中获得。因此我们启用了另一个被试人员产生的补偿系统，即由以上两个群体的人文社会科学家推荐产生另一个原创性高水平效标群体。如果每个学科有 2～3 名以上的学者推荐不在两个委员会名单中，但却公认为具有创造性成就，能称之为创造性人才的杰出人士，尤其是注意提名"国宝"级的年长学者，由此又获得另外提名 54 人。

　　最后共有 176 名被试作为符合资格的人员进入我们的被试库。

　　被试的进一步选定的程序是查询 176 名被试代表性的成果，然后隐去姓名，分别列出每个人的主要研究成果，在所选学科内请北京大学、中国社会科学院、北京师范大学有关领域研究人员（有高级、中级职称的在职教师，或相关领域三年级博士生），让他们对各个被试的研究成果是否具备创造性进行评价，要求至少三人对其创造性程度进行评定，被两人以上认可的，最后确定为正式访谈和研究对象。

最终，有120名人文社会科学家符合本研究的被试标准。

（2）艺术类创造者的选择

艺术类创造者的选择是依据教育部《学科分类手册》归类于人文社会科学领域的人文艺术领域的文学创作和艺术领域（书法，美术，电影导演，媒体和建筑设计）作为我们研究的学科范围。在上述各有关领域内，每个领域在1~4年不等的时间间隔内都有相应的国家级奖项评选活动。这些奖项的评选标准除必要的意识形态评定外，核心内容都是创新的水平和在领域内的开创性价值。比如，"鲁迅文学奖"鼓励在继承我国优秀文学传统和借鉴外国优秀文化基础上进行探索和创新。"兰亭书法奖"则要求书法艺术的传统与时代意识的创新性结合。

为此，本研究选定各有关领域内国家级最高水平的获奖者名单作为被试初选范围。具体的奖项选定名单为：

文学：长篇小说——茅盾文学奖，中短篇、报告文学和诗歌——老舍文学奖，电视、电影剧本——鲁迅文学奖；

书法——兰亭书法奖（授予有重大成就、突出贡献的书法家、书法教育家和书法工作者的最高奖项）；

舞蹈——中国舞蹈荷花奖；

电影导演——金鸡奖、百花奖及1980年后在国外获奖；

音乐：选入到二十世纪华人音乐经典名单中的大陆作曲家；

美术：全国美展金奖获得者。

总共有903名获得以上奖项的被试进入我们的初选范围。

进一步的筛选是让文学和艺术各个领域拥有博士学位的专业人士1~2人（从事文学创作的作家及专门从事文学艺术研究的理论家）在名单范围内进一步进行提名筛选。考虑文学艺术家集中和能够折射我国文学艺术整体水平的因素及研究的相对便利，被试最终主要选择在北京能够进行访谈的文学艺术家。903名候选被试中，除去在北京不能顺利进行研究和成果的创造性水平不能有效确定的被试，最后保留了120名被试进入下一轮筛选。

最后的筛选程序是查询120名被试的代表性作品，然后隐去姓名，分别列出每个人的主要作品以及相应的介绍，分别请该领域内一位专业人士，一名该专业的博士生，一名普通大学生，对其作品的创造性进行评价。如果有两种以上的群体认为作品具有高度创造性，则最后确定为正式访谈和研究对象。之所以加进普通的重点大学学生参与评定作品的创造性，是考虑到文学艺术是与大众生活紧密联系的领域，大众视角的观点也应当作为参照之一。专业人士和相关专业的博士生都已经在相应的领域有一定的学术造诣，同时具备了专业评价能力。通过这一程序，最后确定 92 名文学艺术家是合格的被试群体。加上人文社会科学的 120 名合格被试，共有 212 名创造型人文社会科学与艺术专家，构成本研究可以进入实际研究操作的合格被试库。

由于被试群体的高端特性，赢得被试对研究的支持是一项具有极大挑战性的工作。通过对筛选出来的 212 名被试，进行各种形式的联系，包括电子邮件、电话及登门拜访，反复说明本研究的意义、目的，恳请被试参与我们的课题研究。

最终，有 38 名被试同意接受我们的研究访谈（根据"访谈说明"的约定，被访者名单不在报告中列出）。

被访者出生年代在 1906～1962 年间，其中 6 人为女性（4 位学术性创造者，2 位社会性创造者），其余 32 人为男性人士。受访人士的出生地与童年成长地遍布我国大部分省市自治区。

（二）深度访谈

科学知识的积累有两个基础，一个是事实，一个是逻辑。事实具有出发点的地位，究竟用什么方法来获得事实，使科学报告中关于事实的描述与实际的事实情况相对应，一直是困扰科学家，尤其是心理学家们的问题。因为创造力及其形成自身的复杂性和研究必须深入到创造力形成及其作用的过程之中，传统的即时性心理实验、问卷调查的方法显然不适合本研究。为此，本研究选择了深度访谈来作为资料收集、获取关于创造力及其形成和作用过程事实的主要手段。其间作为支持性研究计划，某些环节也使用了访谈过程中完成问卷的方法。这种条件下的问卷，实际上是一个结构化访谈过程。

同样的，因为科学创造者与社会、艺术创造者本身具有不同的特点，访谈的过程虽在整体结构上是一致的，但在具体安排上则又有所灵活运用。以下我们也分别报告对两个不同群体的访谈过程。

1. 科学创造者的深度访谈过程

对于科学创造者的访谈主体部分有两个内容，一是让被访者讲述自己最有代表性的科学研究工作的研究过程，反思哪些特征对自己的科学研究过程产生了重大影响；二是让被访者谈对他们的成长以及进行创造性活动具有影响的重要生活事件，说明这些事件对创造活动的意义。为了进行反复、深入的分析，访谈员是研究者本人，全部访谈过程进行全程录音，访谈持续时间大约 1 小时～1.5 小时。

由于本研究的被访者是在科学研究领域卓有成就的科学家，社会地位及学术地位都较高，赢得他们的配合，让他们认为研究人员正在做一件有意义的工作是非常必要的。为了使访谈达到预期效果，除了在访谈说明中说明研究的目的、意义外，研究人员还需要在正式访谈前，了解并熟悉被访者的主要研究领域，尤其是熟知科学家取得的创造性研究成果的内容，了解学科知识背景。

在正式对科学家进行访谈前，研究者先对 3 位卓有成效的科学研究工作者进行了预访谈（分别为物理、数学和生命科学 3 个领域），以熟悉访谈过程、进展、核心与整体程序。

访谈主要有两个大的主题，每个大的主题下面再有次级主题。提出次级主题的次序在访谈中是灵活的，依赖于被访者的陈述自身存在的逻辑联系。在访谈过程中，访谈问题可以根据访谈实际过程的发展而变化。如果被访者没有进一步解释则进一步追问，让他们进一步描述、比较、解释并举例。谈话中一种主题的缺失或隐含，可能是被访者认为是不言自明，或理所当然而故意避而不谈。对于那些特别重要的次级主题，作为对开放性问题的补充，访谈时也需要对这样的内容进行追问，使得后期的分析与比较有共同成分的汇聚。

访谈的一个重要程序，是访谈结束，关闭录音笔后，请科学家发表对本研究的建议。研究人员回来后立即将这些谈话以及访谈的情景等以"访谈笔记"的形式记录下来，以备分析时用作过程分析的背景支持材料。

为保证访谈的质量和访谈过程本身的一致性，访谈工作全部由负责科学创造者分课题研究的张景焕教授完成。

2. 人文社会科学与艺术人才的访谈过程

对人文社会科学和艺术人才被试进行的访谈，主导结构与对科学创造者进行的深度访谈法相近，但在过程中也使用了针对该群体特征的不同程序，同时考虑到人文社会科学，特别是艺术创造的个体特性，对个体的创造过程给予了特别的关注。

访谈前最主要的准备工作是进行访谈提纲的设计。根据本研究的具体目标，结合文献资料和已有的各方面研究的结果，在和小组成员多次商讨之后拟定了一个半开放式的访谈提纲。并通过 4 次预访谈进一步修正之后，最终形成正式的访谈提纲。

除了准备访谈提纲之外，每一次访谈之前，约请被试，是一件非常艰难的工作。首先获取被试的联系方式就非常困难，然后电话联系，争取访谈被试的同意更是困难，有的被试为了约定到合适的时间，研究者打的电话多达数十次。

由于人文社会科学和艺术专家及其创造产品的独特性，约请好被试以后，还必须通过网络、图书馆，尽量多地搜集有关被试及其代表性作品的相关资料，为访谈做好充分准备。这个准备工作是全方位的，不仅仅要了解被试的主要研究方向和知名的相关研究或是拜读著名的作品，凡是和被试相关的信息都要尽量多的掌握，这样才有可能在访谈中更为灵活地应对各种突如其来的问题。例如，有的访谈被试经常会提到一些相关的人的名字，如果对被试不十分了解，很有可能影响和被试的进一步交流，进而影响最终的访谈效果。

访谈在约定好的时间和地点进行，在经得被访者的同意后，进行录音。

访谈过程中，要将访谈提纲的每个题目按照一定的顺序——向被访者提问。访谈多采用开放式的提问和回答方式，尽量不打断受访者的谈话，以便使被访者更多的进入到自己回忆的情境之中，以故事叙述法为主要途径获得更为真实的回溯数据信息。

访谈特别关注的焦点是创造性产品的创造过程和创造者的个人成长经历，过程中也结合历史测量学的研究方法，并使用了问卷自评方法。本报告除系统报告科学创造者的研究成果外，在人文社会科学和艺术创造者方面报告了三个方面的研究结果：（1）人文社会科学和艺术领域的创造者对自身人格特征描述，并试图分析这些心理特点深层次的互动关系；（2）创造者对自身成长的回顾，以考察人文社会科学和艺术领域的创造者成长过程及所需要的环境条件；（3）以创造性产品的实现为核心，了解创造从最开始的想法诞生，到最后创造性成果实现的全过程，深层次再行创造过程。

3. 科学创造者的访谈资料整理

科学创造者的访谈录音资料全部逐字转录成了文本，形成共 51 万字的文本资料。

访谈文本资料的分析，主要按照以下四个方面的原则进行。

（1）理论整合与资料驱动相结合

资料的整理一方面重视以前研究积累起来的关于创造力本质的理论智慧，注意谈话的散在材料在创造力特征上聚焦，同时始终保持对资料分析的开放态度，尊重资料的原始性和来自科学家的真实的声音，保证分析和资料的凝聚与他们做出创造性成就、切实影响他们创造的过程相对应。

在理论凝聚与尊重资料原始性相结合的编码过程中，理论与资料二者的关系是：尊重事实资料，挖掘资料各元素之间的内在联系和理论内涵，理论是资料整合的背景。一位受访的物理学家的论述，可以明确而深刻地说明这种关系："实验物理学家没有权利修改他在实验上得到的任何一个数据，而理论物理学家永远需要不断修改他的理论"。事实是不变的，但凝聚事实的视角则可以选择。

（2）分析既要考虑创造心理特征的结构，又要考虑创造心理特征的内容

创造是一个多维结构，它既与智力的静态和动态的各因素直接联系，又与个人的思维风格、知识积累程度、性格、动机等特征有关，还与环境、机遇等情境因素密切关联。与创造过程有关的心理特征是多种多样的，为了进行确定性的分

析，我们必须结合科学创造的实际过程确定每一个心理特征的特定内涵。例如，"勤奋努力"是科学家常常提及的创造心理特征，通过对访谈资料的分析，我们发现在取得创造成就的过程中，它的具体内容是指"为了达成目的而花费大量的时间投入工作。具体说来包括三个方面：勤于学习、勤于思考和勤于做实际的研究工作，积极付诸实践。"我们将对这些词特定内涵的理解固定在"编码词典"里。

（3）以主题为单位进行访谈资料的分析

访谈资料的特点是，逐字整理出来的资料有许多信息是与研究无关的，有些信息的表面意思并不是其真正内涵，这就要求研究者根据上下文一致的意义来判断它的主题含义。例如，有一位数学家讲到"数学研究取得创造性成就一半靠机遇一半靠天赋"。接着他又讲述自己是如何得到这个机遇的，提到他自己"所有这些东西一定要做得多了，才比较熟练；对于它的奥妙有了了解，才能一通百通。"话语表面意义是"机遇"，而主题意义则是勤奋，本研究的主题编码为"勤奋努力"。

（4）不仅要考虑创造者心理特征的结构和内容，还要考虑各个特征之间的关系

科学创造者各个心理特征之间是有联系的，在访谈时我们注意到了这一点。在分析访谈资料时，也必须通过这种联系来分析这种特征的形成和发展，因而每种心理特征的分析都涉及各个特征的产生、表现形式、发展与发挥作用方式等全部内容。

人文社会科学与艺术人才的访谈资料整理步骤与对科学创造者进行的访谈基本相同，即在访谈结束后，由研究小组成员分工，将全部录音材料逐字转录成文本稿。每一份录音资料转录完毕，访谈员都必须对照文本材料进行一次回听，根据录音内容，再进行一次核对，以保证信息的准确。

4. 科学创造者访谈资料的分析方法与步骤

本研究主要运用主题分析法对科学创造者群体的访谈资料进行内容分析。主题分析（thematic analysis）是一种用来进行质性资料分析的方法，也是一种将质性资料转变成量化资料的方法（Boytis，1998）。主题分析的目的是对研究材料进行编码。本研究的编码方法如下：

（1）研究人员阅读所有访谈资料，并对材料进行微观分析（microanalysis）

所谓微观分析指的是在研究初期所进行的、对材料细微部分进行的逐行分析（line-by-line analysis），以产生初步的类别（Boytis，1998；Strauss & Corbin，1998）。微观分析的过程也可以理解为开放编码的过程。所谓开放编码（open coding）指的是对材料中的所有资料进行分析，从中发现并界定资料中所隐含的概念及其属性的分析历程。具体做法是在访谈资料中划出被辨别为某一特定心理

43

特征的句子或（一系列）陈述，将它们编为一个独立的码号。阅读中每遇到一个新的特征就进行一次登录，重复出现的特征也进行登录，并在编码器上记录下这些特征的内容及出现频次。本研究在微观分析中共产生了 120 个频次不等的特征，即产生了 120 个关于心理特征的码号。

（2）归纳微观分析结果，进行主轴编码

主轴编码（axial coding）是形成关联类别与次类别的过程。因为编码围绕某一类别进行，并在概念层面上连接各个类别，因此称为"主轴"（Strauss & Corbin，1998）。具体做法是：列出上述分析得到的所有码号及每一码号的内容，从理论上分析每一个特征的含义，从访谈资料中发现每个特征实际的、具体的内容，从而发现各个特征的关联及重复的成分，将在内容上有较多重复、理论含义相同的码号合并到出现频次较多的码号上来，将可以概括的部分用上一级的概念将它们关联起来，形成上一级类别。在建立上一级类别的基础上，进一步区分各个特征。通过这样的过程使研究人员可以从关联的意义以及区分的意义上实现对各个特征的具体描述，从而界定一个编码主题。这一工作由本课题研究人员单独完成。

（3）建立初步的编码类别以及初步的编码主题描述

通过对访谈资料的微观分析和主轴编码，研究人员已经列出初步的编码索引体系。在此基础上，研究人员需要进一步完善编码工具，以形成对编码主题的描述。编码的主题描述包括主题标签（label）、描述性定义（description or definition）、辨别标识（indicator）和举例（example）。

（4）在编码类别与编码主题样例基础上，完善编码索引，建立编码词典

这项工作由研究人员与一位硕士生（研究方向为创造力）共同完成。编码材料是从每一学科中选出一个样本（共 5 个样本），由研究人员与研究生共同试编码。研究生刚刚加入研究，需要先阅读已经初步建立起来的"编码索引"与"编码主题描述"，并在已有基础上进行发展完善工作。两人从进行第一个样本的编码开始，就分别写编码备注。备注的主要内容是对编码主题上述 4 项内容的改善与发展。两个人共同进行这项工作，每完成一个样本的分析，都及时交流遇到的疑难问题，讨论并达成共识。分析 5 个样本之后，共同讨论一次编码备注，最终完善编码索引，形成编码词典。

（5）编码、检验编码信度

编码根据已经制定出来的编码索引及编码词典进行。本研究采用三人重复编码的形式。编码要求首先阅读编码词典，严格按照编码词典的定义与编码标识进行。研究者重新对加入编码程序的两名研究生进行关于编码词典理解的训练，进行试编码后再进入正式的编码程序。

编码材料是 34 个访谈转录材料，计算编码信度。整理研究结果，找到科学创造者的重要心理特征。

（6）在检测出重要心理特征的基础上，根据每项特征的具体内容以及表现程度，对每项心理特征进行 5 级评分

1 分为"不确定"，2 分为"有点符合"，3 分为"基本符合"，4 分为"大部分符合"，5 分为"完全符合"。检验评分信度，对科学创造者心理特征评分进行统计分析。

计算机辅助软件包 QSR - Nvivo 2.0 版本被用来作为辅助分析，编码及评分结果导入 SPSS 10.0 进行数据管理与计算。

5. 人文社会科学与艺术创造者访谈资料的分析

来自 38 位人文社会科学与艺术创造者的深度访谈录音在这一部分的处理主要有粗编、开放编码形成意义单元、主轴编码形成概念词，再进行选择编码和数据量化等程序。

粗编工作主要是将文本稿的主体信息根据研究主题的需要拆分。比如本部分主要研究的内容是人文社会科学与艺术创造者思维过程的特征，那么编码者仔细阅读文本稿，将涉及此主题的段落提取出来，为每个被试建立专门的备注笔记。此阶段工作与科学家群体的微观分析处理一致。

（1）开放编码形成意义单元

编码者仔细阅读文本稿，逐段逐句地研究提取出来的有关信息和事件的段落。在此过程中，每个被试都建立专门的备注笔记。阅读的同时，从各有关信息和事件的描述段落中提取、合并和初步概括，抽取出相应的意义单元。这些意义单元有的直接来自于被试陈述的原文，这种方式形成的编码通常称为"实境代码"，如"80 年代文化寻根热"，"家庭父母非常尊重知识"。

部分语句是被试讲述了一个故事，或是描述了一个情境，则有关编码将其叙述进行概括，获得一个意义单元。如一个被试谈及自己就是因为有机会在深圳申请到了一个研究所，才有可能在国内开始自己研究领域的深入进而取得卓有成效的成果，那么编码者概括为"建立研究的基地"。

第三种形式是数个被试都提及了一个相同的元素，但是讲述的故事并不相同，这种情况编码者也会通过总结概括，合并成为一个意义单元。

（2）主轴编码和选择编码

对于人文社会科学和艺术家群体进行的主轴编码是进一步归纳、概括开放编码过程所得到的意义单元，将隶属于同一层次的概念进一步归类，赋予概念词更大的解释力，以便对现象进行更为精确全面的解释。

选择编码则是对概念词再进一步归纳，发展成为核心类别，从而更好地解释

研究问题及其本质。发展出来的核心类别,代表着研究主题的核心内容,它与相近类别的概念词,构成不同结构关系的层次模型。

在进行质性方法的编码同时,也将各个意义单元、概念词和核心类别出现的频次进行了记录,由此形成量化数据。

二、创造者的心理特征及思维类型

揭示科学创造者的心理特征和人文社会科学与艺术创造者的思维特点,是创造者效标群体研究的核心目标之一。

(一)科学创造者心理特征的分析结果

关于科学创造者的心理特征的研究的资料,主要来自于对 34 位被试院士、科学家访谈文本进行的系统分析。在这一部分,研究者有三个主要设想:

第一,科学创造成果的产生过程可以揭示科学创造者的独特心理特征;

第二,科学创造者的心理特征可以会聚成几个特征群;

第三,一般智力是取得科学创造成就的必要条件。

科学创造者的心理特征分析是根据前述详细的编码过程获得的编码结果进行的。为了保证编码的有效性,在对编码信息进行统计处理之前,首先对编码信度进行了分析。由于本研究采用三位编码者同时编码的方法,因而分别计算每项特征上三位编码者的编码一致性,结果表明,科学创造者重要心理特征编码的信度系数处于 0.514 到 1.00 区间,编码信度平均为 0.761,标准差为 0.117,编码信度达到可接受水平。三个人的编码信度的平均数在 0.7 以上,说明编码词典具有一定的稳定性,利用这一工具可以比较有效地辨别出科学创造者的主要心理特征。

对两位评分者同时评分的评分信度分析表明,与编码信度相比较,在评价目标明确的条件下,评分信度有一定提高(评分信度系数值从 0.546 到 0.943,评分信度平均为 0.766,标准差为 0.096)。这说明评分具有较高稳定性。

由于两位评分者有较高一致性,因而可以合成两人的评分,利用两人评分的平均数进行统计分析。下面是对心理特征进行尝试性的探索性因素分析的结果。

对评分结果进行 KMO 和 Bartlett 球形检验,结果表明可以对数据进行探索性因素分析($\chi^2 = 495.626$,df $= 496$,$p < 0.0001$)。在比较了各种分析结果的基础上,我们选择主成分分析法,并进行方差最大旋转。载荷量的碎石图表明,可以抽取 5 个主成分。根据因素分析的载荷量大于 1、载荷量下降较陡、理论上的可解释性原则,我们抽取了 5 个主成分。

利用原始编码过程形成的编码词典，研究者对科学创造者主要心理特征进行分析，得到以下分析结果（见表2-3）。界定重要心理特征时采用的标准是：某一特征的出现频次不少于总人数的25%，即不少于9次（34×25%＝8.5≈9），共有26项心理特征符合这一标准。

表2-3　　　　　　　　科学创造者重要心理特征表 *

特征名称	频次（次）	占受访人数的比例（%）	重要程度排序
一般智力强	34	100	1
勤奋努力	32	94.12	2
内在兴趣	30	88.24	3
研究技能策略	30	88.24	3
洞察力	28	82.35	5
坚持有毅力	27	79.41	6
有理想有抱负	26	76.47	7
愉快感	24	70.59	8
发现问题的能力	23	67.65	9
专业素质与功底	22	64.71	10
独立自主	22	64.71	10
积极进取	20	58.82	12
注意吸收新信息	20	58.82	12
愿意尝试	18	52.94	14
自信	17	50.00	14
系统的研究风格	16	47.06	16
思维灵活变通	15	44.12	17
乐于合作	15	44.12	17
冒险性	14	41.18	19
思维独特新颖	14	41.18	19
综合思维能力强	13	38.24	21
知识广博	11	32.35	22
联想能力强	10	29.41	23
开放性	10	29.41	23
分析思维能力强	9	26.47	25
寻求规律的倾向	9	26.47	25

*一共34名受访者。

（二）关于科学创造者心理特征发现结果的讨论

在对访谈材料分析的过程中，我们通过探索性因素分析，对科学创造心理特征进行了分类，形成了关于科学创造者心理特征的分类结构。发现可以将这些心理特征划分成5个方面。它们是：综合性动机、问题导向的知识构架、自主牵引性格、开放深刻的思维与研究风格、强基础智力。具体结果见表2－4。

表2－4　　　　　　　科学创造者心理特征的主成分分析

心理特征名称	因素1	因素2	因素3	因素4	因素5
专业素质与功底	0.682				
研究技能与策略	0.661				
知识广博	0.654				
愿意尝试	0.579				
发现问题的能力	0.546				
勤奋努力		0.698			
乐于合作		0.668			
坚持有毅力		0.599			
独立自主		0.559			
自信		0.551			
有理想有抱负			0.740		
积极进取			0.505		
愉快感			0.502		
内在兴趣			0.430		
开放性				0.670	
思维独特新颖				0.569	
思想灵活变通				0.520	
洞察力				0.512	
系统的研究风格				0.493	
分析思维能力					0.575
综合思维能力					0.561
一般智力强					0.491
联想能力					0.434
贡献率（%）	17.320	12.145	8.320	7.619	6.242
贡献率之和（%）	17.320	29.456	37.785	45.405	51.647
因素命名	问题导向的知识构架	自主牵引性格	综合性动机	开放深刻的思维与研究风格	强基础智力

1. 综合性动机

在动机方面，本研究发现，综合性动机包括三种成分，一是内在兴趣（内部动机），二是价值内化程度较高的理想抱负，三是与内在兴趣密切联系的积极情绪体验。即动机不仅包括对任务本身的内在兴趣和积极进取，也包括具有较高价值内化程度和远景驱动效应的外部动机（有理想有抱负），还包括在研究工作中愉快的情感体验。斯滕伯格（Sternberg，2001）等人研究认为，创造的动机主要应该是内在的、针对任务本身的。阿玛拜尔（Amabile，1996）认为，在创造诸成分理论中，工作动机是其中最主要的成分，而在工作动机中最重要的是内部动机的作用。后来研究者发现，外部动机同样会起作用，其关键是外部动机的性质。其中，埃森伯格（Eisenberger，2003）的研究认为，奖赏作为一种外部动机，其起作用的方式是：对新异表现的奖赏会提高内部动机以及创造力，对常规表现的奖赏则会降低内部动机以及创造力。阿玛拜尔（Amabile，1996）在后来的研究中也看到了外部动机的作用，认为外部奖赏具有两个方面的作用：控制和信息，据此可以产生两种类型的外在激发作用——增效的外在激发因素和非增效的外在激发因素。增效的外在激发因素是指奖赏提供的信息是鼓励求新的信息，它使个体更好地完成任务，这种奖赏所激发出的外部动机对内部动机及创造具有促进作用；非增效的外在激发因素，是指使个体感觉受到控制的激发因素，这种类型的外部动机与内部动机是不相容的，因而不利于创造。本研究的动机成分既包括内部动机成分也包括外部动机成分，就印证了近年来创造动机研究的这些新的成果。本研究认为，内在动机是重要的，因为有将近90%（88.24%）的科学创造者认为内在兴趣对他们的创造性工作非常重要。只不过，仅有内在动机对于长期的创造性工作是不充分的，还需要具有远景驱动效应的外部动机共同发挥作用。以明确的社会经济的形式奖赏、鼓励创造力，能够强化创造动机，不能一概否认外部动机的作用。

情绪情感在创造过程中的作用在 20 世纪的创造力研究中是被忽视的，但是近年来这种倾向得到纠正（Dertouzos，1999；Wang & Ahmed，2003），研究者开始重视情绪体验在创造中的作用，本研究在访谈中也发现积极情绪体验的作用。这种在创造中重视远景性外部动机与人类情感作用的综合性的动机形式得到了班杜拉（班杜拉，2001）关于一般行为动力理论的呼应。

本研究发现了与斯滕伯格创造力投资理论不同的结果，其中的一个重要原因是，斯滕伯格等所讲的动机是创造性观念的产生或完成一件创造性的工作中的动机，本研究的创造动机则是指：一个人在长期甚至是一生的研究工作中，产生创造成就过程中的动机。考虑问题的角度是毕生发展，对于这样用毕生精力从事的创造性工作，科学家考虑的是较长时间内创造性工作的动机，这时具有牵引作用

49

的、远景性的外部动机的作用就凸显出来。

2. 问题导向的知识构架

本研究发现，在实际科学创造过程中运用的知识不仅包括陈述性知识，还包括程序性知识（包括研究技能与策略在内），是一种集理论知识与实践知识于一体的、问题导向的知识，同时为解决问题的需要还必须不断更新自己的知识。其中基本素质与专业功底包括数学基础、物理概念、文字基础（包括中文和外文），还包括专业基础知识（包括理论基础知识、基本概念、原理学习、了解基本方法等）。

问题导向的知识构架不仅包括解决问题所需要的知识、技能与策略，更重要的是发现问题的能力。科学研究中，没有任何一门科学能够研究全部客观实在，每一门科学都有自己的选择方式，都致力于找出那些有价值又能够用科学方法证明的东西加以研究，都是从没有加工的材料出发，通过智力的作用，运用精确的研究手段和方法勾画出一个可理解的世界。例如，不是每个物理学家都要研究所有的物理规律，他选取什么样的自然现象去研究，与他自身的能力素质、熟练掌握的方法有密切联系。他自身的能力素质、技能策略与眼界决定了他能够提出一个什么样的问题，选择什么样的课题去研究。发现问题的能力在斯滕伯格（2002）的分类里被作为智力的一个方面，本研究中，它是一个与专业素质技能密切联系的特征，体现的是一种专业素质与技能。

问题导向的知识构架还包括一种对待难题的态度：是消极等待问题明朗，还是积极探索可能的答案。科学创造者是愿意尝试的人，愿意尝试一切可能的解决办法。只有愿意尝试，才能获得更多的研究技能与策略，学习许多知识而不进入研究实践，也许永远也不会使陈述性知识转化为程序性知识。只有愿意尝试，敢于承担由于尝试而带来的失败，才能使问题获得创造性的解决。因此，尽管愿意尝试常常作为一种个体性格特征，但在本研究中它属于问题导向的知识构架。

研究发现，取得高创造成就的研究者大多具有多学科背景（路甬祥，2001；郝凤霞、张春美，2001）。广博而又交叉的跨学科的知识组合，以及多元化的教育背景使得科学家不断用新的方式去理解、体会正在研究的问题，产生新的思路与观点，有时则是其他学科方法的直接移植或借用取得了另辟蹊径、曲径通幽的意外收获。多学科的学术基础可以培养不同的思维模式，能够融不同思维模式于一体并互相启发，当面对具体课题时，能够还问题关联的自然本质的真面目，综合运用多学科知识解决问题，进而达成创造。例如，深奥的物理学原理最后都用优美而简洁的数学公式来表达。顶尖物理学大师都同时是优秀的数学家，牛顿是这样，爱因斯坦是这样，杨振宁也是这样。物理学思考问题的方式、研究技术与方法同样被数学、化学、生命科学及地学所借鉴，学科之间的借鉴只有达到对其他学科的深层次的理解的情况下才能实现。多学科的、广博而深刻的学术背景也是科学创造者问题导向的知识构架的一个重要组成部分。

3. 自主牵引性格

在性格特征方面，斯滕伯格等将这一类别称为人格，本研究之所以没有称之为人格，是因为广义地说人格包括动机在内，而本研究强调的自主性格相对独立于动机。本研究发现，就科学创造而言，自主牵引的性格特征包括勤奋努力、坚持有毅力、独立自主、冒险、自信，还包括乐于交流与合作。对自主性格特征的进一步分析发现，它们核心的共同特征是主动性。

这一特征与兰克（Rank）和法莱斯（Frese）等人（Frese & Fay，2001；Rank，Pace & Frese，2004）提出的个体主动性的研究结论有相似之处。他们的研究认为，个体主动性包括自我发动（self-starting）、积极行为（proactive）和坚持性行为（persistent behavior）三部分。具体特征包括，对自己工作质量的要求超过工作的一般标准，在工作中花更多的精力，积极战胜困难和障碍等。有研究表明，积极行动的人格预示着未来的创造性行为（Seibert，Kraimer & Crant，2001）。

4. 开放深刻的思维与研究风格

在思维风格方面，本研究在分析资料中并没有发现斯滕伯格等人所提出的具体思维风格，但是体现风格特色的描述有4项，分别是开放性、思维独特新颖和思想灵活变通、系统的研究风格、富于洞察力。总结这些特点所遵循的基本原则是，科学研究过程是一个实际的研究过程，分析这一过程体现出的心理特点时，我们更看重实际发现的特征，即心理特征的提取是根据现象的描述。因此，我们称科学家大多具有系统的研究风格，而没有说系统的思维风格，并将这个类别定义为开放深刻的思维与研究风格。

与斯滕伯格的观点不同，本研究认为洞察力属于思维风格，斯滕伯格等人将洞察力视为智力特征的重要部分。对洞察力的科学心理学解释见于斯滕伯格等人的论述（Sternberg & Lubart，1991，1996，1999），他们认为洞察力是选择性比较、选择性组合、选择性编码的能力。从这个定义可以看出，洞察力不是一般的心理历程，而是选择性的智力过程。既然是选择性的过程，个人特色以及知识积累就会起到重要作用，就可以看作是体现个人风格的心理过程，在这里被称为思维风格。

5. 强基础智力

斯滕伯格认为，智力对创造的作用主要体现在智力元成分对创造的影响上。本研究认为，智力的作用体现在智力的某些具体组成部分对创造的作用上。这些部分首先表现为科学创造者都具有较高水平的一般智力：理解正确、思路清晰、

51

学习新知识快。此外还表现为，他们都具有较强的分析与综合性思维能力和联想能力。分析与综合性思维能力是常用的描述智力过程的概念。这样的归类不是指理论上的关联，而是概括访谈资料的框架，这些名词与相应含义的活动在科学家创造活动中不断出现，说明它们对创造来说是重要的。

由以上分析可以看出，本研究结果与斯滕伯格等人的理论既有相同之处，又存在差异。相同之处反映了从不同的研究角度都可以发现创造的基本特征，不同之处是由于斯滕伯格等人的理论是对包括文学艺术等在内的一般创造力的论述，而本研究结果则是针对科学创造力的。更重要的是，斯滕伯格等人的理论是在理论分析的基础上产生的，本研究的结论是建立在对科学创造过程的具体描述基础之上的，是对科学研究过程的总结与提炼，是实证研究的结果。应该说，这一研究结果与研究者当初的理论设想也有很大不同，研究者需要做的是如实报告这种差异。

6. 结论

（1）科学创造者的心理特征可以会聚为五个因素：内部驱动的动机、问题导向的知识构架、自主牵引性格、开放深刻的思维与研究风格和强基础智力。

（2）科学创造者都具有较高水平的一般智力。

（3）在具备统一的编码体系和评分标准的前提下，编码和评分都具有较高的一致性信度，一致性信度分别为 0.761 和 0.766，说明编码手册具有一定的稳定性，评估内容和方式是合理的。

（三）人文社会科学与艺术创造者思维特征

这一部分内容主要是依据深度访谈的文本资料，分析人文社会科学与艺术创造者在思维过程中表现出来的创造性思维特点及其结构，并运用与领域新手对比研究的方法，揭示这一群体思维的独特性。

在这一个部分，研究者在整个访谈文本分析过程中，形成了三个基本假设：

假设 1：人文社会科学与艺术创造者的思维是以多种思维属性共同作用为特征的，各种思维要素在创造的不同阶段，形式也有所不同；

假设 2：灵感在人文社会科学与艺术创造者的思维结构中具有核心作用，天分和兴趣对于思维有明显影响；

假设 3：人文社会科学和艺术创造者的思维存在显著个体差异。

1. 结果分析

（1）人文社会科学与艺术创造者思维特征描述性分析结果

38 位被试的访谈文本资料在主轴编码上形成了 21 个概念词。有关概念词在被试文本资料出现，该被试就在此概念词上得分"1"，重复出现都计为"1"。统计 38 位被试在 21 个概念词上的频次表，得到表 2 - 5 的统计结果。

表2-5 人文社会科学与艺术创造者思维特征出现频次及排序 *

核心类别	概念词	频次（次）	占所有频次的比例（%）	概念词比例排序	核心类别比例排序
思维特点	思维的系统性	19	8.3	4	
	思维的综合性	24	10.48	1	
	类比迁移能力	12	5.24	9	
	思维的批判性	16	6.99	5	
	思维的连续性	23	10.04	2	
	思维的对比性	13	5.68	8	
	目标明确	10	4.37	10	
	求新求变	10	4.37	10	
	想象	2	0.87	18	
	被激发性	2	0.87	18	
	精确性	4	1.75	16	
	辩证思维	6	2.62	15	
	多向思考	2	0.87	18	
	敏锐	10	4.37	10	
	合计	**153**	**66.82**		**1**
思维的形式	围绕特定目标的发散思维	9	3.93	13	
	聚合思维	4	1.75	16	
	抽象逻辑思维	21	9.17	3	
	形象具体思维	2	0.87	18	
	合计	**36**	**15.72**		**2**
外围辅助因素	天分	8	3.49	14	
	兴趣	16	6.99	5	
	合计	**24**	**10.48**		**3**
核心因素	瞬间的突破	16	6.99	5	
	合计	**16**	**6.99**		**4**

*21个概念词的具体含义在本研究讨论部分有详细阐释。

（2）人文社会科学与艺术创造者思维特征对比

按照被人文社会科学与艺术两部分的创造者提及的频次，分别统计每个思维属性概念，凡某个思维属性概念词被某一位被试提及就记为"1"。两个领域的被试的结果总加，得到表 2 - 6 的结果。

表 2 - 6　　　　人文社会科学与艺术创造者思维特征
概念词对比分析描述性结果

	系统性	综合性	类比迁移	批判性	连续性	对比性	目标性	求新求变
人文社会科学（总共16人）	6	13	2	10	10	8	5	5
艺术领域（总共22人）	13	11	10	5	13	5	5	5
%（占社会科学类总人数比例）	37.5	81.25	12.5	62.5	62.5	50	31.25	31.25
%（占艺术类总人数比例）	59.09	50	45.45	22.73	59.09	22.73	22.73	22.73

	想象	被激发性	精确性	辩证思维	多向思考	敏锐	发散思维	聚合思维
人文社会科学（总共16人）	0	1	3	2	1	5	3	2
艺术领域（总共22人）	2	1	1	4	1	5	6	2
%（占社会科学类总人数比例）	0	6.25	18.75	12.5	6.25	31.25	18.75	12.5
%（占艺术类总人数比例）	9.09	4.55	4.55	18.18	4.55	22.73	27.27	9.09

	抽象逻辑思维	形象具体思维	天分	兴趣	瞬间突破
人文社会科学（总共16人）	8	0	2	8	5
艺术领域（总共22人）	13	2	6	8	11
%（占社会科学类总人数比例）	50	0	12.5	50	31.25
%（占艺术类总人数比例）	59.09	9.09	27.27	36.36	50

从表 2 - 6 的对比分析可以看出，21 个思维属性概念词中，对于"思维综合性"，"思维批判性"，"思维连续性"，"思维对比性"，"目标性"，"求新求变"，"被激发性"，"思维精确性"，"多向思考"，"思维敏锐性"，"聚合思维"，"兴趣"12 个属性，人文社会科学的创造者提及的频次高于艺术领域的创造者；其他 9 个属性概念词艺术领域的创造者提及的频次高于人文社会科学的创造者。

图 2 - 1、图 2 - 2 是两个领域的创造者关于思维过程中思维特征属性提及频次差异。

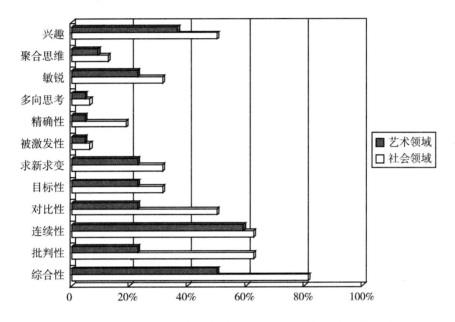

图 2 - 1　人文社会科学领域高于艺术领域的创造思维特征

差异检验的统计分析结果表明，人文社会科学创造者和艺术领域创造者思维特征差异达到显著水平的，只有"思维的批判性"和"类比迁移思维能力"两个思维属性。人文社会科学创造者更强调思维的批判性，而艺术领域创造者更重视思维的类比迁移能力。

（3）人文社会科学和艺术创造者与文科及艺术学科大学生创造性思维品质比较

这一部分分析的目的，是通过对人文社会科学和艺术创造者与领域新手创造性思维品质的比较，进一步揭示人文社会科学和艺术创造者的思维特点。研究者根据文本数据分析的结果假设：

假设 1：人文社会科学和艺术创造者思维特点与同领域的新手差异明显，他们在思维广度（发散性）、深度（深刻性、独特性）等方面优于同领域新手，但是思维敏捷性可能相对于正值年轻时期的同领域新手处于劣势；

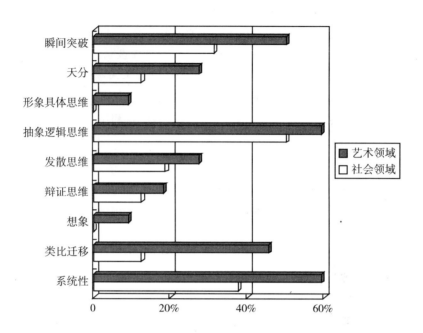

图 2 - 2   艺术领域高于人文社会科学领域的创造思维特征

假设 2：人文社会科学和艺术创造者及其相应的领域新手的思维特征没有显著的学科间差异。

38 名人文社会科学与艺术创造者中有 28 名自愿在访谈之后参加对比研究。同领域新手来自于某大学大一到硕士研究生三年级的学生，为了和人文社会科学与艺术创造者相对应，研究者只选择了文科和艺术两大科类的大学生。

创造者和新手被试的具体情况见表 2 - 7。

表 2 - 7 　　　　　　　　　　被试的具体分布

被试类型	人数（人）	性别		专业		年龄（岁）
		男（人）	女（人）	社科（人）	艺术（人）	
创造者	28	23	5	12	16	46 ~ 101
学科大学生	30	14	16	18	12	17 ~ 27

本部分研究主要涉及思维品质的敏捷性、灵活性、深刻性、独创性和批判性等五个方面（林崇德，1987）。这五个方面反映了人与人之间思维的个性差异，是判断智力特点的主要指标。本研究选取的比较指标就是思维深刻性、敏捷性、灵活性和独特性等四个方面。

目前创造力的测验主要有三个，分别是南加利福尼亚大学测验、托兰斯创造思维测验、芝加哥大学创造力测验。各个测验虽然设计了不同的题目和活动，但是其中都含有词汇联想测验。本研究考虑到被试的特殊性，不适合进行题目较多的测验，因此只选用词汇联想测验作为思维品质数据收集的主要方法。实施方法是在主试说出一个特定的引导词之后，请被试在特定的时间内，尽可能多地说出自己就这个引导词汇所想到的其他词汇。被试所说出的所有词汇，即是评价被试思维品质的原始数据信息。

测验具体实施安排在访谈之后，先征得被试同意，然后先宣读指导语，给被试讲解实验过程，在确认被试明白测验过程之后，开始正式施测。测验至被试在30秒钟内仍然没有想到新的词汇，即告知被试测验结束。被试在一定联想之后自行告知想不到词了，测验也告结束。

对于人文社会科学与艺术的创造者，由于该测验是在访谈之后进行的，研究者和各位创造者已经有了比较纵深的沟通，建立了比较良好的互动关系，因此可以比较有效地保证词汇联想测验的有效性。对于大学生被试，在没有任何互动的情况下，直接让被试只做一个词汇联想测验，可能会由于时间很短，被试的投入度无法保证，从而导致收集到的数据无法很好地保证有效性。因此在对大学生被试施测词汇联想测验之前，会首先做一个由5个题目组成的学习情况调查表，然后开始词汇联想测验。并且在词汇联想测验结束之后，还让该被试选择任意两个词解释一下为什么想到这个词，然后再编一个有关书架的故事。词汇联想测验、原因解释和编故事过程，都全程录音。最后分析词汇联想测验中联想到的词汇。

本研究关于各思维特征的评价为：

思维敏捷性：被试在特定时间内，联想到的词汇的个数。

思维灵活性：被试所有联想到的词汇依照思维灵活性编码方法获得的类别。具体的思维灵活性编码过程为：

a）从所有被试联想到的471个词汇中，随机选取50个词汇；

b）研究者本人和一位受过心理学训练的研究生独立依照这50个词汇和书架（词汇联想测验的引导词）的关系的不同将这些词汇分类，进行试编码；

c）计算两位编码者分类的一致性；

d）讨论其中不一致的词汇，讨论仍不能统一意见的，请第三人进行再次编码，最终达到一致意见；

e）试编码之后，给分成类别的词汇，按照类别命名。从具体到抽象，将联想到的词汇分为6类，分别是：实物联想，具体特征联想，抽象特征联想，关系联想，延伸联想和行为联想；

f）研究者本人和一位受过心理学训练的研究生一起对所有被试联想到的471个词汇进行分类，分别归到以上的6类之中，每个词汇只允许归入一个类别；

g）计算两位评分者的评价一致性系数（评分者一致性信度系数 alpha = 0.935）；

h）参照最终的归类表，将每位被试想到的词汇按照类别加以统计，获得每位被试联想到的词汇的类型数。

思维深刻性：本研究中思维的深刻性体现在被试自由联想到的词汇意义的深度之中。研究中，除了研究者本人，还请了两位受过心理学训练的研究生参与深度评分。具体的操作步骤如下：

a）请三位评分者初看所有被试联想到的471个词汇；

b）请三位评分者同时对这471个词汇的深刻性进行3，2，1程度的打分。3代表深刻性最高，1代表深刻性最低。

c）计算三位评分者的评分一致性系数（三位评分者一致性信度系数 alpha = 0.7078）；

d）将三位评分者对于每个词汇评分的平均分作为某词汇的深度分值；

e）将每个被试所有联想到的词汇中深度分值最高的词的分值作为该被试的思维深刻性得分。

思维独特性：独特性强调的是在解决问题的过程中独特的和新颖的智力品质。在本研究中，58名被试自由联想到的词汇达到471个之多，其中有些词汇难免被不同的被试重复联想到，重复的程度从反向反映了一个被试思维独特性的指标。因此本研究用一个被试在其所有提及的词汇中含有的与他人重复的词汇的个数作为思维独特性的记分指标，分数越高表明思维独特性程度越低，分数越低表明思维独特性越高。具体评分规则为，每位被试所联想到词汇中每有一个词汇和其他被试联想到的词汇有重复就记1分，分数累计，以最后的分数作为该被试思维独特性的反向评价指标。

表2－8至表2－11是人文社会科学与艺术创造者及新手从思维敏捷性到深刻性的对比结果。

表2－8　　人文社会科学和艺术创造者对新手的思维敏捷性对比结果

被试类型	人数（人）	平均数	最小值（个）	最大值（个）	标准差
创造人士	28	8.79	2	16	5.626
学科大学生	30	8.33	4	27	3.925
合计	58	8.55	2	27	4.784

表 2-9　　人文社会科学和艺术创造者对新手的思维灵活性对比结果

被试联想词分类	人数（人）	最小值	最大值	平均数	标准差
创造型人才					
联想类型数	28	0	7	3.21	1.449
实物联想个数	28	0	10	2.33	2.373
具体特征联想个数	28	0	13	1.11	2.529
抽象特征联想个数	28	0	6	0.75	1.506
关系特征联想个数	28	0	4	0.93	1.215
延伸联想个数	28	0	11	1.18	2.435
行为联想个数	28	0	13	2.36	3.082
学科大学生					
联想类型数	30	1	5	2.90	1.155
实物联想个数	30	0	14	3.83	2.866
具体特征联想个数	30	0	5	0.47	0.973
抽象特征联想个数	30	0	5	0.93	1.311
关系特征联想个数	30	0	8	0.37	1.474
延伸联想个数	30	0	6	1.03	1.829
行为联想个数	30	0	9	1.60	2.328
合计					
联想类型数	58	0	7	3.05	1.303
实物联想个数	58	0	14	3.11	2.723
具体特征联想个数	58	0	13	0.78	1.901
抽象特征联想个数	58	0	6	0.84	1.399
关系特征联想个数	58	0	8	0.64	1.373
延伸联想个数	58	0	11	1.10	2.125
行为联想个数	58	0	13	1.97	2.721

表 2 - 10　　人文社会科学和艺术创造者对新手的思维深刻性对比结果

被试联想词分类	人数（人）	最小值	最大值	平均数	标准差
创造型人才					
实物联想深度分数	28	0.00	2.67	1.4993	0.7454
具体特征联想深度分数	28	0.00	3.00	0.8221	1.0567
抽象特征联想深度分数	28	0.00	2.67	0.7386	1.1096
关系特征联想深度分数	28	0.00	2.67	1.2379	1.2664
延伸联想深度分数	28	0.00	3.00	1.7504	1.2949
行为联想深度分数	28	0.00	3.00	0.9646	1.3379
平均联想深度分数	28	1.67	3.00	2.6439	0.3507
学科大学生					
实物联想深度分数	30	1.33	3.00	1.8447	0.4781
具体特征联想深度分数	30	0.00	2.33	0.4447	0.7292
抽象特征联想深度分数	30	0.00	3.00	0.9773	1.0891
关系特征联想深度分数	30	0.00	3.00	0.3110	0.8251
延伸联想深度分数	30	0.00	3.00	1.1660	1.2084
行为联想深度分数	30	0.00	2.67	0.8450	1.0825
平均联想深度分数	30	1.33	3.00	2.3330	0.4640
合计					
实物联想深度分数	58	0.00	3.00	1.6779	0.6401
具体特征联想深度分数	58	0.00	3.00	0.6269	0.9141
抽象特征联想深度分数	58	0.00	3.00	0.8621	1.0960
关系特征联想深度分数	58	0.00	3.00	0.7584	1.1508
延伸联想深度分数	58	0.00	3.00	1.4481	1.2743
行为联想深度分数	58	0.00	3.00	0.9028	1.2032
平均联想深度分数	58	1.33	3.00	2.4831	0.4386

表 2 – 11   人文社会科学和艺术创造者对新手的思维独特性对比结果

被试类型	人数（人）	平均数	最小值	最大值	标准差
创造人士	28	1.75	0	6	0.30
学科大学生	30	3.77	0	9	0.42
合计	58	2.79	0	9	0.29

通过对人文社会科学和艺术创造者对新手被试在思维敏捷性、灵活性、独创性和思维深刻性进行差异检验发现，人文社会科学与艺术的创造者同相应专业的大学生在思维品质的敏捷性、灵活性没有显著差异，但是在思维的深刻性、独特性两方面差异显著，创造者在思维的深刻性和独特性上要明显优于对应学科的大学生。

2. 讨论

（1）人文社会科学与艺术创造者创造性思维特点分析

从表 2 – 5 的结果我们可以看到，人文社会科学与艺术创造者创造性在思维上有鲜明的"思维系统性"、"思维综合性"、"类比迁移能力"、"思维批判性"、"思维的连续性"及"思维的对比性"特点，这些特征与"目标明确"、"求新求变"、"想象"、"被激发性"、"精确性"、"辩证思维"、"多向思考"、"敏锐"等特点相比，强度上更为鲜明。

创造是一个漫长和艰苦的思维过程。在这个过程中，不同的思维特点发挥着不同的作用。思维的综合性、思维的连续性、思维的系统性、思维的批判性、思维的对比性、类比迁移能力等被被试尤其强调的特点，对于创造性成果的最终实现，都具有使得整体创作思维过程得以完成的重要作用。

思维的综合性是所有思维特点中提及率最高的一个思维特点，28 名参加这一部分研究的创造者中，高达 24 位被试（约为 86%）提及思维综合性这个思维特征。已有研究表明，个体的知识结构和专业背景都和创造力相关，往往精通两种专业的人更富有创造力（Piirto，1992；路甬祥，2001；郝凤霞，张春美，2001）。本研究也发现，思维的综合性是人文社会科学和艺术创造的重要条件。被试们强调，"理科思维"（02 – P1，08 – P2），"多学科角度看问题"（07 – S1，13 – L4，14 – A2），是能够很好地帮助自己思考的方法。在这里，思维的综合性除了指学科间的综合以外，还包含其他多重综合形式，包括与前人研究的综合、个人积累等几个方面。正如被试所强调的，"学术积累延伸"（08 – P2，15 – P3），"继承基础上的推进"（13 – L4），"看读中的发现"（15 – P3），"你越做你越有经验，这也是你的积累"（32 – D）。

超过 82% 的创造者被试（23 人）提及创造过程中思维连续性也是创造过程

中的一个非常重要的思维特点。在这里，思维连续性强调的是创造思维是一个不停息的思考状态。并且，创造性思考不仅是一个不间断的过程，同时还是发散思维与聚合思维协同活动的过程，发散思考发现与目标切合时，就定向地展开聚合性思考。在一个问题没有达到一种心理预期之前，思维总是处于激活或者待激活状态，随时可能被激发，"始终都在想。始终在想，当然吃饭的时候会中断，但是心里头老有事情，惦记着这事，那些东西像放电影一样"（02-P1）。思维的连续性还表现在创造的连续性上。创造者认为，没有绝对创造性的作品，任何一个作品都是前一个作品的延续（10-A1，25-M3）。

思维系统性是指思维过程不仅仅限于创造目标和内容本身，而是还会扩大到整个生活为背景的系统思考中去。在这个思维特点上，有19名被试（约为68%）提及。有创造者强调，"另外一个条件是你必须要关注真实生活中的问题，我觉得这也是一个必要条件"（02-P1），"当代人写当代的诗，一定要处理身边的事物，处理日常的经验，处理自己对生活的基本感受"（09-W2）。思维系统性从另一个侧面提醒：创造成就是一个对生活有体会、有认识的个体才可能取得的。创造本身就是取自生活，又还原于生活的过程。

除以上讨论的思维的综合性、连续性和系统性等侧重于宏观过程的特征外，创造性思维相对微观的思维特征有类比迁移、对比性及批判性等侧面。

思维的类比迁移是指一种把旧的知识带入到新的情境中，以一定的选择方式将其和新的事物重新组合起来，产生新的信息、新奇方法或是有新创意的类推过程。类推与创造力的关系一直为人们所认可（林崇德，1989，转引自俞国良，1996）。在本研究中，有12位被试（约43%）提及了类比迁移的思维特点，证明了类推能力与创造力的密切关系。

从表2-5的结果可以看到，思维对比性、批判性、目的指向性、敏锐性及求新求变等特性，也是创造者较多关注的思维特点，显示这些特征与人文社会科学及艺术创造者的创造思维和创造成就的实现存在着紧密联系。

（2）人文社会科学与艺术创造者思维过程中思维特征的比较

分领域对38名人文社会科学与艺术创造者的思维特点进行比较分析发现，人文社会领域的创造者更强调思维综合性、批判性、连续性、对比性、目标性、求新求变、被激发性、精确性、多向思考、敏锐性、聚合思维、兴趣等特点。人文社会科学的创造工作需要的系统思维特性决定了这一点，而艺术领域的创造者更强调思维的系统性、类比迁移、想象、辩证思维、发散思维、抽象逻辑思维、形象具体思维、天分、瞬间突破等特性，艺术创造需要的思维特点，使得有关的思维过程需要有与人文社会科学的系统创造过程不同的特点（见表2-6）。

统计分析的结果显示，在被试样本量相对较小的情况下，人文社会科学创造者仍然显示出显著的思维批判性优势，而艺术创造者则显示出了思维类比迁移能力的显著优势（见图 2-1、图 2-2）。说明人文社会领域创造性成就的取得更加需要思维中的批判性品质，而艺术创造则更需要有优势的思维类比迁移能力。艺术创造大多要来自于生活，又要高于生活，这种过程要求有着很高的迁移和转换能力，因此类比思维能力对于艺术创造者更为重要。

（3）创造者与领域新手思维品质的比较

本研究运用词汇自由联想测验比较人文社会科学和艺术创造者与领域新手的思维差异，结果表明，已经取得高成就的创造者与领域新手相比，确实存在思维品质的差异。在整体上，人文社会科学和艺术创造者在思维深刻性和独创性两个维度上明显高于领域新手（见表 2-10、表 2-11）。

我们知道，思维深刻性是思维触及事物本质特征的核心维度，仔细分析深度访谈资料可以发现，人文社会科学与艺术创造者通常都具备深入的思考和观察能力，这也正是思维深刻性的主要表现形式。深入分析人文社会科学和艺术创造者联想到的词汇，会发现其思维深刻性体现在不断地思考问题、关注时代和社会所引发的问题等方面。比如说"历史"、"脆弱"、"吞噬"等词汇，都是创造者想到的独特词汇，这些词汇与创造者个体的生活阅历、成长经历密切相关。生活阅历加之不断的思考，使创造者群体的思维比年轻的新手群体更加深刻。

本研究的结果还显示，人文社会科学与艺术创造者在思维独特性上也显著优于新手群体，正好从另一个侧面反证了我们在选择创造者被试群体时所进行的创造者的界定的效度，因为创造者群体的核心特征之一，就是具备生产出独特、新颖创造性产品的能力并实际完成了产品的创造过程。

在另外的几个思维品质的维度上，研究的发现与研究者最初的设想并不一致。在思维的敏捷性、灵活性等特征上，人文社会科学与艺术创造者与新手群体都没有显著差异。分析资料可以发现，高成就的创造者并没有因为年龄的增大而使得思维的速度减慢（创造者的平均年龄比领域新手的平均年龄大 43 岁），而对于领域新手，其思维灵活性并不像想象的那样单一。随着教育方式的改变和社会信息环境的迅速变化，即便是新手，人们的思维方式也开始呈现多方向、多角度特点。

本研究的一个延伸发现表明，无论是创造者还是领域新手，学科的不同没有给人们带来思维特征的差异。这正好说明从创造性思维特征入手整体研究创造者特点的可行性。虽然不同的学科联想到的词汇可能会不同，但是思考的方向、思考的维度、思考的深度不会因为学科而有差异，高创造性的人士，无论其从事的学科如何，都会在某些创造性思维特征上表现出自己的优势。

3. 结论

（1）创造者的思维特点中，思维的综合性、连续性、系统性、批判性、对比性、类比迁移能力占有优势；

（2）艺术领域的创造者思维的系统性、类比迁移思维、思维的连续性、想象、辩证思维、发散思维、抽象逻辑思维、形象具体思维更为明显；

（3）人文社会科学创造者思维的综合性、批判性、对比性、目标性、求新求变、激发性、精确性、多向思考、敏锐性、聚合思维特征更占优势；

（4）人文社会科学与艺术创造者和文科与艺术学科大学生比较，思维品质方面的差异主要表现在思维的深刻性和独创性方面，在思维的敏捷性和灵活性方面没有显著差异；

（5）人文社会科学与艺术创造者及领域新手在思维特征上都不存在显著的学科差异。

三、创造者关于创造心理特征的反身认知

创造者与普通人群的心理特征究竟有怎样的差别，是所有创造力研究者必定感兴趣的问题。对于这一问题的揭示，除客观研究两种群体的差异外，还有一个研究途径，即研究高创造力群体本身对自身群体的反身认知。

（一）科学创造者关于创造心理特征的反身认知

1. 数据的收集与分析方法

本研究在进行科学创造者的访谈过程中，同时运用 Q 分类方法搜集了科学创造者对于创造性成就与一般成就中各心理要素发挥的不同作用的评价数据。

Q 分类方法或 Q 分类技术（Q-sort）最早由斯蒂芬森（Stephenson，1953）发明，是一种特别适用于认识人类主观性观念的认识论方法。Q 分类技术有助于简化分类，简化复杂的尤其是相互包含的项目，是能够简捷、快速和可靠地处理信息的方法。需要处理的项目过少时其优越性则难以显现出来。缪勒和卡尔斯（Müller & Kals，2004）研究认为，Q 分类方法可以针对个案或小样本进行研究，特别适合于研究复杂的主观结构，诸如观点、态度、兴趣、价值等。鉴于以上 Q 分类方法的特点与小样本研究的优势，本研究采用这一方法作为科学家评定各心理特征在两种活动（创造与一般成就）中重要意义的方法。

对于本研究中运用 Q 分类方法获得的数据，我们运用多维尺度分析法进行了分析。多维尺度分析法可以针对小样本进行计算，并且可以直观地看到决定多个观测变量的少数几个潜在维度，并可以在由潜在维度决定的低维空间内以图形

的形式直观地将各变量之间的关系表达出来。

多维尺度分析法（multidimensional scaling，简称 MDS）也叫多维量表法，是研究一组变量潜在维度的常用方法，是多元分析的一个分支。其目的是寻找决定多个特性的少数几个潜在维度，并在由潜在维度决定的低维空间内以图形的形式将各变量之间的关系表达出来。表明模型与数据拟合程度的指标叫压力系数（stress）。说明低维空间在解释观测变量变异程度的指标是回归系数的平方（regression square，简称 RSQ）。压力系数值一般在 0 至 1 之间。如果压力系数的值为 0，则意味着模型与数据完全拟合。回归系数的平方则是越大越理想，一般在 0.6 是可接受的。

2. 研究步骤

（1）研制"创造性的人形容词表"。形容词表包括 151 个描述科学创造者的形容词。词表里的词来自相关的研究结果与前人设计的形容词表。组成成分是：前 72 个形容词来自斯坦（Stein）、林奇曼（Lingeman）和戴维斯（Davis）所列举的创造人格特点；吉尔福特关于创造性的 6 个成分：敏感性、流畅性、灵活性、独创性、再定义、洞察力；60 个词来自高夫（Gough）的"创造力形容词表"，其余词汇皆来自前人对科学领域创造者的研究。对前后重复、意义相同但表述稍有差异的词进行归类整理，最终形成"描述创造性的人"。

（2）利用"创造性的人形容词表"对科学工作者（考虑学科与年龄，256人）进行问卷调查。方法是让被调查者在一个 5 点量表上标出每种特征对于科学创造的重要性程度（1~5 分的含义分别是：1 表示不重要，2 表示比较不重要，3 表示重要程度中等，4 表示比较重要，5 表示非常重要）。另外加一个开放式的题目，要求他们写出他们认为重要但是没有被包含在问卷中的特征。根据被试标出的重要特征（标准为：描述统计量平均数为 4 以上，标准差在 1 以下的特征词为重要特征词），研究共找到 44 个合乎标准的词。

（3）研制"科学创造者重要心理特征调查表"。将从以上调查中得到的形容词与访谈中得到的形容词的描述对应起来，以对访谈结果的处理为主，补充意义重大，但被访科学家没有提到或提得不明确的词，例如，科学创造者内向、爱好艺术、责任心强、精力充沛、寻求规律的倾向等特点，为了使调查有一定的宽度，防止由给定特征范围过小造成的偏差，我们将这些特征也列入调查表之内。这样组成由 30 个词构成的"科学创造者重要心理特征调查表"。

（4）预试，收集稳定性信度资料。先让物理、化学、数学、生命科学、地学等 5 个学科的博士研究生填答这份调查表，根据他们自己曾经进行的创造性的工作，对如下过程进行回忆："提出与完善一个见解（不论意义重大与否）——完善观点——让别人理解并接纳"，分析哪些特征在其中起作用。然后，按照调查表要求的 Q 分类规范填答。一个月后用同一份问卷再做一次这样的填答，计算调查问卷的稳定性信度。分别对 21 人进行了复测，然后以 60 个题为样本（30 个特征，分别考察其在创造成就与一般成就中背景的作用，进行两次评价，30 × 2 = 60），以每个人前后两次调查中对 60 个特征重要程度评价为变量，分别计算每个人两次评价之间的相关，21 人的平均相关为 0.837。说明调查表在评价心理特征（于活动中）重要性方面是稳定的，达到可用性的标准。

（5）对科学创造者的正式施测。对科学创造者进行回访，一是讨论他们关于创造性工作的概念图，二是请他们对列出的科学创造者重要心理特征进行分类。办法是让科学创造者根据他们对自己创造过程的体会以及对自己工作特点的反思，对 30 个特征词进行 Q 分类。

30 位接受访谈的被试填答了这份问卷。

用 SPSS 10.0 进行数据管理；用 Q-sort 软件计算"创造性成就"与"一般成就"的相关；用 SPSS 10.0 软件对取得"创造性成就"与"一般成就"心理构成成分进行多维尺度分析，从而发现科学创造者关于创造的概念结构。

3. 结果与分析

（1）科学创造者对心理特征进行评价的情况

本研究中被试将 30 个心理特征按其重要程度分成 5 类，我们因而也可以获得一个各个心理特征重要程度的评价分数，从"最重要"到"最不重要"依次表示为 5、4、3、2、1，并计算出这个群体对每项特征评价的平均数。表 2 - 12 列出了这一结果。

表 2 - 12　　　　　科学创造者对取得"创造成就"与
　　　　　　　　　"一般成就"重要心理特征的排序

特征名称	特征标号	创造成就			一般成就		
		平均数	标准差	重要程度排序	平均数	标准差	重要程度排序
勤奋努力	S10	3.88	1.455	1	4.36	1.286	1
有理想有抱负	S1	3.81	1.559	2	3.09	0.944	13
内在兴趣	S7	3.75	1.238	3	2.64	1.286	21
积极进取	S2	3.63	1.147	4	3.82	1.079	4
思维综合能力强	S11	3.56	1.209	6	3.73	0.647	6
专业素质与技能	S21	3.56	1.153	6	3.82	0.751	4
注意吸收新信息	S8	3.56	1.094	6	3.64	0.505	7

续表

特征名称	特征标号	创造成就			一般成就		
		平均数	标准差	重要程度排序	平均数	标准差	重要程度排序
自信	S14	3.50	1.155	8	3.55	1.036	10
乐于合作与交流	S22	3.38	1.025	10	3.55	1.036	10
思想独特新颖	S24	3.38	0.885	10	2.36	1.286	23
坚持有毅力	S18	3.38	1.088	10	4.09	1.300	2
善于发现问题	S17	3.31	0.946	12	3.00	0.894	14
富于洞察力	S26	3.25	0.856	13	2.91	0.831	17
开放性	S3	3.19	1.424	14	2.91	0.831	17
思维分析能力强	S27	3.00	0.894	16	3.00	1.483	14
独立、自主	S15	3.00	0.816	16	2.73	1.191	19
知识广博	S12	3.00	1.033	16	2.91	0.944	17
善于驾驭已有知识	S6	2.94	1.181	18	3.64	1.206	7
寻求规律的倾向	S19	2.88	1.310	19	2.09	0.539	28
系统的研究风格	S28	2.75	0.856	21	2.18	0.751	26
思维灵活变通	S23	2.75	0.931	21	2.64	0.505	21
精力充沛	S9	2.75	1.000	21	3.55	1.508	10
责任心强	S20	2.73	0.799	23	3.82	0.751	4
愿意尝试	S4	2.69	1.014	24	2.64	0.809	21
善于观察	S13	2.63	0.806	25	3.18	1.168	12
敢于冒险	S5	2.63	1.147	25	2.18	1.079	26
联想能力强	S25	2.56	0.727	27	2.36	0.674	23
工作中的愉快感	S29	1.69	1.195	28	2.27	1.191	25
内向性	S30	1.62	1.088	29	1.91	0.944	29
爱好艺术	S16	1.38	0.719	30	1.45	0.820	30

注：$n = 30$（人）。表中心理特征按"创造成就"平均数大小排序（降序）。平均数相同特征的排序取序号的中位数标出。

由表 2-12 可以看出，对做出创造性成就而言，勤奋努力、有理想有抱负、内在兴趣、积极进取、思维综合能力强、专业素质与技能、注意吸收新信息、自信、乐于合作、思想独特有新意、坚持有毅力、善于发现问题、富于洞察力、开放性、分析能力强、独立自主、知识广博等 17 项特征是重要的特征（重要程度平均在 3.0 以上）。最不重要的特征有 3 项；工作中的愉快感、内向性和爱好艺术（重要程度平均在 2.0 以下）。

由表 2-12 同时看到，对于科学家做出一般科学成就而言，最重要的心理特征有 2 项（重要程度平均在 4.0 以上），包括：勤奋努力和坚持有毅力。此外还有 13 项特征也较重要（重要程度平均在 3.0 以上），包括：责任心强、专业素质与技能、积极进取、思维综合能力强、善于驾驭已有知识、注意吸收新信息、自信、精力充沛、乐于合作、善于观察、有理想有抱负、分析能力强、善于发现问题。最不重要的心理特征有两项（重要程度平均在 2.0 以下），它们是：内向性和爱好艺术。考察所有项目评价的标准差发现，在取得"一般成就"的重要心理特征问题上，科学家们的认识比较一致，而且更加强调勤奋努力，坚持有毅力，积极进取以及责任心和专业素质的作用。

（2）科学创造者关于"创造成就"的概念结构

评价结果经多维尺度法进行分析后，发现这些科学家在评价各个心理特征在科学创造中的重要意义时使用的概念可划分成两个维度，这两个维度可以解释 81.5% 的数据变异。各维度的组成与赋值情况见表 2-13 及图 2-3。

由于是运用主轴法进行的数据分析，因此每一维度都用正负两个方向加以说明，每一维度及其正负向的命名，都是研究者根据这一维度所包含的几个极端心理特征的内涵命名的，用这个维度可以将处于两个极端的心理特征分开。第一维度可以命名为"成就取向/内心体验取向"，其正向是积极追求成就的心理特征，包括工作勤奋努力、对工作有内在兴趣、开放性、自信、注意吸收新信息、积极进取、良好的素质与技能；其负向为注重内心感受的心理特征，包括分析自己思想与情感的内向性，注重内心体验的爱好艺术和工作中体验到的愉快感，命名为"内心体验取向"，这些特点也是被科学家评价为相对不重要的心理特征（见表 2-12）。第二维度为"主动进取/踏实肯干"，其正向为"主动进取"，包括有理想有抱负、思维综合能力强、内在兴趣、敢于冒险、愿意尝试和积极进取；其负向为"踏实肯干"，包括工作勤奋努力和寻求规律并遵循规律，按规律办事。说明科学创造者在评价各个心理特征对于取得创造成就的重要性时，采用的尺度主要有两个："成就取向/内心体验取向"与"主动进取/踏实肯干"。

表 2 – 13　　科学创造者关于"创造成就"的概念结构

组成特征标号	特征名称	特征赋值（weight）
	维度 1：成就取向/内心体验取向	
正向：成就取向		
S10	勤奋努力	1.6889
S7	内在兴趣	1.5216
S3	开放性	1.4249
S14	自信	1.2589
S8	注意吸收新信息	1.1730
S2	积极进取	1.0795
S21	专业素质与技能	1.0422
负向：内心体验取向		
S30	内向性	− 2.5716
S16	爱好艺术	− 2.675
S29	工作中的愉快感	− 2.8217
	维度 2：主动进取/踏实肯干	
正向：主动进取		
S1	有理想有抱负	1.8552
S11	思维综合能力强	1.3328
S7	内在兴趣	1.0813
S5	敢于冒险	0.9500
S4	愿意尝试	0.9169
S2	积极进取	0.8776
负向：踏实肯干性		
S10	勤奋努力	− 1.5437
S19	寻求规律的倾向	− 1.5037

注：Young's S-stress formula 1 is used, Stress = 0. 21401, RSQ = 0. 81470. S-stress improvement is less than 0. 001.

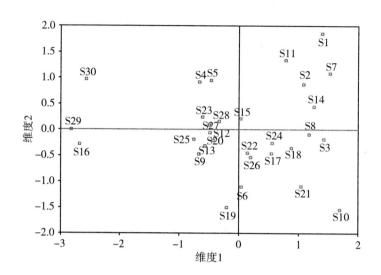

图 2 - 3　科学创造者关于"创造成就"的概念结构图

注：S1：有理想有抱负；S2：积极进取；S3：开放性；S4：愿意尝试；S5：敢于冒险；S6：善于驾驭已有知识；S7：内在兴趣；S8：注意吸收新信息；S9：精力充沛；S10：勤奋努力；S11：思维综合能力强；S12：知识广博；S13：善于观察；S14：自信；S15：独立、自主；S16：爱好艺术；S17：善于发现问题；S18：坚持有毅力；S19：寻求规律的倾向；S20：责任心强；S21：专业素质与技能；S22：乐于合作与交流；S23：思维灵活变通；S24：思维独特新颖；S25：联想力强；S26：富于洞察力；S27：思维分析能力强；S28：系统的研究风格；S29：工作中的愉快感；S30：内向性。

分析组成这两个维度各成分心理特征以及各个特征在创造性成就中的重要程度（见表2－12），可以看出，科学创造者的概念结构中，对做出创造性成就具有重要意义的概括性的特征是"成就取向"与"主动进取"。

（3）科学创造者关于"一般成就"的概念结构

科学创造者同时对取得"一般成就"的心理特征也按重要程度进行了分类，对这一结果进行多尺度分析，得到科学创造者关于"一般成就"的概念结构。经分析得到一个2维解，压力系数为0.177，RSQ值为0.843。各维度的组成与赋值情况见表2－14。

分析科学创造者关于"一般成就"概念结构，发现它也是由两个维度构成的，这两个维度是："成就取向/内心体验取向"和"知识/动机"取向。结合科学创造者对构成这两个维度的各个特征在创造性成就中的重要程度的评价（见表2－12）可以看出，在科学创造者的概念结构中，对做出"一般成就"具有重要意义的概括性的心理特征是"成就取向"与"知识"。

表 2 - 14　　　　　科学创造者关于"一般成就"的概念结构

组成特征标号	特征名称	特征赋值（weight）
维度 1：成就取向/内心体验取向		
正向：成就取向		
C10	勤奋努力	2.4646
C18	坚持有毅力	2.0221
C2	积极进取	1.5314
C21	专业素质与技能	1.2276
C20	责任心强	1.1855
负向：内心体验取向		
C7	内在兴趣	− 0.9793
C5	敢于冒险	− 1.3943
C28	系统的研究风格	− 1.2080
C24	思维独特新颖	− 1.2148
C19	寻求规律的倾向	− 1.2532
C29	工作中的愉快感	− 1.4106
C30	内向性	− 1.7197
C16	爱好艺术	− 2.5064
维度 2：知识/动机		
正向：知识		
C6	善于驾驭已有知识	1.6685
C12	知识广博	1.1887
C9	精力充沛	1.1178
负向：动机		
C7	内在兴趣	− 0.9679
C18	坚持有毅力	− 1.2057
C1	有理想有抱负	− 1.7065

注：Young's S-stress formula 1 is used，Stress = 0.17704，RSQ = 0.84348. S-stress improvement is less than 0.001.

将科学创造者关于"创造成就"的概念结构与关于"一般成就"的概念结构相比较，可以看出，二者既有相同之点，又存在明显差异。相同之处体现为，二者的第一个维度基本相同，都是"成就取向/内心体验取向"。但是在"成就取向"的构成上既有共同成分，也有不同成分。相同的成分是，勤奋努力、积极进取、良好的专业素质与技能；不同的成分是，"成就取向"在"创造成就"中更具有内在兴趣、开放、自信及吸收新信息的特点，而在"一般成就"中则更具有坚持有毅力和责任心强的特点。最大的不同体现在它们的第二个维度上：关于"创造成就"的概念结构的第二个维度是"主动进取/踏实肯干"，而关于"一般成就"的概念结构却是"知识/动机"，在第二个维度上，它们没有任何共同成分。

4. 结果讨论

（1）概念结构与重要心理特征的关系

本研究是通过科学创造者评价各心理特征在创造成就中的意义来了解他们关于创造的概念及其结构的，他们在评价这些心理特征的重要性时，心中是有标准（scale）或理论的。评价者也许并没有明确地意识到他们所持有的理论，但是他们具有进行创造性工作的经历，对创造性工作的体会与反思形成了他们对创造的一些基本态度，并通过评价表现出来。因而，通过分析评价结果可以发现他们评价时所依据的概念及其结构。本研究进行评价的材料都是心理特征，因而这一概念结构是在心理特征这一层面上所说的概念结构。

综合科学创造者对各个特征重要程度的评价，我们还可以进一步了解，在他们的概念结构中哪些被他们认为是重要的一端。比如，结合概念结构与重要等级的评价可以看出，科学创造者认为"成就取向"比"内心体验取向"更重要，"主动进取/踏实肯干"维度中，"主动进取"是创造的主要重要特征（见表 2 - 13）。

本研究在评价各个特征的重要性时使用的是 Q 分类法，即在分类时既要依据自己关于创造的理解来考虑心理特征的重要意义，同时各个类别又有数量限制，在区分相对重要和不重要的特征，以及在两端再分出最重要和最不重要特征时，就会不断地考问自己对创造性成就的理解，使得他们对这一问题的认识更加清晰地显现出来。同时，本研究以创造型科学家为被试，被几经挑选符合条件并愿意配合研究的被试数量较少，而心理学统计方法的运用对数据分布是有一定要求的，比如，数据呈正态分布。其他类型的研究可以在大量被试的情况下使数据趋于正态，本研究很难获得大批量的被试，所以，在收集数据的过程中就采用了提高数据精度的方法，使得数据在整体上呈粗略正态，满足进行统计分析的条件。

（2）科学创造者关于两种成就概念结构的异同

科学已经发展成一个严密的体系，要想在科学研究中哪怕是取得一般的成就，都必须经过本学科的严格的学习与技能训练，具备本学科的专业素质与技能，必须有十年以上的积累（即"十年规则"）。通过大约十年左右坚持不懈的努力学习、勤奋工作，具备积极进取的心态，才有可能取得成就。无论是取得"一般成就"还是"创造成就"都需要科学工作者具有较强的"成就取向"（见表 2 - 13、表 2 - 14）。这一点反映在科学创造者关于这两种成就的概念结构里。这说明，取得创造性成就与一般成就一样都需要以"一般成就基础"为基本条件。这一观点与阿玛拜尔（Amabile，1996）关于创造的解释有一致之处。阿玛拜尔认为，创造由有关领域的技能、创造的技能和工作动机三部分组成，而本研究的"成就取向"就大致相当于有关领域的技能。

但是，同样是"成就取向"，在"创造成就"中，勤奋努力更多的是出于内在兴趣，积极进取是以开放的、接受新信息和自信方式表现出来的；而在"一般成就"中，勤奋努力更多的是出于责任心，积极进取主要是以坚持有毅力的形式表现出来。

科学创造者关于两种成就概念结构最突出的差别体现在第二个维度上。在他们的概念结构里，要想取得"创造成就"，除了具有"成就取向"外，个体还必须具备"主动进取"的特征。这一特征包括有理想有抱负、思维综合能力强、内在兴趣、敢于冒险、愿意尝试和积极进取。进一步分析构成，它们分别为：思维方式上的主动性（思维综合能力强），体现为在现有材料基础上能够产生认识上的飞跃，从而形成新观点和假设；行为方式上的主动性（愿意尝试和敢于冒险），体现为在不能确保成功情况下敢于投入某一方向或专题的工作，试着提出也许并不成熟的观点，并努力尝试验证它们；行为动力的主动进取性体现为在内在兴趣的推动下积极进取、发展自己，树立远大理想和不凡抱负。而取得"一般成就"则强调具备广博的知识，并善于驾驭已有知识，能够精力充沛地投入到工作之中去，进一步强调知识对于取得成就的意义。这与"创造成就"中追求在已有知识基础上的突破与飞跃形成鲜明的对比。

（3）主动进取对科学创造的特殊意义

在具备了"成就取向"的前提下，创造还需要另一特征，那就是主动进取。主动进取表现在思维方式与行为方式的主动性以及行为动力进取性三个方面。

这一维度的特征与兰克和法莱斯等人（Frese & Fay，2001；Rank，Pace & Frese，2004）提出的个体主动性的研究结论有相似之处。他们发现，个体主动性包括自我发动、积极行为和坚持性行为三部分。有研究表明，积极行动的人格预示着未来的创造性行为。本研究认为，坚持性行为属于成就的基础维度，而思维主动性是个体主动性的一个重要标志。这一点也得到斯滕伯格等研究的佐证。他们发现，做出创造成就的人常常是特别出色的综合思维者，能够发现别人所不能发现的综合点，综合意味着产生新想法（Sternberg & Lubart，1996，1999）。

主动进取在科学创造中的作用在于，科学创造中知识是必要的，但是在学习知识的同时，也接受了学科的范式和规范，每个学科都以学科目标、学科方法和学科符号系统的形式滋养着学习这一学科的人，也同时束缚着试图发展和突破它的人。要想有所创造就必须主动打破这种限制，具有冲破范式或规范限制的勇气，这种勇气就是个体的主动进取精神，是为科学带来生命力的个体主动性，即追求真理的科学精神。斯滕伯格曾经用"thesis"来比喻智力、创造力和智慧。他认为，智力是适应环境的能力，因而是 thesis；创造力是产生新的、适应于任务的、高品质的观点的能力，是对现实的否定与超越，因而是antithesis；智慧是二者的平衡，因而是 synthesis。如果说智力是与现实相容与对现实的把握，那么创造力则是主动实现对现实的否定与超越，这种否定与超越的动力就来自于创造者本身及自身的知识素养，因而科学创造一定是个体主动进取精神的展现。

提出将创造力的个体主动性维度作为创造的重要特征的意义还在于，它能够概括已有的研究结果。几乎每个关于创造力的研究者都会提出一些人格的或认知方面的特征，看到的研究越多，知道的关于创造者的特征就越多，反而对创造者到底有什么突出特征感到模糊不清。用个体主动性这一特征则可以很好地概括所有这些特征。

研究还发现，不同的研究者由于研究的被试、领域、方法或研究思路不同，往往会得出不同的结论，如果用个体主动性去概括，无论采用什么样的词汇，无论表现在哪一方面，只要是体现个体主动性的意义，就应该是有利于创造的。这样个体主动性特征不仅能够概括已有结论，还可以包容更大的变化性。但是正如已经揭示的那样，个体主动性只是一个必要条件，做出创造性的成就还须有一般成就基础的配合。个体主动性对于一般成就基础的意义是：为一般成就基础找到了新的方向与突破口，为扎实的一般成就插上了飞翔的翅膀，使研究具有足够的灵性或创造的特性。

5. 结论

（1）科学创造者关于科学创造成就的概念结构是 2 维的，分别是"成就取向/内心体验取向"和"主动进取/踏实肯干"；

（2）取得科学创造成就的重要特征是"成就取向"和"主动进取"。

（二）人文社会科学与艺术人才关于创作心理特征的反身认知

1. 研究方法

（1）人格特征自评工具产生

针对人文社会科学与艺术人才群体，在科学创造性人才人格特征形容词表中151 个形容词基础上，增加了根据以往同类研究中总结的和人格特征有关的形容词和特征描述语句，并将特征描述语句转换为意义相同或相近的形容词，最终形成一个 192 个描述人格特征的形容词表，由此形成创造性人格特征词库。然后将前后重复，意义相同但表述不同的形容词进行归类整理，整理完毕以后，保留了120 个形容词，由此形成初试问卷。然后邀请人文社会学科和艺术学科领域的研究生各 3 人进行预测，删除被试反应词义模糊的，社会赞许性高的词汇，最后形成 108 个特征形容词组成的人格特征自评问卷。为防止作答人说谎或是不认真作答，专门设计测谎词组 3 对，即分别为"自信"、"保守"、"易受影响"设计了配对词组"不自信"、"开放"、"易受打扰"，以确认被试的作答过程是清晰和高度注意的。

最终形成的工具是由 111 个词汇组成的词表问卷，其中 108 个词汇为测量词汇。

（2）研究程序

词表问卷的施测安排在研究者对被试的访谈之后。研究者在和被试的访谈过程中通过特定主题的访谈，已经引发被试对自己的创作过程、成长过程进行了比较系统的回忆，整个过程都包含有被试对自己人格特征的一个反思。这种激发有助于之后被试更为准确和客观地作答自评人格特征问卷。

填答方式为让被访者在一个 5 点量表上标出每种特征和受访者本人性格特征的符合程度，其中 1～5 的含义分别是：5 = 非常符合；4 = 比较符合；3 = 基本符合；2 = 比较不符合；1 = 非常不符合。

对于收集到的数据，首先经过测谎词检查，看被访者在 3 对测谎词上的作答是否相互矛盾。比如说如果在"自信"一词处给自己自评打分为 4，同时"不自信"一词处也是打 4 分，这时就认定该受访者作答不可靠，该受访者数据作为无效数据处理，不记入最后的分析。结果表明，所有参加词表问卷作答的被试数据都是有效的。数据最后用 Excel 记录，然后进入 SPSS 软件进行统计分析。

数据分析是首先将每个被访者在 5 点量表中不同程度上的特征词加以分类整理，然后将 108 个测量词汇按照所有被试的评价结果，按照群体作答确定的词性进行分类，分别归为正向（符合特征）和负向（不符合特征）两大类。其中包含四个亚类：纯正向特征词、偏正向特征词、纯负向特征词、偏负向特征词。分类的标准为：如果评价为"符合"和"比较符合"的频次大于评价为"比较不符合"和"非常不符合"的频次，那么这个特征词我们就记为正向特征词。如果该特征词被评为负向特征的频次为0，则该词就是纯正向特征词，其他的词则为偏正向特征词。反之，如果回答为"符合"和"比较符合"的频次小于"比较不符合"和"非常不符合"的频次，那么这个特征词就记为负向特征词。此时如果该词的正向特征被选频次为0，则为纯负向特征词，其他词则为偏负向特征词。最后使用聚类分析深入揭示人文社会科学与艺术人士人格特征自评特征。

2. 人文社会科学与艺术人才对于自身心理特征的自评结果

（1）人文社会科学与艺术人才的人格特征的自评结果分类

38位参加访谈的被试中，由于有些被试的年龄过高（有的甚至超过百岁）或是由于其他特殊原因拒绝此项研究，因此共有29位被试参与了此项研究。

表2-15是根据以上过程获得的人文社会科学与艺术人才的人格特征的自评结果及其分类。

表 2 - 15   人格特征自评结果

纯正向特征词	独立　自信　诚实　爱思考　有爱心　坦率　开放　有责任感　有礼貌
偏正向特征词	慷慨　心理健康　有理想　有尊严　有事业心　公正　有洞察力　好学　有决心　勤奋　坚持　积极　好反思　宽容　亲切　聚精会神　爱好艺术　有说服力　有远见　理性　感情丰富　有抱负　感激　一丝不苟　积极进取　精力充沛　努力　可靠　敏感　忠诚　成熟　主动　心肠软　沉着　要求严格　热情　友好　镇定　幽默　情绪稳定　无私　耐挫折　兴趣广泛　果断　朴素　健谈　随和　乐于合作　较真　易动感情　庄重　理想主义　勇敢　适应力强　谦逊　爱幻想　体贴　高效率　有计划　有吸引力　文雅　耐心　易兴奋　有条理　严肃　秩序性　怀疑　易激动　节俭　爱冒险　引人瞩目　好交际　喜挑战　心满意足　好争辩
偏负向特征词	平凡　自我中心　多才多艺　复杂　离群　喜孤独　逆反　精明　易怒　小心谨慎　性感　缄默　异性气质　焦虑　防御　易受打扰　健忘　易受影响　紧张　枯燥　恭顺　保守　圆滑　好惩罚
纯负向特征词	无

（2）人文社会科学与艺术人才的自评的核心人格特征

统计所有被试对于108个人格特征词在五种不同程度上的选择频次。将在"非常符合"选项上有频次，同时在"非常不符合"选项上选择频次为0的特征词，标定为人文社会科学与艺术创造者人士的核心人格特征，得到45个核心人格特征词。这些词具体的频次分布表见表2-16。

表 2 - 16 核心人格特征词选择频次表 （单位：次）

特征编号	特征名称	非常符合	比较符合	基本符合	比较不符合	非常不符合
13	独立	27	1	1	0	0
19	积极	21	3	4	1	0
14	爱好艺术	20	3	4	2	0
11	自信	18	9	2	0	0
35	有尊严	18	7	3	1	0
49	坦率	18	8	3	0	0
54	诚实	18	9	2	0	0
67	聚精会神	18	5	5	1	0
16	有责任感	17	8	4	0	0
21	有爱心	17	9	3	0	0
47	宽容	17	6	5	1	0
52	心理健康	17	9	2	1	0
109	爱思考	17	10	2	0	0
107	好学	16	9	3	1	0
3	有决心	15	9	4	1	0
5	开放	15	10	4	0	0
93	有洞察力	15	11	1	2	0
8	精力充沛	13	9	4	3	0
15	坚持	13	11	4	1	0
64	亲切	13	11	3	2	0
72	朴素	13	6	7	3	0
103	感情丰富	13	10	4	2	0
34	可靠	12	9	6	2	0
53	敏感	12	8	8	1	0
17	乐于合作	11	8	6	4	0
23	感激	11	10	7	1	0
60	有礼貌	11	11	7	0	0

特征编号	特征名称	非常符合	比较符合	基本符合	比较不符合	非常不符合
87	要求严格	11	9	7	2	0
91	友好	11	10	5	3	0
25	果断	10	9	7	3	0
45	有说服力	10	13	4	2	0
50	慷慨	10	16	2	1	0
74	心肠软	10	11	5	3	0
81	无私	10	8	10	1	0
48	庄重	9	8	9	3	0
79	一丝不苟	9	14	3	3	0
98	理性	9	14	4	2	0
20	适应力强	8	11	4	6	0
84	沉着	8	12	7	2	0
92	镇定	8	11	9	1	0
61	成熟	7	14	6	2	0
97	有计划	7	10	7	5	0
86	勇敢	6	9	13	1	0
26	有吸引力	4	12	8	5	0
32	心满意足	3	9	8	9	0

（3）人文社会科学与艺术人才核心人格特征的结构

一个人的人格是整体的和复杂的，每个特征对一个人创造过程发挥的作用可能是不同的。为此，我们希望在人文社会科学与艺术创造者的整体人格特征描述中，找到与创造过程关联更为聚焦和直接的特征，以期对相关创造领域的创造特征进行更为精确的定位，并对有关创造活动做出有效的人格特征预测。为此，我们运用聚类分析方法，对45个全部被被试评定为"非常符合"，同时又未出现"非常不符合"评定的核心人格特征进行进一步数据汇聚。

Q 聚类分析表明，来自表2-16的45个特征可以聚类成2~5个类别。最后比较结果，确定聚类为4类。

聚类结果的龙骨图如图2-4所示。

```
                 C A S E            0      5      10     15     20     25
      Label                 Num   +------+------+------+------+------+
```

Label	Num	
自信	4	⇩⇘
诚实	7	⇩□
爱思考	13	⇩□
心理健康	12	⇩□
好学	14	⇩⇧⇩⇘
有爱心	10	⇩□ ⇔
坦率	6	⇩□ ⇔
有责任感	9	⇩□ ⇔
有尊严	5	⇩↗ □⇩⇩⇩⇘
有决心	15	⇩⇘ ⇔ ⇔
开放	16	⇩□ ⇔ ⇔
亲切	20	⇩⇧⇩⇘ ⇔
感情丰富	22	⇩□ ⇔ □⇩⇩⇩⇩⇩⇩⇘
坚持	19	⇩□ ⇔ ⇔
精力充沛	18	⇩↗ ⇔ ⇔ ⇔
有洞察力	17	⇩⇩⇩↗ ⇔ ⇔
聚精会神	8	⇩✕⇩⇘ ⇔ ⇔
宽容	11	⇩↗ □⇩⇩↗ ⇔
积极	2	⇩✕⇩↗ ⇔
爱好艺术	3	⇩↗ ⇔
无私	34	⇩✕⇩⇘ ⇔
庄重	35	⇩↗ ⇔ ⇔
友好	29	⇩⇘ ⇔ ⇔
心肠软	33	⇩□ ⇔
要求严格	28	⇩□ □⇩⇩⇩⇩⇩⇩⇩⇩⇩⇘
果断	30	⇩□ ⇔ ⇔ ⇔
可靠	23	⇩⇩⇩↗ ⇔ ⇔
乐于合作	25	⇩□ □⇩⇩⇘ ⇔ ⇔
感激	26	⇩□ ⇔ ⇔ ⇔ ⇔
有礼貌	27	⇩□ ⇔ ⇔ ⇔
敏感	24	⇩↗ ⇔ ⇔ ⇔
朴素	21	⇩⇩⇩↗ □⇩⇩⇘ ⇔ ⇔
一丝不苟	36	⇩⇘ ⇔ ⇔ ⇔
理性	37	⇩□ ⇔ ⇔ ⇔

```
□⇩⇩⇩⇩⇩⇩⇩⇩⇩⇩⇩⇩⇩⇩⇩⇩⇩⇩⇩⇘
```

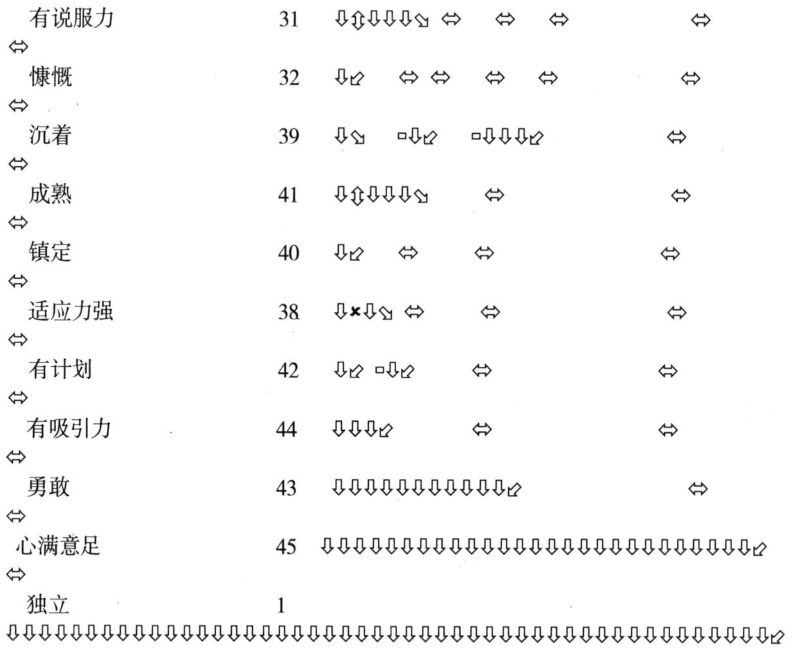

有说服力	31	⇓⇑⇓↗⇗	⇔	⇔	⇔		⇔
慷慨	32	⇓↗	⇔⇔	⇔	⇔		⇔
沉着	39	⇓↗	☐↗	☐⇓⇓↗		⇔	
成熟	41	⇓⇑⇓↗	⇔		⇔		⇔
镇定	40	⇓↗			⇔		⇔
适应力强	38	⇓✕⇓↗			⇔		⇔
有计划	42	⇓↗	☐↗		⇔		⇔
有吸引力	44	⇓⇓↗			⇔		⇔
勇敢	43	⇓⇓⇓⇓⇓↗			⇔		⇔
心满意足	45	⇓⇓⇓⇓⇓⇓⇓⇓⇓⇓⇓⇓⇓⇓↗					
独立	1	⇓⇓⇓⇓⇓⇓⇓⇓⇓⇓⇓⇓⇓⇓⇓⇓⇓⇓⇓⇓⇓⇓⇓⇓⇓⇓⇓⇓↗					

图 2 - 4　核心人格特征词聚类分析龙骨图

将聚类之后的特征词结合词义以及以往研究的总结，分别命名，即获得表 2 - 17 具体的聚类结果。

表 2 - 17　　　　　　　核心人格特征聚类分析结果

类型 1：独立	独立
类型 2：积极自我状态和有效心理功能	积极　爱好艺术　自信　有尊严　坦率　诚实　聚精会神　有责任感　有爱心　宽容　心理健康　爱思考　好学　有决心　开放　有洞察力　精力充沛　坚持　亲切　感情丰富
类型 3：可靠外界结合与成熟自我把握	可靠　敏感　朴素　乐于合作　感激　有礼貌　要求严格　友好　果断　有说服力　慷慨　心肠软　无私　庄重　一丝不苟　理性　适应力强　沉着　镇定　成熟　有计划　勇敢　有吸引力
类型 4：满足	心满意足

3. 讨论

（1）人文社会科学与艺术创造者人格特征的层次

高夫利用《创造力人格特征量表》，对创造型人士进行了研究，找出了 30 个形容词用以描述高创造力人士的人格特征。并且他将 30 个词分成 18 个正向特征词和 12 个负向特征词。

本研究中对人文社会科学与艺术创造者进行的人格特征反身研究，得出了类似的分层结构。为了更为细致地分析，有关人格特征在层次上又细分为了三个层次：纯正向特征、偏正向特征和偏负向特征。

纯正向特征是与人文社会科学与艺术创造者人士自身特点符合程度最高的特征。结果表明，独立、自信、诚实、爱思考、有爱心、坦率、开放、有责任感、有礼貌等 9 个词汇构成这个层次。这个层次的特征应该是人文社会科学与艺术创造者人士的关键人格特征，它在整体上呼应了以往的研究结果，但是"有爱心"被纳入到关键特征层面，是本次研究中独特的发现。"有爱心"虽是描述人格特征的常用词，但是被发现与高创造性密切相关，还是首次。

具体分析 29 名人文社会科学与艺术创造者人士的详细资料发现，认为有爱心是非常符合自己的特征的倾向十分明显，有 17 人认为非常符合，9 人认为比较符合，3 人认为基本符合，没有负向选择。结合访谈文本中相关的内容分析和访谈过程中问卷作答时研究者的追问分析，可以了解到，"有爱心"直接体现在该创造性群体的认真观察生活、对社会富有责任感上，他们关爱自己周围的人和事，尤其是他们有普遍强烈的社会责任感，这也常常是引发他们进行创造的一个主要动力源泉。

偏正向特征是部分被试认为与自己符合，同时也有部分认为与自己不符合的特征，但整体上评价为"符合"的倾向大于评价为"不符合"的一些特征词。在 108 个测量词汇中，大部分特征词都被被试归入了这个层次。

原本假设负向特征词也应该有两个层次，但是实际的结果发现，只有偏负向特征词，而没有纯负向特征词。产生这种结果的原因可能是有两个方面。第一，我们编制的人格特征自评问卷的原词来源主要是先前的研究已经证明符合创造型人士的人格特征的词汇，人文社会科学与艺术创造者人士标定的评定结果从另一个侧面说明了这些研究结果的合理性，同时也证明了创造性研究结果一致性和我们研究的有效性；第二，自评问卷是在研究者和被试进行完访谈之后在研究者与被试的沟通过程中完成的。访谈过程中被试和主试建立的连带和访谈过程中被试和主试愉快的交流气氛可能会对后续的特征自评产生一定的定向性影响，并且，访谈中被试大量回忆了自己的创造过程和成长经历，这些都有可能导致被试在进行问卷作答的时候，强化对正向特征的认同，为此被试的自评中只出现了偏负向特征词，没有纯负向特征词出现。

（2）人文社会科学与艺术创造者的核心人格特征

从表 2-17 的聚类结果我们可以看到，核心特征从个体和外界的环境关系角度被分为了四类。其中第一类是只有一个特征词的维度，即"独立"。被试对这个特征词的选择反应非常特殊，在聚类分析中，无论是分成 2 类，还是分成 5 类，它都是独自成为一类。从对"独立"这个特征词的具体选择看，有 27 人都选择为非常符合自己的特征，是一个选择最为集中的特征词。在过往的研究中，独立性也是被高度重视的特征。一个人要想取得创造性的突破，保持自己思想和行为上的独立是非常重要的，以往的相关文献中往往强调譬如创造型人士的"独立思考"，"不喜欢与人打交道"，"孤独"，"个性的独立性"等与"独立"特征词意义一致或接近的特点（Guiford，1970；Sternberg，1997；Lubart 1996；Fitz-gerald，1966；McCrae & Costa 1985）。在我们的研究进一步证明了独立性对于一个人创造性成果取得的重要性。这种独立性一般是指独立思考，不受他人影响的人格特征。并且他和其他的特征词无法合并成一类，可见其特征的重要性和在人格特征中的特殊地位。

第二类特征是自我积极有效。仔细分析构成这一类的 20 个特征，可以发现，20 个特征主要在两个紧密关联的上位特征上汇聚。这两个上位特征可以分别命名为"积极自我状态"和"有效心理功能"。属于心态积极进取、自我状态健康向上的特征有"积极、爱好艺术、自信、有尊严、坦率、诚实、有责任感、有爱心、宽容、心理健康、爱思考、好学、开放、亲切"等，属于"心理功能发挥有效"的自我功能发挥充分的特征有"聚精会神、有决心、有洞察力、精力充沛、坚持、感情丰富"等 6 个特征。

第三类核心特征最佳的特征概括是"可靠外界结合与成熟自我把握"，共包含了 23 个特征，包括"可靠、敏感、朴素、乐于合作、感激、有礼貌、要求严格、友好、果断、有说服力、慷慨、心肠软、无私、庄重、一丝不苟、理性、适应力强、沉着、镇定、成熟、有计划、勇敢、有吸引力"等。仔细研究这 23 个特征的概念内涵很容易发现，各个特征的核心内涵都指向了个人与外界的积极、可靠、有效的结合与自我的有效把握之上。"可靠、乐于合作、感激、有礼貌、友好、慷慨、心肠软、无私、有吸引力"等 9 个特征主要描述了个体联结外部世界的主动、可靠的方式，并且这种方式显然是易于赢得外部支持的积极和有效的方式。而"敏感、朴素、要求严格、果断、有说服力、庄重、一丝不苟、理性、适应力强、沉着、镇定、成熟、有计划、勇敢"等 14 个特征描述的主要是个人对自身的成熟把握。敏感而有效，决断而沉着。

第四类又是由一个单一特征单独成类的特征，这个特征为"心满意足"，我们将其命名为"满足"。不过，被试对这个特征词的选择已经较为分散，并且有 1/3 的被试已经将其评定为负向特征词，所以这是个词汇核心特征较为不重要的特征词。而且在传统的研究中，将心满意足列为核心人格特征描述的也没有，因此心满意足这个特征还需要在日后的研究中进一步探讨和验证。

（3）高心理健康水平是人文社会科学与艺术创作的重要条件

心理健康与创造性的关系一直是有争议的问题。许多艺术创作研究都认为创作，尤其是艺术创造是与不健康的心态相关联的。部分艺术创造大师的精神分裂事实又强化了人们认为艺术家可能心理上不正常的概念。霍夫曼 2002 年总结了前人的研究并列举了自己的研究结果相信，高成就人的心理健康水平往往是比较低的（Kaufman，2002a）。他还在针对诗人的一项研究中表明，诗人尤其是女诗人更容易患上精神疾病。传统的关于创造性的人才的人格特征的研究和人们普遍的认识都认为高创造成就的人才有着较高的自信心水平。

创造力心理学家维斯伯格（Weisberg，1996）的另外一个研究也试图揭示心理健康状态与创造性成就的关系，他提出轻度躁狂的个体更具有创造性；2004年进一步的研究提出精神失常的人，创造性思维更为好一些，他认为消极的感性体验有助于创造性活动的材料积累（Weisberg，2004）。

其他的研究也表明高创造性成就的人往往都有一定的间歇性的情绪失常症状，尤其是两极化情绪。而且这个研究结果在艺术家领域更为明显。（Anderegg，David，2001；Frances Reynolds，2004；Martin Cartwright et al.，2004；Euguene M. Fodor et al.，2004）

从本研究以上的结果分析来看，我们的研究发现与其他关于创造性与心理健康关系的研究发现并不一致。至少在我们研究的样本及其代表的群体范围内，我国的人文社会科学与艺术创造者人士不是心理上有问题，而是普遍强调了良好的自我状态、自我把握和充分的自我功能的发挥，同时与外部世界的关联是用积极的方式建立有效的连带。他们有高的自信心水平，对自我心理健康水平也有高的评价。当自我评价中涉及"自信"时，62％的人文社会科学与艺术创造者人士都认为非常符合自己的特征，有 31％的人文社会科学与艺术创造者人士认为比较符合自己的特征，仅有 7％的人文社会科学与艺术创造者人士认为基本符合自己的特征，没有出现负向选择。在"心理健康"的自我评价上，59％的人文社会科学与艺术创造者人士都认为非常符合自己的特征，有 31％的人文社会科学与艺术创造者人士认为比较符合自己的特征，有 7％的人文社会科学与艺术创造者人士认为基本符合自己的特征，仅有 1 人（3％）出现负向自我评价。

虽然，我们研究的这一部分所使用的方法是自我评价，但是因为研究的过程是与被试面对面的纵深探讨，为此，有理由相信我们研究的发现是可靠的，被试群体的自评结果也在很大程度上透视着被试群体及其所代表的人群的实际心理特征状况。如果这一结果得到进一步研究的结果印证，我们设想，很有可能中国文化环境中的高创造水平的群体，包括人文社会科学和艺术创造群体的特征可能与西方同类创造群体具有不同的特征。这种不同特征可能提示着在中国文化环境中取得高创造成就的条件之一，是适应社会和本身处于良好的内在状态，并与外部世界保持着积极的、建设性的关联。有可能，自身状态良好及与周围世界的建设性联系发挥着创造基础的作用。特征强度尤其鲜明的"独立性"则是创造者实现突破的重要条件。

归根到底，创造实际上是一个资源整合过程，即将内外的各种资源最终整合成为物化的创造作品。无疑，内在状态的良好和保持与外部世界的有效联系是赢得资源，并且在个人心理世界内部进行富有意义的整合的重要前提。个人自身状态的良好、具有积极心态也是创造动力的重要来源。金盛华在1992年发表的论文中曾经提出，创造可以有自发创造和理性创造的类型划分。从客观上，自发创造是可遇不可求的过程，创造的本身并不具备直接的目的性，创造性产品的价值也是随着后来的社会观念演化而逐步产生的，如梵高的绘画，贝多芬的音乐，都带有鲜明的这种特点。而更多的创造成果，从原子弹的爆炸成功到航天飞机的实现，实际上都是自觉的理性创造。中国国家科学技术的最高奖项先后授给了两位解决粮食问题的育种专家，从另一个侧面说明了目的性创造的价值和地位。由此可以相信，多数成功的创造，包括在中国文化背景中的艺术创造，有可能自身心态和自身与外部环境的联系状态都是创造成就的重要预测源。

4. 结论

（1）人文社会科学与艺术创造者人士自评人格特征可以分为纯正向特征、偏正向特征和偏负向特征三个层次。

（2）人文社会科学与艺术创造者人士自评的核心人格特征主要有四种类型，分别为独立、积极自我状态和有效心理功能、可靠外界结合与成熟自我把握和满足。其中独立的倾向性最强，满足的特征倾向性最弱。

（3）良好的自我状态在人文社会科学与艺术创造者人士自评人格特征中具有重要地位。

四、创造者的成长过程及其影响因素

（一）科学创造者成长要素

成功培养有创造性的科学工作者，一直是国家战略目标层次上的重大问题。在34名创造型院士科学家的访谈研究资料中，我们试图揭示创造型科学家的成长过程。为了使资料的分析有基本的线索，我们设想：

第一，科学创造者的成长存在阶段性；

第二，科学创造者成长的各个阶段存在起关键作用的影响因素；

第三，不同发展阶段中的关键影响因素存在内容和性质上的差异。

1. 科学创造者成长的影响因素编码和评分

按照揭示科学家成长过程的目标，我们采用了三位编码者同时编码的方法，在统计编码之前首先对编码信度进行分析。信度分析通过计算三位编码者的编码一致性实现。由于编码采用的是判断被试是否具有某一特征的方法（即 0，1 编码），因而采用库德－理查森的 20 号公式（KR20）（Kuder－Richardson 20 coefficient）进行计算。分别计算每项特征的一致性信度。编码的信度系数值从 0.717 到 1.00，编码信度平均为 0.840，标准差为 0.109，达到可接受水平。说明编码手册具有一定的稳定性，利用这一工具可以比较有效地辨别出科学创造者成长的主要影响因素。

由于编码手册是一个可以利用的工具，那么，研究者利用这一手册来辨识影响科学创造者成长的因素是有效的。利用这一手册，研究者对影响科学创造者成长的主要因素进行了分析，得到以下分析结果（见表 2－18）。

表 2－18　　　　　　科学创造者成长的主要影响因素[*]

影响因素名称	被提及的频次（次）	占受访人数的比例（%）	重要程度排序[**]
交流与合作	26	76.47	1
多样化的经历	22	64.70	2
导师或研究指导者的作用	20	58.82	3
中小学教师的作用	19	55.88	4
父母的作用	18	52.94	5
青少年时爱好广泛	14	41.18	6
大学教师的作用	11	32.35	7
挑战性的经历	9	26.47	8
科研环境氛围	7	20.59	9
成长环境氛围	5	14.71	10

注：[*] N＝34（人）。

[**] 由于不同的因素在个人成长的不同阶段其意义是不同的，因此，本表的意义在于列出重要的影响因素，重要程度排名只有相对的意义。

在对编码结果进行统计分析之前，我们也计算了两位评分者使用编码手册进行评分的一致性系数。计算公式采用斯皮尔曼等级相关（Spearman's rho），分别计算每项特征的一致性信度。评分者信度系数值从 0.715 到 0.926，评分信度的平均值为 0.822，标准差为 0.080，评分信度达到可接受水平。与编码信度比较，由于已经告诉另一名评分者一定要评价被试这方面特征而不是看是否具有这一特征，在方向明确的前提下，评分信度有了一定的提高，这说明评分具有一定的稳定性。

2. 科学创造者成长影响因素的分类

由于两位评分者有可信的一致性，因而可以合成两人的评分，利用合成的分数进行相关统计分析。下面是对心理特征进行探索性因素分析的结果。

对评分结果进行 KMO 和 Bartlett 球形检验，结果表明可以对数据进行探索性因素分析（$\chi^2 = 161.108$，$df = 45$，$p < 0.0001$）。在比较了各种分析结果的基础上，我们选择主成分分析法，并进行方差最大旋转。载荷量的碎石图表明，可以抽取 3 个或 4 个主成分。但是，抽取 4 个主成分时，各个测量的主成分分布比较零乱，而抽取 3 个主成分时，各个测量的分布相对整齐，在理论上也较容易解释。根据因素分析的载荷量大于 1、载荷量变化急剧程度、理论上的可解释性原则，我们抽取了 3 个主成分。主成分分析结果见表 2 - 19。

表 2 - 19　　　　科学创造者成长影响因素的主成分分析

心理特征名称	因素 1	因素 2	因素 3
父母的作用	0.894		
成长环境氛围	0.758		
青少年时爱好广泛	0.532		
挑战性的经历	0.440		
多样化的经历	0.405		
导师或研究指导者的作用		0.961	
科研环境氛围		0.762	
交流与合作		0.411	
中小学教师的作用			0.988
大学教师的作用			0.591
贡献率（%）	22.837	19.667	18.057
贡献率之和（%）	22.837	42.504	60.561
因素命名	早期促进经验	研究指引和支持	关键发展阶段指引

表 2 - 19 的分析结果表明，这些影响因素可以抽取出 3 个主成分，这 3 个主成分可以解释总体变异的 60.561%。根据每个主成分所包含的心理特征，这 3 个主成分可以命名为早期促进经验、研究指引和支持、关键发展阶段指引。其中早期促进经验包括父母的作用、成长环境氛围、青少年时期爱好广泛、具有挑战性经历与多样化的经历；研究指引和支持包括导师的作用、科研环境氛围、交流与合作的氛围；关键发展阶段指引包括中小学教师的作用和大学教师的作用。

3. 科学创造者成长的影响因素分析

表 2 - 19 的结果显示，科学创作人才成长实际上存在着显著的阶段性，"早期促进经验"提示早期经验的重要性，"研究指引和支持"提示了进入有关创造领域的核心影响要素，而"关键发展阶段指引"则与核心创作成就的取得存在着密切关联。

仔细分析科学创造者成长经历的资料，可以看出，创造才能的发展是一个连续发展的阶段，每一阶段都涉及情感与认知的发展，经历一些重要的生活事件；不同的发展阶段会有一个或几个影响源在发展中起到重要作用；创造者最终的创造成就是以前各个阶段发展的最终体现。

在早期成长和兴趣发展阶段，对科学创造者成长起作用的人主要是父母与小学教师，起作用的方式是创造宽松的探索环境，创造条件让他们接受好的教育，使得当事人能够从事自己喜欢的活动，在从事活动的过程中得到乐趣，发现自己可以在哪里获得成功的乐趣。同时也包括帮助他们养成良好的学习习惯，引导或鼓励探索，激发好奇心，特别是以极其简单、朴素的语言奠定人生价值观的基础，那就是"做一个有用的人"。这一时期的自我探索是以游戏的形式出现的，学习也是游戏。表面上是探索外部世界，其实是一个探索自己的内心世界、自我发现的历程。成人提供的指导是个别的、非正式的和娱乐性的，早期努力往往伴随着热情与鼓舞。这一阶段的探索不一定与日后从事学术创造性工作有直接关系，但是却为后来的创造提供重要的心理准备，是个体主动性形成的重要阶段。

在进入特定专业领域的阶段，大学本科阶段的教师和硕士、博士研究生阶段的指导教师对于创造者的发展起着至关重要的作用。本科阶段教师的作用在于使学生通过教学了解到这个学科的意义与研究前景，大学教师的榜样使他们看到从事这方面研究的乐趣，并直接感受到这个学科是生动有趣的。大学期间老师的作用是用自己对学科的敏感影响学生，同时为学生打下坚实的专业基础。硕士或博士研究生期间的导师的作用是，锤炼学生的研究技能，使学生通过实际的研究学习掌握研究技能，了解与形成一定的研究策略。导师们往往是用自己对学科的热爱塑造学生对学科的热爱，学生的科研态度也是通过与导师一起做研究培养起来的。导师的研究思路、研究方法对学生有巨大影响。在老师的激发下，他们大多勤学苦练，加上个人的聪颖，学习进展很快，学业上的进展反过来也激发了他们进一步学习与探究的兴趣。职业兴趣和专业方向更加坚定，特别是到了硕士研究生或博士研究生阶段，他们大多数考入著名的大学、拜专业领域里顶尖的学者为师。有的已经参与到导师的研究工作中来，有的已经开始了自己喜欢的课题的研究。这期间的主要收获体现在两个方面，一是获得了扎实的专业基础知识，掌握了基本的研究技能，通过与导师的合作研究或做导师的研究助手，了解了进行科学研究的一般策略，开始进行一些有意义的研究工作；二是通过学习和研究工作，更加坚定了专业方向，热爱自己的研究工作，研究工作中的一些进展使得他们相信自己可以做得比较好，以至于最终能够实现自己的人生价值。有些专家在专业发展的过程中得到了世界级的著名导师的指导，对他们研究习惯与思考方法的形成都发挥了重要影响。

杨振宁在《杨振宁文集》"评注"里说，在每一个创造领域里，品位加上学力、性情和机缘，决定了风格的高低，也决定了贡献的大小。从本研究分析的实例看，这种风格就与他本人经历中所见到的人（特别是导师，导师的研究风格、学术追求与学术品位）、所做的研究工作、工作标准与研究思路有关。有的甚至在研究生阶段就做出了创造性的成就。

在做出代表性创作成就的关键阶段，名师的指引和启发依然是做出重大科学创作成就的重要条件。在创造性成就中，确立正确的研究方向很重要，有些研究者虽然具体的研究课题、研究思路都是由自己在研究过程中根据学科发展和自己的特长确定的，但研究方向与导师的指引仍然直接关联。

创造都是在具体环境下、具体学科领域里实现的。对于创造者来说身心处于创造的环境中是很重要的。这种环境主要表现为交流与合作的环境氛围。

在具体的创造阶段，研究者本人扎实细致的研究工作很重要，像收集资料、运用逻辑手段进行分析、一步一步推进研究工作，直至最后得到结论；其次就是要想顺利推进研究工作，激发研究者产生创造性的观点，讨论时的研究气氛很重要，甚至良性竞争也能促进创造。

4. 结论

（1）影响科学创造者成长的重要生活事件主要是：导师或研究指导者、交流与合作的气氛、中小学教师的作用、父母的作用、大学教师的作用、多样化的经历、挑战性的经历、青少年时期广泛的爱好、成长的环境氛围以及科研环境与氛围。

（2）影响科学创造者的重要生活事件可以会聚成三类：早期促进经验、研究指引和支持以及关键发展阶段指引。其中早期促进经验包括父母的作用、成长环境氛围、青少年时爱好广泛、挑战性的经历与多样化的经历；研究指引和支持包括导师的作用、科研环境氛围和交流与合作氛围；关键发展阶段指引包括中小学教师的作用和大学教师的作用。

（二）人文社会科学与艺术创造者成长要素

在人文社会科学与艺术创造者的成长过程中，同样存在着许多影响他们整体发展和创造性成就取得的重要人物。对于全部38名人文社会科学与艺术创造者，我们同样对有关的深度访谈材料进行了纵深分析。

1. 影响人文社会科学与艺术创造者发展的人物及事物（影响源）

我们采用开放编码和主轴编码同时进行的方式，对访谈文本进行了细致分析。被试在访谈过程中提到的对自己有重要影响的具体对象和类别对象共有19种，分别是：

政治人物甲，政治人物乙，政治人物丙，大科学家，中学时期美国牧师，地下党，名师，中小学老师，领域内老师（包括大学老师，工作中的领导及老师），父母，爷爷辈，邻居，兄弟姐妹，同行，合作者，同学，女儿，爱人，书。

将19种被提及的人和物加以归纳，将本质上同属于一个性质的概念词归类，获得6个核心类别，分别为：

政治人物：政治人物甲，政治人物乙，政治人物丙；

思想引领者：中学时期美国牧师，地下党；

虚体人物：大科学家，书；

老师：名师，中小学老师，领域内老师；

家庭成员：父母，兄弟姐妹，女儿，爷爷辈，爱人；

密切交往对象：邻居，同行，合作者，同学。

2. 影响源被提及的频次分布特征

进一步针对38位被试的访谈文本资料进行分析。依照开放编码中形成的19个影响源，凡是被试文本资料出现过的在该影响源上就计分为"1"，最后得到38个被试在19个影响源上的频次表。

然后再依照主轴编码形成的概念词，将频次求和，得到如表2-20的统计结果（参见图2-5）。

表 2 – 20　　　　　　　**人文社会科学与艺术创造者成长关键**

影响事件频次及排序 *

核心类别	概念词	频次	占所有频次的 比例（%）	概念词 比例排序	核心类别 比例排序
政治人物	政治人物甲	3	3.49	7	
	政治人物乙	1	1.16	14	
	政治人物丙	2	2.33	10	
	合计	6	6.98		5
思想引领者	中学时期美国牧师	1	1.16	14	
	地下党	2	2.33	10	
	合计	3	3.49		6
虚体人物	大科学家	1	1.16	14	
	书	7	8.14	3	
	合计	8	9.30		4
老师	名师	7	8.14	3	
	中小学老师	3	3.49	7	
	领域内老师	20	23.26	1	
	合计	30	34.89		1
家庭成员	父母	19	22.09	2	
	兄弟姐妹	3	3.49	7	
	女儿	1	1.16	14	
	爱人	4	4.65	6	
	爷爷辈	1	1.16	14	
	合计	28	32.55		2
密切交往对象	邻居	1	1.16	14	
	同行	6	6.98	5	
	合作者	2	2.33	10	
	同学	2	2.33	10	
	合计	11	12.80		3

注：＊N = 38 人。

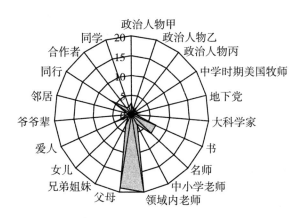

图 2 – 5 人文社会科学与艺术创造者成长影响源雷达图

3. 人文社会科学与艺术创造者发展过程中影响源的作用机制分析

（1）影响作用与人物的对应关系

依照开放编码的步骤，将被试提及的他人对自己发生的影响语句进行提取、归纳，形成71个意义单元，分别为：

"文化创造，文化塑造了整个人"，"无法无天的思维"，"大刀阔斧的思维，还有就是野心"，"人格魅力，榜样力量要做有追求的人"，"安排了我的人生之路"，"对未知世界的渴望，他们的智慧"，"建立信仰的引路人"，"我们的一生不能这样，我们都还年轻，需要看看外面的世界"，"信仰革命的引路人"，"父母给的开放民主的教育"，"父母的做人的影响"，"母亲认真的做人态度"，"母亲的坚强"，"母亲的先进的教育方法"，"父亲做事的态度的潜移默化的影响"，"父亲全方位的影响包括遗传做人"，"父母重视求知上学"，"排行老大，父母的高期望"，"父亲影响信仰的形成"，"母亲的知识教育"，"母亲重视知识，人生观的教育"，"父亲的早期教育"，"父母给予了艺术熏陶"，"家和社会的不和谐，学会思考人生"，"学问影响"，"家庭氛围"，"交往的人提高了自己的品位"，"给予机会"，"思路上的引导"，"文学老师给予的积累"，"给予了出国机会"，"专业的积累"，"方法和理论的学习"，"工作方式的学习"，"鼓励"，"老师教读报，思维的训练"，"我要把标杆立到最高，出国研究生，我出国了，出国以后我要找到国外最好的老师"，"老师引导找准了研究点"，"激励自己的榜样"，"教会勤奋"，"邻居家姐姐（哥哥）专业启蒙"，"堂兄榜样"，"中学老师倡导新思想，对自己影响很大"，"小学老师的高期望"，"外婆或是外祖父的早期领域启蒙"，"专业领域的老师，建立了通向领域之门的感觉"，"专业的老师给了启蒙教育"，"大学的校长的思想工作，系主任的动员"，"在需要进入领域时，给了机会"，"我就觉得佩服。榜样力量"，"共同前进"，"启发了自己的研究",“激发创作欲望",“大胆地寻求帮助和合作",“合作者相互补充",“同学都很想有成就，自己受影响也想有成就",“在一个另类的学校，自己不甘平庸",“中学表扬的老师，激发了努力",“（女儿）启发和反思自己的工具",“（女儿）外界新事物的传递者",“在（跟老师）学习中自我反思",“（爱人）全力的支持，事业的相携，生活的照顾",“（爱人）毫不留情的专业评价",“（爱人）不束缚的自由",“（书）超越现实生活，超越你固有的眼界——开阔眼界",“（通过书）你外部世界学习得多了以后，你内部世界就升华了。它会使你的创作具备质量。使你的这种灵感具有质量——自我提高",“你看书，越看书就知道，这个不是说我要掌握就掌握，这是慢慢地体会的",“书造就了我",“学习并内化成自己的",“书中的人物对自己的影响"。

以开放编码的结果为材料，进行主轴编码。将开放编码中抽取出来的要素点，加以分析归类，参照 6 种影响者的分类，将作用相同的一类意义单元合并，得到如下归纳结果：

政治人物：“文化创造，文化塑造了整个人",“无法无天的思维",“大刀阔斧的思维，还有就是野心",“人格魅力，榜样力量要做有追求的人",“安排了我的人生之路"。

思想引领者：“建立信仰的引路人",“信仰革命的引路人"。

虚体人物：“对未知世界的渴望，他们的智慧",“（书）超越现实生活，超越你固有的眼界——开阔眼界",“（通过书）你外部世界学习得多了以后，你内部世界就升华了。它会使你的创作具备质量。使你的这种灵感具有质量——自我提高",“你看书，越看书就知道，这个不是说我要掌握就掌握，这是慢慢地体会的",“书造就了我",“学习并内化成自己的",“书中的人物对自己的影响"。

老师：“我们的一生不能这样，我们都还年轻，需要看看外面的世界",“学问影响",“家庭氛围",“交往的人提高了自己的品位",“给予机会",“思路上的引导",“文学老师给予的积累",“给予了出国机会",“专业的积累",“方法和理论的学习",“工作方式的学习",“鼓励",“老师教读报，思维的训练",“我要把标杆立到最高，出国研究生，我出国了，出国以后我要找到国外最好的老师",“老师引导找准了研究点",“激励自己的榜样",“教会勤奋",“中学老师倡导新思想，对自己影响很大",“小学老师的高期望",“专业领域的老师，建立了通向领域之门的感觉",“专业的老师给了启蒙教育",“大学的校长的思想工作，系主任的动员",“在需要进入领域时，给了机会",“中学表扬的老师，激发了努力",“在（跟老师）学习中自我反思"。

家庭成员：“父母给的开放民主的教育",“父母的做人的影响",“母亲认真的做人态度",“母亲的坚强",“母亲的先进的教育方法",“父亲做事的态度的潜移默化的影响"，"父亲全方位的影响包括遗传做人"，"父母重视求知上学"，"排行老大，父母的高期望"，"父亲影响信仰的形成"，"母亲的知识教育"，"母亲重视知识，人生观的教育"，"父亲的早期教育"，"父母给予了艺术熏陶"，"家和社会的不和谐，学会思考人生"，"外婆或是外祖父的早期领域启蒙"，"（女儿）启发和反思自己的工具"，"（女儿）外界新事物的传递者"，"（爱人）全力的支持，事业的相携，生活的照顾"，"（爱人）毫不留情的专业评价"，"（爱人）不束缚的自由"。

密切交往对象："邻居家姐姐（哥哥）专业启蒙"，"堂兄榜样"，"我就觉得佩服。榜样力量"，"共同前进"，"启发了自己的研究"，"激发创作欲望"，"大胆地寻求帮助和合作"，"合作者相互补充"，"同学都很想有成就，自己受影响也想有成就"，"在一个另类的学校，自己不甘平庸"。

进一步归纳本质上同属于一个性质的要素，最终可以概括出分别对应6种影响者所发挥的6种作用，是：引导建立信仰，启蒙，入门，领域内发展引导，镜映价值，支持作用。这6种作用与6种影响者的对应关系如下：

政治人物：引导建立信仰；

思想引领者：引导建立信仰；

虚体人物：引导建立信仰，启蒙，入门，领域内发展引导，镜映价值；

老师：引导建立信仰，启蒙，入门，领域内发展引导，镜映价值；

家庭成员：引导建立信仰，启蒙，入门，镜映价值，支持作用；

密切交往对象：启蒙，领域内发展引导，镜映价值，引导建立信仰。

（2）不同影响源作用的重叠模型

研究结果表明，除了政治人物和思想引领者仅发挥了引导建立信仰的作用外，其他几类影响源的作用并不是单一的，而是一种影响源同时起着不同的作用，因此我们形成了这个影响源影响作用的重叠模型，如图2-6所示。

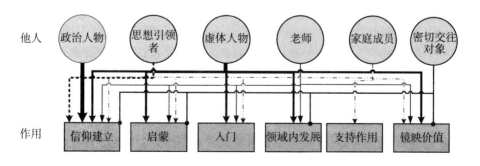

图2-6　不同影响源作用重叠模型

4. 讨论

（1）各影响源结构不同的多重影响作用

编码一共得出了 6 类影响源，除政治人物和思想引领者的影响作用限于影响信仰建立以外，其他 4 类影响源的影响作用都是多重的（见图 2 - 6）。

首先看虚体人物的作用。在这里虚体人物主要是指国际知名的科学家和书籍。在我们的研究中，发现很多人多次提及一些大科学家对自己的主要影响，这些大的科学家对被试树立科学信仰，建立追求科学精神的决心，都起着非常重要的作用。另一个虚体人物是"书"。我们的研究发现，人文社会科学与艺术创造者对于书都是情有独钟的，他们认为，书籍可以开阔眼界——（书）超越现实生活，超越你固有的眼界（14 - A2）；书籍可以令自我提高——你外部世界学习得多了以后，你内部世界就升华了。它会使你的创作具备质量。使你的这种灵感具有质量——自我提高（27 - A4）；看书可以潜移默化的影响自己——你看书，越看书就知道，这个不是说我要掌握就掌握，这是慢慢地体会的（19 - L5）。甚至有的被试说，"书造就了我"（23 - F2）；通过书的"学习并内化成自己的"（12 - W3）；"书中的人物对自己的影响"超过任何人具体的影响（35 - C3）。

密切交往的对象也在各个方面对人文社会科学与艺术创造者的发展和取得成就产生了重要影响。我们的研究发现，不少被试都提及了密切交往对象对于自己成长的启蒙作用，影响之大甚至可以排到对自己产生重要影响最重要的三人当中。密切交往对象是多种多样的，邻居家姐姐（哥哥）专业启蒙（32 - D4，16 - M2）；堂兄榜样（05 - L2）。中学老师倡导新思想，对自己影响很大（19 - L4）；小学老师的高期望（07 - S1）；外婆或是外祖父的早期领域启蒙（12 - W3）都承担了启蒙者的角色。他们的作用或者是使得被试接受了相关领域的最早的专业启蒙教育，或者是引导被试建立了献身科学的决心。

我们的研究还发现，最早的启蒙作用往往是无意识地发挥作用的，只有当被试回头追溯的时候，才发现它的价值和作用。

（2）教师的独特作用

大量研究揭示了"导师"在大学或研究生阶段是人们后来取得重要创作成就的领路人（张景焕，2005；福井谦一，2000；Simonton，1984，1992；Gardner，1993）。与其他影响源作用不同的是，教师的影响常常是系统和长期的。一个人的成长要经历不同的阶段，但是任何人都必须在特定的时期接受学校教师的系统培养，这一点对于人文社会科学与艺术创造者也不例外。

我们的研究发现，教师对于人文社会科学与艺术创造者的影响作用居于第一位，并且是高度综合性的。他们的作用可以广泛渗透到激发、启蒙、引领、规范、赞赏、参照等多个方面。

启蒙教育的作用一般发生在中小学教师的身上，往往由于他们身上的特殊气质，使得人文社会科学与艺术创造者在思想上产生了向往，树立了一定的决心。

引导进入领域的老师通常在大学阶段。这个阶段能够对人文社会科学与艺术创造者产生影响的往往是专业领域的老师，尤其是大师级的老师，他们在讲课或是讲座时，帮助被试建立了通向领域之门的感觉，使得他们产生了选择日后所从事领域的意向，并开始了规范训练（32－D4，08－P2，31－S3，01－W1，26－F3）。

仔细分析访谈文本的资料表明，教师的影响作用不是通过直接推动发生的，而是通过学习者本人在思想上的共鸣，由自我体悟来体现的。教师给予大多数被试的不仅仅是知识本身，还有方法上的熏陶、研讨的氛围和睿智的指引（02－P1，04－H1，05－L2，13－L4，19－L5，15－P3，35－C3）。

李政道在"2006诺贝尔奖获得者北京论坛"上所做的大会主题报告中提到，"一对一教学模式成就了我"，他认为一对一的教学形式是最好的教学模式，他回忆自己外国留学阶段与导师每周至少一次的一对一的交流是其成长最重要的学习形式。我们的研究也得到相同的结果。

频繁的接触，使被试有机会更多地与老师沟通自己的设想，碰撞的火花增多，激发就越充分，围绕特点主题的知识和方法的整合也就越充分。

我们的研究发现，大师级人物对于人文社会科学与艺术创造者的学业成长、做人，以至信仰追求的影响作用都是很大的。与大师级人物直接接触，包括听课、听讲座，或有幸成为这些大师的弟子，都可能与人文社会科学及艺术创造者的成功和创造性成就发生实质关联。这从另一个侧面验证了"名师出高徒"的千古名言。在这里，名师提供了一种环境，也提供了一种参照，使得创造者从自我定位开始就赢得超越的优势。

从具体的影响机制分析，首先，优秀的教师可以提供一个良好的专业资源，为学生专业的积累奠定一个良好的基础（11－D1，25－M3）。这些老师在研究方法上往往胜人一筹，学生可以跟着得到最为直接的训练（32－D4，03－L1，13－L4，15－P3，16－M2，35－C3）。

其次，优秀的教师提供的指导使被试直接站到领域前沿，更容易帮助学生把握研究的方向，找准突破点（16－M2，21－H2，31－S3）。优秀的教师带来的良好环境和氛围，推动着学生全方位的发展（22－A3，28－D3）。

其三，有一点不能忽视，那就是优秀教师，特别是名家大师的人格魅力更容易激发学生、带动学生（01－W1，30－Y1）。来自22－A3的一段叙述，可以很好地证明名师人格的影响力。

教师的重要作用也体现在教师对于学生的赞赏、激励和鼓舞作用之上。最后，教师的作用还在于引发学生思考，使学生行为以师为镜等。

(3) 父母的长远影响

虽然在关键事件的影响机制分析中，家庭要素排在所有环境要素的最后一位，但在进行影响源分析时，我们发现，被试在提到父母对自己影响的频次仅次于领域内教师，居于第二位。

父母对孩子早期生活的影响，直接影响着孩子未来的成就，已经被很多研究证实。奇凯岑特米哈伊（Mihaly Csikszentmihalyi）通过对美国杰出人士的研究，发现高成就者的家庭大多平等对待孩子、尊重孩子，家庭教育主要是以鼓励孩子为主（转引自米哈伊·奇凯岑特米哈伊，2001）。我们的研究中也充分证明了这一点。父母给的开放民主的教育、充满爱的氛围、尊重知识的态度，以及父母为人风格，都对被试产生了深远影响，并且这种影响直接延伸到了他在专业领域的研究（17 - D2，22 - A3，28 - D3，35 - C3）。

单独提到母亲对自己的影响作用的被试，认为母亲的做人态度、坚强、先进的知识、人生观教育、重视知识等，都可能影响到孩子的成长（07 - S1，11 - D1，16 - M2，18 - C1，20 - F1，27 - A4，28 - D3，31 - S3）。

单独提到父亲对自己影响的作用的被试，认为父亲做事态度对自己有潜移默化的影响，而且父亲的影响是全方位的，包括遗传、做人、早期教育，都影响了自己，而且父亲影响到了自己信仰的形成（01 - W1，05 - L2，11 - D1，13 - L4，15 - P3，23 - F2）。

比较父母影响的大小可以发现，母亲对孩子的影响略大于父亲。母亲影响多数通过具体行为来实现，主要影响人格特征，教会了孩子具体的行为和态度；父亲则更多在信仰和做人态度上，通过无形的方式发生影响。

我们的研究结果还表明，家庭浓厚的知识氛围、艺术积淀、精神层面的高追求，都会对孩子的成长产生积极的影响（12 - W3，13 - L4，16 - M2，22 - A3，28 - D3，36 - Y2）。谷传华等人对我国近现代社会创造性人物的早期家庭环境和父母教养方式的研究获得了类似的结果（谷传华、陈会昌等，2003）。

(4) "守门人" 与镜映现象验证

米哈伊除了提出父母对于创造性人才有着重要影响作用以外，还提出了另外一个重要影响源——业内人士，或者叫做学门（field）、守门人（gatekeeper），他们是各个领域的评判者，只有有幸接触到这些业内人士，被这些学门赏识，成就才有可能在这个领域被认可，从而更好地激发创造性成就的取得。

我们的研究结果发现，实际上"守门人"并不限于各个领域的专业评判者，很多其他人事实上也充当着这种角色，专业领域的老师（01 - W1，08 - P2，32 - D4，31 - S3），基金会的资金提供者（11 - D1），甚至同学同行，都有可能提供机会（10 - A1，16 - M2），实际上发挥"学门"的作用。他们通过自己的影响力，可以在不同程度上帮助被试在领域内寻找到机会，获得成长过程中的关键支持。

在研究中还发现，人文社会科学与艺术创造者身边还有一类特殊的人物，他们能够给他们提出真诚而尖锐的批评，提出诚恳而富有建设性的建议，这些意见常常被创造者虚心接受，并在相互探讨中获得实质进步。这种批评者不是合作者，甚至不是人文社会科学与艺术创造者本研究领域内的人士，但是他们往往能够给予人文社会科学与艺术创造者最大的启发（16 - M2，17 - D2，18 - C1，27 - A4，32 - D4）。

库利（Cooley，1902）的镜像自我思想强调了一个观点，一个人关于自己的概念，是由别人的观点和反应来塑造的，本质上是由别人态度折射形成的镜像自我。在和人文社会科学与艺术创造者探索他们的成长过程中，由于净友的真实批评和建议，常常使他们像是照镜子时可以看到自己真实面貌的折射一样，真正发现了自己研究的不足或是在别人提醒之下寻找到实质突破点，从而为创造性成就的取得奠定基础。参照库里的说法，我们把这种批评者称作镜映者，这种现象叫作镜映现象。

能够做人文社会科学与艺术创造者镜映者的，通常是与人文社会科学与艺术创造者建立相互信赖而又有良好文化素质和思维深刻性的友人。他们之间建立的充分信任、安全感和利益独立，使得镜映者能发挥镜映作用，促进创造者的进步或寻找到突破的方向。

5. 结论

（1）人文社会科学与艺术创造关键影响源主要有 6 类，分别是：政治人物，思想引领者，虚体人物，老师，家庭成员，密切交往对象。

（2）他们的影响作用也主要有 6 个类别，分别为：引导建立信仰，启蒙，入门，领域内发展引导，镜映价值，支持作用。

（3）影响人文社会科学与艺术创造的最为重要的四个影响源按照重要程度序列依次为：领域内老师，父母，虚体人物（书籍）和名师。

五、最后的说明

创造者究竟有什么样的特点，是我们这篇报告试图回答的问题。但是，创造力是一个民族的灵魂，当我们再回首看自己试图描绘一个泱泱大国的高端创造群体的面貌时，我们虽信心百倍，但依然诚惶诚恐。我们或恐不能准确描述我们祖国的创造之魂，或恐描述有所偏颇。

我们要特别感谢参加我们研究和为我们研究贡献资料的 72 位大师。他们的杰出成就和为科学至诚奉献的信念激励着我们努力工作，希望在中国杰出创造者的特征上尽一点绵薄之力。需要特别说明的是，72 位大师创造成就本身已经证明了他们杰出的高度。如果我们研究中的叙述有任何偏离各位大师本来特征的地方，责任完全应当由我们研究者承担。

这个报告还是我们系列研究的初步报告，研究结果的部分分析也还有待进一步深入。对于科学创造者和人文社会科学与艺术创造者特点的进一步比较分析也有待进一步深化。

关于中国创造者的研究，有一点我们知道，无论我们怎样努力，我们所描绘的，一定仅仅是我伟大民族的创造灵魂中的一个很小、很窄的侧面。虽然我们希望能够通过自己的工作看到我们民族创造灵魂最闪光的部分，但由于我们的水平有限，我们还不能保证做到了这一点。我们能够保证的只有，本报告的全部结果，都是忠实地运用系统方法得到的结果和试图对结果进行科学和逻辑地阐释的客观报告。

参考文献

[1] 班杜拉著，林颖等译：《思想和行动的社会基础——社会认知论》，华东师范大学出版社，2001，19。

[2] 高宣扬：《毕加索传》，作家出版社，1987。

[3] 陈利君：《创造型人格的研究》，湖南师范大学硕士论文，硕士论文，2003。

[4] 陈龙安：《创造性思维与教学》，中国轻工业出版社，1999，339。

[5] 董奇：《儿童创造力发展》，浙江教育出版社，1993。

[6] 冯庆林、何亚云：《20 年来的西方创造性心理测量研究：方法与问题》，《西北师大学报：社科版》，2003（1）。

[7] 傅世侠、罗玲玲：《科学创造方法论》，中国经济出版社，2000。

[8] 谷传华、陈会昌、许晶晶：《中国近现代社会创造性人物早期的家庭环境与父母的教养方式》，《心理发展与教育》，2003（4），17~22。

[9] 谷传华：《社会创造性人格的发展与相关因素：对中国近现代社会创造性人物的历史测量学研究和个案研究》，北京师范大学，博士论文，2004。

[10] 郭有遹：《创造心理学》，教育科学出版社，2002，107。

[11] 郝凤霞、张春美：《原创思维的源泉——百年诺贝尔获奖者知识交叉背景的研究》，《自然辩证法研究》，2001，17（9），55~59。

[12] 金盛华：《社会心理学》，高教出版社，2006。

[13] 金盛华、张杰：《当代社会心理学导论》，北京师范大学出版社，2002，85、137、256。

[14] 金盛华：《论创造力的本质与测量》，《北京师范大学学报（人文社会科学版）》，1992（1），68~75。

[15] 金盛华：《自我概念及其发展》，《北京师范大学学报（社科版）》，1996（1），30~36。

［16］荆其程主编：《当代国际心理科学进展（第二卷）社会和应用心理学》，华东师大出版社，2006。

［17］J. S. 兰祖利、S. M. 里斯著，华华等译：《丰富教学模式：一本关于优质教育的指导书》，华东师范大学出版社，2003，6～12。

［18］李传新：《阿玛布丽创造力思想研究》，《自然辩证法研究》，1996（10）。

［19］林崇德：《教育的智慧》，开明出版社，1999。

［20］林崇德：《学习与发展》，北京师范大学出版社，1999。

［21］路甬祥：《规律与启示——从诺贝尔自然科学奖与20世纪重大科学成就看科学原始创新的规律》，《新华文摘》，2001（11）。

［22］米哈伊·奇凯岑特米哈伊著，夏镇平译：《创造性——发现和发明的心理学》，上海译文出版社，2001。

［23］R. J. 斯滕伯格著，吴国宏等译：《成功智力》，华东师范大学出版社，1999，85。

［24］托马斯·H·黎黑著，李维译：《心理学史》，浙江教育出版社，1997。

［25］［英］托尼·巴赞著，李斯译：《思维导图——放射性思维》，作家出版社，1999，149～150。

［26］俞国良：《创造力心理学》，浙江人民出版社，1996，16。

［27］张景焕：《创造教育原理》，辽宁人民出版社，1998a。

［28］张景焕：《创造力的投资理论及其对创造性教学的启示》，《教育研究》，1998b（1）。

［29］张景焕：《科学创造者心理特征及影响因素研究》，北京师范大学，博士论文，2005。

［30］张景焕：《培养创造力原理与策略研究》，山东教育出版社，2003，19～28。

［31］张庆林等：《创造性心理学》，高等教育出版社，2004，16～17。

［32］章士嵘：《科学发现的逻辑》，人民出版社，1987。

［33］斯特劳斯、柯尔班兵著，吴芝仪、廖梅花译：《质性研究入门：扎根理论研究方法》，涛石文化事业有限公司，2001，63。

［34］斯蒂芬森（1953），见伯格（1997）著，陈会昌等译：《人格心理学》，中国轻工业出版社，2000，234。

［35］Albaum，G.. Selecting specilized creator：the independent inventor. Psychological Reports，1972（39）：175－179.

［36］Albert，R. S.. Identity，experiences and career choice among the exceptionally gifted and eminenct. In Rounco & R. S. Albert（ed.），Theories of creativity. Newbury Park，CA：Sage，1990：13－34.

［37］Aljughaiman，A. M.. Teachers' perception of creativity and students. A dissertation presented in partial fulfilment of the requirments for the degree of doctor of philosophy with a major in education in the College of Graduate Studies in University of Idaho，2002：65－69.

［38］Amabile，T. M. et al.. The work reference inventory：Assessing intrinsic and extrinsic motivational orientations. Journal of Personality and Social Psychology，1994，66：950－967.

［39］Amabile，T. M.. Social psychology of creativity. New York：Springer Verlag，1983.

[40] Amabile, T. M.. The social psychology of creativity: A componential conceptualization. Journal of personality and social psychology, 1983, 45: 357 – 376.

[41] Amabile. T. M.. Creativity in context, Boulder, CO: Westview, 1996.

[42] Barron, F.. Creative person and creative process, New York: Holt, Rinehart & Winston, 1969.

[43] Bloom, B. S.. Generalization about talent development. In Bloom, B. S (ed.). Developing talent in young people, New York: Ballantine Books, 1985: 507 – 549.

[44] Bostrom, R. P. and Nagasundaram, M.. Research in Creativity and GSS. Proceedings of the Thirty – First Hawaii International Conference on System Sciences, Piscataway, NJ, 1998.

[45] Boytis, R. E.. Transforming qualitative information: thematic analysis and code development. Sage Publications Inc, 1998: 5 – 6.

[46] Brown, R. T.. Creativity: What are we to measure. In J. A. Glover, R. R. Ronning and C. R. Reynolds (Eds.), Handbook of Creativity. NewYork: PlenumPress, 1989: 3 – 32.

[47] Campbell, D. T.. Blind variation and selective retention in creative thought as in other knowledge process. Psychological Review, 1960, 67: 380 – 400.

[48] Carlson. E. A., Sroufe, L. A., & Egeland. B.. The construction of experience: A longitudinal study of representation and behavior. Child Development, 2004, 75 (1): 66 – 83.

[49] Cervone. D.. The architecture of personality. Psychological Review, 2004, 111 (1): 183 – 204.

[50] Chandrasekaran B., Josephson J. R., and Benjamins V. R.. What Are Ontologies, and Why Do We Need Them? International Journal of Human – Computer Studies, 1999, 43 (5/6): 907 – 928.

[51] Cohen, L., & Manion, L.. Research Method in Education. London: Routledge., 1989: 313.

[52] Collins, M. A., and T. M. Amabile.. Motivation and Creativity. Handbook of Creativity, edited by R. J. Sternberg. Cambridge: Cambridge University Press, 1989.

[53] Crick J. E., Brennan R. L.. Manual for GENOVA: A generalized analysis of variance system. Iowa City, IA: American College Testing Program, 1983.

[54] Csikszentmihalyi, M.. Creativity: Flow and the psychology of discover and invention. New York: Harper Collins, 1996.

[55] Csikszentmihalyi, M.. The domain of creativity. In M. A. Runco & R. S. Albert (eds.), Theories of creativity . Newbury Park, CA: Sage, 1990: 190 – 212.

[56] Dennis. W.. Age and productivity among scientists. Science, 1955, 123: 724 – 725.

[57] Dennis. W.. Creative productivity between the age of 20 and 80 years. Journal of Gerontology, 1996, 21: 1 – 8.

[58] Dennis. W.. Productivity among American psychologists. American Psychologist. 1954, 9: 191 – 194.

[59] Dertouzos, M.. Four pillars of innovation. Technology Review, 1999, 102 (6).

[60] Eisenberger R., Cameron J.. Detrimental effects of reward: reality of myth? American

Psychologist, 1996, 51: 1153 - 1166.

[61] Eisenberger R. , Reward, intrinsic and extrinsic motivation and creativity. Creative Research Journal, 2003, 14 (2/3): 121 - 130.

[62] Eisenberger, R. , & Selbst, M. . Dose reward increase or decrease creativity? Journal of Personality and Social Psychology, 1994, 66: 1116 - 1127.

[63] Ericsson, K. A. & Charnes & Charness, N. . Expert and exceptional performance: Evidence of maximal adaptation to task constrains. Annual Review of Psychology, 1994b, 47: 274 - 308.

[64] Ericsson, K. A. , & Charness, N. . Expert performance: Its structure and acquisition. American Psychologist, 1994a, 49: 725 - 747.

[65] Ericsson, K. A. , Krampe, R. T. , & Tesch - Romer, C. . The role of deliberate practice in the acquisition of expert performance. Psychological Review, 1993, 100: 363 - 406.

[66] Ericsson, K. A. . The road to expert performance: Empirical evidence from the arts and science, sports and games. Mahwah, NJ: Erbaum, 1996.

[67] Eysenck, H. J. . Creativity and personality. In Rounco, M. A. (ed.) The creativity handbook. New Jersey; Hampton Press: 1997: 41 - 46.

[68] Feist. G. J. . A meta - analysis of personality in scientific and artistic creativity. Personality and Social Psychology Review, 1998, 2 (4): 290 - 309.

[69] Feist. G. J. . A structural model of scientific eminence. Psychological Science. 1993, 4 (6): 366 - 370.

[70] Feist. G. J. . Quantity, quality, and depth of research as influences on scientific eminence: is quantity most important? Creativity research Journal, 1997, 10 (4): 325 - 338.

[71] Feist. G. J. . The influence of personality on artistic and scientific creativity. In R. J. Sternberg (ed.). Handbook of creativity. New York: Cambridge University Press, 1999: 273 - 296.

[72] Feldman, D. H. . The development of creativity. In R. J. Sternberg (ed.), Handbook of creativity. New York: Cambridge University Press, 1999: 169 - 186.

[73] Feldman, D. H. . Creativity: dreams, insight, and transformations. In R. J. Sternberg (ed.). The nature of creativity. New York: Cambridge Press, 1988: 271 - 296.

[74] Fernandez Lopez, M. . Overview of Methodologies For Building Ontologies, IJCAI, 1999.

[75] Fonsec, F. T. , Egenhofer, M. J. , Davis Jr. C. A. , et al. . Ontology and knowledge sharing urban GIS. (J) Computer, environment urban system. , 2000, 24 (3): 251 - 271.

[76] Frese, M. , & Fay, D. . Personal initiative: An active performance concept for work in the 21st century. In B. M. Staw & R. M. Sutton(eds), Research in Organizational Behavior, 2001, 23: 133 - 187.

[77] Gawan. J. C. . The development of the psychology individual, San Diego, CA: Knapp, 1974: 51.

[78] Getzels, J. W. , & Jackson, P. W. . Creativity and intelligence. New York: Wiley, 1962.

[79] Gruber, H. E. & Wallace, D. B. . The case study method and evolving systems approach for understanding unique creative at work. In Sternberg, R. J. . Handbook of creativity, Oxford press, 1999: 93 - 118.

［80］ Guilfod, J. P . . Creativity. American Psychologist, 1950, 5： 444 – 454.

［81］ Harrington, D. M. . The ecology of human creativity： a psychological perspective. In M. A. Runco & R. S. Albert （eds.）, Theories of creativity. Newbury Park, CA, Sage, 1960： 143 – 169.

［82］ Howe, M. J. A. , Davidson, J. W. , & Sloboda, J. A. . Innate talents： reality or myth? Behavioral and brain science, 1998, 21： 399 – 442.

［83］ Howe, M. J. A. . Genius Explained. Cambridge： Cambrifge University, 2001.

［84］ Jinli & Gardner. H. . How Domain Constrains Creativity—the case of traditional Chinese and Western painting. American Behavioral Science, 1993, 37 （1）： 94 – 101.

［85］ Klahr, D. & Simon, H. . A Studies of scientific creativity： complementary approaches and convergent findings. Psychological Bulletin, 1999, 1 （125）： 524 – 543.

［86］ Kuhn, T. S. . The structure of scientific revolutions （2nd ed）. Chicago： University of Chicago Press, 1970.

［87］ Lambery, W. E. , Tucker, G. R. & d’ Anglejan, A. （1973）. Cognitive and latitudinal consequence of biligual schooling： the St. Lambert project through grade five. Journal of Educational Psychology, 1973, 1 （65）： 141 – 159.

［88］ Liliu. Qulity of life in China： A social presentation approach. Thesis submitted in partial fulfillment of the degreee of doctor of philosophy. Department of social psychology, London School of Economics and Political Science, University of London, 2002.

［89］ MacKinnon, D. W. . The Research of human effectiveness. Buffalo, NY： Creative Education Fundation, 1978.

［90］ Markova, I. . Toward an epistemology of social representations. Journal of the Theory of Social Behaviour, 1996, 2 （2）： 177 – 196.

［91］ Michael. F. & Shaughnessy. . An interview with E. Paul Torrance： about creativity. Educational Psychology Review, 1998, 10 （4）： 441 – 452.

［92］ Müller. lorian H. & Kals Elisabeth. Q – Sort Technique and Q – Methodology – Innovative Methods for Examining attitudes and Opinions. Applied Psychology, 2004, 5 （2）： 34.

［93］ Nemeth, C. J. , & Kwan, J. （1987）. Minority influence, divergent thinking and detection of correct solutions. Journal of Applied Social Psychology, 1987, 1. （17）： 788 – 799.

［94］ Newell & Simon, H. Human problem solving, 1972： 479.

［95］ Ng, Aik Kwang. A Cultural Model of Creativity and Behavior. Creativity Research Journal, 2003, 15 （2/3）： 223 – 233.

［96］ Plomin. R. , DeFries, J. C. & McClearn, G. E. Behavioral Genetics （3rd ed）. W. H. Freeman and Company, 1997.

［97］ Rank, J. , Pace, V. L & Frese, M. . Three avenues for future research on creativity, innovation, and initiative. Applied psychology： an international review, 2004, 53 （4）： 518 – 528.

［98］ Riquelme, H. . Creative Imagery in the East and West. Creativity Research Journal, 2002, 14 （2）： 281 – 282.

[99] Seibert, S. E. , Kraimer, M. L. , & Crant, M. J. . What do proactive people do? A longitudinal model linking proactive personality and career success. Personnel sychology, 2001, 54: 845 – 874.

[100] Shaughnessy. M. F. . An interview with E Paul Torrance: about creativity. Educational Psychology Review. 1998, 10 (4): 441 – 452.

[101] Simon. H. & Chase. Skill in Chess. American Scientist, 1973, 61: 394 – 403.

[102] Simonton, D. K. . Exceptional creativity and chance: Creative thought as a stochastic combinatorial process. In L. V. Shavinina & M. Ferrari (Eds.), Beyond knowledge: Extracognitive facets in developing high ability. Mahwah, NJ: Erlbaum, 2004: 39 – 72.

[103] Simonton D. K. . Expertise, competence, and creative ability: the perplexing complexities. In competence, ability, and creativity. In R. J. Sternberg & E. L. Grigorenko (Eds.), The psychology of abilities, competencies, and expertise. New York: Cambridge University Press, 2003a: 213 – 239.

[104] Simonton, D. K. . Scientific creativity as constrained stochastic behavior: the integration of product, process, and person perspectives. Psychological Bulletin, 2003b, 129: 75 – 494.

[105] Simonton D. K. . Underrepresented Populations in Creativity Research. Creative Research Journal, 2002, 14 (2): 279 – 280.

[106] Simonton, D. K. . Origins of Genius. Oxford University press, 1999a: 38.

[107] Simonton. D. K. . Talented and it's development: an energenic and epigenic model. Psychological Review. 1999, 106 (3): 435 – 457.

[108] Simonton, D. K. . Creative productivity: A predictive and explanatory model of career trajectories and landmarks. Psychological Review, 1997, 104: 66 – 89.

[109] Simonton, D. K. . Greatness: who makes history and why. New York: Guilford Press, 1994.

[110] Simonton, D. K. . Leaders of American Psychology, 1879 – 1967: Career Development, Creative Output, and Professional Achievement. Journal of Personality and Social Psychology, 1992, 62 (1): 5 – 17.

[111] Simonton, D. K. . The social context of career success and course for 2, 026 scientists and inventors. Personality and Social Psychology Bulletin, 1992, 18: 452 – 463.

[112] Simonton, D. K. . Career landmark in science: individual differences and interdisciplinary contrasts. Developmental Psychology. 1991, 27 (1): 119 – 130.

[113] Simonton, D. K. . Age and outstanding achievement: what do we know after a century of research? Psychology Bulletin, 1988a, 104: 251 – 267.

[114] Simonton, D. K. . Scientific eminence historical and contemporary: a measurement assessement Scientometrics, 1984, 6: 169 – 182.

[115] Simonton, D. K. . The eminent genius in history: The critical role of creative development. Gifted Child 1978a, 22: 187 – 198.

[116] Starko, A. J. . Creativity in the classroom: schools of curious delight. (2nd ed). Law-

rence Erbaum Associate, Inc, 2001.

[117] Sternberg, R. J., Kaufman, J. C. & Pretz, J. E.. The Creative Conundrum: A propulsive Model of kinds of Creative Contributions. Psychological Press by Talor and Francis, Inc, 2002.

[118] Sternberg, R. J.. What Is the Common Thread of Creativity? — It's Dialectical Relation to Intelligence and Wisdom. American Psychologist. April, 2001, 56 (4): 360 – 362.

[119] Sternberg, R. J., O' Hara. Creativity and intelligence. In R. J. Sternberg (ed.), Handbook of creativity. New York: Cambridge University Press, 1999.

[120] Sternberg, R. J. & Lubart, T. I.. An investment theory of creativity and its development. Human Development. 1991, 34: 1 – 31.

[121] Sternberg, R. J.. Implicit theory of intelligence, creativity, and wisdom. Journal of Personality and Social Psychology, 1985, 49 (3): 607 – 627.

[122] Sternberg, R. J. & Todd I. Lubart. Investing in Creativity (1996) Amerian Psychologist, July 1996, 51 (7): 677 – 689.

[123] Sternberg, R. J. & Lubart, T. I.. Handbook of Creativity. New York: Cambridge University Press, 1999.

[124] Sulloway. F. J.. Born to Rebel: Birth Order, Family Dynamics, and Creative Lives. New York: Pantheon, 1996.

[125] Talor. C. W. & Barron.. Scientific creativity: It's recognition and development. New York: Winley, 1963.

[126] Tardif, T. Z., & Sternberg, R. J.. What do we know about creativity? In R. J. Sternberg (ed.), The nature of creativity. New York: Cambridge University Press, 1988: 429 – 440.

[127] Torrance E. P.. A longitudinal examination of the fourth grade slump in creativity. Gifted-Child Quarterly, 1968, 12: 195 – 199.

[128] Wang, C. L. & Ahmed, P. K.. Emotion: the missing part of system methodologies. Emerald Kybernetes. 2003, 32 (9/10): 1283 – 1296.

[129] Weisberg, R. W.. Creativity and knowledge: A challenge to theories. In Sternberg, R. J. & Lubart, T. I. (1999 ed.), Handbook of creativity. New York: Cambridge University Press: 1999: 226 – 250.

[130] Zhang, L. F., & Sternberg, R. J.. Are learning approaches and thinking styles related? A study in two Chinese populations. The Journal of Psychology, 2000, 134: 469 – 489.

[131] Zhang, L. F.. Thinking styles and modes of thinking: Implications for education and research. The Journal of Psychology, 2003d, 3: 245 – 261.

第三章

创新人才测量工具的编制[*]
——基于中学生群体的研究

时代的进步促使创新人才的培养成为教育的首要任务，要培养创新人才，首先要鉴别中小学生的创造力发展水平。理论和实践均证明，一般的智力测验并不能满足社会和教育系统鉴别和选择创新人才的需要，因此，创造力的测量和评价应运而生。此外，创造力的测量和评价过程本身就是一个激发中小学生发挥其创造性思维的过程。

中学生创造力结构和创造性思维发展特点的研究，不仅对于中学生自身来说是非常重要的，而且在心理学领域中也很有意义。尤其对中学生创造力的测量和评价，是社会人才培养的一个可参考的有益指标。中学生作为未来社会的栋梁，他们创造力的评定和培养关系到国家未来的可持续发展等重大问题。中学生具有不同于成人的生理和心理特点，但是他们究竟在哪些方面存在不同，仍是许多研究者试图解决和正在努力解决的问题。编制基于中学生群体研究的、有效的、适合中国国情的创造力测量量表，了解创造力和创造性思维能力的发展特点，无疑是很有意义的。

一、创新人才测量工具编制的现状

目前在我国对创造力的理解，较一致的看法是林崇德的定义：根据一定的

---

* 本章负责人和执笔人：沃建中。本章研究成员包括沃建中、蔡永红、韦小满、李会杰、潘洁、张晖、刘彩梅、董及美、田宏杰、王福兴、孙慧明、倪牧宇、陈婉茹、许薇、杨伟刚、曲之毅、王烨晖、张明、姜斌。

目的，运用一切已知信息，产生出某种新颖、独特、有社会或个人价值的产品的智力品质。这里的产品既指思维成果，也指物质成果。该定义反映了创造力的普遍特征，但是要对创造力进行测量和评价仅仅依据这样一个高度概括的定义是不够的，我们必须认识到创造力复杂多元的特征。

在有关创造力的已有研究中，认知研究的取向——也就是研究创造性思维的性质和发生过程，并开发创造性思维测验来测量个体的创造性思维能力的方法，一直都占据着主导地位。然而，创造性思维和创造能力是两个并不完全相同的概念。创造性思维是一种具有主动性、独创性的思维活动过程。创造力是根据一定的目的和任务，开展能动的思维活动，产生新认识、创造新事物的能力。对创造力进行测量的难度大，创造力测验的编制更是复杂。但由于创造性思维是创造力的核心，我们亦可通过创造性思维水平的高低来分析和推断被试创造能力的强弱。

测量创造性思维的测验主要有发散性任务的测验、应用任务的测验、其他操作任务的测验。发散性任务的代表性测验有南加利福尼亚大学测验（SOI）、托兰斯创造性思维能力测验（TTCT）、芝加哥大学创造力测验、沃利奇—凯根测验等。应用任务的测验统称为创造力分化测验，应用创造力是和一般创造力相对而言的，指创造力在各个方面的实际应用，如科学技术、言语理解、音乐感受、书法绘画等，如德国慕尼黑大学编制的《Snijders – Oomen 的非言语智力测验》（SON – R）。从形式上看，创造性思维的测量一般都是使用最佳表现测验，即要求个体尽其最大能力完成一些操作任务，目的是测查个体的最高能力水准，就是通称的创造性思维测验。但是目前的创造性思维测验受到了很多批评。主要有两方面，一个是研究者对创造性思维能力的认识是一个进步缓慢的过程，相应开发的创造性思维测验，能否测查出真正的创造性思维能力，一直受到检验和批评；另一个就是最佳表现测验本身有一些很难克服的局限性，不可避免地会存在一些问题。大部分创造性思维能力测验的材料都比较单一，只是限于文字或图形。托兰斯（Torrance）虽然在他的 TTCT 中同时使用了这两种形式，但在创造性思维能力的内容和结构上而言，又有失完整性，只是测量了单一的发散思维能力。

在理论上，自吉尔福特（Guilford，1956）明确提出发散性思维的概念后，创造力研究领域似乎默认创造性思维就是发散性思维，创造力就是指发散性思维能力的倾向，并相继编制了一些发散性思维测验。创造性思维的测量中占主导地位的还是发散性思维测验，但是，随着对创造力认知机制的深入探讨，人们发现，其实发散思维仅仅是创造性思维中很有限的一部分，创造性思维包括许多种思维形式，其能力表现也有多种，即创造性思维能力是一种多维结构的能力。因此研究者又开发出一些创造性思维测验，测查的内容也有所突破。这些测验主要分为两类。一类是创造力分化测验。这类测验的任务是针对具体应用领域的，但是从基本结构上看，仍然属于发散性思维任务，只不过测查的是具体领域的发散性思维能力。另一类测验则开始突破发散性思维的限制。比如，理查兹（Richards）认为有效地创新需要发散思维和聚合思维的高度协调，他开发出的测验主要用于评估发散和聚合思维的交叉部分，比如目标导向的发散性思维。斯滕伯格（Sternberg）则强调智力因素的一些方面，比如分析能力、实践能力和目前引起广泛兴趣的综合能力，他开发的测验主要是评估创造力和智力高相关的部分。这类测验是不同研究者根据自己对创造力新的界定和理解，抓住一种或两种独特的创造性思维形式所开发的，但包含的思维形式仍比较简单。

目前，创造力的研究以综合交叉研究为主要趋势，一些科学家一直尝试以综合指标评价和预测个体的创造力，而且许多最近的研究都认为创造力的产生依赖于多种因素。麦金农（Mackinnon，1961）曾提出可以从人格、过程、情境、产品四个角度来发展创造行为的操作性定义。近年来，许多研究者（如Magyari－Beck，1993；Hong & Milgram，1996；Rogers，1998）都支持创造力多侧面的本质，建议从这四个角度界定创造力的操作性定义，并将这四个角度的评价结合起来对创造力进行多种测量。此外，创造力的社会人格理论研究认为创造力由三个维度相结合而成：认知维度，由斯滕伯格引自其人类智力三元理论，包括涵盖创造力的智力特征；智力风格（心理的自我监控），即个体的一种自觉控制；对创造工作产生明显作用的那些人格特征，例如对克服定势和对模糊性的容忍度，以及克服困难、内部动机、冒险性和求知欲等个性特征（Sternberg，R. J.，1988）。阿玛拜尔（Amabile，T. M.，1983a，1983b）对创造进行了这样的阐述：最好不要将创造力作为一种人格特征或普通能力，而要看作是一个由一定的个性特征、认知能力和社会环境组成的概念。所以对于创造力，人格因素是促进青少年创造力发展的特殊的、必要的和充分的条件。在进行创造性思维研究的同时也不能忽视创造性人格特征的研究。

创造性人格特点的研究以两个基本原理为指导：第一是场理论（Lewin，1936），场理论认为人类的行为是个体人格和环境交互作用的产物，关于个体的研究必须综合考虑人格和环境；第二是对于情感领域的研究，虽然大量的创造性研究认为创造性是顿悟或一种灵感，但更多的创造性研究学者认为创造性思维和创造性问题的解决是需要付出大量精力和努力的，是需要全身心投入的，是伴随着激动、责任和奉献的。在这两方面原理的指导下，研究创造性的心理学家们开始不仅仅把视野局限于创造性的认知过程方面，而开始从人格、环境以及情感等方面综合考虑个体的创造性特征。创造性人格的研究主要有两种研究思路：第一，是对科学界和艺术界已做出突出成就，或者被公认具有创造性的人进行回溯性研究；第二，是通过其他一些手段或借助其他工具，如智力测验等，先界定出一部分具有创造性的个体，探索其人格特质，并与一般个体进行比较研究。基于这两种研究取向所产生的创造性人格文献有很多，许多心理学家们对创造性人格特点都有过概括（Vervalin，1952；Mackinnon，1962；Barron & Harrington，1982；Sternberg，1988；Dacey，1989；Barron，1995；Feist，1999）。

在对高创造性个体的人格特征的研究中，有的心理学家发现，他们的人格特质存在一定的矛盾性，如在麦金农（1970）的研究中发现，创造性个体既放松又专注、既自信又谦虚、既无私又自私、既发散又聚合、既分离又卷入、感觉既敏锐又迟钝、既坚持自己的观点又善于改变自己的观点。由此麦金农认为创造性人格可能是相互矛盾的，用来形容这些人格特质的词至少第一眼看去是可笑的。布鲁纳（Bruner，1973）将这种现象称为连接性（connectedness），认为其是一系列相反乃至矛盾的特质的结合。奇凯岑特米哈伊（Csikszentmihalyi，1996）对于这些两极性有更深入的描述，他的研究表明创造性个体既具有很多的精力，而在一些情况下又是安静的；他们既聪明，又不时体现出幼稚的一面；他们既不守规矩，又尽责；他们既具有幻想性又能面对现实；对待自己的工作，他们既富有激情，又非常厌倦等。

琼菲格尔（Treffinger，2002）回顾了120多个关于创造性的定义，并对100多篇有关创造性人格的文章进行了元分析，描述了创造性个体在能力、倾向、风格以及人格特质四个方面的模式。他的研究表明创造性个体使用发散性和隐喻性思维产生想法；使用聚合性和批判性思维来深入思考问题；具有勇气和开放性的精神来探索问题；并且能不断反省自我。如果说琼菲格尔前两个方面从思维的角度来阐述创造性，那么后两个方面则完全采用的是人格的观点。后两个方面又包括很多小的方面，如对问题的敏感性、好奇性、幽默、坚持性、自信等。

从以上研究我们可以看出，对于创造性人格特点的界定虽然存在着一定的相同性，但也存在着一定的差异性。有的研究甚至存在互相矛盾的地方。这并非意味着关于创造性人格的研究没有意义。我们需要知道的是，在日常生活中，并不是所有的人都会表现出文献中所描述的所有的人格特征，并且一个人在不同阶段也不总是表现出一种人格特质。国外的一些有关创造性人格特征的研究，为了保持取样尽可能完备，往往不分性别和年龄选择被试，虽然一些研究证明创造性人格特征在性别和年龄中具有一定的稳定性。但更多的心理学家是以发展的观点看待个体的，而在刘易斯（Lewis，1997）提出的人格发展的背景主义理论框架中，人格被理解为一种主要受当前背景及个体对自己、他人和目标的解释所影响的动态系统。创造性人格作为发展的个体的一部分，也会存在着一定程度上的发展变化。所以，不同年龄阶段的个体可能会表现出不同的创造性人格特点，而针对不同的研究目的，采用不同的方法，得出的结论可能又会不同，这也是创造性人格特点研究结论不统一的原因。如董奇（1993）把创造性儿童的人格特征概括为如下几个方面：具有浓厚的认知兴趣；情感丰富，富有幽默感；勇敢、甘愿冒险；坚持不懈、百折不挠；独立性强；自信、勤奋、进取心强；自我意识发展迅速；一丝不苟。而骆方（2005）对中学生创造性思维能力的研究中，则考察了把握重点、综合整理、联想力、通感、兼容性、独创性、洞察力、概要解释、评估力、投射未来 10 个方面的特征。

为了测量创造性人格的特点，研究者必须借助一定的工具或手段，其中使用最多的是自陈式量表，其他的包括"形容词排序法"，以及需要大量训练和经验来进行测量和编译的投射测验。一些著名的人格量表如加州人格量表（CPI）、卡特尔 16PF 量表、明尼苏达多项人格量表（MMPI）等都被用来测查创造性人格。例如由《关于我自己》（*Something About Myself*，SAM）和《我属于哪一类人》（*What Kind of Person Are You*，WKOPAY）共同组成的《创造性知觉问卷》（*Creativity Perception Inventory*）。再如《发现才能团体问卷》（*Group Inventory for Finding Talent*）（Rimm，1980）以及《创造性行为问卷》（*The Creativity Behavior Inventory*）（Lees – Haley，1978）等自评式问卷都能迅速而较准确地测查出被试是否具有创造性人格特征。迈尔斯·布里格斯（Myers – Briggs）的类型指标量表（MBTI，1999）也是一个自评式量表，用来评估个体信息加工过程的各个方面。该量表由 300 个迫选项目组成，被试在四个两级维度上得到评价，分别是内向—外向；直觉—理解；理性—感性；知觉—判断。MBTI 的这四个维度被认为与创造性是密切相关的。如果个体在该量表上的得分显示其人格特征是内向，直觉，理性和知觉的，那其很可能是具有创造性的人才。研究表明 MBTI 这四个创造性指数可以很好地测量出管理人员（Fleenor & Taylor，1994），教师（Houtz，LeBlanc，Butera and Arons，1994）以及其他很多职业的创造性风格。

另一个有名且独特的创造性人格量表来自于高夫的《形容词检测表》（*Adjective Check List*，1960），在该检测表上，高夫列出了 300 个描述词。其中由 30 个形容词组成的分量表可以很好地区分创造性群体和一般群体。

以上介绍的创造性人格量表多针对行业的创造性能力进行测查，而目前对学生创造性人格的测查，最常采用的是美国 PRO – ED 公司出版的由威廉姆斯（Williams）编制的 *Creativity Assessment Packer*（CAP），该量表从四个维度即冒险性、好奇性、想象力、挑战性来测查学生的创造性人格，操作简单、设计巧妙、计分方便。但其也存在着概括出的四个维度不够全面，且冒险性维度和挑战性维度并非完全独立等问题。且该量表的编制针对的是国外的中小学生，鉴于国情及教育的差异，我们认为该量表不适合在国内大量施测。

总的说来，已有的创造性思维能力测验和创造性人格测验以及这方面的研究存在以下几个方面的不足：

（1）测验材料和题目类型上过于单一，仅仅采用文字材料或图形材料一种形式。

（2）测验的内容结构表现得不够完善，仅仅考察了智力、发散思维或聚合思维或所谓的交叉部分的一方面的内容，各有侧重点，但是又不能反映全面的情况。

（3）国内在研究和评价中学生创造性思维能力的时候更多地使用国外的量表，但中西方文化具有较大的差异，中西方中学生的知识经验和思维结构也存在不同，所以创造性思维能力的特点以及人格特点也会有所不同，因而国外的测查工具有一定的局限性，而国内还没有一个相应的成熟的测查工具来反映中国中学生的创造性思维能力和人格特点状况。

（4）测验的适用人群不具备较强的年龄特征和针对性。

（5）在创造性人格方面，大多数研究者均采用卡特尔 16PF 测验来测量创造性人格，缺乏具有针对性的创造性人格量表。首先，我们测查出的是创造性人格还是人格的创造性成分，这两方面看上去是同一个问题，但却左右着我们编制量表以及进一步研究的思路。如上文所介绍的一些心理学家利用人格量表来测查创造性人格，而这些量表多是基于一般群体的特征编制出来的，其理论维度能否真正概括创造性人格特征有待商榷。其次，在编制测量工具来测查创造性人格时，要首先确定需要研究的对象是儿童、青少年还是为了了解不同职业的创造性人才。测查的对象不同，得出的结论可能也是不同的。

从以上这些不足可以看到，为了符合当前创造力综合交叉研究的大势所趋，为了满足中学生这个特殊群体的题型多样化和内容多元化的要求，为了对中国的中学生创造力的发展状况有更真实、具体的了解，我们需要有一个综合创造力主要基本思维成分和人格特征的测验，借以对中国中学生的创造力进行较为系统和完整的测查。创造力的思维过程是半个多世纪以来研究的重点之一，而有关创造力的发展研究到近些年才开始受到研究者的重视（Feldman，D. H.，1999）。

托兰斯是对创造力的发展进行研究的第一人，其研究（1968）发现儿童至成人的创造力发展呈曲齿状，其中 6 岁、9 岁、13 岁、17 岁是创造力发展的"低潮期"，凯查姆（Ketcham）、潼次武夫等研究者亦得出类似结论，且创造力 9 岁这个"低潮期"在 7 个国家的儿童中表现显著（董奇，1993）。卡尔梅科娃（1981）对苏联的中小学生的创造性思维进行研究发现：创造性思维在二年级

（8～9岁）时处于形成的最初阶段，四年级（10～11岁）时创造性思维深度有所提高，六年级（12～13岁）时创造性思维中的言语逻辑思维发展速度加快，和直觉实践思维间的差异减少。总体而言，直觉实践思维在二年级到四年级期间的发展速度要快于四年级到六年级期间，而言语逻辑思维则刚好相反。加德纳（Gardner，1982）认为学前儿童已有较高水平的创造力，且认为创造力在儿童期开始发展并且这种发展贯穿整个成人期。史密斯和卡尔森（Smith & Carlsson，1983，1985，1990）研究发现儿童入学后其创造力在7～8岁会出现一个低谷，10～11岁会出现第一个高峰，12岁创造力下降但高于7～8岁时的水平，之后到16岁出现第二个高峰前其创造力呈逐渐稳定上升趋势。张德琇（1985）对中学生创造性思维能力的研究表明：中学生创造性思维能力表现出年级越高成绩越好的发展趋势。其中，初一初二学生的求同思维优于求异思维，从初三开始，求异思维发展迅速；高中阶段，两者协同发展。坎普（Camp，1994）研究发现发散性思维在六年级时呈现上升趋势而九年级呈下降趋势。鲁恩科（Runco，1999）研究发现四年级儿童的发散思维水平呈现出一个发展高峰。童秀英等（2002）对高中生创造性思维的研究表明，高中生的创造性思维发展比较平缓，各年级间差异不显著，而创造性思维的独特性从高一到高二发展较为平缓，但高三比高一高二有显著提高。克罗普雷（Cropley，2003）认为创造力的发展在青少年期达到高峰。胡卫平等研究者（2003）对英国青少年科学创造力的研究发现，随着年龄的增大，英国青少年的科学创造力及其各成分呈波浪式持续发展趋势，11～13岁是青少年科学创造力迅速发展的关键期，14岁时除创造性问题解决能力之外所有其他成分均有所下降，到15岁时又回升。克莱斯顿（Claxton，2005）研究发现四年级到九年级之间发散性思维有少许增长，未达到显著水平，但四年级的独特性水平显著高于六年级，九年级的精密性显著高于六年级。申继亮等研究者（2005）根据对北京市中小学生的创造性倾向的调查研究发现，随着年级的升高，青少年的创造性倾向呈倒V型发展趋势，其中初一年级的得分最高且与其他各个年级都存在显著差异。

从已有的研究报告可以发现关于创造力终生发展的观点很多，但主要分为两大观点，第一种观点认为创造力随着个体生理的成熟和社会经验的获得逐渐发展，另一种观点则认为创造力随着时间的推移呈阶段性交替的高峰和低谷期。各个研究之所以会得出不同的结论主要有以下几个原因：第一，各研究对于创造力从不同方面进行测查，如吉尔福特，托兰斯，鲁恩科等将发散性思维作为创造性思维的测查指标，威廉姆斯等把发散性思维和发散性情绪作为测查的指标，克罗普雷，坎普，史密斯，卡尔森，斯滕伯格，鲁伯特（Lubart）等研究者则将发散性思维、动机、人格等因素都包括在内，作为创造力的测查指标。第二，创造性思维并不完全等同于智力，许多研究者研究发现发散性思维和智力之间存在着正向低相关（Geraels，Jackson，1962；Torrance，1962；Taylor，Holland，1962），智力是创造性的一个必要但不充分条件（Rssiman，Horn，1971）。因而创造性思维的发展趋势不能用智力的发展趋势来说明。第三，创造性思维受自身的知识基础、元认知、策略等认知方面的影响，只有这些方面得到了发展，创造性思维才能得到进一步发展。第四，创造性思维可通过教育、训练提高，因而不同被试接受的教育和训练不同，使得研究者的结论也不同。

综观已有的研究，笔者发现在国内尚无对创造性思维进行过系统研究，且考虑到中学生正是身心发展的重要阶段，因而本研究以中学生为被试。由于创造性思维是一个认知过程，所以本研究以发散思维和聚合思维作为创造性思维的测查指标，试图揭示我国中学生创造性思维的发展趋势，并与国外同龄青少年进行横向比较，发现两者间的异同。与此同时，在揭示其创造性思维发展趋势的基础上探明其创造性思维的发展机制，即寻找影响这种发展趋势的各个因素并且探明这些因素如何对其发展产生影响，为创造性人才的选拔、训练和培养，为日常生活和教育中学生创造性的培养及提高提供理论基础和指导。

二、本测量工具编制的构想和目标

影响创造行为的因素是多方面的，而目前采用单个指标所进行的测量，只是测查了创造能力的某些方面，因而效度有限。我们经过讨论，结合以往在创造力测验和一般智力测验方面的研究成果，提出并确定了创造性思维能力的结构维度，包括两个大维度和五个小维度：

创造性思维能力（creative thinking ability）是发散思维（divergent thinking）和聚合思维（convergent thinking）的统一。

发散思维包括发散思维的流畅性（fluency）、变通性（flexibility）和独特性（originality）——想出和别人不同的事物的能力，由言语独特性和图形独特性两部分结合而成。

聚合思维包括聚合思维的逻辑性（logicality）和概括性（generalization）。

在创造性人格方面，我们研究的假设在于认为每一名青少年都是具有创造性的，相应的，与以往的研究不同，我们不是询问"该学生是不是具有创造性"，而是努力探索"该学生的创造性体现在哪里"。这种研究取向将有利于学生积极、有效地了解其自身的创造性人格特点。根据假设并总结已有的研究成果，我们提出创造性人格特征的维度是：高动机性、自信心、独立性、敢为性、感受性、坚持性、变通性和想象力。

此外，动机是人的行为的动力系统，将人格特征与动机结合起来，能更全面地考察个体的创造力水平，通过总结前人的研究成果并结合本研究对创造力的动机的理解，我们提出从任务的选择、志向水平、行动的主动性和坚持性以及情绪四个大维度来测查创造力动机。

综合指标评价和预测创造力的方法目前尚处于理论探索与方法研制阶段，还没有编制出信度效度俱佳、可供广泛使用的量表，但这种方法是很有前途的。多指标的量表定能提高量表的效度，并能更好地评价与预测创造能力。因此，以综合指标评价与预测学生的创造能力将成为未来创造能力测量的发展趋势，而我们的研究便基于这个目标和原则。由于目前对创造力的测量多基于国外心理学家的研究成果，本土化研究不多，又由于心理学家们对创造性思维及人格的结构维度的划分上存在分歧，并以自己对创造力的认识为标准来编制问卷，所以有的问卷的效果不是很理想。因此，在对中学生具有的创造力思维及人格特点充分了解的基础上，编制一套具有较高信度、效度的创造性思维及人格量表是亟待解决的问题。因此，开发出一个评价中学生创造力的综合指标测验，可以较为全面地、充分地测量青少年多维的创造力，就是我们的主要研究目的。

三、本测量工具的编制过程

（一）创造性思维能力测验和创造性人格测验的编制和修订

1. 访谈研究

访谈提纲以创造性思维和创造性人格两方面为基础自行编写，采用"关键事件访谈法"。

在预研究的过程中，我们进行了两次效标访谈，分别在 2003 年和 2004 年。

第一次访谈是从北京地区选取 15 人，其中男性为 11 人，女性为 4 人。年龄在 25～55 岁之间。由于是效标研究，所以在被试的选取方面，主要是在北京大学、清华大学、北京师范大学、北京航空航天大学中，根据其职称和近年来的突出成果进行遴选。所选取的被试均为院士、教授或已做出突出贡献的青年学者。

第二次共访谈 36 人，其中创新人才 21 人，非创造性人才 15 人。创新人才界定为拥有某项公开的较有影响力的创作发明的人。

在访谈前对参加本次访谈的人员进行短期培训，进一步明确和统一本访谈的目的及要求。培训结束后，各访谈人员分别联系各自的访谈对象，确定访谈的具体时间和地点。在访谈过程中，统一对访谈过程进行了全程录音。第一次访谈共持续三周时间，第二次访谈持续了四周时间。访谈结束后，访谈人员根据统一的

113

编码表对访谈录音进行转录、编码、录入、整理，然后进行统计分析。

2. 初测量表的编制和施测

（1）创造性思维能力测验的结构维度和题目编制

我们所编制的中学生创造性思维能力测验的题目主要有四个来源：《托兰斯创造性思维能力测验》（TTCT）、《Snijders - Oomen 的非言语智力测验》、《遥远联想测验》和斯滕伯格的《三元智力测验》。同时我们借鉴了以往大量的创造力研究成果，通过头脑风暴法进行小组讨论。此外还借鉴了其他一些流行的关于创造力测量的题目，包括公务员考试中使用的行政职业能力测试的题目。最后，经过小组多次讨论，确定了初测量表的结构维度。

在发散思维部分共有九道题目，分别是"创造新名称"，"带数字的词语"，"非常用途"，"图形意义解释"，"词语联想"，"可能的解释"，"组合图形"，"联想图"和"未完成图形"。其中"非常用途"和"未完成图形"参考了《托兰斯创造性思维能力测验》，不过与原题所使用的物品和图形都不相同。"创造新名称"，"带数字的词语"，"图形意义解释"，"词语联想"，"可能的解释"，"联想图"和"组合图形"这七道题目则借鉴了一些公开发售的发散思维测量丛书的题目，经过讨论后，都做了修改。

（2）创造性人格量表的结构维度和题目编制

在创造性人格方面前期的准备工作中，我们参考了大量前人有关创造性人格的研究成果，借鉴了一些有名的创造性人格测量工具，如 S. Rimm & G. Davis 的《发现才能团体问卷》；托兰斯的《你属于哪一类人》；戴维斯的 *How Do You Think*；托兰斯 *Thing Done on Your Own*；Lees - Haley 的 *The Creativity Behavior Inventory*；斯哈夫（Schaeffer）的 *Creative Attitude Survey* 等，结合我们对创造性人才的两次深入访谈，通过多名心理学专家和研究生的探讨，最终确立了初测问卷的理论构想和初测问卷的项目共81道题目。

我们对31名国内外心理学家的研究的元分析发现，在他们所共同认为的创造性人格应该具有的特征中，排在前六位的分别是幽默、自信心、坚持性、独立性、高成就动机和敢为性，而在两次访谈过程中，我们又从所选择的创新人才中提取出了敏感性、幻想性、好奇心等特征。经过多名心理学专家讨论，最终初步确立了问卷的理论构想，从四大方面来描述创造性人格，分别是内部动力、内部无意识、外部表现、外部情感。每个方面又包括若干维度，内部动力包括好奇心、高动机；内部无意识包括自信心、敏感性、幻想性；外部表现包括独立性、独创性、坚持性、敢为性、灵活性；外部情感包括幽默、情感丰富。

（3）评分标准

因为本研究采用的问卷不是简单的五点量表，也不是现成的经典量表，所以评分标准都是经小组成员讨论和初测实际数据录入后自己制订的。

发散思维部分题目的评分标准完全参考了托兰斯在其《托兰斯创造性思维能力测验》（TTCT）中使用的评分标准制订方法。我们首先对初测问卷中 600 份问卷的发散思维类题目的答案进行了完整录入和归类，并计算每个答案的频次，作为对流畅性、变通性和独特性三个维度评分的基础数据库。具体评分标准规定如下：

① 流畅性：在所有发散思维题目中，流畅性的分数是被试能说出的某一有意义用途的数量。被试能说出多少种，就记为多少分。每个有效答案计 1 分。但是如果被试的答案完全脱离现实，或者不符合题目的要求，则记为 0 分。

② 变通性：所写出的答案可以归属为某一类就计 1 分。如果新的答案与前面已有的答案属于同一类，则在这个维度上不再计分。评分标准的变通性类别表中会针对每个种类给出一些典型的例子，但并不能包括全部的情况。如果在实际评分时发现有的答案不能被归在下面任何一个种类里，这时候就产生了新的种类。把第一个新的种类标为"X1"，第二个新的种类则标为"X2"，依次类推。如果被试的答案距离现实太远，或无法实现，则不归为任何一类。

③ 独特性：独特性的计分来自于初测中 786 名被试的答案。如果 3% 或以上的被试都提出了某个答案，这个答案的独特性水平就被评定为 0 分。如果只有 1% 到 2.99% 的被试提出了某个答案，这个答案的独特性水平就是 1 分。如果只有不到 0.99% 的被试提出了某个答案，或者提出的答案在提供的独特性表中找不到，而又显示出创造性（就是一些非同寻常的、不一般的、非习得的、一般人难以想象出的答案）的，该答案的独特性水平就被评定为 2 分。当然，评分的前提是，这个答案是有效的、有意义的答案。

因为聚合思维部分的题目都是客观题，答案也是唯一的，因此评分标准比较简单，每题的分数相同都为 1 分，即答对得 1 分，答错为 0 分。

（4）创造性思维量表的初测与项目分析

① 初测被试的分布。

本次测试一共发放问卷 786 份，收回有效问卷 740 份，有效回收率达 94.2%。具体样本被试分布情况见表 3-1。

表 3-1　　　　创造性思维量表初测个体样本的分布情况　　　　（单位：人）

	男生	女生	总人数
初中	180	211	391
高中	190	159	349
总体	370	370	740

② 项目区分度。

根据前面对中学生创造性思维能力测验维度结构的设想，这里计算出各个维度的总分，再计算每个项目与所在维度总分之间的相关，结果发现，初测问卷中大部分题目的项目区分度都比较高，只有少数几个项目区分度较小。严格来讲，那些项目区分度小于 0.2 的项目都应该删除掉，比如 C26A，C27A，C28A，这三个题目都是以图形材料为载体所编制的分类概括题。但是我们对初测问卷题目的删除还要根据其他的一些分析指标综合考虑，所以暂时保留。

③ 内部一致性信度。

我们首先分析了问卷总体的内部一致性信度，分析结果得出：Alpha 系数 = 0.752，内部一致性信度较高。然后，我们对被试于本测验的不同材料在发散思维和聚合思维两个大维度，以及流畅性、变通性、概括性、逻辑性、独特性五个小维度上的 Alpha 系数依次为：0.788、0.820、0.565、0.635、0.791、0.790 和 0.717。可见本研究所用量表各维度的 Alpha 系数介于 0.565 ~ 0.820 之间。克罗普雷（2000）曾经对目前使用的各种创造力测验进行了元分析，最后发现创造性思维测验的内部一致性系数在 0.700 ~ 0.900 之间，创造性人格特质测验的一致性系数在 0.450 ~ 0.900 之间。本研究所使用的量表的 Alpha 系数基本符合克罗普雷的研究结果，说明我们自编的中学生创造力思维能力量表具有较高的内部一致性。

④ 聚合思维部分题目答案的频次统计。

为了考察我们所编制题目的答案是否合理，对初测问卷的聚合思维部分进行评定时，我们并没有直接根据自己的评分标准进行评分，而是录入了被试的答案选项，并做了频次统计，把那些答案与预先设置的答案极其不一致，或者答案比较分散的题目挑选了出来。然后结合项目区分度的分析结果，对 C26A，C27A，C28A 这三个题目的答案重新做了修改和调整。C27A 这道题，被试选择答案选项 1（36.6%）和选项 3（34.5%）的百分比率非常接近，说明答案的设计对被试形成迷惑，没有区分度。

⑤ 聚合思维部分题目答案的正误率统计。

因为事先预料到"遥远联想"题目对中学生来说会具有一定的难度，因此在初测之后，我们对这组题的结果做了题目答案的正误率统计，考虑删除那些过难的题目。统计结果发现，在"遥远联想"的八道小题目中，C15（86.1% 的被试答案错误）和 C17（80.5% 的被试答案错误）这两道题的错误率非常高，因此最终删除，保留了其余六道小题目（错误率都在 50% 以下）。

⑥ 对被试的问卷调查。

为了在被试中更广泛地了解问卷本身的设计以及施测过程中可能存在的问

题，我们还在问卷最后设计了一份简单的调查问卷。经过对调查结果的总结发现，多数被试认为，发散类题目中的"创造新名称"和"联想图"这两道题目不能考察创造性思维的内容，而"带数字的词语"和"词语联想"这两道题目形式和内容都有很大重叠，建议保留"词语联想"的题目。根据这些调查结果，我们对施测时间和这些反映较多的题目做了调整和修改。

（5）创造性人格量表的初测与项目分析

① 初测被试的分布。

初测选取山东省多所中小学共 1 358 名学生，年级跨度从小学六年级一直到高三。将所有问卷用 SPSS 统一录入，录完后用以下标准对数据库进行整理：a、一个编号的数据若存在缺失值，由于是四点量表，故随机用 2 或者 3 代替，若有 5 个以上的项目被试没有填写，我们视被试没有认真答题，删除该数据；b、对于一些数据，项目中存在极值现象，若这种情况过多，则将该数据删除，若只是偶尔出现，随机用 2 或者 3 代替；c、对于一些明显存在规律的数据，如多个项目都是相同选项或项目的选择是按照周期性由小到大变化的数据，我们视作被试没有认真答题，这样的数据予以删除；d、存在着重复编号的数据，经检验，若编号及后面的选项完全一样，则任意删除其他数据，保留一个数据，若编号相同，选项不同，则对数据重新编号处理。这样共得到 1 318 个有效数据，被试基本情况如表 3-2 所示。

表 3-2　　　　　创造性人格量表初测问卷被试基本情况　　　　（单位：人）

	小学	初一	初二	初三	高一	高二	高三	总计
男生	86	79	67	74	115	109	144	674
女生	89	94	85	82	109	65	120	644
总计	175	173	152	156	224	174	264	1 318

② 初测问卷的因素分析。

数据适合不适合做因素分析，首先要对数据进行相关矩阵的分析，这里，我们采用 Bartlett 球形检验和 KMO 度量。结果得到 Bartlett 球形检验值为 11 095.92，显著性水平小于 0.001，说明相关矩阵不可能是单位矩阵。进一步得到 KMO 值等于 0.835，表明该因素模型较好，因数分析的结果能很好地解释变量之间的关系。

首先我们随机选取一半被试，对初测问卷做不限定因子数目的探索性因素分析（Exploratory Factor Analysis），运用主成分分析法（Principal Component）抽取创造性人格问卷特征值大于 1 的因子，并对因子进行最大方差斜交旋转。最后得到 11 个特征值大于 1 的因子，共有 61 个项目落入了这 11 个因子之中，其余的 20 个项目则零散地分布在特征值低于 1 的 10 个因子中，我们删除了这些项目。

确立问卷的项目，单从测量角度来删除项目是不明智的，还需兼顾理论分析和项目本身的意义，我们对 61 个项目的题意进行进一步分析，发现有 4 个项目与其所在因子中的其他项目的意义存在出入，对于这样表面效度不高的题目，我们也将其删除，每删除一个项目，重新做一次因素分析，最终得到了 57 个项目的问卷。得到的 57 个项目的因子负载在 0.40 ~ 0.70 之间。说明项目较好地代表了该因子的意义。

接着我们用另外一半被试，对初测问卷做验证性因子分析（Confirmatory Factor Analysis），综合考虑项目因素负载和修正指数等指标，又删除了 7 个因素负载虽然较好但删除该项目对拟合指数卡方值影响不大的项目，最终得到了 50 个项目的正式问卷。

3. 正式量表的形成与施测

（1）创造性思维测验结构的确立

经过初测的分析，我们最后保留的题目在发散思维也就是主观题部分包括："非常用途"，"图形意义解释"，"词语联想"，"可能的解释"，"组合图形" 和 "未完成图形" 六道题目。聚合思维也就是客观题部分包括："遥远联想"，"分类"，"事件排序" 和 "情景逻辑" 四道大题，但是 "遥远联想" 减少了两道小题，保留了六道题。最后的维度和题目结构见表 3 - 3。

表 3 - 3　　　"创造性思维测验" 问卷维度和对应的题目

大维度名称	小维度名称	具体题目名称	载体	题目数量（个）
发散思维	流畅性 变通性 独特性	非常用途	文字材料	1
		图形意义解释	图形材料	1
		词语联想	文字材料	1
		可能的解释	文字材料	1
		组合图形	图形材料	1
		未完成图形	图形材料	1
聚合思维	概括性	遥远联想	文字材料	6
		分类概括	图形材料	12
	逻辑性	事件排序	文字材料	6
		情景逻辑	图形材料	6

为了正式施测和将来应用量表的便利性以及可靠性，我们在上表所列问卷维度和题目结构的基础上，同时又编制了一套 B 版问卷，作为正式问卷的复本使用。

（2）创造性人格测验结构的确立

在总结前人认知风格理论的基础上，根据初测问卷的探索性因子分析和验证性因子分析结果并结合项目本身所要表达的意义，通过多名专家和研究生的探讨，最终将问卷确立为四个大维度，分别是内部动力、内部无意识、外部表现、外部情感，每个大维度下又包括若干小维度，内部动力维度包括好奇心、高动机；内部无意识维度包括自信心、敏感性、幻想性；外部表现维度包括独立性、独创性、坚持性、敢为性、灵活性；外部情感维度包括幽默。各维度的意义解释如下所示：

好奇心：好奇心是由新奇刺激所引起的一种朝向、注视、接近、探索的心理和行为动机，是一种求知的内驱力。在此维度上得分高表示个体喜欢探求新事物和未知领域，对生活中的很多事情充满兴趣。

成就动机：指一个人力求获得成功的倾向，是一种内在驱动力，对人的学习、工作起着定向和推动作用。成就动机在每个学习者身上的表现不同。

自信心：自己对自己的学习和生活的表现充满信心，自己相信自己，自己能够接纳自己。

敏感性：在此维度上得分高表示直觉思维的能力高，对外在刺激的感受性强，容易发现事物细微的差异和潜在的联系。

幻想性：在此维度上得分高表示个体具有很高的想象力。

独立性：在此维度上得分高表示个体能够独立地进行思考和解决问题，具有一定的怀疑性，不轻易接受别人的观点，不轻易地服从权威。

独创性：在此维度上得分高的被试善于用新颖的，寻常人想不到的方式来解决问题。

坚持性：在此维度上得分高表示个体在学习和生活中具有坚忍不拔的精神，不屈不挠，具有专一性，遇到困难，能不退缩，坚持到底。

敢为性：在此维度上得分高表示个体敢于并乐于从事具有挑战性的工作，在思考做事情时，敢于尝试新的方法，即使可能会失败。

灵活性：在此维度上得分高表示个体喜欢从多个角度来思考问题，当一个方法不能解决问题时，被试会很快换别的方法来解决。

幽默感：在此维度上得分高的个体善于用幽默的态度来对待学习和生活，能在生活的点滴中找到快乐，并能随时给他人带来快乐。

（3）正式量表的施测

① 创造性思维量表的施测。

2005 年 12 月对中学生的创造性思维能力做了实际测查。问卷的评分是根据初测以后制订的评分标准进行评定的。

本研究采用分层整体取样。选取全国六个地区（包括北京、湖北、四川、河南、山东和广东）共 7 所学校的中学生为被试。研究中共发放问卷 3 652 份，收回 3 556 份，剔除无效问卷 124 份，最后得到有效问卷 3 432 份。

为保证数据的准确收集，在测试前都对学校里负责施测的老师进行半天培训，每个地区都派出心理学专业的硕士研究生担任现场指导和巡视。每所学校均采取集体施测的方式进行，以自然班为单位。

在正式施测的同时，在北京和成都的两所中学选取了 41 名学生进行测试，作为效标，完成了中学生创造性思维能力量表和瑞文推理测验。

在正式施测的同时，在成都的两所中学选取了 105 名学生同时进行了复本也就是 B 版问卷的测试。

2006 年 4 月，在正式数据收集四个月之后，对 59 名学生进行了中学生创造性思维能力量表的重测，得到有效数据 53 个。

② 创造性人格量表的施测。

初测问卷修订完毕后，对正式问卷进行施测，选取北京市、成都市、山东龙口市、湖北五峰市小学六年级至高三学生共 3 123 人为研究对象，将所有问卷用 SPSS 统一录入，数据录入完毕后，采用初测时筛选数据的标准整理数据库，最后得到有效被试 2 779 人。

（二）基于中学生的创造性思维能力的研究

1. 被试选取

本研究采用分层整体取样。选取全国六个地区（包括北京、湖北、四川、河南、山东和广东）共 7 所学校的中学生为被试。研究中共发放问卷 3 652 份，收回 3 556 份，剔除无效问卷 124 份，最后得到有效问卷 3 432 份。被试基本情况见表 3 - 4。

表 3 - 4　　　　　　　　　被试基本情况

年级	平均年龄（岁）	年龄标准差	男（人）	女（人）	北京（人）	山东（人）	湖北（人）	四川（人）	河南（人）	深圳（人）	总人数（人）
初一	12.6	0.6	355	296	162	0	0	263	0	226	651
初二	13.4	0.6	258	248	167	0	0	168	0	171	506
初三	14.5	0.56	193	182	196	0	0	179	0	0	375
高一	15.6	0.64	356	304	142	61	124	235	98	0	660
高二	16.8	0.7	348	333	140	105	137	191	108	0	681
高三	17.7	0.68	277	282	139	96	130	88	106	0	559
总人数	15.2	1.95	1 787	1 645	946	262	391	1 124	312	397	3 432

注：5 人年龄缺失。

2. 施测方法

六个地区的测试均由心理学专业硕士研究生到现场担任主试或对测试学校的老师进行现场培训和指导。在测试之前，所有主试均接受了有关创造性思维测量知识和主试指导手册的培训。为了避免被试对测量的内容有所警惕，正式施测时的问卷名称改为《文字与图形的游戏》。

3. 评分和统计分析

创造性思维问卷的评分人员均为心理学专业的研究生和本科生，并且都进行了相关的评分培训，在正式评分之前，每个评分人员都试评了 10 份问卷。在总结了所发现的问题之后，采用了集中时间和限定地点的评分方式。为了最大限度地减少主观评定的误差，在主观题部分，每道题都是由两个评分者专项负责评定。最后，对数据进行录入和统计分析。

（三） 基于中学生的创造性人格的研究

初测问卷修订完毕后，对正式问卷进行施测，选取北京市、成都市、山东、湖北小学六年级至高三学生共 3 123 人为研究对象，将所有问卷用 SPSS 统一录入，数据录入完毕后，采用初测时筛选数据的标准整理数据库，最后得到有效被试 2 779 人，被试基本情况如表 3-5 所示。

表 3-5 　　　　　　　　　　正式问卷被试基本情况 　　　　　　（单位：人）

	小学	初一	初二	初三	高一	高二	高三	总计
男生	121	215	127	139	309	277	227	1 415
女生	130	188	134	127	259	282	244	1 364
总计	251	403	261	266	568	559	471	2 779

四、本测量工具编制的结果

（一） 基于中学生的创造性思维能力量表的信效度指标分析

1. 区分度分析

我们分别求出测验中每个项目与所在维度平均分数的相关，结果发现项目与所在维度平均分数的相关基本上都在 0.35 以上并且达到显著性水平，$p < 0.01$（除了 C23B、C24B、C25B、C28B、C29A、C210A、C210B、C212A、C212B），这一结果表明问卷中的题目具有较好的项目区分度。

2. 信度分析

（1）内部一致性信度

我们首先分析了问卷总体的内部一致性信度，分析结果得出：Alpha 系数 = 0.854，可见本量表总体的内部一致性信度很高。

然后，被试于本研究编制的测验的不同材料在发散思维和聚合思维两个大维度，以及流畅性、变通性、独特性、概括性、逻辑性五个小维度上的 Alpha 系数依次为 0.889、0.707、0.757、0.643、0.717、0.605 和 0.710。可见，本研究所用量表各维度的 Alpha 系数介于 0.605 ~ 0.889 之间。克罗普雷（2000）曾经对目前使用的各种创造力测验进行了元分析，最后发现创造性思维测验的内部一致性系数在 0.700 ~ 0.900 之间，创造性人格特质测验的一致性系数在 0.450 ~ 0.900 之间。本研究所使用的量表的 Alpha 系数基本符合克罗普雷的研究结果，说明我们自编的中学生创造力思维能力量表具有较高的内部一致性。

（2）评分者信度

本研究让两名熟悉评分标准的发展心理学硕士，分别独立地对 60 名被试（随机抽取）的"中学生创造性思维能力量表"的成绩进行评定，对他们的评定成绩在各个维度上计算 Pearson 相关系数，结果见表 3 - 6。可见，以上维度的评分者一致性都达到了极其显著，说明评分可靠性较高。

表 3 - 6　　量表各维度的评分者信度、再测信度和复本信度

维　度	评分者信度	再测信度	复本信度
发散思维	0.990 **	0.301	0.819 **
聚合思维	0.945 **	0.670 **	0.773 **
流畅性	0.962 **	0.129	0.800 **
言语流畅性	0.939 **	0.149	0.736 **
图形流畅性	0.983 **	1.000 **	0.769 **
变通性	0.947 **	0.043	0.751 **
言语变通性	0.924 **	0.096	0.648 **
图形变通性	0.921 **	0.043	0.704 **
独特性	0.976 **	0.327 *	0.824 **
言语独特性	0.985 **	0.232	0.749 **
图形独特性	0.909 **	0.300 *	0.519 **
概括性	0.935 **	0.702 **	0.737 **
言语概括性	0.871 **	0.683 **	0.591 **
图形概括性	0.923 **	0.608 **	0.661 **
逻辑性	0.918 **	0.302 *	0.603 **
时间逻辑性	0.963 **	0.091	0.218 *
空间逻辑性	0.872 **	0.368 **	0.591 **

注：* 代表在 0.05 水平上差异显著。** 代表在 0.01 水平上差异显著。

（3）再测信度

对76名中学生间隔两个月施测本量表得分的再测信度见表3－6。再测信度系数中，聚合思维，图形流畅性，概括性，言语概括性，图形概括性和空间逻辑性这几个维度都达到了极其显著（$p < 0.01$）；独特性，图形独特性和逻辑性这三个维度的再测信度达到了显著（$p < 0.05$）。

（4）复本信度

对成都105名学生同时施测中学生创造性思维能力量表的 A 版和 B 版量表得分的复本信度结果见表3－6。复本信度系数中，时间逻辑性维度的复本信度达到了显著（$p < 0.05$），其他所有维度都达到了极其显著（$p < 0.01$）。

3. 效度分析

（1）实证效度

我们使用教师推荐的学生效标。在北京和四川这两个地区，从三所学校中一共选取了41名中学生作为效标。选取标准有两个：第一是在各种创新大赛、学科竞赛或其他竞赛中获过奖项；第二是由熟悉学生的班主任或任课教师根据学生的日常表现进行推荐，推荐时特别强调了不要考虑学业学习成绩的因素。我们在全体被试中随机选取了与效标人群等量的被试42名，作为对照组，然后把效标组和对照组的测验成绩做了对比分析，除了言语概括性和时间逻辑性两个维度之外，效标组与随机抽取的对照组在创造性思维总分以及其他所有维度上都存在显著差异（$p < 0.05$），即效标组的分数显著地高于对照组。

（2）区分效度

如前面结果一样，项目与所在维度平均分的相关基本上都在0.35以上，这表明问卷中的题目具有较好的项目区分度。

（3）结构效度

我们对本量表包含的10个分测验进行了探索性因素分析。10个分测验，即10道大题，其中主观题的6道题为连续数据，把流畅性、变通性和独特性三个指标加起来的总分为每道主观题的分数，客观题的4道题中每个项目是0、1的二分数据，把每道题包含的若干项目加起来即为每道客观题的分数。由于两部分的数据类型不一致，于是将主观和客观两部分的题目分数转化为标准分数，再进行主成分探索性因素分析，采用方差最大化法进行正交旋转。具体结果见表3－7。

表 3 - 7　　　　中学生创造性思维量表各题目的因子载荷和共同性

题　目	载荷量		共同性
	因素 1	因素 2	
图形意义解释	0.783		0.618
未完成图形	0.722		0.523
词语联想	0.699		0.489
组合图形	0.673		0.469
可能的解释	0.650		0.426
非常用途	0.647		0.420
事件排序		0.666	0.443
分类概括		0.649	0.422
遥远联想		0.643	0.414
情景逻辑		0.574	0.334

从表 3 - 7 可以看出，每道题目的共同性都在 0.3 以上，并且根据特征根大于 1 和所解释的方差百分比，取两个因素是合理的。两个因素所包含的 10 道题目共解释 45.60% 的方差。"图形意义解释"、"未完成图形"、"词语联想"、"组合图形"、"可能的解释"、"非常用途"在因素 1 上的载荷量很高，这 6 道题目是测量发散思维的。"事件排序"、"分类概括"、"遥远联想"、"情景逻辑"在因素 2 上的载荷量很高，这 4 道题目是测量聚合思维的。我们可以把这两个因素命名为发散思维和聚合思维。说明本量表的编制符合我们的理论假设，即创造性思维是发散思维和聚合思维的统一。

考虑到聚合思维部分题目的编制是根据访谈研究的结果确定的子维度，尚显不成熟，所以我们又对聚合思维部分题目的所有项目进行了探索性因素分析。

首先，对 4 道题共 48 个项目进行了主成分分析和方差最大化正交旋转，每个项目的共同性都不低于 0.2。根据特征根大于 1 的标准，共提取出 12 个因素，共解释 49.37% 的方差。然后根据旋转后的成分矩阵，每个项目的因子载荷都在 0.3 以上。考查各因素所包含的层面题项，其中第六个因素只包含 C54A、C54B 两个项目，这个层面包含的题目太少，不适宜构成一个因素，故考虑删除。同样的情况还有第八个因素只包含 C211A、C211B 两个项目，第十个因素只包含 C53A、C53B 两个项目，第十一个因素只包含 C210A、C210B 两个项目，第十二个因素只包含 C25A、C25B 两个项目。再结合项目区分度的分析，将区分度小于 0.2 的 C23B、C24B、C28B、C29A 也剔除。这样删除 14 个项目后，进一步对 34 个项目进行第二次探索性因素分析，共提取出 7 个因素，其中第七个因素只包含 C212A、C212B 两个项目，项目太少，考虑删除。而后对 32 个项目进行第三次探索性因素分析，也提取出 7 个因素，其中第七个因素只包含 C27A、C27B 两个项目,删除后继续对 30 个项目进行第四次探索性因素分析,最后提取出 6 个因素,共解释 42.68% 的方差。经正交旋转后,6 个因素上的项目数分别为 6、5、5、6、4、4 个。具体结果见表 3-8。

表 3-8 　　　　聚合思维部分题目各项目的因子载荷及区分度

项目	因素 1 载荷量	区分度	项目	因素 2 载荷量	区分度	项目	因素 3 载荷量	区分度
C12	0.712	0.685**	C56B	0.689	0.536**	C21A	0.814	0.433**
C11	0.685	0.718**	C56A	0.673	0.538**	C21B	0.808	0.434**
C15	0.623	0.673**	C52A	0.665	0.429**	C22A	0.615	0.405**
C14	0.612	0.592**	C51A	0.568	0.389**	C22B	0.468	0.365**
C16	0.592	0.664**	C55A	0.484	0.417**	C23A	0.418	0.352**
C13	0.574	0.581**						

项目	因素 4 载荷量	区分度	项目	因素 5 载荷量	区分度	项目	因素 6 载荷量	区分度
C45	0.678	0.590**	C55C	0.550	0.507**	C28A	0.643	0.323**
C44	0.628	0.595**	C55B	0.516	0.449**	C26A	0.589	0.371**
C43	0.618	0.540**	C56C	0.498	0.518**	C29B	0.518	0.389**
C42	0.517	0.563**	C24A	-0.430	0.206**	C26B	0.496	0.347**
C41	0.514	0.530**						
C46	0.400	0.595**						

注:** 代表在 0.01 水平上显著。

从表 3-8 可以看出,所有项目的载荷量都在 0.3 以上,区分度都在 0.2 以上并达到了显著性水平 ($p < 0.01$)。C12、C11、C15、C14、C16、C13 在因素 1 上载荷较高,这 6 道题目属于"遥远联想"题目,反映了被试在文字材料上,从具体特征中找出共同特征的能力,也就是言语概括力。C45、C44、C43、C42、C41、C46 在因素 4 上载荷较高,这 6 道题目属于"事件排序"题目,反映了被试发现时间序列及故事发展的一般规律的能力。C21A、C21B、C22A、C22B、C23A 在因素 3 上的载荷较高,主要反映了被试在图形材料上的概括能力,但是这些图形相对是比较具体的,比如它针对的类别是"食物"、"穿戴"、"金属"等,所以可以解释为形象水平上的图形概括力。相比之下,C28A、C26A、C29B、C26B 在因素 6 上的载荷较高,这部分也反映了被试在图形材料上的概括能力,但是它这些图形的类别是相对抽象的,比如"保护"、"自由"等,所以可以解释为抽象水平的图形概括能力。而 C56B、C56A、C52A、C51A、C55A 在因素 2 上载荷较高,C55C、C55B、C56C、C24A 在因素 5 上载荷较高,这部分项目属于"填充图形"题目,目的是考查被试在空间整体中对客体的逻辑排列

能力，可能由于题目难度的差异造成一道题的不同项目分散在两个因素上，如 C55 和 C56，所以这两个因素难于命名。从总体上说，聚合思维部分题目基本上符合研究所假设的概括性和逻辑性维度。

（二）基于中学生的创造性思维能力量表的研究结果

为探讨年级、性别与中学生创造性思维的关系，本研究以被试的创造性思维测试量表总分为因变量，进行年级（6）×性别（2）的方差分析（ANO-VA）。结果显示性别主效应不显著，$F(1,3420)=1.666$，$p>0.05$；年级主效应显著，$F(5,3420)=10.924$，$p<0.01$；年级与性别的交互作用显著，$F(5,3420)=4.928$，$p<0.01$。

1. 基于中学生的创造性思维能力的发展特点

年级对中学生创造性思维的发展有显著的主效应，各年级在创造性思维及其在各个维度上的平均分和标准差见表 3-9。

表 3-9　　　　　中学生创造性思维能力的平均数和标准差

年级		流畅性总分	变通性总分	独特性总分	发散思维 T 分数	逻辑性总分	概括性总分	聚合思维 T 分数	创造力 T 分数
初一	平均数	77.92	53.57	70.15	49.19	14.32	16.32	48.33	97.52
	标准差	21.94	16.23	29.48	10.49	2.95	6.14	10.66	15.31
初二	平均数	80.61	54.65	71.09	49.97	14.27	17.08	49.30	99.28
	标准差	20.93	13.38	26.25	9.44	3.70	6.16	11.04	15.77
初三	平均数	82.57	56.71	78.95	51.95	14.82	17.76	50.97	102.92
	标准差	20.23	14.11	27.88	9.69	2.68	5.77	9.68	13.20
高一	平均数	79.17	55.64	75.92	50.70	14.88	17.90	51.24	101.94
	标准差	20.55	14.17	27.08	9.64	2.51	5.41	8.85	13.82
高二	平均数	77.01	55.33	73.49	49.89	14.74	17.92	51.08	100.96
	标准差	22.11	13.83	29.72	10.35	2.56	5.55	9.38	14.36
高三	平均数	74.83	53.63	71.85	48.97	14.54	16.70	49.15	98.12
	标准差	21.38	14.29	26.97	9.90	2.51	6.05	10.08	15.35
总体	平均数	78.38	54.83	73.30	50.00	14.59	17.27	50.00	100.00
	标准差	21.40	14.45	28.16	10.00	2.83	5.87	10.00	14.82

事后检验结果表明在创造性思维上初一与除高三外所有年级间存在显著差异（$p<0.05$），初二与初三、高一、高二年级间存在显著差异（$p<0.05$），初三与高二、高三年级间存在显著差异（$p<0.05$），高三与高一、高二年级间存在显著差异（$p<0.01$）。

被试在创造性思维上的发展趋势见图 3-1。结合表 3-9 和图 3-1 可以看出被试创造性思维水平在初中阶段一直处于上升阶段，到初三达到最高水平，高中阶段处于逐渐下降趋势，到高三时水平和初一相近。

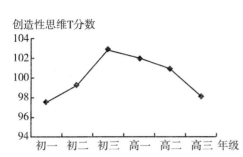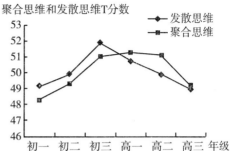

图 3 - 1 中学生创造性思维、发散思维和聚合思维发展曲线

结合表 3 - 9 数据和图 3 - 1，可以看出，中学生创造性思维能力中发散思维和聚合思维的发展趋势是不相同的。发散思维是在初一、初二阶段发展比较快速，到了初三以后则呈现出缓慢的下降。聚合思维则在初一、初二、初三阶段都处于上升趋势，在高一以后则有明显的下降。

事后检验结果表明在发散思维维度上，初三与除高一年级外所有年级存在显著差异（$p < 0.01$），而初三与高一年级间差异达到边际显著（$p = 0.052$），高一与初一、高三年级间存在显著差异（$p < 0.01$）。在聚合思维维度上，初一、初二分别与初三、高一、高二年级间存在显著差异（$p < 0.01$），高三与初三、高一、高二年级间也存在显著差异（$p < 0.01$）。

此外，我们还对创造性思维能力的几个主要维度做了年级变量的方差分析，进一步的分析可以更加准确地反映创造性思维各个构成成分的发展趋势和特点。

本研究进行了以被试在五个小维度上的得分作为因变量，年级（6）×性别（2）的多元方差分析（MANOVA）。结果表明，概括性维度上的性别主效应显著，$F (1, 3\ 420) = 7.652$，$p < 0.01$。五个维度上的年级主效应都显著，$F_{流畅} (5, 3\ 420) = 7.847$，$p < 0.001$；$F_{变通} (5, 3\ 420) = 3.473$，$p < 0.01$；$F_{独特} (5, 3\ 420) = 6.382$，$p < 0.001$；$F_{逻辑} (5, 3\ 420) = 4.582$，$p < 0.001$；$F_{概括} (5, 3420) = 7.92$，$p < 0.001$。独特性和概括性维度上年级和性别的交互作用显著，$F_{独特} (5, 3\ 420) = 2.819$，$p < 0.05$；$F_{概括} (5, 3\ 420) = 4.579$，$p < 0.001$。

年级对中学生思维的流畅性、变通性、独特性、概括性、逻辑性五个维度的发展有显著的主效应，各年级在这五个维度上的平均分和标准差见表 3 - 9。

事后检验结果表明在流畅性维度上，初二与初一、高二年级间存在显著差异（$p < 0.05$），初三与初一、高一、高二年级间存在显著差异（$p < 0.01$），高三与除高二外的所有年级间存在显著差异（$p < 0.05$）。在变通性维度上，初一与初

127

三、高一、高二年级间存在显著差异（$p < 0.05$），初二与初三年级间存在显著差异（$p < 0.05$），高三与初三、高一、高二年级间存在显著差异（$p < 0.05$）。在独特性维度上，初一与初三、高一、高二年级间存在显著差异（$p < 0.05$），初三与初二、高一、高二、高三年级间存在显著差异（$p < 0.05$），高一与初二、初三、高三年级间存在显著差异（$p < 0.05$）。在逻辑性维度上，初一、初二年级分别与初三、高一、高二年级间存在显著差异（$p < 0.05$），高一与高三年级间存在显著差异（$p < 0.05$）。在概括性维度上，初一与除高三年级外的所有年级间存在显著差异（$p < 0.05$），初二与高一、高二年级间存在显著差异（$p < 0.01$），高三与初三、高一、高二年级间存在显著差异（$p < 0.01$）。

　　被试在思维的流畅性、变通性、独特性、概括性、逻辑性五个维度上的发展趋势见图3-2。结合表3-9和图3-2可以看出被试发散思维的流畅性、变通性和独特性三个维度在初中阶段都呈上升趋势，且到初三时达到发展的最高水平，高中阶段起一直处于逐渐下降趋势。结合表3-9和图3-2可以看出被试聚合思维的逻辑性在初二略有下降，之后一直处于上升趋势到高一年级达到发展的最高水平，高三时又有所下降；而被试聚合思维的概括性从初一到高二之间一直处于上升趋势，在高二年级达到发展的最高水平，高三时有所下降。

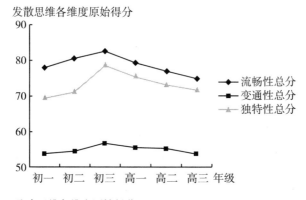

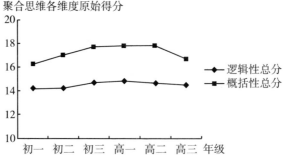

图3-2　中学生发散思维和聚合思维各维度发展曲线

2. 基于中学生的创造性思维能力的性别特点

由于年级与性别的交互作用显著，因而以创造性思维得分为因变量，对性别在各个年级上的水平进行单因素方差分析，发现初三和高一两个年级男女生之间存在显著差异，$F(1, 373) = 9.779$，$p < 0.01$，$F(1, 658) = 6.082$，$p < 0.05$；初一年级男女生之间差异达到边际显著性，$F(1, 649) = 3.814$，$p = 0.051$。

男女生在创造性思维上的发展趋势见图 3-3，从图中可以看出初一、初二和高三时女生的创造性水平高于男生，而在初三、高一和高二时男生的水平高于女生，且男女生都在初三时达到各自的最高水平。

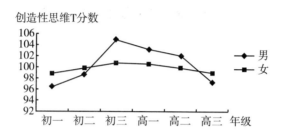

图 3-3 中学生男女生创造性思维发展曲线

由于两个维度上年级与性别的交互作用显著，因而分别以两个维度上的得分为因变量，对性别在各个年级上的水平进行单因素方差分析。在发散思维维度上发现，高一年级男女生之间存在显著差异，$F(1, 658) = 5.007$，$p < 0.05$。在聚合思维维度上发现，初三年级男女生之间存在显著差异，$F(1, 373) = 13.579$，$p < 0.001$。

男女生在发散思维维度的发展趋势见图 3-4，从图中可以看出初一和高三年级女生的水平高于男生，初二到高二期间男生的水平一直高于女生，男女生都在初三年级达到各自的最高水平。男女生在聚合思维维度的发展趋势见图 3-4，从图中可以看出初一、初二年级女生的水平高于男生，之后初三到高三期间男生的水平一直高于女生，男女生都在初三年级达到各自的最高水平。

3. 基于中学生的创造性思维能力的学校类型特点

此次测试的被试分布在全国四个地区，其中北京市和四川成都的学校本身就是该地区的重点中学，而且一向在培养学生的创造性方面取得了比较突出的成绩，而湖北五峰和河南安阳选取的学校是普通中学，也不具备创造力培养的特色。因此，我们在本研究中，拟对四个学校之间中学生的创造性思维能力水平做个初步的比较，并将四个学校分为两类，即有创造力培养特色学校和无创造力培养特色学校。考察中学生创造性思维能力的学校类型特点，同样进行方差分析。

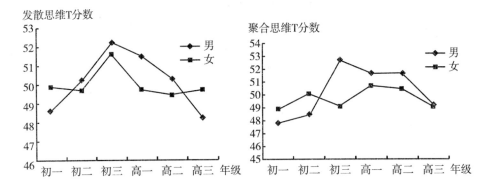

图 3 - 4　中学生男女生发散思维和聚合思维发展曲线

除了在时间逻辑性维度上，有创造力培养特色的学校与没有注重学生创造力培养的学校不存在显著差异之外，在创造性思维能力总分以及其他 16 个维度上，两类学校之间均存在非常显著的差异（$p < 0.05$），即有创造力培养特色的学校在这些维度上均明显的高于无创造力培养特色的学校。

（三）基于中学生的创造性人格量表的信效度指标分析

1. 信度分析

该量表的内部一致性系数 Alpha 值为 0.8804，说明该量表总体一致性程度是较高的。量表各个维度，即好奇心、成就动机、自信心、敏感性、幻想性、独立性、独创性、坚持性、敢为性、灵活性和幽默的 Alpha 系数依次为 0.504，0.618，0.643，0.656，0.579，0.622，0.762，0.590，0.607，0.460 和 0.852。本研究所用量表各维度的 Alpha 系数介于 0.460 ~ 0.852 之间。本研究使用的量表 Alpha 系数基本符合克罗普雷的研究成果，除在灵活性维度上较低之外，在其他各维度均具有较高的内部一致性系数。

2. 结构效度

正式量表测试以后，利用 AMOS4.0 对量表重新做验证性因素分析，通过拟合指数可以考察量表的构想效度。验证性因素分析（CFA）各拟合指数，如表 3 - 10 所示。

表 3 - 10　　创造性人格量表验证性因素分析的各拟合指数

模型	χ^2	df	χ^2/df	GFI	CFI	IFI	NFI	RMSEA
研究模型	6 306.87	1 120	5.63	0.92	0.95	0.95	0.94	0.042

对创造性人格量表进行验证性因素分析，结果如上表，χ^2/df 大于 5，说明模型较好地拟合了数据。对于 GFI、CFI、IFI、NFI，一般认为越大越好，大于 0.80 以上，模型基本上可以接受，本研究的这几个拟合指数均在 0.90 以上，说明模型总体指标非常好。对于 RMSEA，该数值越小模型拟合的越好。有人认为当该值小于 0.080 时，模型是一个好模型。本研究的 RMSEA 值为 0.042，说明该模型是令人满意的。在对问卷的结构效度进行分析时，通常都希望各个项目在其所属的维度上具有较高的因素载荷，因素载荷过低，则说明该项目并不能代表该维度进行测量。各项目在其维度上的因素载荷如表 3-11 所示。一般认为，标准化的因素载荷在 0.40 以上，说明项目可以很好地代表该维度的能力，而在 0.30 以上，也认为是可以接受的。本模型中的各变量的标准化因子载荷如表 3-11 所示。

表 3-11　　　　　创造性人格量表各项目标准化因子载荷

变量关系	因子载荷	变量关系	因子载荷
a1 →F1	0.36	a42 →F6	0.63
a5 →F1	0.68	a18 →F6	0.51
a21 →F1	0.32	a7 →F7	0.37
a39 →F1	0.4	a10 →F7	0.72
a46 →F1	0.62	a16 →F7	0.55
a9 →F2	0.4	a36 →F7	0.45
a15 →F2	0.49	a11 →F8	0.53
a25 →F2	0.73	a27 →F8	0.66
a50 →F2	0.67	a45 →F8	0.48
a2 →F3	0.58	a47 →F8	0.49
a8 →F3	0.53	a12 →F9	0.51
a13 →F3	0.34	a22 →F9	0.63
a28 →F3	0.3	a33 →F9	0.51
a48 →F3	0.62	a37 →F9	0.55
a3 →F4	0.67	a14 →F10	0.36
a17 →F4	0.65	a23 →F10	0.63
a20 →F4	0.66	a31 →F10	0.37
a29 →F4	0.69	a34 →F10	0.53
a4 →F5	0.59	a19 →F11	0.17
a24 →F5	0.7	a26 →F11	0.47
a32 →F5	0.74	a30 →F11	0.59
a40 →F5	0.8	a35 →F11	0.42
a44 →F5	0.64	a48 →F11	0.59
a49 →F5	0.74	a43 →F11	0.34
a6 →F6	0.64		
a41 →F6	0.5		

从表 3-11 可以看出，创造性人格问卷各项目的标准化因子载荷大部分项目都在 0.30 以上，只有个别项目低于 0.30，由于考虑到其理论上的意义，故没有删除。从总体上看，问卷中的项目有较好的信度，对于各维度而言，题目都比较理想。

五、本测量工具编制的启示

（一）重要结论

到目前为止，从思维的角度探讨和测评创造力，一直是心理学界和教育学界创造力研究的主流。开发一个使用多元维度为指标，可以充分、全面的测量中学生多维的创造性思维能力，并适合中国中学生的实际情况的测量量表，是本研究最主要的研究目的。在这一研究过程中，通过理论上的探讨和实证上的分析，我们取得了如下一些有意义的研究结果：

① 我们借鉴以往大量的创造力研究成果，最终确定创造性思维能力的两个大维度——发散思维和聚合思维，以及五个小维度——流畅性、变通性、独特性、概括性、逻辑性，并对测验材料做了文字和图形的区分，最后结合出 17 个维度，作为评价中学生创造性思维能力的维度指标。

② 在理论研究、借鉴现有较成熟的问卷和小组讨论的基础上，收集了每个测评维度所对应的项目，自己编制了《中学生创造性思维能力量表》。实际施测时问卷更名为《文字和图形的游戏》。在经过对初测结果进行项目区分度分析、答案频次统计和问卷调查之后，对问卷的维度和题目进行了进一步地修订与完善，形成了正式量表。

③ 对正式施测的结果进行项目区分度和信效度等数据分析之后，发现自制的《中学生创造性思维能力量表》中的项目具有很高的评分者信度、复本信度和区分度，各维度也具有很高的内部一致性系数和较好的再测信度。41 名创造性人才效标群体的成绩数据也表明，该问卷具有较好的实证效度和结构效度。

如何塑造学生的创造性人格，从而培养出有创造性思维和创新能力的青少年一直是心理学界和教育学界创造力研究的主流。在编制中学生创造性思维能力量表的同时，为了更好地了解高创造力水平的青少年具有什么样的人格特征，本研究还编制了《中学生创造性人格量表》，目的是更好更全面地测查青少年的创造力，得到了如下一些有意义和价值的结果：

① 我们在访谈研究的基础上，参考了大量的创造性人格研究结果，编制了包含 81 个项目的创造性人格问卷。在初测的基础上进行了探索性因素分析，删

除并修改了题目，最终确立了创造性人格的四个大维度，分别是内部动力、内部无意识、外部表现、外部情感，每个大维度下又包括若干小维度，内部动力维度包括好奇心、高动机；内部无意识维度包括自信心、敏感性、幻想性；外部表现维度包括独立性、独创性、坚持性、敢为性、灵活性；外部情感维度包括幽默。

② 对正式量表进行信、效度分析发现，该量表具有较高的内部一致性信度和结构效度。

在中学生创造性思维能力的研究中，我们使用在研究中编制的《中学生创造性思维能力量表》测查了全国四个地区 2 773 名中学生，多方面考察了中学生创造性思维能力的特点，结果发现：

从创造性思维发展的整体来看：

① 青少年创造力发展是有起伏的、波动的。中学生发散思维和聚合思维的整体发展趋势，与托兰斯提出的犬齿曲线比较吻合。中学生的创造性思维呈单峰态发展趋势，初一和高三年级是创造性思维发展的两个低谷，初三是中学生创造性思维发展的高峰，其中聚合思维和发散思维的变通性维度在初三时的高水平状态会延续至高一高二。

② 男女生总体上讲，在创造性思维能力的绝大部分维度上都不存在什么差异，但男女生在各自的发展趋势中仍存在差异。中学阶段，女生总体发展较为平缓，男生有一个迅速上升而后下降的趋势，男生的这种迅速发展过程主要集中在初三高一两个年级。

③ 本研究中那些具有创造力培养特色和环境的学校的学生，在创造性思维能力各个维度上基本上都比不具备这种特色的学校的学生要表现得更加突出。这也说明了日常教学中培养学生创造性思维能力的重要性和必要性。

从不同学业成就的中学生创造性思维发展来看：

① 高、低学业成就中学生的创造性思维都存在年级差异，但是却有不同的发展趋势。高学业成就学生的创造性思维呈现一种循序上升的趋势，并且符合"犬齿型"曲线，低学业成就学生的创造性思维发展趋势比较平稳。无论是高学业成就组还是低学业成就组，高二是发散思维最好的时期。

② 无论高学业成就中学生还是低学业成就中学生的创造性思维、发散思维和聚合思维都不存在性别差异。

（二）启示

1. 基于中学生的创造性思维能力量表的编制

对创造力的研究虽然由来已久，只是在心理测量法得到推广之后，创造力的研究才进入鼎盛时期，各种测量工具大量涌现。到目前为止心理测验主要是采用两种形式，一种是最佳表现测验（maximum performance test），其目的是测查个体的最高能力水准，要求个体尽其最大能力完成一些操作任务。另一种是典型表现测验（typical performance test），其目的是寻求对个体的一般行为做出最具代表性的取样，个体被告知依其日常生活中的习惯或行为方式，对测验的刺激作答或反应。具体到创造力研究领域，对创造性思维能力的测量一般习惯于采用最佳表现测验的形式，通称为创造性思维测验；对创造性人格的测量则习惯于采用典型表现测验形式，通称为创造性人格测验。目前流行的创造性思维测验，主要是发散性思维测验，受到了不少的批评，主要集中在两个方面，一个是最佳表现测验本身有很多局限性，另一个是认为这种形式不能对创造性思维能力的多维结构进行充分测量。比如应用最广泛的《托兰斯创造性思维能力测验》主要是发散思维测验，但是其最大的不足是只考察了创造性思维能力的一个方面。随着研究的深入，已有研究者认为创造性思维包括许多种思维形式，其能力表现也有多种，即创造性思维能力是一种多维结构的能力。克拉彭（Clapham，2004）已对托兰斯创造性思维测验和创造力兴趣量表进行了会聚效度的实证研究，发现两者之间没有显示出会聚效度，甚至测量相同认知过程即发散思维的托兰斯创造性思维测验，它的两个分测验（言语创造力和图形创造力）分数之间都没有很强的相关，更进一步证实了不同类型的创造力测验可能测量的是不同的结构，创造力是多维的。所以从结构维度和材料形式上进一步完善现有的量表，显然会大大推进对中学生创造性思维能力的评价研究。

前面我们提到了因素结合的理论。这种取向让我们对创造力不同成分的解释更加合理。例如，对科学和艺术成就的分析表明，某个领域的中等创造力一般都出现在分布的低端，而最高端（高创造力）会延伸的相当远。这说明最高水平的创造力往往需要同时具备和激发多重因素。另外，领域特殊性的创造力，部分可以通过一些相对领域特殊性的成分（如知识）和其他领域一般性的成分（如坚持性的人格特质）来解释。

当然，以综合指标评价和预测创造力的方法，目前尚处于理论探索与方法研制阶段，还没有编制出信度效度俱佳、可供广泛使用的量表，但这种方法是很有前途的。因为影响创造行为的因素是多方面的，而目前采用单个指标所进行的测量，只是测量了创造能力的某些方面，因而效度有限。而将这些指标综合起来，编制出多指标的量表，定会在一定程度上提高量表的效度，能更好地评价与预测创造能力。因此，我们在研究中以综合指标评价与预测学生的创造性思维能力，旨在开发出一个评价中学生创造性思维能力的综合指标测验，可以较为全面、充分地测量青少年多维的创造性思维能力。

因此，我们在参照《托兰斯创造性思维能力测验》的同时，还参考了《遥远联想测验》（RAT）和《Snijders - Oomen 的非言语智力测验》的测查指标和评分标准。"遥远联想"的题目是根据遥远联想测验的原理和类型，经小组讨论自己编制的。RAT 测验是基于该测验的创始人梅德尼克（Mednick）的远距离联想理论提出的，该理论认为创造性思考是将联想得来的元素重新整合的过程，新结合的元素之间联想的距离越远，这个思维的过程或问题解决就更有创造力。国内外的理论和实证研究都表明创造性思维能力应是发散思维和聚合思维的结合，而且 RAT 测验是创造力测量的有效工具，其最大特点是测试被试建立词之间新联结的能力，实际上是考察被试的概括能力，即从具体特征中找出它们的共同特征，这是反映概括水平的一个重要方面，这种思维能力也可称作聚合思维。SON - R 的非言语测验最初是由德国的研究者 N. Snijders - Oomen 编制的一个评定个体智力的测验，特点是不需要被试使用口头和书面言语，适合于施测者测量那些在言语交流上有困难或者不能掌握语言的儿童，用于测量 5.5 ~ 17 岁儿童一般智力，由抽象推理测验，形象推理测验，空间测验以及感知测验四个分测验组成。抽象推理测验中的分类题目向被试呈现描绘着三幅相同类别的物体或条件的图片，要求被试发现三张图片中潜在的概念，并从五个备选图片中选出两张能够表现同一概念的图片，考察了被试的概括能力。形象推理测验中的情境题目呈现一幅有一个或若干部分空缺的场景，让被试从备选项中选择正确的部分使场景具有连贯性，考察了被试在物体之间的空间联结能力，也就是空间逻辑推理能力。创造性思维的生成探索模型也认为创造性思维除了与发散思维有紧密的联系之外，还包括分类归纳和类比推理等过程，这些都是智力（或者是聚合思维）的一部分。所以 RAT 测验和 SON - R 测验能够测查概括和逻辑推理能力，在一定程度上反映聚合思维的特点，该题目符合我们的理论假设的结构维度。

总的来说，与已有的创造性思维能力测验相比，本研究所编制的《中学生创造性思维能力量表》主要具有下面一些优势：

1）测验材料分为文字材料和图形材料两种。

2）题目形式丰富多样，比较有趣味性，符合中学生的年龄特点。

3）测验同时考察了发散思维和聚合思维这两种重要的创造性思维能力形式。

4）考虑到了中西方文化的差异，题目内容符合中国学生的文化背景和思维能力特点。

2. 基于中学生的创造性思维能力的特征

（1）中学生创造性思维的年级发展特点

从结果可以看到，中学生的创造性思维发展趋势呈单峰状，即初中生的创造性思维一直呈上升发展趋势，到初三时达到最高水平，之后高中生的创造性思维水平处于下降趋势，高三时下降到与初一相近的水平。本研究结果验证了有关创造力发展的两大观点的后者，即创造力随着年龄的增长呈现出阶段性的高峰期和低谷期，托兰斯、凯查姆、潼次武夫、卡尔梅科娃、胡卫平等绝大多数研究者都持该观点，并且得到了其研究结果的支持。

本研究中创造性思维水平的两个低谷期分别为初一年级（平均年龄 = 12.6）和高三年级（平均年龄 = 17.7），与托兰斯（1967）的 13 岁、17 岁的两个创造性思维发展"低潮期"相吻合。关于创造性思维的低谷现象，托兰斯（1975）认为，在初中一年级思维水平较低的原因是由于儿童升入初中再次表现出对行为规范的一致性趋向，而思维变得较为稳健、平常。与胡卫平等（2003）研究者发现的英国青少年创造力发展的 14 岁下降的趋势相比有所提前。原因主要在于，首先，胡卫平等研究者侧重测试的是青少年的科学创造力，这与本研究的创造性思维是有所区别的；其次，由于其测试对象为英国青少年，和我国青少年在文化背景、所受的教育及训练方面存在很大的差异。但一致之处在于无论是英国青少年的科学创造力还是我国中学生的创造性思维都呈波浪式曲线发展趋势，而非直线式上升发展。与申继亮等研究者（2005）的结果相比发现，两者发现的总体发展趋势一致，但本研究的创造性思维水平达到高峰时间（初三年级）略滞后于其发现的初一年级。原因主要在于申继亮等的研究侧重于对创造性人格方面的研究，而本研究侧重于创造性思维方面的研究。可能正是因为青少年人格个性方面的因素的发展和成熟才迎来了其创造性思维发展的一个高峰。

本研究认为我国中学生的这种发展特点是由中学生自身的生理、认知发展以及其中学教育特点共同决定的。从中学生的生理发展特点来看，初中生正处在生理上第二次生长高峰期，由于身体各方面的成熟为其创造性思维的发展提供了良好的生理基础。我国的脑电波研究发现 13 岁是个体第二个大脑发展的加速期。正是因为经过了这个大脑发展的加速期，使得初中学生的创造性思维水平呈现出一个快速上升的过程，且初中三个年级间的创造性思维水平存在显著差异；进入高中阶段之后，高中生的生理发育已经基本完成，处于稳定状态。

从中学生的认知发展特点来看，按照皮亚杰（Piaget）关于个体智力发展年龄阶段的划分（林崇德，1995），初一学生的思维水平恰好从具体运算阶段进入到形式运算阶段，由于正处于思维的一个过渡阶段，两个阶段间的不同性质思维的矛盾性暂时抑制了其创造性思维的发展。此外，刚从小学升学到中学，初一学生原有的知识基础、策略的使用在中学的课程学习中显得不再十分有用，从而在一定程度上抑制了创造性思维的发展。经过思维水平的过渡阶段的调整和对初中学习的适应，使得初二初三学生的创造性思维水平有了长足的提高。而高中阶段中学生思维各个成分的发展开始变得成熟，而且相比之下更为保守，更倾向于用常见的方法来解决实际生活中的问题，年级越高则这种趋势越发明显。

从中学教育、教师教学方面来看，与高中阶段相比，初中阶段学生所受的学业压力要相对轻一些，在课堂教学中教师会强调解题的灵活性、方法的多样性和思维的发散性，这些要求都有助于学生创造性思维的发展和提高。而高中阶段由于升学压力的存在，使得教师课堂教学倾向于用较为保守的方法策略来解题以确保正确率，从而抑制了学生创造性思维的发展，且在高中阶段，年级越高这种倾向就越加明显，从而使得年级越高的学生创造性思维越加受到抑制。从学生本身的学习方法、策略来看，与初中生相比，正是因为升学压力的影响，高中生更倾向于采用保守、传统的学习方法和策略进行学习和解题，以保证正确率。从教育环境来看，与初中生相比，高中生每年都有需要重新调整适应的方面，第一年入学适应，第二年文理分科的选择和适应，第三年高考。就总体教育氛围来看，初中阶段显得更为宽松，从而为创造性思维的发展提供了有利环境。

综上所述，本研究认为由于中学生本身的生理、认知发展特点以及其所受的教育特点决定其创造性思维水平是随着年龄的增长阶段性交替呈现低谷和高峰期，而非直线式的上升发展趋势。

发散思维中想象力起到了很大的作用。从研究结果可以看出发散思维的发展趋势和创造性思维总体发展趋势十分相像，即初中阶段一直处于上升趋势，到初三时达到顶峰，高中阶段则一直处于下降趋势，到高三时水平和初一相近。从发散思维的三个维度的发展趋势来看，是和发散思维的总体发展思维相一致的。但三者相比较而言，变通性维度发展较为平缓，本研究认为这与中国国内教育教学强调规则、规范有很大关系，正是这种教育教学方式使得学生固守于教师教授的学习方法，在学习和日常生活中不善于变通，习惯于用最常见最普通的方法来解决问题，不善于随机应变。独特性维度在初三时有一个较为明显的上升发展过程。独特性主要表现在求异思维中，而张德琇（1985）的研究也发现初三年级求异思维开始迅速发展，与本研究结论相一致。流畅性维度在初中阶段有较为迅速的发展，在初三时达到高峰，与发散思维总体的发展趋势较其他两个维度更为一致。

聚合思维指从已知信息中产生逻辑结论，寻求正确答案的一种有方向、有范围、有条理的思维方式。聚合思维是人们解决日常问题所常用的思维，也是教育教学中所强调的思维。从结果中可以看出聚合思维从初一到高一期间一直处于稳步上升趋势，到高三时下降至略高于初一水平。从聚合思维两个维度的发展趋势来看，逻辑思维维度在初二到高一之间有一个上升发展的过程。

逻辑思维是聚合思维的主要成分，而中学阶段的学生的逻辑思维得到了长足发展。按照皮亚杰的观点，初中生已经进入"形式运算"阶段，初中生在头脑中可以将事物的形式和内容分开。而朱智贤（1986）也认为初中生思维活动的基本特点是抽象逻辑思维占主导地位，但思维中的具体形象成分还起作用。总体而言初中生的抽象逻辑思维已占优势，但仍需要经验的支持。而高中生的抽象逻辑思维已具有充分的假设性、预计性及内省性，形式逻辑思维处于优势，辩证逻辑思维迅速发展。有研究表明，从初二开始，学生的抽象逻辑思维开始由经验型向理论型转化，到高中二年级时转化初步完成，意味着其抽象逻辑思维趋向成熟，各种思维成分已趋向于稳定，思维的可塑性已大大减少，与成人期的思维水平保持一致，这与本研究的结论相一致。高三逻辑思维水平有所下降，一方面是因为到高二时，抽象逻辑思维已经转化完成，达到稳定水平，加上高三年级本身面临升学等各种学习方面的压力和问题，使得其逻辑思维的水平有所下降，但仍高于初一的水平。

概括性维度从初一到高二之间一直处于上升发展阶段，到高三时有所下降。这主要和中学生思维的全面性和深刻性有关。随着年龄的增长，中学生思维的片面性和表面性减少，全面性和深刻性增加，而到高三时水平的下降，则主要由于该年级的特殊性所决定的。高三面临着激励的竞争和较大的升学压力，使得学生主要集中于高考科目的训练而忽视了思维的全面训练，从而导致了概括性思维水平的下降。

比较发散思维和聚合思维可以发现，初中阶段发散思维的水平一直高于聚合思维，到高中后，聚合思维的水平优于发散思维，到高三时两者水平相近，协调发展。而从创造性思维的总体发展水平来看，由于初中阶段的发散性思维和聚合思维都呈现上升发展趋势，因而使得创造性思维整体呈现出一个上升的发展趋势，高中阶段虽然聚合思维仍有一定的上升发展，但发散思维呈下降趋势，而整体创造性思维也呈下降趋势，因此可以推断创造性思维中，与聚合思维相比，发散思维可能起了更大的作用。本研究认为，在创造性思维中，聚合思维就像智力结构中的 g 因素，在创造性思维中起了一个全局性的、背景性的基础作用，而发散性思维则是在聚合思维的基础之上得以发挥作用。

（2）中学生创造性思维的性别差异

从结果来看，男女生在创造性思维发展的总体上不存在差异，比较男女生各自的发展趋势可以发现，与男生相比，女生的整体发展更加平缓，而男生则有一个迅速上升而后又下降的发展过程，所以初一和高三年级，男女生之间并没有显著差异。男女生之间的差异主要集中在初三和高一两个年级，这两个年级的年龄都集中在 14～15 岁之间，且都表现为男生水平好于女生。

对于创造性思维在性别方面的差异，一直以来受到人们关注，而研究结论却不相同。许多研究支持男生在创造性思维的某一方面或诸多层面优于女生，如中学生在创造性思维的变通性上表现出男优于女的倾向，其他方面差异不显著；另一些研究发现，女孩比男孩在一些言语任务上更有创造性，男孩在艺术性任务上更有创造性，但另外一些研究中又几乎不存在这类性别差异，男女生在总体上差异甚微。

这里我们引入法国哲学家福柯提出的社会性别概念。他认为社会性别对个体表现创造潜力有促进或阻碍的影响作用。在传统的性别观念中，男性通常被认为应当是积极进取、果断、独立、喜欢冒险、竞争性强、自信、不怕打击，善于解决复杂的和带有创造性的问题；而女性则被认为应当是斯文的并且竞争性弱，依赖性强、易受暗示、富有情感、成就动机弱、推理能力差，较适合于解决一般的和非创造性的问题。从大学校园中女生更多的分布在人文学科这一现象中也可以看到这种社会性别方面存在的差异。但是随着社会观念的不断进步和社会环境的不断改善，义务教育全面实施，社会性别平等观念日益深入人心。一些跨文化研究指出，社会在性别平等方面的进步是减少性别差异的一个重要原因。蕾娜（Raina，1969）等人研究得出的结论是，在主张男女平等的社会中，男女差异极少，即使有，也不过是在创造方式上各具特色而已。本研究得出的结论与这些研究结果基本一致，在全部 17 个维度中，男生和女生只是在言语变通性、言语概括性和概括性这三个维度上存在显著的性别差异，而且是互有高低。胡卫平等人（2003）的研究发现英国青少年科学创造力的性别差异主要发生在 12～14 岁之间，与本研究的结论有一定的吻合，相比而言，我国中学生的这种性别差异的发生要晚于英国的学生。与女生相比，男生的创造性思维水平有一个更为明显的上升发展趋势，本研究认为从总体来看由于男生在身体发育、大脑神经系统成熟等方面都要晚于女生，因而其创造性思维发展的整个趋势也会晚于女生，从而出现初三到高二阶段男生的水平高于女生，但此后两者水平趋于相近。

3. 基于中学生的创造性人格的量表编制

自从吉尔福特最先提出创造性人格这一概念以来，创造性人格的研究得到了系统、快速的发展，理论上，从弗洛伊德到斯金纳，几乎每一个人格理论心理学家都阐释过自己对创造性人格的理解。实践上，已有很多研究探讨了创造性和人格的各个方面，如劳拉（Laura，1996）等考察了"五因素人格模型"、创造能力和创造性成果三者之间的关系。结果发现：开放性、外向性和创造能力之间存在正相关；宜人性与创造性成果之间存在负相关；言语创造力和开放性都和创造性成果之间存在显著正相关。菲斯特和巴隆（Feist & Barron，2003）对 1950 年选出的 80 名当时被界定为创造力人才（年龄 27 岁），现在有杰出的创造力成就（年龄在 80 岁）的被试研究发现，这 80 名创造力人才仍然保留着诸如自信、独立等创造性人格特质等。众多的研究方法，实验设计运用到创造性人格的研究当

139

中，给我们在这一研究方向上提供了丰富的资料和深入的视野，而创造性人格发展到现今，越来越多的心理学家们开始关注到创造性人格的结构问题上来，他们认为，创造性人格应该有个稳定的模型来描述。

而如何用稳定的模型来描述创造性人格的特征，不同的研究者从各自的领域出发提出了各自不同的结构。如前面所说的威廉姆斯编制的 *Creativity Assessment Packer* 将创造性人格结构定义为冒险性、好奇性、想象力、挑战性四个方面。王鑫（2003）尝试提出一个创造性人格的构成因素图，即创造性人格由自信心、好奇心、挑战性、探索性和意志力五个维度构成。我们认为，以上的理论都在一定程度上反映了创造性人格的基本特质，但是可能存在不够全面的地方。我们在建构自己的创造性人格结构模型时，认为创造性人格作为一个综合的系统，应该包括内部因素和外部表现两个部分。内部因素作为个体产生外部行为的元动力，必定存在一个产生创造性的动力系统。庞学光（2000）提出，一个具有创造力的人不仅要有创造能力，也要具备一定的动力系统，而这一动力系统是由情感、需要、兴趣、动机等精神力量类的非理性因素构成的。我们认为个体的需要、兴趣体现在个体的好奇心上，而高成就动机则是推动个体不断创造的另一源泉，另外我们认为自信心、敏感性以及幻想性也是高创造力个体的内部特性之一。故我们认为创造性人格的内部因素应该包括内部动力和内部无意识两个方面，其中内部动力包括好奇心和成就动机，内部无意识包括自信心、敏感性和幻想性。外部因素主要体现在外部行为表现和外在情感方面，很多心理学家以及我们的前溯研究表明创造性高的个体在学习和工作中都表现出较高的独立性、独创性、敢为性、灵活性、坚持性五个方面，而幽默感则是高创造者外在情感的表现。

由上可知，通过数据进行的验证性因素分析结果表明该理论构想具有较好的结构效度，各个拟合指数均表明我们提出的创造性人格结构是不错的模型，但我们需要注意的是，仅仅有数据的支持是不够的，因为模型拟合结果的好坏依赖于多方面因素。比如，被试取样的代表性、估计参数的个数、模型设计的复杂性等。有时候一个在统计上拟合很好的模型，在理论上却是讲不通的，甚至是完全不合理的。我们的关于创造性人格的构想是否真正反映创造性人格的特征，有待我们进一步深入的研究。

本研究编制了一套创造性人格测量工具，该测量工具从内部动力、内部无意识、外部行为表现、外部情感四大方面出发，包含了好奇心、成就动机、幻想性、敏感性、自信心、独立性、独创性、敢为性、灵活性、坚持性以及幽默十一个维度，综合测量个体的创造性人格水平。经检验，问卷具有较好的信效度指标。

（三） 本研究的创新之处

1. 理论构思上

本研究从思维和人格两个角度对创造性人才进行测量，更加全面地体现了创造性人才的特征：

（1）我们所考察的创造性思维能力，不限于发散思维或聚合思维的其中一种思维形式，而是综合考察了这两种能力，并把概括性和逻辑性作为聚合思维的重要成分。

（2）在创造性人格方面，本研究不是询问"该学生是不是具有创造性"，而是努力探索"该学生的创造性体现在哪里"。这种研究取向有利于学生积极、有效地了解其自身的创造性人格特点。此外，在参考大五、MBTI、艾森克人格问卷的基础上，将人格特征与类型相结合，确立人格维度。

2. 方法上有突破

主要表现在以下几个方面：

（1）考查创造性思维的题型丰富多样，考虑到了中学生喜欢趣味性题目的特点。

（2）题目材料除了使用传统的文字材料，还加入了几乎等量的非言语形式的材料，即图形类题目。

（3）在创造性人格的考查上，本研究将人格特征与动机结合起来，更全面地考察了个体的创造力水平。

3. 研究思路上

本研究采用定量和定性研究相结合的方法，特别是在定性研究中我们对两方面人群进行了访谈，一方面包括在科学人文领域中公开取得创新成果的专家、学者；另一方面包括在全国青少年科技创新大赛中取得奖项的中学生作为我们的效标并以此来构建效标效度。

4. 研究手段上

本研究不仅仅停留在行为层面上，而是深入地探讨创造力机制，我们特别采用了脑 ET 和眼动仪等设备，对创新能力高低不同的青少年的脑内神经化学递质和眼动特点进行了比较，取得了非常有意思的结论。

参考文献

[1] Amablie, T. M.. Growing up creative：Nurturing a lifetime of creativity. New York：Crown, 1989.

[2] Barab, S. A., & Plucker, J.. Smart people or smart contexts? Talent development in an

age of situated approaches to learning and thinking. Educational Psychologist, 2002, 37, 165 – 182.

［3］Barron, F.. No rootless flower: An ecology of creativity. Cresskill. NJ: Hampton press, 1996.

［4］Beghetto, R. A. , Plucker, J. , & MaKinster, J. G.. Who studies creativity and how do we know? Creativity Research Journal, 2000 ~ 2001, 13, 351 – 357.

［5］Bruner, J. S. The conditions of creativity. In J. M. Anglin (Ed.), Jerome S. Bruner. Beyond the information given: Studies in the psychology of knowing. New York: W. W. Norton. 1973, 208 – 217.

［6］Camp, G. C. (1994). A longitudinal study of psychological correlations of creativity: Developmental trends and treatment effects in children selected as having high creative potential. Creativity Research Journal, 7, 125 – 144.

［7］Clapham MM. The Convergent Validity of the Torrance Tests of Creative thinking and Creativity Interest Inventories. Educational and Psychological Measurement, 2004, 64 (5): 828 – 841.

［8］Claxton, A. F. , Pannells, T. C. (2005). Developmental Trends in the Creativity of School – Age Children. Creativity Research Journal, 17, 327 – 335.

［9］Cropley, A. J. (2003). Creativity in education and learning: A guide for teachers and educators. London: Kogan.

［10］Csikszentmihalyi. M.. Creativity, flow and psychology of discovery and invention. New York: Harper Collins, 1996.

［11］Dacey, J. S.. Discriminating characteristics of the families of highly creative adolescents. Journal of Creative Behavior, 1989, 23, 263 – 271.

［12］Dean Keith Simonton. Creative Development as Acquired Expertise: Theoretical Issues and an Empirical Test Developmental Review, 2000, 20, 283 – 318.

［13］Dellas, M. , & Gaier, E. L.. Identification of creativity: The individual. Psychological Bulletin, 1970, 73, 55 – 73.

［14］Feist, G. J. , Barron, F. X.. Predicting creativity from early to late adulthood: intellect, potential, and personality. Journal of research in personality, 2003, 37: 62 – 88.

［15］Feist, G. J.. The influence of personality on artistic and scientific creativity. In R. J. Sternberg (Ed.), Handbook of creativity. New York: Cambrige University Press. 1999, 273 – 296.

［16］Feldman, D. H.. The development of creating. In Sternberg, nR. J. Handbook of Creativity, UK, Cambridge University Press, 1999.

［17］Finshkin, Anne S. , Jonhson, Aileen S.. Who is creative? Identifying children's creative abilities. Report Review, 1998, 21 (1).

［18］Franzis Preckel, Heinz Holling, Michaela Wiese. Relationship of intelligence and creativity in gifted and non – gifted students: An investigation of threshold theory. Personality and Individual Differences, 2006, 40, 159 – 170.

［19］Gardner, H. (1982). Art, mind, and brain: A cognitive approach to creativity. New York: Basic Books.

［20］Gregory J. F. and Frank X. Barronb. Predicting creativity from early to late adulthood: intellect, potential and personality. Journal of research in personality, 2003, 37, 62 – 88.

［21］Guilford，J. P.（1950）. Creativity. American Psychologist，5，444 – 445.

［22］H. Rindermanna，A. C. Neubauerb. Processing speed，intelligence，creativity，and school performance：Testing of causal hypotheses using structural equation models. Intelligence，2004，32，573 – 589.

［23］Helson，R.. Personality characteristics and developmental history of creative college women. Genetic Psychology Monographs，1967，76，205 – 256.

［24］Ingegerd Carlssona，Peter E. Wendta，Jarl Risberga. On the neurobiology of creativity. Differences in frontal activity between high and low creative subjects Neuropsychologia，2000，38，873 – 885.

［25］J. P. 戴维等：《认知过程的评估－智力的 PASS 理论》，华东师范大学出版社，1999.

［26］Laure A. K.，Walker L. M.，Broyles S. J.. Creativity and the Five – factor Model. Journal of Research in Personality，1996，30（2）：189 – 203.

［27］Levy，J. J.，& Plucker，J.. Assessing the psychological presentation of gifted and talented clients：A multicultural perspective. Counselling Psychology Quarterly，2003，16，229 – 247.

［28］Machek，G. R.，& Plucker，J.. Individual intelligence testing and giftedness：A primer for parents. Parenting for High Potential，2003，10 – 15.

［29］Mackinnon，D. W.. The nature and nurture of creative talent. American Psychologist，1962，17，484 – 495.

［30］Mackinnon. D. W.. The personality correlates of creativity：A student of American architects. In P. E. Vernon（Ed.）. Creativity. New York：Penguin. 1970，289 – 310.

［31］Marsh，H. W.，Plucker，J.，& Stocking，V. B.. The Self – Description Questionnaire II and gifted students：Another look at Plucker，Taylor，Callahan & Tomchin's（1997）"Mirror，Mirror on the Wall." Educational and Psychological Measurement，2001，61，976 – 996.

［32］Mouchiroud，C. & Lubart，T.. Children's original thinking：An empirical examination of alternative measures Derived from divergent thinking tasks. The Journal of Genetic Psychology，New York：Dec. 2001.

［33］Mumford. M. D. & Gustafson，S. B.. Creativity Syndrome：Integration，Application，and Innovation. Psychology Bulletin，1988，103（1）：27 – 43.

［34］Plucker，J.. Exploratory and confirmatory factor analysis in gifted education：Examples with self – concept data. Journal for the Education of the Gifted，2004，27，20 – 35.

［35］Plucker，J.. Introduction to the special issue：Commemorating Guilford's 1950 presidential address. Creativity Research Journal，2000 – 2001，13，247.

［36］Plucker，J.，& Beghetto，R.. Needles in haystacks or fields of plenty? A content analysis of popular creativity tests. Gifted Child Quarterly，2000，44，135 – 138.

［37］Plucker，J.，& Beghetto，R.. Why creativity is domain general，why it looks domain specific，and why the distinction does not matter. In R. J. Sternberg，E. L. Grigorenko，& J. L. Singer（Eds.），Who's creative? Washington，DC：American Psychological Association. 2004，153 – 167.

143

［38］Plucker, J., & Runco, M. A.. Current issues, recent advance, and future directions in creativity assessment. In N. Colangelo & S. G. Assouline （Eds.）, Talent development IV: Proceedings of the Wallace Symposium, 2001, 405 – 409.

［39］Plucker, J., Beghetto, R. A., & Dow, G. T.. Why isn't creativity more important to educational psychologists? Potential, pitfalls, and future directions in creativity research. Educational Psychologist, 2004, 39, 83 – 96.

［40］Plucker, J.. Generalization of creativity across domains: Examination of the method effect hypothesis. Journal of Creative Behavior, 2004, 38, 1 – 12.

［41］Plucker, J.. Looking back, looking around, looking forward: The impact of intelligence theories on gifted education. Roeper Review, 2001, 23, 124 – 125.

［42］Plucker, J.. Reanalyses of student responses to creativity checklists: Evidence of content generality. Journal of Creative Behavior, 1999, 33, 126 – 137.

［43］Plucker, J. A. & Runco, M. A.. The death of creativity measurement has been greatly exaggerated: current issues, recent advance, and future directions in creativity assessment. Roeper Review. 1998, 21 （1）, 36 – 39.

［44］Raina M. D.. A Study of Sex Difference in Creativity in India. Journal of Creative Behavior, 1969, 3 （2）: 111 – 114.

［45］R. J. 斯滕伯格:《超越 IQ – 人类智力的三元理论》, 华东师范大学出版社, 1999。

［46］Robert J.. Sternberg. Creativity or creativities? Int. J. Human – Computer studies, 2005, 63, 370 – 382.

［47］Runco, M. A. （1999）. A longitudinal study of exceptional giftedness and creativity. Creativity Research Journal, 12, 161 – 164.

［48］Runco, M. A., Plucker, J., & Lim, W.. Development and psychometric integrity of a measure of ideational behavior. Creativity Research Journal, 2000 – 2001, 13, 393 – 400.

［49］Simonton, D. K.. Age and outstanding achievement: What do we know after a century of research? Psychological Bulletin, 1988, 104 （2）: 251 – 267.

［50］Smith, G. J., & Carlsson, I. （1985）. Creativity in middle and late school years. International Journal of Behavioral Development, 8, 329 – 343.

［51］Smith, G. J., & Carlsson, I. M. （1983）. Creativity in early and middle school years. International Journal of Behavioral Development, 6, 167 – 195.

［52］Smith, G. J., & Carlsson, I. M. （1990）. The creative process: A functional model based on empirical studies from early childhood to middle age. Madison, CT: International Universities Press.

［53］Starkweather. E. K.. Problem in the measurement of creativity in preschool children. Journal of Educational Measurement, 1964, 1, 109 – 113.

［54］Sternberg, R. J., & Lubart, T. I. （1991）. Creating creative minds. Phi Delta Kappan, 72, 608 – 610.

［55］Torrance, E. P. （1967）. Understanding the fourth grade slump in creative thinking （Report No. BR – 5 – 0508；CRP – 994）. Washington，DC：U. S. Office of Education. （ERIC No. ED018273）.

[56] Torrance，E. P.（1968）. A longitudinal examination of the fourth grade slump in creativity. Gifted Child Quarterly，12，195 – 199.

[57] Treffinger，D.，Young. G.，Selbey，E.，&Shepardon. C.. Assessing creativity：A guide for educators. Storrs，CT：The National Research Center on the Gifted and Talentes，2002.

[58] Vervalin，C.. Just what is creativity? Hydrocarbon processing，1962，41（10），109 – 111.

[59] Williams，F. E.（1969）. Models for encouraging creativity in the classroom by integrating cognitive – affective behaviors. Educational Technology，9（12），7 – 13.

[60] 卞华、罗伟涛：《创造性思维的原理与方法（第 1 版）》，国防科技大学出版社，2001，108 – 139。

[61] 蔡华俭、符起俊、桑标等：《创造性的公众观的调查研究（I）——关于高创造性者的特征》、《心理科学》，2001，24（1）：46 – 49。

[62] 陈英和：《认知发展心理学（第 1 版）》，浙江大学出版社，1996，358 – 363。

[63] 董奇：《儿童创造力发展心理》，浙江教育出版社，1993，198 – 200，93 – 94。

[64] 董奇：《E. P. Torrance 的创造力研究工作》，《心理发展与教育》，1985（1），40 – 52。

[65] 段继扬：《试论发散思维在创造性思维中的地位和作用》，《心理学探新》，1986（3），31 – 34。

[66] 费耳德汉森：《创造性思维与创造力培养的概念》，《心理学动态》，1993.1（3），34 – 40。

[67] 胡卫平、林崇德、申继亮、Philip Adey：《英国青少年科学创造力的发展研究》，《心理科学》，2003，26（5），775 – 777。

[68] 胡卫平：《青少年科学创造力的发展与培养》，北京师范大学出版社，2003。

[69]［苏］卡尔梅科娃著，徐世京等译：《中学生的创造性思维》，上海翻译出版公司，1984。

[70] 林崇德、辛自强：《关于创新人才培养的心理学思考》，《国家教育行政学院学报》，2004.4。

[71] 林崇德：《发展心理学（第 1 版）》，人民教育出版社，1995，270 – 407。

[72] 林崇德：《教育与发展》，北京师范大学出版社，2002。

[73] 刘伟：《吉尔福特关于创造性才能研究的理论和方法》，《北京师范大学学报（社科）》，1999.5：41 – 48。

[74] 庞学光：《创造性人格的培养与学校教育的革新》，《教育理论与实践》，2000（4），12 – 17。

[75] 申继亮、王鑫、师保国：《青少年创造性倾向的结构与发展特征研究》，《心理发展与教育》，2005，21（4），22 – 38。

[76] 童秀英、沃建中：《高中生创造性思维发展特点的研究》，《心理发展与教育》，18（2），22 – 26。

［77］王鑫：《学生得创造性倾向与其对教师课堂行为知觉得关系研究》，北京师范大学，硕士论文，2003.4。

［78］沃建中、申继亮、林崇德：《信息加工速度的年龄差异机制》，《心理发展与教育》，1996（3），12－19。

［79］沃建中、张宏：《心理健康教育指导：智力篇（第1版）》，科学出版社，2003。

［80］沃建中：《智力研究的实验方法（第1版）》，浙江人民出版社；1996。

［81］徐展、张庆林：《关于创造性研究的述评》，《心理学动态》，2001（9），36－40。

［82］杨鑫辉：《关于创造性思维的心理学思考》，《心理学探新》，1986（2），32－37。

［83］俞国良：《创造力心理学（第1版）》，浙江大学出版社，1996。

［84］岳晓东：《两岸四地大学生对创造力特征及创造力人才的认知调查》，《心理学报》，2001.33（2），148－157。

［85］张庆林、Sternberg R. J：《创造性研究手册》，四川教育出版社，2002。

［86］张文新、谷传华：《创造力发展心理学》，安徽教育出版社，2005。

［87］张欣、张厚粲：《创造力研究新进展》，《北京师范大学学报（社科）》，1997（1）。

［88］朱智贤、林崇德：《思维发展心理学》，北京师范大学出版社，1986。

第四章

青少年创造性及教师创造性
观念的跨文化比较[*]

文化是无所不在的。任何人类的行为或者受文化的某一方面的影响，或者是它的直接后果。当今社会，全球化趋势导致不同文化间的接触急剧增多，理解不同文化的异同、把文化偏见与真正的跨文化差异区分开来，成为心理学研究的重要任务之一。心理学的跨文化研究关注不同文化及种族中个体心理功能的相似性和差异性，研究心理变量与社会文化变量、经济变量、生物变量之间的关系，以及这些变量的变化（Pawlik，Rosenzweig，2000）。有研究者（Vande Vijver & Lonner，1995）指出，跨文化的思想和行为比较是过去 25 年以来心理学领域最有趣、发展最快的主题之一。当前，心理学的跨文化研究涉及的领域非常广阔，这些研究大都希望通过解释文化间的相似性和差异性来更好地理解人类行为的特性。

个人主义和集体主义是理解和解释不同文化下不同的社会行为的一种工具。20 世纪 80 年代以来，它可以看作是心理学跨文化研究的主要范式之一。在自我的发展上，研究者关注了自我概念在不同文化下的变化。对非西方的集体主义社会的研究发现，自我是一种"关系"概念，与西方的个体主义自我状态不同，这些社会呈现出"家庭自我"（印度和日本）、"二人世界"（中国）、"社会自我

* 本章负责人：申继亮教授；结题报告执笔人：申继亮、赵景欣、邹君、刘霞、王兴华、张娜；本章研究成员：申继亮、林崇德、胡卫平、李庆安、Philip Adey、Kurt A. Heller、Heinz Neber、张日昇、生熊让二、B. Nichol、师保国、杨小洋、邹君、王兴华等。

状态"（非洲）等。自我的关系性概念也可以从他人行为的归因中获得。大量的研究表明，与个体主义者相比，集体主义者不仅表现出更多的顺从和从众的行为，而且他们认为从众是很有价值的。此外，自我服务倾向在个人主义者中更突出（Markus & Kitayama, 1991），集体主义者则较少自我关注。这一方面表现在对谦虚的看法上：东亚社会流行谦虚，在成功时总把自己说得微不足道，北美人则表现出自我强化，体现出一种优越感（认为自己比一般人强）；另一方面，集体主义者推崇"集体自尊"，而个人主义者奉行个人的自尊。因此，大量研究发现，与西方文化相比，许多东亚文化的个体表现出了较低水平的自尊和主观幸福感。

不同文化中的个体在思维方式上也表现出了差异性。研究表明（Nisbett et al., 2001），东亚人崇尚整体论（Holistic），关注整体的领域，并从中确定因果关系，对于范畴和形式逻辑的运用相对较少，依赖于"辩证"（dialectical）推理；而西方人则更为崇尚分析论（Analytic），主要关注客体以及它所属的范畴和使用的规则，包括形式逻辑，从而认识它的行为。不同文化中的个体在这两种认知过程中的差异可以追溯到各文化中明显不同的社会系统。Peng（1999）以中国人和美国人为被试，考察了两种文化中个体的辩证性与矛盾推理之间的关系。结果发现，在面临明显矛盾的事件或论断时，中国人使用辩证或折中的方式来处理，探讨一种"中立方式"来保留对立双方的基本因素；欧裔美国人则使用亚里士多德逻辑的规则，对矛盾的观点进行分化，以确定哪种事实或论点是正确的。这种思维方式的差异主要表现在：与美国被试相比，中国被试更喜欢那些包含明显矛盾性的辩证性谚语；在面临社会冲突时，中国被试更喜欢辩证性的解决方式，更容易采纳辩证性的论断，而美国被试则容易采纳逻辑性的论断；在两种明显对立的论点面前，美国被试对这些观点进行分化，而中国被试则适中地接受二者的主张。

心理学的跨文化研究所取得的重要进展，逐渐使人们认识到：文化不仅影响到个体某一心理结构的表现、通过什么来表现以及如何表现，而且决定着这种表现的功能以及对于个体和社会的结果。这为创造性研究提供了理论和方法论意义上的启示。同时，从上述的跨文化研究可以看出，与个体的创造性相关联的一些人格特征和思维方式都表现出了跨文化的差异，这为采用跨文化的研究思路进行创造性研究提供了实证依据。

一、创造性思维及其跨文化比较

（一）国内外创造性跨文化研究

跨文化心理学是 20 世纪 50 年代、60 年代在西方迅速发展起来的一门新兴学科。在过去的 10 年中，关于不同文化背景下相同与差异的心理学研究数量持续增长。不过具体到中外青少年创造性的跨文化比较研究，截至目前数量并不是很多（胡卫平，2001）。下面列举了近年来的代表性研究：

叶仁敏、洪德厚和保尔·托兰斯（1988）采用《托兰斯创造性思维测验》的 A 卷，对上海市区和郊县的小学四年级到高中三年级的 1937 名学生进行了测试。结果发现，上海学生的创造性思维水平，随年级的上升，在词汇方面的流畅性、灵活性和独创性三个指标上都表现出阶梯上升的趋势；在图画方面，流畅性、独创性、精致性与抗过早封闭性四项主要指标在六年级达到了一个较高水平，以后的发展呈现为波浪形的趋势；图画标题的抽象性上，呈定向上升的趋势。与 TTCT 的美国常模手册结果相比，在词汇测验上，总体水平美国学生比上海学生略高一些，但差距不大，个别指标也有比上海学生低一些的；美国学生的发展不同于上海学生的阶梯上升形，而是在十年级出现峰值，以后又有所下降的倒 U 型发展趋势。在图画测验上，美国学生在流畅性、独创性、精致性、抗过早封闭性四项指标上都远高于上海学生。研究者认为，图画、形象方面的创造性思维水平，上海学生与美国学生有很大的差距。但两国学生都存在类似的上升——下降——波动的发展趋势。

Rudowicz 等人（1995）用《托兰斯创造性思维测验》的中文版本对 30 名香港地区 10－12 岁的小学儿童的思维流畅性、灵活性和独特性进行了测查，并将这一分数与其他地区和国家的先前研究结论做了对比。结果发现，在托兰斯创造性思维图形测验方面，香港地区学生的得分总体上高于中国台湾地区、新加坡和美国学生的得分，只是略微低于德国学生的得分。但是，在言语测验得分上，香港地区学生的成绩则显著低于美国和德国的同伴。研究者认为，造成这些结果的原因除了与时代和教育发展有关之外，也与测验材料、中西方文化对创造性价值观和创造性表达所持的不同看法有关。

周林等（1998）对中德超常与常态儿童技术问题理解能力进行了比较研究，结果表明，中国儿童在理解较为实际的技术问题方面优于德国儿童；超常儿童的测验成绩明显高于同龄的常态儿童；中德儿童均表现出明显的性别差异，即男孩测验成绩明显高于同龄女孩。

施建农等人（1998）对中德超常与常态儿童实用创造性思维进行了比较研究，结果表明，在实用创造性思维方面，就总体而言，德国儿童的成绩显著高于中国儿童；除个别组外，超常男生与常态男生之间的差异不显著，但超常女生与常态女生之间有显著性差异；除了德国常态七年级组存在明显的性别差异外，其余各组的成绩基本没有性别差异；中国儿童表现出随年级升高而成绩提高的趋势，而德国儿童的这种发展趋势不明显，特别是七年级组的超常男生表现出下降的趋势。

陈丽、张荣干和唐庆意等（2003）使用1998年和2000年教育部、共青团中央和中国科学技术协会实施的"全国青少年创造能力培养系列社会调查和对策研究"项目的调查问卷，在2001年分别对美国佛蒙特州500名和中国广州市600名13—17岁的青少年进行了问卷调查。结果发现，在主观因素方面：美国学生对自己想象力、分析问题的能力、动手操作能力等方面的评价均较中国学生的自我评价高，特别是在观察力和想象力方面的差距较大；在创造动机、意志品质、自信善学等创造性人格方面，美国学生的自我评价也比中国学生为高。在客观因素方面：美国学生在学校进行课外活动和接触Internet的机会更多，美国父母对子女的课外活动、探索活动等给予的支持也更多。

胡卫平等人（胡卫平，Philip Adey，申继亮，林崇德，2004；胡卫平，2003，2001）使用包含有物体应用、问题提出、产品改进、科学想象、问题解决、科学实验和产品设计等七个题目的《青少年科学创造力测验》（申继亮，胡卫平，林崇德，2002），调查比较了中英青少年科学创造力的发展特点。分别有1 087名12—18岁的中国学生和1 087名11—15岁的英国学生参加了调查，研究主要比较了中英双方12—15岁青少年科学创造力的发展特点，结果见图4—1至图4—8。

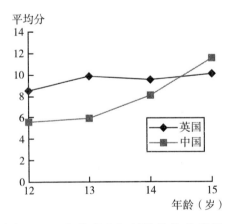

图4-1　中英青少年创造性物体应用
能力发展趋势的比较

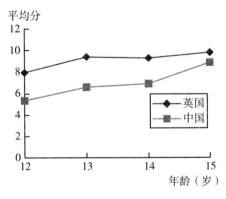

图4-2　中英青少年创造性问题提出
能力发展趋势的比较

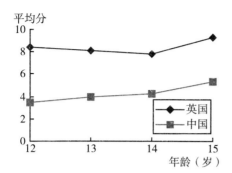

图4-3　中英青少年创造性产品改进
能力发展趋势的比较

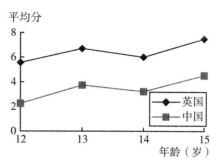

图4-4　中英青少年创造性想象
能力发展趋势的比较

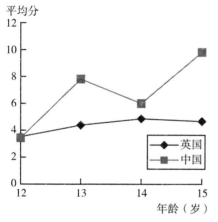

图4-5　中英青少年创造性问题解决
能力发展趋势的比较

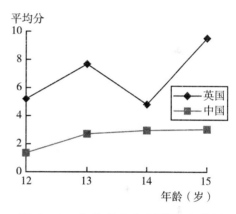

图4-6　中英青少年创造性实验设
计能力发展趋势的比较

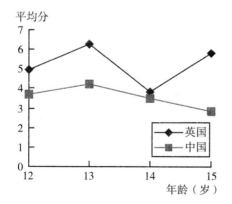

图4-7　中英青少年创造性技术产品
设计能力发展趋势的比较

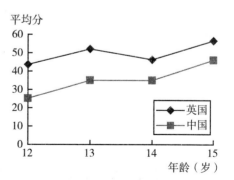

图4-8　中英青少年科学创造力
发展趋势的比较

研究得出结论：第一，英国青少年的科学创造力明显高于中国青少年的科学创造力，特别是发散思维和技术领域，差异特别大；第二，在问题解决项目上，中国青少年的得分高于英国青少年，且差异非常显著，而在其他项目和总量表上的得分，中国青少年则显著低于英国青少年。

上述跨文化研究的结果发现，中西方人的创造性之间存在差异。到底是西方人优于亚洲人，还是亚洲人优于西方人，结论存在矛盾之处（Weihua Niu & Sternberg，2002）。许多跨文化研究表明，在发散思维等创造性测验上，西方人成绩优于亚洲人（例如，Straus & Straus，1968；Mar'I，1971，1983；叶仁敏等，1988；施建农等，1998；胡卫平，2001）。而反过来，也有不少测量发散思维的研究发现亚洲学生的得分高于西方的同伴，例如托兰斯和佐藤（Torrance & Sato，1979）发现在托兰斯创造性思维测验的图画测验的灵活性、独创性和精致性维度上，日本学生的表现优于美国学生。用同样的工具，Rudowicz 等人（1995）也发现香港学生的表现优于美国的同伴。施建农、查子秀和周林（1995，1998）比较了中国和德国儿童的创造性表现，发现在需要运用数学和物理知识的发散性思维测验中，以及技术创造力测验上，中国儿童优于德国同伴。

根据文献分析，以往创造性的跨文化比较研究结论之所以不一致，有两个可能的原因：第一是创造性的领域差异，由于创造性存在领域性，使用一般的发散思维测验与使用技术创造性、艺术创造性测验得到的结果可能会有很大区别；第二是创造性测验材料的不同，主要体现为使用文字的材料和图形的材料可能会得到不同的结果，另外使用发散思维测验和创造性问题解决测验也可能存在结果上的差异。

基于上述研究结果的不一致，本研究拟在以往研究基础之上，采用跨文化比较的视角，编制包括言语和图形两种材料的《青少年科学创造性测验》，限定在科学创造力领域，考察不同国家青少年在不同创造力测验任务上表现的差异。

（二）研究工具的编制

1. 科学创造性的概念与结构

胡卫平等（2003）将科学创造性作以下定义：所谓科学创造性（力），是指在学习科学知识、解决科学问题和科学创造活动中，根据一定的目的和任务，运用一切已知信息，产生或可能产生出某种新颖、独特、有社会或个人价值的产品的智能品质或能力。科学创造力由创造性的过程（包括思维和想象）、创造性的品质（包括流畅性、灵活性和独创性）、创造性的产品（包括科学问题、科学现象、科学知识和技术产品）构成（见图4-9）。该模型有三个维度，每个维度包括2~4个因子，考虑到各个因子的不同组合，形成24种元素，每一个元素代表一个基本的科学创造力单元。

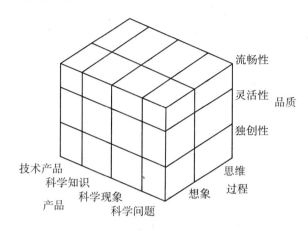

图 4 - 9 青少年科学创造性结构模型

2. 《青少年科学创造力测验》编制原则

考虑到胡卫平等研究中施测工具未考虑图形与文字题型，以及施测题量较大在实际研究中不易操作等问题，我们在设计创造性测验时，在其基础上进行了改进。我们采用了胡卫平等人有关科学创造性维度的论述，一共取了问题提出、产品设计、问题解决、产品改进和科学想象五个维度，其中，第一、第二、第三题直接来自《青少年科学创造力测验》（申继亮，胡卫平，林崇德，2002），第四题和第五题则是源自《托兰斯创造性测验》（TTCT，Torrance，1966）。需要说明的是，我们所以从前人所编制的两个测验中通过预试选出 5 道题目来，是基于以下考虑：一是考虑到创造性领域，把创造性的测查限制在科学领域内。二是考虑到测验材料，选取了言语和图形两类测验。依照呈现方式和回答方式，第一题、第四题可以看作是言语测验，第二题、第三题和第五题可以看作是图形测验。不过第五题的标题命名也涉及言语回答。三是原有测验存在题量大、施测时间长的问题。因此，在保证基本维度稳定的前提下，编制本测验目的在于压缩题量，同时考虑比较不同测验材料的效果。

最后编制的测验一共 5 道题目，每个题目后面给出一个答题示范，以帮助学生理解答题要求。第一题是问题提出，以测量青少年对科学问题的敏感性。Ochse（1990）指出，对问题的敏感性是创造性过程一个很重要的特征。第二题是产品设计，以测量青少年创造性的产品设计能力。第三题是产品改进，目的是考查青少年对技术产品创造性的改进能力。第四题是问题解决，旨在测量青少年创造性的问题解决能力，同时，该题还能反映青少年的空间想象能力，这种能力在科学创造中也是必不可少的。第五题是科学想象，以测量青少年创造性的科学想象能力，这是科学创造力的核心成分之一。

3.《青少年科学创造力测验》预试

首先对 127 名 12~16 岁的青少年进行了预试。其中男生 86 名，女生 41 名，平均年龄 13.5 岁。测验的 Cronbachα 系数为 0.7006，表明其具有较高的内部一致性。

然后，我们于河北省选取了 3 所普通中学的初二和高二两个年级的青少年共415 名进行较大范围的施测。他们最小年龄为 12.6 岁，最大年龄为 20 岁，平均年龄为 16.1 岁。被试在年级及性别上的分布见下表 4-1。

表 4-1 　　　　　　　**各年级被试的男女生人数**　　　　（单位：人）

	初二	高二	总计
男生	123	88	211
女生	111	93	204
总计	234	181	415

（1）项目分析

项目分析包括项目之间的相关系数及项目与总量表的相关系数。本研究计算了各个题目以及与总分之间的相关，如表 4-2 所示。

表 4-2 　　　　　　　**各个项目与总分之间的相关**

	问题提出	产品设计	问题解决	产品改进	图形想象
问题提出	1				
产品设计	0.063	1			
问题解决	0.160**	0.177**	1		
产品改进	0.122**	0.101*	0.058	1	
图形想象	0.269**	0.082	0.133**	0.159**	1
总分	0.603**	0.418**	0.542**	0.557**	0.624**

注：* 为 $p < 0.05$，** 为 $p < 0.01$。

可以看到各个项目之间适度相关，绝大部分相关系数显著。他们与总分之间相关较高。对于这一结果，我们认为：这五个项目都是用于反映创造性思维的，因此他们之间是存在相关关系的，同时由于他们各自代表创造性思维的不同方

面，因此其相关程度中等是可以理解的。整个问卷的内部一致性系数为 0.4038，言语题与图形题相关系数为 0.286。

（2）言语和图形任务的比较

为了探讨不同性质的测验材料对青少年科学创造性的影响，我们以被试在言语和图形任务上的得分为因变量，进行性别×年级（2×2）的多元方差分析，结果如表 4-3 所示。

表 4-3　　　青少年科学创造性在言语、图形任务上得分的性别、年级差异

变异来源	言语题	图形题
性别	1.11	9.18**
年级	0.85	4.57*
性别×年级	0.42	0.54

注：* 表示 $p < 0.05$，** 表示 $p < 0.01$。

表 4-3 的结果显示，不同性质的测验材料对创造性的性别、年级差异影响不同，其中，言语任务上不存在显著的性别主效应、年级主效应和交互作用。而图形任务上，则存在显著的年级主效应（$F = 4.569$，$p < 0.05$），表现为高中生显著高于初中生；也存在非常显著的性别主效应（$F = 9.180$，$p < 0.01$），表现为男生显著高于女生。需要提出的是，虽然在言语任务上性别差异并不显著（$F = 1.116$），但其差异的趋势却是女生高于男生，这是与图形任务相反的。

因此可以看到，该测验编制中考虑言语和图形题是有效的，创造性测验仅仅用言语或者文字题型都是不完全的。

4.《青少年科学创造力测验》预试后的改进

根据预试情况，确定了该测验正式施测的方法：

（1）确定施测程序

以班级为单位，采用纸笔测试方式。首先请被试填写封面背景信息，在主试指导下阅读测验的指导语。等所有被试都明确测验的要求后，主试宣布测验开始并计时。按照初测的时间记录，主试每 8 分钟即提醒被试结束前面一道题目并开始解答下一个题目。整个过程 40 分钟，测试结束，收回所有问卷。

（2）删除举例

我们在预试版本的问卷每道题目后面都有一个举例，通过预试我们发现，我们给出的例子限制了儿童思维的发散，因此在正式版本的测验中我们删除了举例。

（3）建立评分标准

根据两次预测的数据，我们建立了一个基本的评分标准，同时在网络上研发了一个评分标准系统，以求做到相对客观与高效。正式施测的结果在本评分标准基础上进行补充与完善。

（三）青少年创造性思维的跨文化比较

我们选取中国、日本、英国和德国的初、高中青少年共 1 409 人，进行了创造性思维的跨文化比较研究，基本情况见表 4 - 4。

表 4 - 4 　　　　　　　　　　有效样本基本情况

	中国	日本	英国	德国
有效人数（人）	670	208	215	316
男生比例（%）	51.3	57.7	45.7	40.6

注：日本样本中性别信息缺失情况较多，填写了性别信息的 97 名被试中男生比例 57.7%。

需要说明的是，改进后《青少年科学创造力测验》的五个题目中，第二题"产品设计"的计分方法不同于其他四题，因此下面会对这一题目测验结果进行单独分析。

1. 创造性思维的国家间差异

这一部分对《青少年科学创造力测验》的问题提出、产品改进、问题解决和科学想象四个题目进行了分析，主要进行中、日、英、德之间的比较，为了方便比较，表 4 - 5 中所列均为标准分，并制作对应图（图 4 - 10）。

表 4 - 5 　　　　四国青少年在创造性思维测验各项目上的比较

	中国	日本	英国	德国
问题提出	0.55 ± 2.02	-1.28 ± 1.42	-0.57 ± 1.67	0.07 ± 1.68
产品改进	-0.36 ± 1.95	1.04 ± 2.32	-0.24 ± 1.38	0.25 ± 1.77
问题解决	0.59 ± 2.06	-0.26 ± 2.01	-0.69 ± 1.28	-0.64 ± 1.39
科学想象	0.34 ± 1.98	-1.81 ± 0.90	-0.07 ± 1.79	0.48 ± 1.93

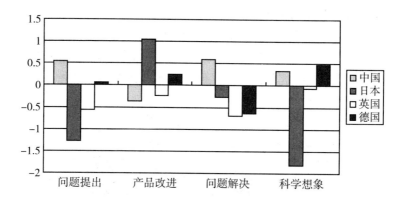

图4-10　四国青少年在创造性思维测验各项目上的比较

测验的不同项目反映了科学创造力的不同方面，而中、日、英、德四国青少年在科学创造力的不同方面表现有所不同。在问题提出和问题解决上，中国青少年成绩要好于其他三国，在产品改进上，日本青少年表现最好，而科学想象方面，德国青少年表现更突出。

接下来，我们从不同测验材料的角度考察四国青少年创造性思维的差异。问题提出和产品改进两个题目属于言语任务，问题解决和科学想象两个题目属于图形任务。

不同国家青少年在言语和图形任务上表现出来的差异模式不同。在中国，图形任务上成绩显著好于言语任务（$t=6.46$，$df=551$，$p=0.000$）；日本情况相反，青少年在言语任务上的表现好于图形任务（$t=10.14$，$df=166$，$p=0.000$）；英国青少年在两种不同测验任务上表现差不多（$t=0.80$，$df=188$，$p=0.426$）；德国的情况与日本相似，统计检验达到边缘显著水平（$t=1.94$，$df=282$，$p=0.054$），并制作对应图图4-11。

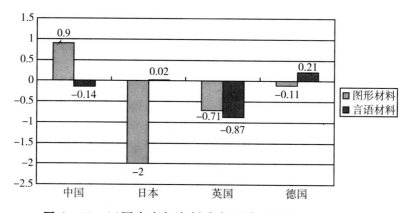

图4-11　四国青少年在创造力测验不同任务上的分数

2. 产品设计的跨文化比较

如前所述，本研究所采用的创造力思维测验的第二题——产品设计的计分方法不同于其他四个题目，该测验题目考虑所设计产品的功能适应性和设计的新颖性两个维度，对这两个维度分数的跨文化比较结果见图 4 – 12。

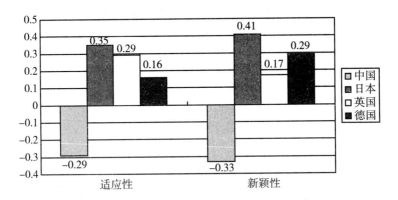

图 4 – 12　产品设计的国家间比较

可以看出，中国青少年在产品设计的两个维度上分数均低于其他三国青少年，而从分数上来看，设计产品是日本学生最擅长的，英国和德国学生次之。

（四）基本结论

从以上分析结果，我们可以看到中国学生的创造性思维并不像我们所预计的要低于其他国家，其结果给予我们较多的启迪。首先于总结而言，有以下一些结论：

1. 中国学生问题提出和问题解决能力要高于其他三国学生，而产品改进分数低于日本学生，科学想象分数低于德国学生；

2. 相比于言语材料，中国学生更擅长图形材料，而日本学生的情况相反；

3. 产品设计的适应性和新颖性两个维度上，中国学生的得分均显著低于其他三个国家的学生。

根据以上结论可以看到，对于创造性思维的不同特征，有不同的结果，仅笼统地比较创造性思维的高低是片面的。具体来分析创造性思维的过程，我们会发现，中国学生在问题提出、问题解决两个方面表现出较好的成绩，这与我们长期以来学校教育的培养思路有着密切的关系，学生在学校接受的教育较多的是培养学生提出问题、解决问题的能力，换句话说，学校比较重视培养学生的创造性思维能力。

然而，在产品设计和产品改进方面，中国学生表现水平较差。仔细分析这两道题目，一个是设计摘苹果机器，另一个是改造玩具小狗，这两道题目主要测查的是解决与生活相关的科学问题，中国学生在这两方面的不足，恰恰也反映了我们教育的漏洞，给我们今后的教育以启迪。我们的教育除了在课堂上重视对学生解决科学问题的创造性思维培养之外，更要注重培养学生解决与生活息息相关的科学问题，创造的最终目的是要服务于日常的生活和工作。

二、创造性人格及跨文化研究

（一）创造性人格的研究进展

创造性人格在青少年创造性活动中发挥的重要作用日益受到重视。目前对学生创造性个性品质的形成与发展的评价测量，最常采用的是美国 Pro‑ed 公司所出版的由威廉姆斯编制的 *Creativity Assessment Packet*，该量表共 50 题，包括冒险性、好奇性、想象力、挑战性四个维度；测验后可得四种分数，加上总分，可得五项分数。另外，托兰斯在 1965 年也编制了一个简便、易行、相对有效的创造性人格自陈量表《你属于哪一类人》。该量表包括 66 个从 50 项相关研究中收集来的创造性人格特征。其中的项目均为二择一形式，最后得出一个总分。但是这个量表的测量对象是中小学生，而且该量表并没有进行相应的修订。

通过对已有研究进行回顾发现，目前关于创造性人格的研究模式主要有三种：个体差异的研究、时间一致性的追踪研究和创造性人格的结构研究（邹枝玲，施建农，2003）。其中，创造性人格的结构研究主要关注创造性人格能否用结构的形式来进行描述。关于创造性人格的结构问题，目前仍然是创造性人格研究中的一个难点问题，即创造性人格能否用结构的形式来描述？如果可以，如何表示？这些问题得不到解决，关于创造性人格的研究只能是一系列从以往的研究发现中或多或少的特征的列举，很难对群体之间的特点和规律进行更进一层的揭示。

对于创造性人格的结构问题，人格心理学家的研究主要集中在探讨创造性与"五因素模型"的关系，尤其是和"开放性"、"尽责性"和"宜人性"的关系，结果发现，"开放性"可能是创造性人格的主要表现，但是几个因素并不是独立的，而是相互作用，共同影响着创造性过程和产品（Laura et al.，1996）。精神分析学派代表人艾森克却认为，无论是艺术领域或者科学领域里的天才，都表现出高水平的精神分裂症状，艾森克有不少研究都支持高创造性者和精神分裂病人很多时候有着非常一致的行为表现（Eysenck，1993），但是，精神分裂并不是成为天才的必要条件，许多天才的创造者并非精神病患者。人本主义心理学家关于创造性人格的观点和高自尊的特征基本相同，认为只有那些具有高自尊的个体才能获得高水平的创造力。

国内也有研究者尝试进行过创造性人格结构的研究。例如王鑫（2003）提出了一个创造性人格的构成因素图，即创造性人格由自信心、好奇心、挑战性、探索性和意志力五个维度构成，最后对数据进行的验证性因素分析所得出的结果也支持了这个理论假设。但是仅仅有数据的支持，没有比较系统的理论论证。另外，庞学光（2000）提出，人的创造的动力系统由以下三大要素组成：内驱力、情动力和意志力。由创造的内驱力、情动力和意志力三大要素构成的创造的动力系统，具有始动、维持、调节、定向等多种功能，它能使人的创造心理活动全部都处于积极状态，使人的创造能力积极有效地转化为创造行为。庞学光提出的由内驱力、情动力和意志力组成的动力系统，类似于一个初步的创造性人格结构，但是这个理论模型并没有得到实际研究的验证和支持。

由此可见，以上的理论或者研究结果之间可能并不是完全一致的，甚至有些看起来是矛盾的。这并不奇怪，甚至有时候，创造性人格的结构本身就是以一些被认为和创造力有关的十分重要的矛盾来描述的。奇凯岑特米哈伊（1996）提出了 10 对辩证存在的常见的高创造者具有的人格特质。即：他们拥有充沛的体能，但是通常都是很安静的休息者；聪明又天真；既贪玩又遵守纪律，或者说既有责任感又无责任感；有时想象、幻想，有时又有根深蒂固的现实感；既外向又内向；有时谦虚有时自傲；某种程度上回避刻板的性别角色；既反叛又传统；大多数人对自己的工作充满热情，同时对工作又极端的拒绝；他们的开放性和敏感性使得他们经受苦难和痛苦，同时也带给他们无穷的乐趣。

总之，上面提到的各种核心特征以后将越来越接近，最终被证明其本质是一致的。但就目前来看，还没有出现一个广为接受的创造性人格的结构或者构成因素图。鉴于此，本研究在已有研究的基础上，通过对高创造性者所具有的人格特征及其结构进行专家访谈，并结合国内外的已有文献，试图对青少年创造性人格的结构进行探讨，并进一步考查创造性人格在不同文化背景下的青少年群体中的差异性和稳定性，探寻不同文化背景下的青少年创造性人格特点的规律性，为青少年创造性人格的培养提供理论依据和方向性的指导。

（二）当前研究工具的开发及创造性人格结构的建构

1. 当前研究工具的开发

（1）创造性人格结构问卷的编制

基于前面的理论构思，本研究在前人研究基础上，结合对专家的实际访谈，编制了《青少年创造性人格问卷》。具体编制过程如下：

① 查阅文献，对与研究领域有关的国内外研究成果进行综述与分析，尤其

是对以往的研究者所使用的问卷、量表工具和研究成果进行分析，如威廉姆斯编制的 *Creativity Assessment Packet* 问卷等。

② 调查研究，通过对专家进行访谈，结合已有文献，初步确定了问卷的维度，主要包括9个方面，分别为自信心、内部动机、坚持性、怀疑性、好奇心、开放性、独立性、冒险性和自我接纳。9个概念的具体内涵如下：

1) 好奇心：好奇心是由新奇刺激所引起的一种朝向、注视、接近、探索的心理和行为动机，是一种求知的内驱力。

2) 自信心：对学习、工作和自己都充满信心；不依赖别人，独立性较强。

3) 内部动机：指出于对学习和工作本身的兴趣而产生的一种力求获得成功的倾向，它对人的学习、工作起着定向和推动的作用。

4) 开放性：指兴趣广泛的，好奇的，富于创造的，容易接纳新事物的；而非保守的、循规蹈矩的。

5) 怀疑性：指自由的、批评激进的、不拘泥于现实的，不会无条件的接受社会中许多相沿已久而有权威性的见解，喜欢考验一切现有的思想与事实，而予以新的评价，不轻易判断是非，企图了解较先进的思想与行为。可能广见多闻，愿意充实自己的生活经验。

6) 自我接纳：它用来评估自我价值感以及自我确定感等因素；高分表示：自我评价较高，相信自己有才能并对他人有吸引力，机智，能言善辩；低分表示：自我怀疑，当事情弄糟时容易自责和内疚，常认为别人比自己强，行为被动。

7) 独立性：独立性是创造性学习所必不可少的心理素质。创造性学习必须要有独立思考、钻研、探索的精神。如果人云亦云，没有主见就不可能产生新的看法和观点。应当指出的是，独立并不是单纯的追求标新立异，也不是固执己见，而应是在对已有的观点作出最后的判断和对自己的设想作出结论时十分谨慎。

8) 坚持性：指一个人为了完成任务而持续的克服困难的能力，在学习上表现为自觉性强，学习有耐心，有探索精神，尤其在面对学习困难和学习挫折时，能够不气馁，坚持不懈，勇往直前，直至完成学习任务。

9) 冒险性：这个品质和挑战性密切相关。平庸的人按部就班、循规蹈矩的做人做事，唯书唯教。有创造性才能的人却敢于逾越常规，敢于想象猜测，敢于言别人所未言，做别人所未做的事情，宁肯冒犯错误的危险也不把自己束缚在一个狭小的框框内。

③ 参考以往问卷，例如16PF、CPI、威廉姆斯创造性倾向问卷等，编制问卷的题目。

④ 把初步编制的 130 道题目混杂在一起，随机排列，然后请 13 位与本研究无直接关系的教育心理学硕士，把随机排列的 130 个题目根据自己对题目的理解和判断重新归为 9 个亚维度。结果发现，有少数题目的归类与之前设计不同。因此，又重新进行分析讨论和修改。比如，有些题目的表述容易引起混淆，于是在原来意义的基础上，对这些题目的表述进行了修改。

⑤ 把全部的问卷题目随机排列，选取 1 520 名青少年对问卷进行预测、修改并且最终确定问卷的维度和项目。

⑥ 该问卷最后由 9 个维度，共 72 道题目组成，全部采用李克特（Likert）五点评定的格式，从 1（完全不符合）到 5（完全符合），分别表示题目陈述与学生真实状况的符合程度。测验后加上总分可得 10 种分数。

（2）创造性人格结构问卷的施测和信效度分析

① 研究对象

本研究的被试由河北涿州四所不同性质中学的学生和北京师范大学各个学科的大学二年级的本科生共 1 520 人组成。在整理问卷的过程中，发现一部分被试的问卷填写不认真或者不完整，因此被剔除，最后共剩下 1 300 名有效被试。详细的被试分布见表 4-6。

表 4-6　　　　　　　　被试特征分布的基本情况

被试特征		人数（人）	百分比（%）
年级	初中二年级	348	26.8
	高中二年级	456	35.1
	大学二年级	496	38.2
学校类型*	重点	341	49.9
	非重点	342	50.1
性别**	男	573	44.6
	女	713	55.4

注：*121 人未提供学校类型，**14 人未提供性别类型。

② 信效度分析

1）区分度分析

本研究中，我们通过考查项目与维度总分的相关系数来考查问卷的区分度，具体步骤为，根据问卷已有的维度结构假设，计算出每个维度的总分，再计算每个题目与所在维度总分之间的相关，结果见表 4-7。这里，题目与问卷各分维度的相关越高，说明题目对维度的贡献越大；反之，相关小，说明题目对维度的贡献越小，题目反映的内容与同一维度中其他题目反映的内容较不一致。根据此原则，我们可以对问卷题目进行删减。

由表4-7可知，大部分题目与其所在维度总分的相关较高，并且在统计上是极其显著的（$p < 0.01$）。只有题目 ND14、KF13、KF16、ZJ3 和 ZJ13 这五个题目与其所在维度总分的相关较小，并且在统计上不显著（$p > 0.05$）。因此，这些题目被删除。

表4-7　　　青少年创造性人格问卷的项目与各维度的相关系数

题目	F1	题目	F2	题目	F3	题目	F4	题目	F5	题目	F6
ZX1	0.546	HQ1	0.506	HY1	0.396	DL1	0.540	MX1	0.435	JCH1	0.542
ZX2	0.624	HQ2	0.400	HY2	0.466	DL2	0.369	MX2	0.422	JCH2	0.472
ZX3	0.612	HQ3	0.608	HY3	0.410	DL3	0.440	MX3	0.466	JCH3	0.555
ZX4	0.682	HQ4	0.533	HY4	0.393	DL4	0.241	MX4	0.496	JCH4	0.469
ZX5	0.713	HQ5	0.472	HY5	0.462	DL5	0.275	MX5	0.298	JCH5	0.496
ZX6	0.575	HQ6	0.593	HY6	0.371	DL6	0.434	MX6	0.427	JCH6	0.504
ZX7	0.511	HQ7	0.574	HY7	0.316	DL7	0.302	MX7	0.392	JCH7	0.644
ZX8	0.666	HQ8	0.526	HY8	0.450	DL8	0.541	MX8	0.210	JCH8	0.648
						DL9	0.622	MX9	0.475		
								MX10	0.436		
								MX11	0.373		

题目	F7	题目	F7	题目	F8	题目	F8	题目	F9	题目	F9
ND1	0.456	ND10	0.527	KF1	0.544	KF10	0.555	ZJ1	0.565	ZJ11	0.711
ND2	0.533	ND11	0.489	KF2	0.566	KF11	0.658	ZJ2	0.682	ZJ12	0.739
ND3	0.588	ND12	0.460	KF3	0.615	KF12	0.618	ZJ3	0.074	ZJ13	0.012
ND4	0.686	ND13	0.350	KF4	0.604	KF13	0.042	ZJ4	0.640	ZJ14	0.643
ND5	0.625	ND14	0.056	KF5	0.519	KF14	0.552	ZJ5	0.617	ZJ15	0.697
ND6	0.556	ND15	0.385	KF6	0.609	KF15	0.613	ZJ6	0.500	ZJ16	0.695
ND7	0.613	ND16	0.431	KF7	0.512	KF16	0.022	ZJ7	0.468	ZJ17	0.518
ND8	0.358	ND17	0.398	KF8	0.590	KF17	0.521	ZJ8	0.566	ZJ18	0.648
ND9	0.629	ND18	0.461	KF9	0.544	KF18	0.285	ZJ9	0.615	ZJ19	0.714
						KF19	0.452	ZJ10	0.624	ZJ20	0.660
										ZJ21	0.589

注：F1～F9 分别表示自信心、好奇心、怀疑性、独立性、冒险性、坚持性、内部动机、开放性和自我接纳。

2）验证性因素分析

在原有维度结构假设确定的情况下，我们依据验证性因素分析的理论与方法，采用 AMOS4.0 对问卷所得数据结果进行验证性因素分析。所得结果见下表 4－8。

表 4－8　青少年创造性人格初测问卷的验证性因素模型的拟合指数

模型	χ^2	df	$\chi^2/$df	GFI	IFI	TLI	CFI	RMSEA
研究模型	18 360.012	5 319	3.452	0.752	0.795	0.782	0.794	0.038

具体来看，模型总体的拟合指数并不太理想，因此，我们根据模型计算的具体指标进行分析，并结合前面的区分度情况进行题目的删减。

验证性因素分析不仅可以对已有假设的测量结构进行验证，而且可以根据因素分析中提供的信息，如因素载荷（题目与因素之间的关系）、修正指数（去除某一限定条件时，卡方值下降的最小数值）等，对题目的测量信度、题目与假设因素之间的关系以及题目与题目之间的关系进行分析，进而对题目的优劣进行分析。这里采用验证性因素分析提供的信息，剔除题目的规则如下：

（a）剔除因素载荷在指定因素上小于 0.30 的题目；

（b）根据修正指数的结果，剔除掉允许题目与其他因素上的载荷自由估计时，修正指数较大的题目；

（c）根据修正指数，剔除允许题目特殊因子相关时，修正指数较大的题目；

（d）每剔除一个题目，重新运行程序；

（e）剔除的题目除了数值上的考虑外，必须是在意义上可解释的；

（f）每个维度上最后至少要保留三个题目。

根据上述标准，共有 53 个题目被删除，问卷最后剩余 72 题。这 72 道题目构成最终的青少年创造性人格问卷。

3）青少年创造性人格问卷的信度分析

以下是本研究对问卷的内部一致性信度的分析结果：72 道题目构成的最终版问卷整体的 Alpha 系数 ＝0.8524，说明本问卷总体一致性信度很高。对问卷各个维度的内部一致性信度的进一步考查结果如表 4－9 所示。由表可知，问卷各个维度的 Alpha 一致性系数介于 0.60～0.78 之间，基本符合测量学的要求。各个题目的信度分析见表 4－9 的结构效度分析中的因素载荷的平方。

表4-9 问卷各分维度的内部一致性信度值

维度	F1	F2	F3	F4	F5	F6	F7	F8	F9
Alpha 系数	0.75	0.61	0.78	0.76	0.65	0.75	0.60	0.61	0.63

注：F1~F9分别表示自信心、好奇心、内部动机、怀疑性、开放性、自我接纳、独立性、冒险性和坚持性。

4）青少年创造性人格问卷的结构效度

通过 AMOS4.0 对 72 道题目构成的最终问卷进行验证性因素分析，进一步考查其构想效度。验证性因素分析（CFA）各拟合指数如表4-10所示。

表4-10 青少年创造性人格问卷的验证性因素
分析模型的拟合指数

模型	χ^2	df	χ^2/df	GFI	IFI	TLI	CFI	RMSEA
研究模型	7 174.935	2 378	3.017	0.957	0.927	0.909	0.927	0.048

由表4-10可见，删掉一些题目后的问卷的整体拟合指标有了很大的提高，GFI、IFI、TLI、CFI 均在 0.90 以上，RMSEA 小于 0.05，比较符合结构方程模型的测量要求，这说明，数据支持了我们所提出的青少年创造性人格的结构模型。

2. 创造性人格结构的建构

青少年创造性人格结构模型建构的基本思路是：首先计算青少年创造性人格9个维度的相关矩阵，然后，根据各个维度的相关矩阵情况提出相应的人格结构假设，最后，对提出的假设模型进行逐一的验证。

（1）创造性人格结构的提出

为了更清晰地认识创造性人格各维度之间的内在关系，表4-11列出了青少年创造性人格各维度变量之间的相关矩阵。

表4-11 青少年创造性人格9个维度的相关矩阵

	1	2	3	4	5	6	7	8	9
1 自信心	1.00	0.14***	0.44***	-0.16***	0.26***	0.06*	-0.05*	0.08**	0.43***
2 好奇心		1.00	0.25***	0.06*	0.41***	-0.07**	0.17***	0.48***	-0.05*
3 内部动机			1.00	-0.19***	0.34***	-0.07**	0.02	0.07**	0.38***
4 怀疑性				1.00	0.00	0.10***	0.15***	0.12***	-0.32***
5 开放性					1.00	0.07**	0.13***	0.41***	-0.02

	1	2	3	4	5	6	7	8	9
6 自我接纳						1.00	0.03	0.02	-0.11 ***
7 独立性							1.00	0.13 ***	-0.15 ***
8 冒险性								1.00	-0.20 ***
9 坚持性									1.00

注：* 为 $p < 0.05$，** 为 $p < 0.01$，*** 为 $p < 0.001$。

由表 4-11 可以看出，自信心与内部动机和坚持性之间存在相对较为密切的关系（$p < 0.001$），怀疑性与内部动机以及坚持性之间也存在较为密切的关系（$p < 0.001$），并且，内部动机与坚持性、怀疑性与自信心之间也存在密切的关系（$p < 0.001$）。为此，我们提出假设模型1，即自信心、内部动机、怀疑性和坚持性可能共同负载于同一个因子上，我们把该因子命名为内部性因素。

进一步分析还可以看出，好奇心与开放性和冒险性两两之间存在非常密切的相关（$p < 0.001$），同时，独立性与好奇心之间也存在非常密切的关系（$p < 0.001$），而独立性与开放性、冒险性之间的相关也均达到了显著水平（$p < 0.001$）。为此，我们提出假设模型2，即好奇心、开放性、独立性和冒险性可能也共同负载于同一个因子上，我们把该因子命名为外部因素。

最后，通过相关分析矩阵可以看出，自我接纳与其他维度之间的相关系数均相对较低，因此，我们提出最后一个假设，即自我接纳可能单独属于一个因子，我们将该因子命名为自我因素。

综上所述，通过对青少年创造性人格各个维度之间相关矩阵的分析，最后提出，自信心、内部动机、坚持性、怀疑性、好奇心、开放性、独立性、冒险性和自我接纳9个维度可以负载于3个更上位的因子上，分别为内部因素、外部因素和自我因素。其中，内部因素包括3个亚维度：自信心、内部动机、怀疑性和坚持性；外部因素也包括4个亚维度：好奇心、开放性、独立性和冒险性；自我因素则只包括一个维度，即自我接纳。具体模型如图 4-13 所示。

（2）创造性人格结构模型的验证和比较

为了考查各个分模型的拟合程度，我们分别对上述模型的数据拟合情况进行了考查，主要对前两个模型，即子模型1和子模型2的拟合情况进行验证。具体拟合指数见表 4-12。由此表可见，两个模型的拟合指数良好，均达到了可以接受的程度，尤其是子模型2，各项拟合指数均非常好，完全被接受。总之，子模型1和2均得到了数据的支持，可以被采纳。

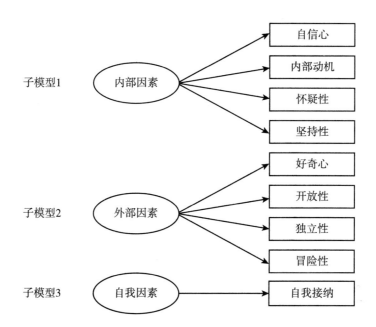

图 4 - 13   青少年创造性人格的结构

表 4 - 12   青少年创造性人格结构子模型的拟合指数

MODEL	χ^2	df	χ^2/df	GFI	IFI	TLI	CFI	RMSEA
子模型 1	38.41	2	19.21	0.99	0.95	0.91	0.98	0.08
子模型 2	2.14	2	1.07	1.00	1.00	1.00	1.00	0.01

进一步，为了考查不同年龄群体中，创造性人格结构子模型的适用程度，我们分别就子模型 1 和子模型 2 在青少年群体和大学生群体中的拟合情况进行了分别考查。具体拟合指数见表 4 - 13。

表 4 - 13   青少年创造性人格结构子模型在不同群体中的拟合指数

MODEL	χ^2	df	χ^2/df	GFI	IFI	TLI	CFI	RMSEA
子模型 1								
青少年群体	17.74	2	8.88	0.99	0.97	0.91	0.97	0.08
大学生群体	16.40	2	8.20	0.98	0.93	0.83	0.93	0.10
子模型 2								
青少年群体	4.13	2	2.07	1.00	0.99	0.98	0.99	0.04
大学生群体	2.99	2	1.49	1.00	0.99	0.99	1.00	0.03

由上表可见，子模型 1 在青少年群体中具有更好的拟合指数，在大学生群体中的拟合指数相对不理想，TLI 的值相对较低（0.83），RMSEA 较大（0.10），但根据斯坦格（Steiger，1990）的观点，认为 RMSEA 低于 0.1 就表示好的拟合。这里，RMSEA 指数为 0.1，基本符合斯坦格的观点，因此，我们认为该模型虽然不甚理想，但可以接受。另外，子模型 2 在青少年群体和大学生群体中的拟合指数均非常好，完全可以被接受。这说明无论是在青少年群体中还是在大学生群体中，好奇心、开放性、独立性和冒险性均在更概括的程度上反映了青少年创造性人格中的共同一面，即创造性人格中的外向性因素。

（三）中英日德青少年创造性人格的跨文化比较

本研究选取了 1 525 名青少年，其中英国青少年被试 268 名，德国青少年被试 379 名，日本青少年被试 161 名，中国青少年被试 717 名。被试的年龄分布在 11～22 岁之间。有效被试的详细分布情况见表 4 - 14。

表 4 - 14　　　　　　　　被试特征分布的基本情况　　　　　（单位：人）

国家	男	女	总计
中国	348	332	680
英国	130	122	252
日本	94	65	159
德国	152	224	376

采用我们开发的《青少年创造性人格问卷》进行施测。需要说明的是，中、日、德的青少年完成的是 72 道题的《青少年创造性人格问卷》，英国青少年采用的是简缩版本，问卷的维度不变，只是对各维度下的小条目进行了筛减，简缩后的题目数为 43 道，记分方式不变。

1. 中英日德四国青少年创造性人格的特点

（1）中国青少年创造性人格的特点

为了更清晰地认识中国青少年创造性人格的基本特点，表 4 - 15 列出了被试的基本情况分布表。由表 4 - 15 可以看出，无论是总体上，还是男女群体，好奇心、开放性和冒险性的得分均相对最高，这说明三者可能是中国青少年创造性人格中较为突出的方面；坚持性的得分相对较低，并且标准差较大，说明在中国青少年创造性人格成分中，坚持性是一个相对较弱的方面，而且不论男生群体还是女生群体，均表现出较大的个体差异。

表 4 – 15　　　　中国青少年创造性人格的基本情况 （$M \pm SD$）
及性别差异

	自信心	好奇心	内部动机	怀疑性	开放性
总体	3.02 ± 0.67	3.76 ± 0.57	3.35 ± 0.59	2.99 ± 0.66	3.54 ± 0.43
男	3.01 ± 0.67	3.81 ± 0.61	3.36 ± 0.61	2.97 ± 0.65	3.52 ± 0.45
女	3.03 ± 0.66	3.70 ± 0.53	3.33 ± 0.56	3.01 ± 0.65	3.56 ± 0.41
t 值	– 0.39	2.51 *	0.59	– 0.93	– 1.24

	自我接纳	独立性	冒险性	坚持性
总体	2.95 ± 0.41	3.31 ± 0.59	3.71 ± 0.55	2.78 ± 0.75
男	2.97 ± 0.41	3.39 ± 0.61	3.68 ± 0.56	2.80 ± 0.76
女	2.92 ± 0.39	3.23 ± 0.56	3.74 ± 0.54	2.72 ± 0.73
t 值	1.65	3.42 **	– 1.36	1.23

注：* 为 $p < 0.05$，** 为 $p < 0.01$。

进一步，通过比较男女群体在创造性人格各维度上的差异发现，中国青少年在大部分创造性人格维度上不存在显著差异，只在好奇心和独立性方面具有显著差异，具体表现为，男生比女生具有更多的好奇心和独立性。这可能与中国传统观念对性别角色的期望不同有关，一般而言，社会更看重男生的独立性、自主性和解决问题的能力，并且在一定程度上鼓励其对外界进行探索，这在一定程度上塑造了他们的好奇心和独立程度。

（2）英国青少年创造性人格的特点

表 4 – 16 是英国青少年在创造性人格各个维度上的得分情况。可以看出，英国青少年在冒险性、好奇心和自我接纳三个维度上的得分相对较高，在坚持性维度上的得分相对较低，这说明，冒险性、好奇心和自我接纳可能是英国青少年创造性人格中较为突出的方面，坚持性则是其中的弱势方面。另外，通过标准差的比较可以看出，无论是总体上，还是从男女群体来看，英国青少年在自我接纳方面均存在较大的离散程度，这说明，英国青少年在创造性人格特征的自我接纳方面存在很大的个体变化性。

表 4 – 16　　　　英国青少年创造性人格的基本情况 （$M \pm SD$）
及性别差异

	自信心	好奇心	内部动机	怀疑性	开放性
总体	2.95 ± 0.64	3.66 ± 0.55	3.17 ± 0.64	3.09 ± 0.58	3.38 ± 0.65
男	2.98 ± 0.65	3.68 ± 0.56	3.22 ± 0.67	3.15 ± 0.56	3.43 ± 0.62
女	2.92 ± 0.65	3.65 ± 0.53	3.12 ± 0.62	3.03 ± 0.60	3.34 ± 0.67
t 值	0.66	0.66	0.44	0.44	1.29

	自我接纳	独立性	冒险性	坚持性	
总体	3.40 ± 0.90	2.99 ± 0.59	3.72 ± 0.52	2.87 ± 0.59	
男	3.43 ± 0.98	3.00 ± 0.62	3.69 ± 0.49	2.87 ± 0.62	
女	3.36 ± 1.00	2.98 ± 0.57	3.75 ± 0.56	2.87 ± 0.58	
t 值	0.62	0.62	0.14	0.14	

　　进一步，通过对创造性人格各维度进行性别差异检验发现，英国男女青少年在创造性人格各维度上均不存在显著的性别差异。

　　（3）日本青少年创造性人格的特点

　　通过表 4 – 17 可以看出，无论是总体上还是从男女群体来看，日本青少年在好奇心、冒险性和开放性方面得分相对较高，在坚持性方面得分较低，这说明好奇心、冒险性和开放性可能是日本青少年创造性人格特征的突出方面，而坚持性则是其中相对较弱的方面。同中国的情况差不多，日本青少年在坚持性上分数分布标准差较大，说明存在较大个体差异。

表 4 – 17　　　　日本青少年创造性人格的基本情况 （$M \pm SD$）
及性别差异

	自信心	好奇心	内部动机	怀疑性	开放性
总体	2.85 ± 0.69	3.74 ± 0.53	3.48 ± 0.63	3.03 ± 0.58	3.55 ± 0.41
男	2.84 ± 0.67	3.72 ± 0.54	3.48 ± 0.60	3.05 ± 0.58	3.58 ± 0.40
女	2.82 ± 0.70	3.77 ± 0.51	3.48 ± 0.69	2.99 ± 0.57	3.51 ± 0.44
t 值	0.18	− 0.52	0.01	0.67	0.99

	自我接纳	独立性	冒险性	坚持性	
总体	3.05 ± 0.42	3.34 ± 0.59	3.75 ± 0.53	2.70 ± 0.72	
男	3.05 ± 0.43	3.31 ± 0.59	3.79 ± 0.52	2.61 ± 0.70	
女	3.06 ± 0.41	3.39 ± 0.61	3.69 ± 0.55	2.83 ± 0.75	
t 值	− 0.25	− 0.81	1.21	− 1.85	

另外，通过对日本青少年创造性人格特征的性别差异进行检验，结果表明，日本男女青少年在创造性人格各个维度上的差异均不显著，日本青少年的创造性人格不存在显著的性别差异。

（4）德国青少年创造性人格的特点

通过对德国青少年的创造性人格进行分析发现（见表4－18），德国青少年在冒险性、好奇心和坚持性和独立性方面的得分相对较高，在自信心方面的得分相对较低。这说明，德国青少年的创造性人格主要表现出冒险性、好奇心、坚持性、独立性等方面的特征，在自信心方面相对较弱。通过分析标准差的分布进一步发现，德国男青少年在怀疑性方面存在相对较大的离散程度，女青少年在自信心方面存在相对较大离散程度，这说明德国男女青少年在创造性人格方面存在一定的性别特点，其中，男青少年在怀疑性方面的个体差异性相对较大，女青少年在自信心方面的差异性相对较大。

表4－18　　　德国青少年创造性人格的基本情况（$M \pm SD$）及性别差异

	自信心	好奇心	内部动机	怀疑性	开放性
总体	2.70±0.61	3.23±0.51	2.95±0.55	2.97±0.57	3.11±0.50
男	2.71±0.59	3.24±0.50	2.96±0.59	2.96±0.61	3.09±0.46
女	2.69±0.63	3.22±0.52	2.95±0.53	2.98±0.55	3.13±0.52
t值	0.38	0.37	0.14	－0.29	－0.72
	自我接纳	独立性	冒险性	坚持性	
总体	3.05±0.36	3.16±0.53	3.34±0.52	3.18±0.56	
男	3.04±0.37	3.13±0.55	3.34±0.55	3.19±0.59	
女	3.06±0.36	3.18±0.52	3.34±0.50	3.18±0.55	
t值	－0.47	－0.93	－0.07	0.15	

对德国青少年的创造性人格进行性别差异检验，结果表明，德国青少年在创造性人格各个维度上均不存在显著的性别差异。

（5）中英日德四国青少年创造性人格基本情况的比较

通过前面的分析可以发现，首先，四个国家的青少年均在好奇心和冒险性方面表现出相对一致的共同特点，即好奇心和冒险性是中英日德四国青少年创造性人格中较为突出的方面，在四国青少年的创造性人格中占有突出地位；其次，坚持性是中英日三国青少年相对较弱的方面，三个国家的青少年在该维度上的得分均相对较低；最后，除了共同方面，四个国家的青少年在创造性人格方面也表现出一些差异性，具体表现在除了好奇心和冒险性，开放性是中国和日本青少年创造性人格中的突出特点，自我接纳是英国青少年的较为突出的特点，而德国青少年较为突出的特点就是坚持性和独立性。可见，四个国家的青少年在创造性人格方面具有很大的差异性，尤其是德国青少年，其在坚持性方面具有相对较高的得分，而其他三个国家的青少年却在该维度上具有最低的得分。

2. 中英日德青少年在创造性人格各维度上的差异

以国家类别为自变量，以青少年创造性人格 9 个维度的得分为因变量，进行单因素方差分析，考查不同国家的青少年在创造性人格各维度上的差异（结果见表 4 – 19）。方差分析结果表明，中英日德青少年创造性人格在除怀疑性外的 8 个维度上均存在显著性差异，进一步的比较发现：在内部动机维度上，四个国家间均存在显著差异，日本青少年表现最好，其次是中国青少年，英国和德国青少年的分数分列其后；在自信心和好奇心维度上，中国青少年表现最好，德国青少年情况相反，比其他三个国家青少年的分数都要低；在自我接纳维度上，英国青少年表现最好，中国青少年表现不如其他三国；在坚持性维度上，德国青少年表现最好，日本青少年表现不如其他三国，英国和中国分居二、三；在开放性和独立性维度上，中日青少年表现差不多，好于英德青少年；在冒险性维度上，中国、日本和英国青少年表现均好于德国青少年，而前三个国家的青少年之间不存在显著差异。

表 4 – 19　　中英日德青少年在创造性人格各维度上的差异比较

	自信心	好奇心	内部动机	怀疑性	开放性
中国	3.02 ± 0.67	3.76 ± 0.57	3.35 ± 0.59	2.99 ± 0.66	3.54 ± 0.43
英国	2.95 ± 0.64	3.66 ± 0.55	3.17 ± 0.64	3.09 ± 0.58	3.38 ± 0.65
日本	2.85 ± 0.69	3.74 ± 0.53	3.48 ± 0.63	3.03 ± 0.58	3.55 ± 0.41
德国	2.70 ± 0.61	3.23 ± 0.51	2.95 ± 0.55	2.97 ± 0.57	3.11 ± 0.50
F 值	24.43***	71.94***	47.11***	1.21	77.91***
多重比较	①–③** ①–④*** ②–④*** ③–④***	①–②* ①–④*** ②–④*** ③–④***	①–②*** ①–③* ①–④*** ②–③*** ②–④*** ③–④***		①–②*** ①–④*** ②–③*** ②–④*** ③–④***

	自我接纳	独立性	冒险性	坚持性
中国	2.95 ± 0.41	3.31 ± 0.59	3.71 ± 0.55	2.78 ± 0.75
英国	3.40 ± 0.90	2.99 ± 0.59	3.72 ± 0.52	2.87 ± 0.59
日本	3.05 ± 0.42	3.34 ± 0.59	3.75 ± 0.53	2.70 ± 0.72
德国	3.05 ± 0.36	3.16 ± 0.53	3.34 ± 0.52	3.18 ± 0.56
F 值	42.17***	21.88***	38.64***	26.60***
多重比较	①－②*** ①－③* ①－④** ②－③*** ②－④***	①－②*** ①－④*** ②－③*** ②－④*** ③－④**	①－④*** ②－④*** ③－④***	①－④*** ②－③* ②－④*** ③－④***

注：* 表示 $p < 0.05$，** 表示 $p < 0.01$，*** 表示 $p < 0.001$；①表示中国，②表示英国，③表示日本，④表示德国。

（四）基本结论

总结上述分析，我们得出如下结论：

1. 修正后的《青少年创造性人格问卷》具有良好的信度和效度，并且，验证性因素分析结果表明，该测验的一级模型（即 72 道题目对应 9 个维度）的拟合指数良好，达到了可以接受的程度。这说明青少年的创造性人格在结构上并非是单一的，而是多维的。

2. 青少年的创造性人格在结构上具有多阶层性。我们发现，青少年创造性人格的 9 个维度并非是相互独立的，部分维度可以共同负载于更高层次的上位因子上。具体来看，通过对各个维度的相关矩阵进行分析，我们发现，青少年创造性人格结构可以在 9 个维度的基础上，进一步提取出 3 个概括性更强的上位因子，分别为内部因素、外部因素和自我因素。其中，内部因素包括 4 个亚维度：自信心、内部动机、怀疑性和坚持性；外部因素也包括 4 个亚维度：好奇心、开放性、独立性和冒险性；自我因素则只包括一个维度，即自我接纳。我们通过结构方程模型，进一步验证了创造性人格结构中关于内部因素和外部因素的结构组成，模型拟合指数良好，均达到了可以接受的程度。这里需要说明的是，本研究只对创造性人格结构的亚结构进行了验证，即只验证了各子模型的结构，关于三个子模型之间的整合关系，还需要进行更深入的探讨。

3. 中英日德四国青少年在创造性人格方面既存在共同性，也存在差异性。首先，好奇心和冒险性是四国青少年创造性人格中较为突出的方面；其次，坚持性是中英日三国青少年相对较弱的方面，三个国家的青少年在该维度上的得分均相对较低；最后，除了好奇心和冒险性，开放性是中国和日本青少年创造性人格中的突出特点，自我接纳是英国青少年的较为突出的特点，而德国青少年较为突出的特点就是坚持性和独立性。

4. 中英日德青少年创造性人格在除怀疑性外的 8 个维度上均存在显著性差异。第一，中国青少年在创造性人格的自信心和好奇心维度上表现好于其他三个国家的青少年，而这两个维度上分数最低的是德国青少年；第二，在内部动机维度上，日本青少年表现最好，中国其次；第三，在开放性和独立性维度上，中日青少年表现差不多，好于英德青少年；第四，自我接纳维度上，中国青少年表现不如其他三国，而该维度上表现最好的是英国青少年；第五，在坚持性维度上，德国青少年表现最好，而在冒险性上的表现则不如其他三个国家。

三、教师创造性观念及跨文化比较

培养创造性人才的关键在于教育。教师的教育观念尤其是教师对创造性所持有的观念直接影响教师对创造性学生的态度、对创造性学生行为的评价和判断，影响到教师的教学方式和师生的交往方式。本课题组在前人研究的基础上，通过自编教师创造性观念测量工具，在中国、日本和德国进行跨文化的比较研究。

（一）教师创造性观念及其研究进展

斯滕伯格（1985）根据创造性理论建构的方式，把创造性的理论划分为外显理论和内隐理论。外显理论是一种来自专家和理论研究者视角的建构，试图在概念世界里建构出具有描述、解释、预测和控制效力的定律、法则、图式、结构和模型。创造性的内隐理论是指一般公众（外行或专家）在日常生活和工作背景下形成的，且以某种形式存在于个体头脑当中的关于创造性的概念、结构及其发展的看法（也称为"内隐观"或"公众观"）。创造性内隐理论与传统的通过心理测验建构的创造性理论相比更具有生态效度，它大大地拓宽了由外显理论向人们呈现的狭隘的创造性概念。在现实生活中，内隐理论对创造性的非正式评价（如大学或者工作的面试）及培养（如父母—儿童的交互作用）都起着重要的潜在作用。

目前对创造性内隐观的研究主要集中于两部分内容，一部分研究关注个体对创造性的概念及本质的认识；另一部分研究则集中于个体关于高创造者特征的认识。教师关于"什么是创造性"、"影响创造性发挥的因素"、"如何在教学中培养学生创造性"的观念属于前者，教师关于创造性学生特征的内隐观则属于后者。

1. 教师关于创造性学生特征的内隐观

考察教师关于创造性学生特征的内隐观就是考察教师这一特殊群体对创造性学生特征的认识和理解，是创造性内隐观研究的重要组成部分。考察教师关于创造性学生特征的内隐观不仅能够了解教师对创造性概念的理解，还能够发现教师对创造性学生的识别、评价和期望。有研究者让教师列出创造性学生的特征，然后再整理和归纳得出教师关于创造性学生特征的内隐观。鲁恩科等人（1993）的一项研究中编制了含有大量的描述创造性特征的形容词核查表，要求教师根据个人对创造性的理解，选出符合创造性学生特征的词汇。结果发现有 29 个词汇出现的频次最高：活跃、适应、冒险、感情丰富、机灵、有雄心、艺术的、武断、有能力、愉快、思维清晰、聪明、自信、好奇、胆大、坚定、幻想、放荡不羁、情感、精力充沛、热情、友好、想象力丰富、个人主义、有才智、兴趣广泛、发明、独创和自发性。

个体的内隐理论具有文化特定性。大量研究表明东西方文化下人们的创造性内隐观也存在一些差异。Niu（2002）对有关创造性特征的跨文化研究进行了综述，发现在东方文化（中国、日本、韩国和印度）和西方文化（欧洲和美洲）之间，人们的创造性内隐观有一些共同的特征，如独创性、想象、智力和独立等，但并不完全相同。东方社会更加强调社会和道德成分，而西方社会更强调个体特征如幽默和审美感。杨治良和蔡华俭等人（2001）对我国一般公众和大学生进行大范围的调查，研究结果与上述观点一致，他们发现中国人对创造性的理解不重视幽默，却极其重视道德品质和勤勉。Rudowicz 和岳晓东（2000）在对北京、广州、香港和台北的大学生的创造性和创造性人才的认知的调查中，发现中国大学生最看重政治名人，其次是科技界名人，最后是艺术家和音乐家。这种差异可能反映了来自两种不同文化背景下人们世界观的不同，在崇尚个人主义的西方更加看重作为一个创造者个体成功的价值，而在崇尚集体主义的东方则更加强调个体给社会带来的社会和道德价值。岳晓东（2001）认为中国人对创造性的判断总是以实用性为核心的，由此它多看重创造性的社会价值和影响，少看其表现形式。这种认知范式与西方社会比较看重创造性的多元表现形式（如在文学、绘画、音乐、戏剧等方面的表现）的传统似乎有明显的不同。

在创造性内隐观的研究中，个体对高创造者特征的态度也是研究的热点之一，而且在这些研究中同样发现了文化差异。辛格（Singh，1987）在印度的研究表明一些儿童的创造性特征是不受成人欢迎的，如不顺从和自主。克罗普雷（1992）在德国的研究也证实了这一点。相反，鲁恩科等（1993，2002）在美国的研究却表明创造性儿童的特征是受欢迎的。研究结果的不一致也许是研究方法不同造成的，但大多研究者认可文化传统在其中发挥的作用。

2. 教师关于学生创造性培养的内隐观

教师对"如何培养学生创造性"、"哪些因素影响学生创造性"的理解是教师创造性内隐观研究中的另一重要组成部分。然而有关教师对创造力培养的内隐理论研究还很缺乏，少量研究仅限于描述教师对培养创造力的影响因素的认识。阿卜杜拉（Abdullah，2002）的研究发现，教师认为大量的责任、时间的限制、教学基本技能的负担、缺乏知识和担心原则问题是限制其促进学生创造力发展的5大主要障碍。20世纪90年代英国学者对大不列颠57所中小学的教师做了调查研究，发现教师认为培养创造性最有效的手段依次是培养自信心、教育者自身有高创造性、自主性和家长支持；几乎没有人认为考试能促进学生的创造性，多数教师认为令人压抑的环境是阻碍学生创造性开发的关键。Diakidoy，Irene – Anna N. 等（1999）的研究表明，师范生认为影响创造性的主要因素是人格、领域和环境，73.5%的人认为创造性的表现依赖于领域，多在文学或艺术领域表现出来；98%的人认为环境是影响创造性的最重要因素，而先前知识对创造性不是很重要，学校环境对学生知识掌握的强调是其阻碍学生创造性发展的一个重要原因；大多数教师认为开放性的问题、结构不良的问题更易于促进学生的创造性，另外强调自主独立、强调发现学习和内部动机等也会促进学生创造性的发展。澳大利亚学者1999年利用个案研究的方法对小学教师有关创造性的认识及其实际应用进行了调查分析，试图以此说明为什么我们目前的学校教育不能很好地促进全体学生尤其是资优学生的创造性思维发展。研究发现教师缺少促进学生创造性思维发展所需的具体教学策略和技能，不熟悉有关的培养模式，不能及时获得最新的研究成果，对自己的实践没有信心。

也有少量研究指出从总体上看教师还是缺乏有关创造力培养的知识和观念。如Tan（2001）的研究发现大多数的资深教师认为所有的学习活动对于培养学生的创造力都是有价值的。与新教师比，他们更看重以教师为中心的活动和死记硬背。这与社会的教育目的和评价体系以及教师个人的能力与经验有直接的相关。

国内，余运英（2004）的研究发现，中小学教师关于影响创造性发挥的因素按影响程度强弱排在前五位的依次是：人格、知识、智力、环境和领域。黄四林（2006）的研究表明中学教师一致认同高创造性学生有28个重要心理特征，这些特征可以归纳为新颖灵活的思维风格、好奇且善于质疑、逻辑思维、问题发现、自信进取的性格五个因素。申继亮、胡卫平和彭华茂（2003）的研究考察了家庭、学校、社会对青少年创造力培养的作用。结果发现，在学校环境方面，中国学校更重视考试、升学，老师也更喜欢考试成绩好的学生，而美国学校的老师更注重培养学生的观察、想象、记忆、思维等能力，学校课外活动更为丰富，硬件环境也显著优于中国学校。

总之，国内外对教师的创造性观念进行了一定的研究，获得了不少成果。但仍有一些有价值的问题有待于进一步探讨。

首先，研究表明创造性的内隐观念受被试所处文化背景的影响，在西方，以斯滕伯格和鲁恩科为代表的研究者考察了不同社会群体关于高创造性者特征的内隐观；在国内以蔡华俭和张景焕为代表的研究者也考察了社会公众、大学生、青少年和小学教师关于高创造性者特征的内隐观，但正如鲁恩科（2002）提出的，要将这些结果的差异归因于文化因素，还受到研究方法不同的干扰。基于教师的创造性内隐观在对学生创造性培养中的重要作用，本研究采用鲁恩科的研究范式，考察不同国家中小学教师关于创造性学生特征的认知及态度，并进行跨文化比较。

其次，目前对教师创造性培养观念的研究多从理论角度阐述教师应该具备什么样的观念，但很少有实证研究考察教师关于学生创造性培养观念的水平。主要原因在于测量工具的缺乏。对教师关于学生创造性培养观念的测量和评估是教师教育观念研究的一个重要问题，它不仅反映研究者对教师关于学生创造性培养的观念的意义和结构的理解，也为进一步揭示教师关于学生创造性培养的观念同其他因素间的关系奠定基础。因此本研究力图开发教师关于学生创造性培养观念的问卷，以期为今后相关的定量研究提供测评工具，并在此基础上考察不同国家中小学教师关于学生创造性培养观念的现状。

最后，不同国家教师关于影响创造性培养的因素的观念现状如何、是否存在差异也是本研究要关注的问题之一。

（二）当前研究工具的开发

1. 教师关于创造性学生特征的内隐观的测查

（1）问卷的编制

形容词核查表的编制建立在前人研究和对教师进行开放性问卷调查的基础上。研究者首先收集了前人研究中用来描述高创造者特征的词汇。鲁恩科（1993）利用社会效度的方法，在高夫和海布伦（Gough & Heilbrun，1980）的基础上收集了父母和教师描述创造性学生特征的词汇 36 个。韦斯比和道森（Westby & Dawson，1995）在前人研究的基础上总结了描述创造性学生特征的词汇 10 个。Rudowicz 和 Hui（1997）利用开放式问卷考察来自香港的中国人对高创造者特征的认识，共收集词汇 60 个。杨治良（2001）利用开放式问卷考察大学生关于高创造者特征的认识共收集词汇 55 个。研究者对这些词汇进行了翻译和整理，整合意思相同的词汇。接下来研究者访谈了 12 名中小学教师，又对 20 名中小学教师进行了开放性问卷的调查，要求教师说出或写出创造性学生所具有的特征，从中选择教师强调频率比较高同时前人的研究中又没有出现的词汇。在此基础上编制了由 72 个形容词组成的形容词核查表。问卷采用五点记分，1 表示一点也不符合，2 表示有点符合，3 表示中等程度符合，4 表示比较符合，5 表示非常符合。

施测时先让教师对形容词核查表中词汇所代表的喜欢学生特征的程度进行评价，然后让教师对同样的词汇代表创造性学生特征的程度进行评价。采用这样的施测顺序是为了避免教师因为知道是对创造性的考察而在喜欢上给予更高的评价。

（2）预试

采用随机整群取样的方法，从河北省某市选取中小学教师作为被试，共发放问卷 350 份，回收有效问卷 308 份，其中小学教师 148 人，中学教师 160 人，平均教龄为 13.15（±8.27）年。

（3）问卷结构分析

为揭示教师关于创造性学生特征内隐观的潜在结构，对核查表中的 72 个词汇进行探索性因素分析。采用斜交旋转的方法，结果表明 KMO＝0.934，Bartlett 球形检验结果 $p＝0.000$，说明适合进行因素分析。项目删除标准为：1）因素负荷 <0.4；2）在两个及以上因素上都存在较高负荷；3）单个因素上的项目数 <3；4）共同度 <0.16。另外，根据因素分析的载荷量大于 1，碎石图下降坡度和理论上的可解释性原则，我们抽取了 4 个因子。这 4 个因子解释了总体变异的 50.746%。在此基础上对个别表述不清、意义重复的词进行了调整，最终得到 50 个项目的正式问卷。

因素一（12 个）包括：勤奋、合作的、热情、精力充沛、文静、集体主义、能干的、友好、感情丰富、认真、随和、自律，因素命名为宜人性。

因素二（25 个）包括：灵活、想象力丰富、知识丰富、聪明、独创的、主动性强、自信、意志坚定、喜欢接受挑战、思维发散、独立自主、思维清晰、勇敢、有主见、挑战权威、执着、愿做尝试、洞察力强、爱提问、有进取心、好奇心强、适应性强、反应敏捷、实践能力强、爱思考，因素命名为独创性。

因素三（8 个）包括：易冲动、攻击性强、情绪化、个人主义、不守规则、过于自信、爱幻想、激进，因素命名为非常规性。

因素四（5 个）包括：艺术性倾向、多才多艺、兴趣广泛、开朗、幽默、因素命名为才情。

2. 教师关于学生创造性培养的内隐观的测查

该部分的测查分两个相对独立的子部分，一是对教师关于"如何培养学生创造性"的观念的测查，一是对教师关于"影响创造性培养因素"的观念的测查。

（1）教师关于学生创造性培养观念问卷

① 问卷的编制

林崇德教授（2000）提出创造性人才＝创造性思维＋创造性人格，这为我们建构教师的创造性培养观念的结构提供了理论依据。本研究拟从教师关于学生创造性思维和创造性人格培养的观念角度出发考察教师的创造性培养观念，其中创造性思维主要从教师对学生发散思维、发现取向和想象力培养的观念三个方面考察，创造性人格主要从教师对学生好奇心、开放性、自信心、怀疑性、独立性、坚持性、内部动机、意志力和冒险性培养的观念进行考察。

根据理论建构的维度及对 12 名一线教师的访谈，共编制了 35 个项目，其中教师关于学生创造性思维培养观念的项目 9 个，教师关于学生创造性人格培养观念的项目 26 个。问卷的具体形式为：设计若干个教育情境，每个情境下列出了两种教育观念，一种是比较有利于学生创造性培养的观念，另一种是对学生创造性培养没有明显促进作用或不利于学生创造性培养的观念。教师在回答问卷时对该观念的同意程度进行评价，部分项目采用反向记分，题目形式如下：

例：课堂提问是老师经常采用的一种教学手段，对它的设计也存在着不同的意见，您认为课堂提问应该：

设计有唯一答案 1— —2— —3— —4— —5— —6— —7 设计有多种答案或的问题　　　　　　　　　　　　　　　　　　解决方案的问题

② 问卷的结构和信效度分析

预试被试同上，根据预试结果对题目进行分析，筛选掉其中社会赞许性高的题目和区分度低的题目，后经与德国和英国专家进行讨论，保留了其中的 17 道题目。

根据理论构想对问卷进行验证性因素分析。结合有关理论假设以及项目本身的意义，根据因素载荷删除项目 a2、a12、a16、a17，根据修正指数依次删除项目 a4、a14。这 6 个项目中 a2、a4、a14 三个项目来自教师关于学生创造性思维培养观念维度，a12、a16、a17 三个项目来自教师关于学生创造性人格培养观念维度。问卷共保留 11 个项目，其中教师关于学生创造性思维培养观念包括 7 个项目，教师关于学生创造性人格培养观念包括 4 个项目。在模型拟合指数方面，选取了 CMIN/df，TLI，CFI 和 RMSEA（温忠麟等，2004）作为评价模型拟合程度的标准。本研究的模型拟合指数见表 4 – 20。

表 4 – 20　　教师的创造性观念问卷验证性因素分析模型拟合指数

拟合指标	CMIN/df	TLI	CFI	RMSEA
数值	1. 812	0. 906	0. 927	0. 050

从表 4 – 20 可见，各个指标都达到了模型良好拟合的标准，说明模型与数据拟合良好，验证了教师的创造性培养观念问卷包含教师关于创造性思维和创造性人格培养观念的假设。问卷验证性因素分析模型项目参数见表 4 – 21。

表 4 – 21　　教师创造性观念问卷验证性因素分析模型项目参数

维度	项目	非标准化因素负荷	标准误	t 值	标准化因素负荷
创造性思维培养观念	A1	1. 000			0. 460
	A3	1. 062	0. 183	5. 814	0. 497
	A5	0. 924	0. 150	6. 165	0. 556
	A6	1. 342	0. 216	6. 198	0. 562
	A9	0. 886	0. 161	5. 485	0. 449
	A10	0. 952	0. 179	5. 307	0. 426
	A11	0. 725	0. 154	4. 698	0. 355
创造性人格培养观念	A7	1. 000			0. 489
	A8	1. 318	0. 190	6. 935	0. 739
	A13	0. 691	0. 160	4. 319	0. 313
	A15	0. 965	0. 175	5. 527	0. 438

（2）教师关于创造性培养影响因素观念问卷

借鉴塞浦路斯大学 Irene – Anna N. 等（1999）的研究问卷和国内余运英（2004）在其硕士论文中所使用的问卷，让教师对课堂中的一些行为是否是影响学生创造性培养的重要因素进行评定，共 11 个项目，采用五点记分，1 表示非常不重要，2 表示有些不重要，3 表示不确定，4 表示有些重要，5 表示非常重要。

（三）教师创造性观念的跨文化研究

采用整群随机取样的方法，从中国、日本和德国选取中学教师作为研究对象。国内从河北省石家庄市的几所学校选取教师 326 人；日本选取湘南一所学校的教师共 50 人，在德国选取三所学校的教师共 139 人。采用我们开发的《教师关于创造性学生特征的内隐观问卷》、《教师关于创造性培养内隐观问卷》和《教师关于影响创造性培养的因素的观念问卷》。三个问卷均采用李克特五点等级评定的形式。

1. 中国、日本和德国教师关于创造性学生特征的内隐观的分析

（1）中日德三国教师关于创造性学生特征内隐观的现状

将教师对创造性学生特征的评分进行统计分析，按平均分排前十位和后十位的词汇列出，见表 4-22、表 4-23、表 4-24。

表 4-22　　　　中国教师关于创造性学生特征内隐观的
基本情况（$M \pm SD$）

前十位词汇	平均分（SD）	后十位词汇	平均分（SD）
想象力丰富	4.74 ± 0.65	自律	3.53 ± 1.26
爱思考	4.73 ± 0.64	激进	3.31 ± 1.43
愿做尝试	4.67 ± 0.72	不守规则	3.31 ± 1.45
洞察力强	4.66 ± 0.68	随和	3.30 ± 1.21
灵活	4.65 ± 0.74	过于自信	2.89 ± 1.27
实践能力强	4.64 ± 0.70	易冲动	2.63 ± 1.31
独创的	4.63 ± 0.75	攻击性强	2.55 ± 1.46
思维发散	4.62 ± 0.71	情绪化	2.54 ± 1.28
喜欢接受挑战	4.60 ± 0.77	文静	2.49 ± 1.07
好奇心强	4.60 ± 0.75	个人主义	2.40 ± 1.35

表 4-23　　　　日本教师关于创造性学生特征内隐观的
基本情况（$M \pm SD$）

前十位词汇	平均分（SD）	后十位词汇	平均分（SD）
想象力丰富	4.55 ± 0.54	挑战权威	3.13 ± 0.92
喜欢接受挑战	4.38 ± 0.68	个人主义	3.00 ± 0.98
兴趣广泛	4.26 ± 0.64	认真	3.00 ± 0.78
洞察力强	4.22 ± 0.70	执着	2.96 ± 0.98
好奇心强	4.21 ± 0.72	文静	2.91 ± 0.62
独创的	4.17 ± 0.79	易冲动	2.85 ± 0.91
有主见	4.13 ± 0.61	过于自信	2.81 ± 0.77
灵活	4.13 ± 0.82	情绪化	2.77 ± 0.89
主动性强	4.11 ± 0.81	随和	2.68 ± 0.78
热情	4.09 ± 0.83	集体主义	2.17 ± 0.89

表 4 - 24　　　　德国教师关于创造性学生特征内隐观的
基本情况（$M \pm SD$）

前十位词汇	平均分（SD）	后十位词汇	平均分（SD）
愿做尝试	4.71 ± 0.50	执着	3.36 ± 1.13
想象力丰富	4.71 ± 0.51	挑战权威	3.26 ± 1.16
独创的	4.63 ± 0.60	自律	3.22 ± 0.79
热情	4.61 ± 0.64	爱幻想	3.08 ± 1.20
主动性强	4.59 ± 0.55	认真	3.02 ± 0.82
好奇心强	4.55 ± 0.63	适应性强	2.97 ± 0.96
喜欢接受挑战	4.47 ± 0.67	随和	2.63 ± 0.98
思维发散	4.46 ± 0.84	文静	2.57 ± 0.96
兴趣广泛	4.45 ± 0.72	过于自信	2.28 ± 0.93
艺术性倾向	4.43 ± 0.83	攻击性强	1.83 ± 0.92

　　中国教师认为创造性学生特征中排位最靠前的十个词汇全部属于学生独创性特征；排在后十位的词汇有 7 个属于非常规特征，少数宜人性特征（自律、随和、文静）也被教师评价为高创造性学生的非典型特征。可见，中国教师关于学生创造性特征的观念具有较高的一致性，非常重视创造型学生的思维特征，而创造型学生的非常规特征（如不守规则、情绪化）则受到了某种程度的忽视。

　　日本教师认为创造性学生特征中排位最靠前的十个词汇有 8 个属于学生独创性特征，宜人性特征中的"热情"和才情特征中的"兴趣广泛"被教师评价为创造型学生的典型特征；排在后十位的词汇相对分散，有 4 个属于学生非常规特征，有 4 个属于学生宜人性特征，另外独创性特征中的"挑战权威"和"执着"也被排在后十位。日本教师关于学生创造性特征的观念相对分散。

　　德国教师的选择同日本教师有较大相似性，排在前十位的词汇除了才情特征上的"兴趣广泛"外，德国教师还选择了学生的"艺术性倾向"；排在后十位的词汇都包括"执着"、"挑战权威"这样的独创性特征，独创性特征中的"适应性强"也被德国教师认为是创造性学生的非典型特征。

　　（2）中日德三国教师关于创造性学生特征内隐观的比较

　　结合三个国家各自的现状分析和表 4 - 25 列出的词汇的情况，可以很直观的看出中国教师更强调学生的独创性特征，更不强调非常规特征。对三个国家教师关于学生创造性特征的观念的四个维度进行描述统计，结果见表 4 - 26。中国教师在学生宜人性特征和独创性特征上的评价高于日本和德国教师，在非常规特征和才情特征上的评价低于日本和德国教师。

表 4 - 25　　　　　中日德三国教师关于创造性学生特征的
内隐观的比较

	三国共有	中国特有	日本特有	德国特有
前十位	想象力丰富、独创的、喜欢接受挑战、好奇心强	爱思考、实践能力强	有主见	艺术性倾向
后十位	随和、过于自信、文静	激进、不守规则、情绪化	集体主义	爱幻想、适应性强

表 4 - 26　　　　　三个国家教师在创造性学生特征四个维度上的
评价情况比较 （$M \pm SD$）

	宜人性特征	独创性特征	非常规特征	才情特征
中国	45.88 ± 8.72	112.87 ± 13.75	23.74 ± 7.27	19.48 ± 4.08
日本	44.08 ± 16.84	104.22 ± 32.28	29.14 ± 11.76	20.52 ± 6.78
德国	41.94 ± 5.48	101.14 ± 9.23	26.02 ± 4.30	20.28 ± 2.71

单因素方差分析结果表明，三个国家教师在关于创造性学生特征的观念的宜人性特征、独创性特征和非常规特征 3 个维度上存在显著差异，在才情特征维度上不存在国家间的差异。

以教师对学生宜人性特征评分为因变量，国家为自变量进行方差分析，国家主效应显著，$F (2, 512) = 9.21$，$p < 0.001$，随后进行了两两比较发现，德国教师的评分低于中国和日本教师，后两者之间差异不显著。

以教师对学生独创性特征评分为因变量，国家为自变量进行方差分析，国家主效应显著，$F (2, 512) = 30.09$，$p < 0.001$，两两比较发现，中国教师的评分显著高于日本和德国教师，后两者之间差异不显著。

以教师对学生非常规特征的评分为因变量，国家为自变量进行方差分析，国家主效应显著，$F (2, 512) = 14.59$，$p < 0.001$，两两比较发现三个国家之间两两差异均显著，差异方向参见表 4 - 26。

（3）中日德三国教师关于创造性学生特征偏好的比较

教师对创造性学生特征的态度的描述统计见表 4 – 27。中国教师对创造性学生的宜人性特征、独创性特征和才情特征的喜欢程度均高于日本和德国教师，但对创造性学生的非常规特征的喜欢程度低于日本和德国教师。

表 4 – 27　　　三个国家教师关于创造性学生特征偏好
情况比较（$M \pm SD$）

	宜人性特征	独创性特征	非常规特征	才情特征
中国	51.29 ± 7.11	107.81 ± 15.14	18.01 ± 5.82	20.16 ± 3.67
日本	42.06 ± 3.99	91.26 ± 11.22	22.00 ± 3.77	17.68 ± 2.93
德国	45.73 ± 4.29	97.82 ± 8.56	22.55 ± 3.35	20.10 ± 2.88

单因素方差分析结果表明，三个国家教师对创造性学生的宜人性特征、独创性特征、非常规特征和才情特征 4 个维度的偏好均存在显著差异。

以教师对学生宜人性特征的偏好为因变量，国家为自变量进行方差分析，国家主效应显著，$F (2，512) = 72.58$，$p < 0.001$，随后进行了两两比较发现，中国教师对宜人性特征的喜欢程度高于德国教师，而德国教师的喜欢程度又高于日本教师。

以教师对学生独创性特征的偏好为因变量，国家为自变量进行方差分析，国家主效应显著，$F (2，512) = 50.72$，$p < 0.001$，两两比较发现，同宜人性特征相似，中国教师对学生独创性特征的喜欢程度高于德国教师，后者又高于日本教师。

以教师对学生非常规特征的偏好为因变量，国家为自变量进行方差分析，国家主效应显著，$F (2，512) = 44.71$，$p < 0.001$，两两比较发现，中国教师对学生非常规特征的喜欢程度最低，低于日本和德国教师，后两者之间无显著差异。

以教师对学生才情特征的偏好为因变量，国家为自变量进行方差分析，国家主效应显著，$F (2，512) = 11.78$，$p < 0.001$，两两比较发现，中国教师与德国教师对学生才情特征的喜欢程度差不多，均高于日本教师。

2. 中国、日本和德国教师关于创造性培养的观念的比较

（1）中日德三国教师创造性培养观念的特点

中国、日本和德国的教师由于受不同的文化，不同的教育理念和教育政策影响，在创造性培养观念方面可能具有不同的特点，因此研究者对中日德三国教师创造性培养观念的特点进行了分析，结果见表 4 – 28。

表 4 - 28   **中日德三国教师创造性培养观念的特点**

	中国		日本		德国	
	平均数	标准差	平均数	标准差	平均数	标准差
创造性思维培养	5.336	0.896	4.683	0.725	4.753	0.553
创造性人格培养	5.971	0.839	5.265	0.540	5.782	0.620
创造性培养	5.653	0.759	4.974	0.502	5.268	0.471

（2）中日德三国教师创造性培养观念的差异检验

对中国、日本和德国教师的创造性培养观念进行单因素方差分析，在创造性思维培养（$F = 33.776$，$p < 0.001$）、创造性人格培养（$F = 19.459$，$p < 0.001$）和创造性总体培养（$F = 32.079$，$p < 0.001$）上三者均差异显著。进一步进行 LSD 事后分析，结果见表 4 - 29。

表 4 - 29   **中日德三国教师创造性培养观念差异检验事后分析**

	（I）国家	（J）国家	MD（I－J）	标准误	p 值
创造性思维培养观念	中国	日本	0.653 ***	0.122	0.000
	日本	德国	-0.071	0.132	0.594
	德国	中国	-0.582 ***	0.081	0.000
创造性人格培养观念	中国	日本	0.706 ***	0.116	0.000
	日本	德国	-0.517 ***	0.125	0.000
	德国	中国	-0.189 *	0.077	0.015
创造性总体培养观念	中国	日本	0.679 ***	0.102	0.000
	日本	德国	-0.294 **	0.111	0.008
	德国	中国	-0.385 ***	0.068	0.000

注：* 表明二者平均数差异在 0.05 水平上显著，** 表明二者平均数差异在 0.01 水平上显著，*** 表明二者平均数差异在 0.001 水平上显著。

由表 4 - 29 可以得出中国教师在创造性思维、创造性人格和创造性总体培养观念上都显著优于日本和德国教师。德国教师在创造性人格培养和创造性总体培养方面显著优于日本教师，在创造性思维的培养观念上与日本教师没有显著差异。

3. 中日德三国教师对创造性培养影响因素的观念分析

（1）中日德三国教师创造性培养影响因素的特点

在了解中日德三国教师在创造性思维、创造性人格和创造性总体培养观念上

的特点及差异后，进一步探讨三国教师对创造性培养的影响因素所持的观念。本
研究列出了教师具有的十一种观念，从最重要到最不重要分别为 1 ~ 5 级评分。
三国教师对这十一种影响因素的重要性的认识见表 4 - 30。

表 4 - 30　　　中日德三国教师创造性培养影响因素的观念分析

	中国		日本		德国		总体	
	平均数	标准差	平均数	标准差	平均数	标准差	平均数	标准差
给予学生纠正错误的机会	4.21	1.001	3.24	1.061	3.91	0.889	4.04	1.019
强调内部动机	4.14	0.891	3.88	1.043	3.92	0.917	4.06	0.919
使用外部物质奖赏	3.37	1.015	2.98	1.152	2.68	1.110	3.14	1.095
频繁的表扬	3.05	1.059	3.68	1.421	3.90	0.895	3.34	1.126
强调自主和独立	4.23	0.879	3.66	1.002	3.87	0.850	4.08	0.906
强调竞争	4.22	0.829	3.12	1.172	3.62	0.981	3.95	0.983
接受学习成败	4.02	0.954	3.76	1.098	2.97	1.135	3.71	1.117
给予学生质疑理论假设机会	4.56	0.651	3.92	0.944	4.29	0.794	4.43	0.751
给予学生频繁的反馈	3.75	0.942	3.58	1.012	3.99	0.798	3.80	0.910
强调发现学习	4.54	0.670	3.84	1.017	4.61	0.596	4.49	0.724
给予学生详细的反馈	4.01	0.881	3.58	1.012	4.03	0.947	3.97	0.919

　　由表 4 - 30 可以发现中日德三国教师对于影响创造性培养的因素的重要性既
具有一致性也具有差异性。综合三国教师的结果，教师对于影响创造性培养的因
素的重要程度从高到低的排序依次为：强调发现学习、给予学生质疑理论假设的
机会、强调自主和独立、强调内部动机、给予学生纠正错误的机会、给予学生详
细的反馈、强调竞争、给予学生频繁的反馈、接受学习成败、频繁的表扬和使用
外部物质奖赏。

　　（2）中日德三国教师关于创造性培养影响因素的差异检验

　　在了解了中日德三国教师对于影响创造性培养的因素的重要性的认识后，进
一步把三个国家教师对该影响因素的重要性程度进行差异检验，以发现其在该观
念上的差异性。对中国、日本和德国教师的创造性培养影响因素的观念进行单因
素方差分析，在十一项影响因素上，三个国家的教师均存在显著的差异，结果见
表 4 - 31。进一步进行 LSD 事后分析，结果见表 4 - 32。

表4-31　　　中日德三国教师创造性培养影响因素的差异检验

	自由度	平方差	F 值	p 值
给予学生纠正错误的机会	2	21.772	22.756	0.000
强调内部动机	2	3.322	3.978	0.019
使用外部物质奖赏	2	23.480	21.098	0.000
频繁的表扬	2	38.689	34.523	0.000
强调自主和独立	2	11.047	14.140	0.000
强调竞争	2	36.657	44.316	0.000
接受学习成败	2	54.124	52.010	0.000
给予学生质疑理论假设的机会	2	10.732	20.486	0.000
给予学生频繁的反馈	2	3.952	4.744	0.009
强调发现学习	2	12.052	25.120	0.000
给予学生详细的反馈	2	4.255	5.114	0.006

表4-32　　　中日德三国教师创造性培养影响因素观念的
差异检验事后分析

	(I) 国家	(J) 国家	MD (I-J)	标准误	p 值
给予学生纠正错误的机会	中国	日本	0.97***	0.149	0.000
	日本	德国	-0.67***	0.161	0.000
	德国	中国	-0.30**	0.099	0.003
强调内部动机	德国	中国	-0.22*	0.093	0.016
使用外部物质奖赏	中国	日本	0.39*	0.160	0.016
	德国	中国	-0.68***	0.107	0.000
频繁的表扬	中国	日本	-0.63***	0.161	0.000
	德国	中国	0.85***	0.107	0.000
强调自主和独立	中国	日本	0.57***	0.134	0.000
	德国	中国	-0.36***	0.090	0.000
强调竞争	中国	日本	1.10***	0.138	0.000
	日本	德国	-0.50**	0.150	0.001
	德国	中国	-0.60***	0.092	0.000

	(I) 国家	(J) 国家	MD (I−J)	标准误	p 值
接受学习成败	日本	德国	0.79 ***	0.168	0.000
	德国	中国	−1.05 ***	0.103	0.000
给予学生质疑理论假设的机会	中国	日本	0.64 ***	0.110	0.000
	日本	德国	−0.37 **	0.119	0.002
	德国	中国	−0.27 ***	0.073	0.000
给予学生频繁的反馈	日本	德国	−0.41 **	0.151	0.007
	德国	中国	0.23 *	0.092	0.012
强调发现学习	中国	日本	0.70 ***	0.105	0.000
	日本	德国	−0.77 ***	0.114	0.000
给予学生详细的反馈	中国	日本	0.43 **	0.139	0.002
	日本	德国	−0.45 **	0.150	0.003

注：* 表明二者平均数差异在 0.05 水平上显著，** 表明二者平均数差异在 0.01 水平上显著，*** 表明二者平均数差异在 0.001 水平上显著。

由表 4−32 可以得到以下结果：

① 中德教师比较：给予学生纠正错误的机会、强调内部动机、使用外部物质奖赏、强调自主和独立、强调竞争、接受学习成败和给予学生质疑理论假设的机会，中国教师比德国教师认为其对学生创造性的培养更重要，对于频繁的表扬和给予学生频繁的反馈两方面，德国教师比中国教师认为其对学生创造性的培养更重要。

② 中日教师比较：给予学生纠正错误的机会、使用外部物质奖赏、强调自主和独立、强调竞争、给予学生质疑理论假设的机会、强调发现学习和给予学生详细的反馈，中国教师比日本教师认为其对学生创造性的培养更重要，对于频繁的表扬，日本教师比中国教师认为其对学生创造性的培养更重要。

③ 日德教师比较：给予学生纠正错误的机会、强调竞争、给予学生质疑理论假设的机会、给予学生频繁的反馈、强调发现学习、给予学生详细的反馈，德国教师比日本教师认为其对学生创造性的培养更重要，对于接受学习的成败，日本教师比德国教师认为其对学生创造性的培养更重要。

（四）基本结论

总结上述分析，我们得到如下结论：

1. 教师从四个维度理解创造性学生特征，即宜人性特征、独创性特征、非常规特征和才情特征；通过对中国、日本和德国教师的比较发现，中国教师更强调学生的宜人性特征和独创性特征，更不强调创造性学生的非常规特征和才情特征；日本教师对创造性学生的非常规特征的评分相对较高。

2. 在创造性学生的宜人性特征和独创性特征两个维度上，中国教师的喜欢程度最高，其次是德国教师，最后是日本教师；同时中国教师最不喜欢创造性学生的非常规特征，而日本和德国教师对学生的非常规特征的评分相似，均高于中国教师。

3. 教师关于创造性培养的观念可以分为创造性思维的培养和创造性人格的培养。中国教师在创造性思维、创造性人格和创造性总体培养观念上都显著优于日本和德国教师。德国教师在创造性人格培养和创造性总体培养方面显著优于日本教师，在创造性思维的培养观念上与日本教师没有显著差异。

4. 通过对中日德三国教师关于创造性培养影响因素的观念的比较得出：相对于日本和德国教师，中国教师认为给予学生纠正错误的机会、使用外部奖赏、强调自主和独立、强调竞争和给予学生质疑理论和假设的机会这些因素对创造性培养更重要，认为频繁的表扬对创造性培养更不重要；中德教师比日本教师更强调发现学习、给予学生详细反馈对创造性培养的作用；中日教师比德国教师更强调接受学习成败对培养学生创造性的重要作用。

参考文献

［1］陈丽、张荣干、唐庆意等：《中西方中学生创造力培养比较调查报告》，见《青少年创造力国际比较》（教育部科学技术司，共青团中央学校部，中国科普研究所编），科学出版社，2003，47～54。

［2］胡军：《加拿大青少年创造力培养研究》，见《青少年创造力国际比较》（教育部科学技术司，共青团中央学校部，中国科普研究所编），科学出版社，2003，55～66。

［3］胡卫平：《青少年科学创造力的发展研究》，博士论文，2001。

［4］胡卫平：《青少年科学创造力的发展与培养》，北京师范大学出版社，2003。

［5］胡卫平、林崇德、申继亮、Philip Adey：《英国青少年科学创造力的发展研究》，《心理科学》，2003. 26（5），775～777。

［6］胡卫平、Philip Adey、申继亮、林崇德：《中英青少年科学创造力发展的比较》，《心理学报》，2004. 36（6），718～731。

［7］林崇德：《发展心理学》，人民教育出版社，1995。

［8］林崇德：《学习与发展》，北京师范大学出版社，1999。

［9］林崇德：《教育的智慧》，开明出版社，1999。

［10］林崇德：《培养和造就高素质的创造性人才》，《北京师范大学学报（社会科学版）》，1999（1），5～13。

[11] 林崇德：《创造性人才·创造性教育·创造性学习》，《中国教育学刊》，2000（1），5～8。

[12] 林崇德：《教育与发展》，北京师范大学出版社，2002。

[13] 林崇德：《教育为的是学生发展》，北京师范大学出版社，2006。

[14] 刘佛年：《十年来教育观念的变革》，载《教育研究》，1988（11）。

[15] 庞学光：《创造性人格的培养与学校教育的革新》，《教育理论与实践》，2000（4），12～17。

[16] 申继亮、胡卫平、林崇德：《青少年科学创造力测验的编制》，《心理发展与教育》，2002，4，76～81。

[17] 申继亮、胡卫平、彭华茂：《东西方青少年创造力及其培养比较研究》，见《青少年创造力国际比较》（教育部科学技术司，共青团中央学校部，中国科普研究所编），科学出版社，2003，35～46。

[18] 施建农、徐凡、周林、查子秀：《从中德儿童技术创造性跨文化研究结果看性别差异》，《心理学报》，1999.31（4），428～434。

[19] 王鑫：《学生的创造性倾向与其对教师课堂行为知觉的关系研究》，北京师范大学，硕士论文，2003，4。

[20] 温忠麟、侯杰泰等：《构方程模型检验：拟合指数与卡方准则》，《心理学报》，2004.36（2），186～194。

[21] 武欣、张厚粲：《创造力研究的新进展》，《北京师范大学学报（社会科学版）》，1997（1），13～18。

[22] 杨治良、蔡华俭、符起俊：《大学生创造性内隐观的调查研究——关于高创造性者的特征》，《心理科学》，2001.24（6），641～645。

[23] 姚计海：《中小学教师教学自主的特点及其与教学创新观念关系研究》，北京师范大学，博士学位论文，2005，5。

[24] 叶仁敏、洪德厚、保尔·托兰斯：《〈托兰斯创造性思维测验〉（TTCT）的测试和中西方学生的跨文化比较》，《应用心理学》，1988.3（3），22～29。

[25] 岳晓东：《两岸四地大学生对创造性特征及创造性人才的认知调查》，《心理学报》，2001.33（2），148～154。

[26] 张庆林：《创造性研究手册》，四川教育出版社，2001。

[27] 张婷、王续琨：《人才：科学发展的第一要素——诺贝尔科学奖的启示》，《武汉理工大学学报（社会科学版）》，2004.17（2），156～159。

[28] 周林、查子秀、施建农：《超常与常态学生图形创造性思维的比较研究——中德技术创造性思维跨文化研究结果之一》，《心理发展与教育》，1995.1，19～23。

[29] 朱智贤、林崇德：《思维发展心理学》，北京师范大学出版社，1986。

[30] 引自中广网"江泽民在1995年全国科技大会上的讲话"http：//www.cnradio.com/tfmb/kjdh/bjzl/t20060109_504152272.html。

[31] 引自中国科学技术协会网"邓楠在2005年中国全面小康论坛的讲话"http：//www.cast.org.cn/n435777/n435794/n435819/n539061/9837.html。

［32］邹枝玲、施建农：《创造性人格的研究模式及其问题》，《北京工业大学学报（社会科学版）》，2003（2），93～96。

［33］Abdullah M. A.. Teachers' perceptions of creativity and creative students.［Dissertation］University of Idaho. 2002. 4.

［34］Amabile T. M.. Creativity in context：update to te social psychology of instrinsic and extrinsic. CO：Westview，1996.

［35］Amabile T. M.. Within you，without you：towars a social psychology of creativity，and beyond. See Runco & Albert，2003.

［36］Amabile T. M.，Gryskiewicz N. D.. The Creative environment work scales：work environment inventory. Creative research journal，1989，2：231－254.

［37］Barron F.，Harrington D.. Creativity，intelligence，and personality. Annual review of psychology，1981，32：439－476.

［38］Beghetto R. A.. Does assessment kill student creativity？. The Educational Forum，2005，Vol（3）：254－263.

［39］Cresskill. NJ：Hampton press，1999.

［40］Csikszentminhalyi M.. Finding flow：the psychology of engagement with everyday experience. New York：Basic Books，1997.

［41］Eysenck H. J.. Personality and creativity. In Runco，M. A.（Ed.）Creativity research handbook，1993：147－178.

［42］Feist G. J.. A meta－analysis of personality in scientific and artistic creativity. Personality and Social Psychology，1998，4：290－309.

［43］Feist G. J.. A structural model of scientific eminence. Psychological Science，1993，4：366－371.

［44］Feist G. J.，Barron F. X.. Predicting creativity from early to late adulthood：intellect，potential，and personality. Journal of research in personality，2003，37：62－88.

［45］Feist G. J.，Runco M. A.. Trends in the creativity literature：an analysis of research in the Journal of creative behavior（1967～1989）. Creativity Research Journal，1993，6：271－286.

［46］Gardner H. eative minds. New York：Basic books，1993. Epstein，R. Generativity theory as a theory of creativity. See Runco & Albert，2003.

［47］Guilford J. P.. Creativity. American Psychologyist，1950，5：444－454.

［48］Hasirci D.，Demirkan H.. Creativity in learning environments：the case of two sixth grade art rooms. Journal of creative behavior，2003，37：17－41.

［49］Helson R.. A longitudinal study of creative personality in women. Creativity Research Journal，1999，12：89－101.

［50］Hudspith S.. The neurological cottrlates of creative thought. Unpublished Ph. D. Dissertation，University of Southern California，Los Angeles，California，1985.

［51］Irene－Anna N. Diakidoy；Elpida Kanari（1999）. Student teachers' beliefs about creativity. British Educational Research Journal，25（2），1999：225－243.

191

［52］Markus H. R. , Kirayama. Culture and the self: Implications for cognition, emotion and motivation. Psychological review, 1991, 98: 224 - 253.

［53］Miller, J. G. . Culture and the development of everyday social explanation. Journal of personality and social psychology, 1984, 46: 961 - 978.

［54］Nisbett R. E. , Peng K. , Choi I. . Norenzayan, A. Culture and systems of thought: holistic versus analytic cognition. Psychological review, 2001, 2: 291 - 310.

［55］Niu W. H. , Sternberg R. J. . Contemporary studies on the concept of creativity: the east and the west. Journal of Creative Behavior. 36 (4), 2002: 269 - 288.

［56］Pawlik K. , Rosenzweig M. R. . International handbook of psychology. London: Sage publications, 2000.

［57］Peng K. . Culture, dialectics and reaoning about contradiction. American psychologist, 1999, 9: 741 - 754.

［58］Rhodes, M. . An analysis of creativity. In Frontiers of Creatibity research: Beyond the basics, ed. SG Isaksen, pp. 216 - 222. Buffalo, NY: Bearly, 1987.

［59］Runco M. A. . Divergent thinking. Norwood, NJ: Ablex, 1991.

［60］Runco M. A. , Johnson D. J. . Parents' and teachers' implicit theories of children's creativity. Child Study Journal, 23 (2), 1993: 91 - 113.

［61］Runco M. A. , Richards R. . Eminent creativity, everyday creativity, and health. Norwood, NJ: Ablex, 1997.

［62］Runco M. A. , Charles R. . Developmental trends in creativity. In Runco, M. A. (Ed.) Creativity research handbook. Cresskill, NJ: Hampton press, 1997.

［63］Runco M. A. , Johnson D. J. , Raina M. K. . Parents' and teachers' implicit theories of children's creativity: a cross - cultural perspective. Creative Research Journal, 14 (3), 2002: 427 - 438.

［64］Runco M. A. . Creativity. Annual review of psychology, 2004, 55: 657 - 687.

［65］Rudowicz E. , Lok D. & Kitto J. . Use of the Torrance tests of creative thinking in an exploratory study of creativity in Hong Kong primary school children: a cross - cultural comparison. International Journal of Psychology, 1995, 30 (4): 417 - 430.

［66］Rudowicz E. , Hui A. . The creative personality: Hong Kong perspective. Journal of Social Behavior & Personality, 12 (1), 1997: 139 - 157.

［67］Rudowicz E. , Yue X. . Concepts of creativity: similarities and differences among Mailand, HongKong and Taiwanese Chinese. Journal of Creative Behavior. 2000, 34: 175 - 192.

［68］Sass L. A. , Schuldberg D. . Introduction to the special issue: Creativity and the schizophrenia spectrum. Creative research jouranl, 2001, 13: 1 - 4.

［69］Starchenko M. G. , Bekhtereva N. P. , Pakhomov S. V. . Study of the Brain Organization of Creative Thinking. Human Physiology 29, No. 5 (2003): 652 - 653.

［70］Steiger J. H. . Structural model evaluation and modification: An interval estimation approach. Multivariate Behavioral Research, 1990, 25: 173 - 180.

［71］Sternberg R. J. . Implicit theories of intelligence， creativity， and wisdom. Journal of Personality and Social Psychology，49（3），1985：607 – 627.

［72］Sternberg & Lubart. An investment theory of creativity and its development. Human development，1991，34：1 – 31.

［73］Sternberg R. J. . A three – facet model of creativity. In R. J. Sternberg（Eds.)，The nature of creativity（pp. 125 – 147）. Cambridge，England：Cambridge University Press.

［74］Tan A. . A review on the study of creativity on Singapore. Journal of Creative Behavior，34（4），2000：259 – 284.

［75］Torrance E. P. . Test of Creative Thinking. Lexington，MA：Personnel Press. 1966.

［76］Torrance E. P. ，Sato S. . Differences in Japanese and United States styles of thinking. Creative Child and Adult Quarterly，1979，4（3）：145 – 151.

［77］Torrance E. P. . The nature of creativity as manifest in it's testing. In R. J. Sternberg（Ed . ）. The nature of creativity：contemporary psychological perspectives. New York：Cambridge University Press. 1988.

［78］Urban K. K. . Recent trends in creativity research and theory in Western. European Journal for High Ability，1990，27（1）：99 – 113.

［79］Weihua Niu & Sternberg R. . Contemporary studies on the concept of creativity：the east and the west. Journal of Creative Behavior，2002，36（4）：269 – 289.

［80］Westby E. L. ，Dawson V. L. . Creativity：asset or Burden in the classroom？Creativity Research Journal. 8（1），1995：1 – 10.

［81］Woodman R. W. & Schoenfeldt L. F. . An interactionist model of creative behavior. The journal of creative behavior. 1990，24（1）：11 – 20.

学校教育中的创造力培养实践 *

我们在研究思路上，采取定性研究与定量研究相结合、理论构思与实证研究相结合的基本思路；在具体的数据收集方法上，综合应用测验法、问卷法、档案法、访谈法、实验法等研究方法，以求通过各种方法获得的资料互相补充和验证；并将学校作为一个有机整体，在了解学生创造力发展的基础上，通过研究学校中的主体（学校的管理者、教师、学生）、学校的客体（校园的物理环境、校园的文化氛围等）及其相互作用，分析了学校里影响创造力培养的因素。

在对研究资料系统分析整理的基础上，我们将从四个部分呈现研究结果：第一部分探讨学生创造力的发展特点及其个体影响因素；第二部分主要分析了学校环境现状及其在创造力培养中面临的问题，并在此基础上提出了改进措施；第三部分结合课堂实录的分析和点评，阐明了如何更好地组织课堂教学以培养学生的创造力；第四部分从创造型教师和教师创造力内隐观的角度论述了教师对学生创造力的影响，并提出相应的教育建议。

一、学生创造力的发展

学生是学校创造力培养的主要对象，了解学生创造力的发展特点，并分析其影响因素是创新教育成功的先决条件。本部分将主要以中学生为被试，从创造力

---

* 本章负责人和统稿人：陈英和教授；本章研究成员：陈英和、王静、刘惠娟、黄四林、郝嘉佳、李清涛。

要素、创造力的影响因素及创造力发展的差异三个方面分别探讨学生创造力的发展特点。

（一）创造力要素的发展趋势

问题意识是创造力培养的基础，创造性问题提出是问题解决的前提和基础，提出要解决的问题和问题解决同样重要，只有个体发现问题并明确地提出问题，才谈得上去解决它。在创造性活动中，个体往往需要重新界定问题，并提出问题，在反思问题目标与条件的时候，就会发现或创造新问题（Chan，2001）。创造力除了受问题意识、创造性问题提出等认知因素的影响外，创造力倾向（即创造动机）在创造活动中的作用也不可或缺。以下将从问题意识、创造性问题提出、创造力倾向等要素来探讨学生创造力的发展趋势。

1. 问题意识

问题意识是指学生在认知活动中遇到难以解决的、疑虑的实际问题或理论问题时，产生的一种怀疑、困惑、焦虑、探究的心理状态。这种心理状态驱使学生积极思维，不断提出问题。强烈的问题意识不仅体现了个体思维品质的活跃性和深刻性，而且也是思维的动力，促使人们去发现问题，解决问题。问题意识是创新精神的基石，强化和培养学生的问题意识是培养学生创新精神的起点和关键（周易宏，2000；尹联，2001）。如果学生缺乏问题意识，那么创造力培养就成了无源之水。了解学生问题意识的水平是培养创造型人才的起点，所以有必要从创造力的角度来审视学生问题意识的现状。由此，本研究首先考查了高中生问题意识的特点。

（1）研究方法

被试为 90 名普通中学高一学生，男生 49 人，女生 41 人。用问题意识测试材料考查学生在日常生活中对生活观察的态度，以及对问题的敏感性。如："您在日常生活中注意到了哪些不顺手、不方便、不称心、有缺点的物品、方法或现象吗？""您有兴趣进行功能性或实践性方面的改进吗？""您是怎么做的？"对测试结果进行编码计分，规则为：没有注意到问题所在，对功能性或实践性改进扩展方面表示无兴趣，记为 0 分；注意到问题所在，列举了生活中的不方便，对功能性或实践性改进有兴趣并列举 1～3 个实例，记为 1 分；注意到问题所在，列举了 3 个以上的生活中不方便，对功能性或实践性改进表示非常有兴趣，并列举 3 个以上实例，记为 2 分。

（2）研究结果

① 高中生问题意识的特点

在本研究所调查的 90 人中，问题意识得 0 分的学生有 1 名，占 1.1%（问题意识不明显，没有提出恰当的问题）；问题意识得 1 分的学生有 48 名，占 53.3%（注意到问题所在，列举了生活中的不方便，对功能性或实践性改进有一定的兴趣，并能够举出生活实例）；问题意识得 2 分的学生有 41 名，占 45.6%（对生活中所发现的问题感兴趣，且能发现较多问题，对其功能扩展等革新问题非常有兴趣）。由此可见，高中生在日常学习和生活中的问题意识还是比较强的。

② 高中生问题意识的内容分析

我们对学生问题意识的回答进行了内容分析，作为定量分析的补充。结果显示，高中生的问题意识大多来自于对家居生活和学习生活的观察，学生关注的对象有：晾衣架、家用煤炉、抽水马桶、自行车、雨衣、雨伞、钥匙与锁、眼镜、钢笔、水笔、黑板、粉笔灰、板擦、书等。学生在实践生活中的问题意识体现了学生的思维状态和思维的批判性、深刻性、独特性等，也表现出了个体的反思能力和提出问题的能力。

学生注意到的生活中的问题：擦黑板时粉笔屑四处飞扬；普通雨衣在骑自行车时无法很好地防雨，裤子容易被雨打湿；洗茶杯时杯底与杯壁衔接处很难清理；擦玻璃窗时，外部不容易擦到；夜晚回家时，钥匙不容易插入门孔。

学生想到扩展的用途：由电动水果刀，联想到设计一种电动水果蔬菜削片器；由写字板联想到制作方便的板擦。

学生想到的措施：将普通的雨衣改进为"衣裤型雨衣"；在原来的杯子刷上添加两个触角似的可灵活调节的活动刷子改造成"多角度刷杯笔"；在钥匙和锁上安装感应器，钥匙靠近门锁时，感应器使钥匙发亮以便容易找到锁孔。

高中生在体察生活时，意识到的问题虽然都比较浅显，但都能从生活中的不方便经历发现问题，并利用自己的聪明才智解决问题，可以认为生活是学生创造力的起点和体现。

2. 创造性问题提出

创造性问题提出是指个体对意识到的问题进行加工、组织，然后用语言、图形或动作等可感的形式表达出来，并传递给自己或他人（俞国良、侯瑞鹤，2004）。问题提出是问题意识明朗化的结果，反映了个体在问题意识的基础上，对思维进一步加工、提出问题的能力。若问题意识不能明朗化为问题提出，可能导致创造性活动中断或停滞。问题的提出和形成经常比问题的解决更根本，个体创造性问题提出的能力会显著影响其创造力的表现。研究青少年问题提出的现状，揭示其发展的一般规律，可以为学校创造力培养提供有效的指导。为此本研究考查了某普通中学初一、初二、高一、高二年级学生创造力问题提出的发展特点。

（1）研究方法

被试为 358 名普通中学的初一、初二、高一、高二年级的学生，男生 195

名，女生 163 名。实验问题涉及航空、生态、资源、能源、生物等不同领域，紧扣社会热点问题，并与中学生的人文社会科学课程相联系。让学生根据实验问题提出尽量多的和新颖的研究问题，流畅性指标是学生回答答案的个数；灵活性指标是答案类别的个数；独特性指标由选择该答案的人数占总人数的百分比来决定，若该比例小于 5%，得 2 分，若在 5% ~ 10% 之间，得 1 分，若在 10% 以上，得 0 分，所有答案的独特性得分之和即为该题的独特性得分。

（2）研究结果

中学生创造性问题提出及三个维度上的年级差异显著。在初一至高一阶段，中学生创造性问题提出及三个维度的得分随年级的升高而升高，到了高二又有明显下降。初一和初二之间的年级差异不显著，高一的得分显著高于初二的得分，高二的得分显著低于高一的得分（见图 5-1 和图 5-2）。中学生在创造性问题提出三个维度上的水平差异显著，流畅性显著好于灵活性，灵活性显著好于独特性。四个年级的学生在三个维度上的差异也非常显著。初一学生的独特性好于流畅性、灵活性，初二学生的灵活性显著好于流畅性和独特性，高一学生的流畅性显著好于灵活性和独特性。这表明，中学阶段各年级学生的创造性问题提出在流畅性、灵活性和独特性三个维度上差异都非常显著。

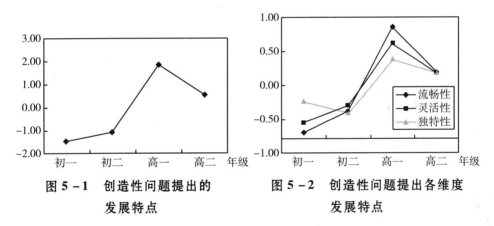

图 5-1　创造性问题提出的　　　　图 5-2　创造性问题提出各维度
　　　　发展特点　　　　　　　　　　　　　发展特点

中学生创造性问题提出能力整体呈上升趋势，这和学生知识经验的丰富密不可分，知识经验的不断丰富促进了学生创造性问题提出能力的发展。传统教育的重点是问题解决能力的培养和训练，实际上，问题提出比问题解决对创造力培养更有意义。学生的创造潜力、创造性思维能力等的培养是将来产生创造性产品的基础。

3. 创造性倾向

斯滕伯格和鲁伯特（1996）在创造力投资理论中提出动机是创造力的六个要素之一，关注任务的动机对创造力而言是非常重要的（Csikszentmihalyi，1990；Gardner，1993）。Woodman 和 Schoenfeldt（1990）在关于创造性行为交互作用的理论中认为，个体内在的动机和倾向是个体取得创造性成就的要素之一。较高水平的动机倾向会帮助富有创造性的个体在其所从事的领域更加独立。只要有足够的动机，即使个体缺乏特定的创造技能和领域技能，也能够通过适当的学习和训练加以弥补。但是，如果创造动机不足，即使有较高水平的创造技能和领域技能，也很难取得高水平的创造成果。本研究试图通过探讨中学生的创造性倾向来深入地了解中学生创造力的发展趋势。

（1）研究方法

被试为 358 名普通中学的初一、初二、高一、高二年级学生。实验材料为威廉姆斯的《创造力倾向》纸笔测验。

（2）研究结果

中学生创造力倾向及冒险性、好奇心、想象力和挑战性四个维度的发展特点一致，呈现出波折状的发展特点，具体为：初一至高一阶段，中学生的创造力倾向呈现上升的趋势，而在高二有所下降。初二和初一学生间得分差异不显著，高一学生显著好于初二学生得分，高二学生的得分显著低于高一学生得分（见表5–1）。高一学生创造力倾向最高的原因，可能是他们具备了一定的情感、认知等心理技能，而且年龄成熟，课业相对轻松，所以表现出创造力倾向较高的现象。

表5–1　　　　　　　　中学生创造力倾向各维度的得分情况

年级	性别	创造力倾向		冒险性		好奇心		想象力		挑战性	
		平均数	标准差	平均数	标准差	平均数	标准差	平均数	标准差	平均数	标准差
初一	男	2.02	0.31	2.03	0.34	2.06	0.37	1.95	0.37	2.04	0.31
	女	2.07	0.24	2.07	0.27	2.04	0.29	2.06	0.39	2.12	0.22
	总计	2.04	0.28	2.05	0.31	2.05	0.34	2.00	0.38	2.08	0.27
初二	男	2.00	0.23	1.96	0.27	2.05	0.27	1.92	0.27	2.05	0.29
	女	1.96	0.20	1.98	0.25	1.91	0.25	1.95	0.26	2.02	0.26
	总计	1.98	0.21	1.97	0.26	1.98	0.27	1.94	0.26	2.03	0.26
高一	男	2.26	0.19	2.24	0.26	2.30	0.28	2.23	0.27	2.28	0.22
	女	2.29	0.19	2.31	0.21	2.28	0.24	2.32	0.32	2.25	0.21
	总计	2.28	0.19	2.27	0.24	2.29	0.30	2.27	0.30	2.26	0.21
高二	男	1.92	0.20	1.94	0.27	1.91	0.26	1.87	0.24	1.99	0.23
	女	1.97	0.21	1.99	0.29	1.94	0.22	1.94	0.26	2.00	0.20
	总计	1.94	0.20	1.96	0.27	1.92	0.25	1.89	0.25	1.99	0.22

创造力倾向影响着个体最终的创造性活动。Heinzen，Mills 和 Cameron（1993）研究发现，富有创造力的青少年比同年龄的青少年显现出更高水平的内在动机和倾向爱好。阿玛拜尔等发现内部动机取向的被试会表现出更多的创造性。薛贵等人（2001）发现个体的认知需求倾向对其创造力有显著影响。高认

知需求的人面对创造力的测验的时候，可能更愿意认真思考，投入更多的时间，从而更可能得到新颖、独特的解决方法。创造力倾向使个体对活动有着积极的感受，这种积极的感受可能来源于曾经受到强化的经历，也可能源于个体置身于其中的幸福快乐感（Csikszentmihalyi，1990）。一个领域内的创造性才能往往与对本领域的倾向、爱好和兴趣是一致的（White，1959）。

（二）影响创造力的个体因素

学生的创造力是内外环境综合作用的产物。它的发展不仅受学校教育中的教师、课堂环境、文化环境等外在因素的影响，还会受到信息素养、认知风格等内在因素的影响。研究这些影响因素不仅有助于更清晰地理解创造力的形成过程，也可为学生创造力的培养提供突破口。本部分重点分析了信息素养、认知风格对创造力的影响。

1. 信息素养对创造力的影响

保罗·泽考斯基（Paul Zurkowski）于 1974 年第一次提出信息素养（information literacy）概念，信息素养的定义有很多（Spitzer et al.，1998）。运用最为广泛的是美国图书馆协会（ALA）1989 年的定义，具有信息素养的人应该善于针对既定问题或论点知道何时需要信息，他们有能力查找信息、评估信息、组织信息，能够针对手头的问题或论点有效使用信息；具备信息素养能力的人学会了如何学习，知道知识如何组织在一起，如何发现信息，如何使用信息。

全面而快速地掌握新信息对个体的创造力具有重要影响。学生们只有了解和掌握了最新的、全面的、充分的资料，才有可能找出正确的、具有创新性的问题。本研究考察了中学生查找信息、信息入门、信息应用和信息综合的状况，以及信息素养和他们的创造性问题提出的关系。

（1）研究方法

被试为 358 名普通中学的初一、初二、高一、高二年级学生。研究材料为中学生信息素养问卷和创造性问题提出材料。中学生的信息素养问卷分为四个维度：区分信息（确认需要的信息；根据信息所需提出问题）、查找信息（从不同来源、内容、领域和文化中寻找信息）、应用信息（确定准确的、相关的和可以理解的信息；区分不同的事实、观点）和综合信息（组织实践应用的信息；以适当的形式声称和交流信息；与别人分享知识和信息）。采用李克特五分等级进行评定，问卷的 Cronbachs Alpha 为 0.826。

（2）实验结果

① 中学生信息素养的特点

总体来看，中学生各年级的信息素养得分均位于 3 分与 4 分之间，年级差异

非常显著，呈波浪式变化，初二学生的信息素养显著低于初一学生，高一学生的
信息素养的得分显著高于初二学生，高二学生的信息素养又显著低于高一学生
（见表5-2）。

表5-2　　　　　　　　中学生信息素养的发展特点

年级	初一			初二			高一			高二		
性别	男	女	总计	男	女	总计	男	女	总计	男	女	总计
平均数	3.65	3.77	3.70	3.53	3.59	3.56	3.94	4.05	3.99	3.58	3.59	3.58
标准差	0.59	0.38	0.51	0.50	0.46	0.48	0.34	0.32	0.33	0.37	0.51	0.42
人数（人）	49	41	90	44	41	85	45	45	90	61	32	93

从表5-3中可以看出，中学生信息素养四个维度得分从高到低的排序依次
为信息综合、信息应用、信息区分和信息查找。学生信息综合的得分最高，而信
息查找的得分最低。采用重复测量法对四个维度的差异进行检验，结果表明，中
学生信息素养的四个维度的得分差异显著。分别考查不同年级学生的信息素养在
四个维度上的差异，结果显示，不同年级学生四个维度的得分差异均显著。从图
5-3可以看出，初一学生的得分在信息区分、信息查找、信息应用和信息综合
四个维度上依次升高。对初二和高二学生而言，信息查找的得分最低，信息应用
和信息综合的得分依次升高。对于高一学生而言，信息区分、信息查找和信息应
用的分数相差不是很大，但信息综合的分数明显升高。

表5-3　　　　　　　　中学生信息素养各维度的差异

	信息区分	信息查找	信息应用	信息综合
平均数	3.58	3.46	3.74	3.88
标准差	0.62	0.73	0.55	0.68

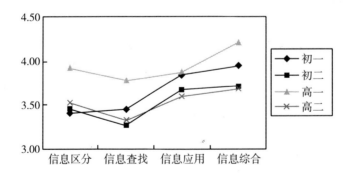

图5-3　中学生信息素养各维度的差异

② 信息素养与创造性问题提出的关系

为考查信息素养与创造性问题提出的关系，对信息素养与创造性问题提出的各维度进行相关分析。如表 5-4 所示，信息查找、信息综合与创造性问题提出中的流畅性、灵活性有显著相关；信息综合与独特性有显著相关。由此可见，信息综合与信息查找在创造性问题提出中扮演着更为重要的角色。

表 5-4　　　　　　　　信息素养与创造性问题提出的相关

	信息区分	信息查找	信息应用	信息综合
流畅性	− 0.019	0.177 *	0.126	0.223 **
灵活性	− 0.029	0.179 *	0.126	0.190 **
独特性	0.013	0.100	0.108	0.187 **

注：* 为 $p < 0.05$，** 为 $p < 0.01$。

信息是知识的来源与基础，在问题解决过程中，信息是问题解决者检查自己是否具备解决问题条件的一个重要指标，创新能力和实践能力是与信息的获取、加工、分析、处理等能力密不可分的。因此，培养学生的信息素养水平成为了提高学生创造性思维的发展方向。

2. 认知风格对创造力的影响

认知风格是指个体在知觉、思维、解决问题、学习以及人际交往方面与环境相互作用的方式。从更广意义上来说，认知风格是影响个体适应环境需求的一种高级元认知策略和广泛的倾向性（Mille，1987）。20 世纪 80 年代后期，柯顿（Kirton，1976）将认知风格分为适应型和创新型两种，引发了创造学领域学者对认知风格的关注。此后，众多研究者都从与创造力关系的角度对认知风格进行了不同分类（邓雪梅等，2003），国内外学者大都认为场独立性是富有创造力的人的共同特点（Witkin，1983；Guilford，1991；武欣、张厚粲，1997；李寿欣，2000；唐殿强，2002；周玉林，2004）。米尔斯（Mills，2003）利用 MBTI（Myers - Briggs Type Indicator）测验对天才学生与其教师的教学互动关系进行研究发现，教师倾向于以直觉的方式获取信息并通过理性思考做出判断，师生均偏好并擅长于对抽象的概念性信息的处理，重视逻辑分析和客观性。Myers 和 McCaulle（1998）也曾指出 MBTI 中的感觉型（S）和知觉型（P）更具有创造性。

本研究也使用 MBTI 类型量表来探讨认知风格对中学生创造性倾向和创造性问题提出的影响。MBTI 测验可以衡量和描述人们在获取信息、做出决策、对待生活等方面的心理活动规律。它从四个维度八个方面划分了个体的个性特征，分别是：外倾—内倾（E-I），表示个体心理能量的指向；感觉—直觉（S-N），表示个体获取信息的方式；思维—情感（T-F），表示个体做出决策的方式；判断一知觉（J－P），表示个体的生活风格和做事方式，表明个体是以一种有计划的还是随意的方式适应外部环境，是信息获取维度和决策维度的综合效应在个人生活方式中的体现。本研究发现：内倾的个体在创造性倾向上具有更高的想象力；而直觉型个体在创造性问题提出上表现更好，提出的问题更加独特，这一结论与 Myers 和 McCaulle（1998）的结果不一致。

（1）认知风格对创造性问题提出的影响

在创造性问题提出及其三个维度——流畅性、灵活性、独特性上，外倾和内倾、思维和情感、判断和知觉的差异均不显著。感觉和直觉两个组在创造性问题提出上差异边缘显著（$t = 1.964$，$p = 0.056$），在独特性上差异显著（$t = 2.175$，$p < 0.05$），在流畅性和灵活性上差异不显著（见表 5 － 5）。与感觉型相比，直觉型的个体更容易进行创造性问题提出，他们提出的问题也更加独特。

表 5 － 5 　　　　不同认知风格学生在创造性问题提出上的
平均数和标准差

认知风格	人数（人）	创造性问题提出		流畅性		灵活性		独特性	
		平均数	标准差	平均数	标准差	平均数	标准差	平均数	标准差
外倾	32	25.41	5.22	13.00	1.74	7.56	1.27	4.84	2.80
内倾	14	24.07	3.71	12.93	1.98	7.36	1.28	3.79	1.25
感觉	17	23.24	4.05	12.47	1.74	7.24	1.03	3.53	1.84
直觉	29	26.03	4.98	13.28	1.79	7.66	1.37	5.10	2.62
思维	9	24.44	3.47	12.89	1.90	7.44	1.13	4.11	1.17
情感	37	25.14	5.12	13.00	1.80	7.51	1.30	4.62	2.69
判断	12	25.67	3.98	13.50	1.83	7.50	1.24	4.67	1.67
知觉	34	24.76	5.11	12.80	1.77	7.50	1.29	4.47	2.71

感觉和直觉是个体收集信息的两种方式，感觉是指个体对事物的感知主要集中在当前确定的、现实的具体内容和细节上，主要运用的是自己的感官；直觉指的是个体对事物的感知主要集中在事物的整体轮廓、相互关系以及发展的可能性上，主要运用的是一种洞察力（唐薇，2003）。因此，直觉型个体的收集信息方式决定了他们能够提出更加具有创造性和更加独特的问题。

（2）认知风格对创造性倾向的影响

在创造性倾向及其四个维度冒险性、好奇心、想象力和挑战性上，外倾和内倾两个组只在想象力维度上有显著差异（$t = 2.152$，$p < 0.05$），内倾的学生具有更高的想象力。学生的总体创造性倾向以及其他维度均没有显著差异（见表 5 － 6）。

表5-6　　　　　　不同认知风格学生在创造性倾向上的
平均数和标准差

认知风格	人数（人）	创造性倾向		冒险性		好奇心		想象力		挑战性	
		平均数	标准差	平均数	标准差	平均数	标准差	平均数	标准差	平均数	标准差
外倾	32	14.05	2.06	3.43	0.47	3.58	0.66	3.31	0.66	3.72	0.50
内倾	14	15.03	2.04	3.60	0.46	3.84	0.71	3.75	0.56	3.85	0.53
感觉	17	14.12	2.49	3.37	0.45	3.61	0.85	3.46	0.77	3.68	0.63
直觉	29	14.48	1.84	3.54	0.48	3.69	0.57	3.44	0.60	3.81	0.42
思维	9	14.15	1.83	3.38	0.45	3.57	0.60	3.48	0.52	3.75	0.51
情感	37	14.40	2.16	3.50	0.48	3.68	0.70	3.45	0.63	3.76	0.51
判断	12	14.19	1.61	3.45	0.37	3.64	0.51	3.31	0.63	3.80	0.34
知觉	34	14.40	2.24	3.49	0.50	3.67	0.74	3.50	0.67	3.75	0.55

外倾和内倾是个体获得能量的途径，外倾是指个体偏好于将心理能量即注意焦点用于个体外部世界中的人和事物上；内倾是指个体将心理能量及注意焦点主要用于个体内心世界中的经验和想法上（唐薇，2003）。由此可见，内倾型的个体会具有更好的想象力。

（三）中学生创造力发展的差异

了解学生创造力发展的差异有利于因材施教，使学校教育更具效力。以往研究发现学生创造力的发展在性别、城乡、文理科、领域等诸多方面表现出一定的差异。本研究主要从性别、日常创造力表现及实践思维水平三个方面探讨各年级中学生在问题意识、创造性问题提出和创造性倾向方面存在的差异。

（1）性别差异

创造力的发展在许多方面表现出不同程度的性别差异。大多数人认为，男性的思维更易专注于一个目标，喜欢创新，敢于冒险，善于解决复杂的和带有挑战性的问题，在思维风格方面更为激进；而女性则被认为是依赖性强、富有情感、成就动机弱。在这种性别角色观念的影响下，男性的创造性思维活动受到社会和教育的积极促进较大，而对女性的促进作用相对则较小（林崇德、俞国良，1999）。

① 问题意识的性别差异

姚本先（1995）认为问题意识是思维的特性——问题性的表现。问题意识是创新精神的萌芽，不仅体现了个体思维品质的活跃性和深刻性，也反映了思维的独立性和创造性。

本研究采用杨琳（2005）编制的《问题意识问卷》对179名中学生进行了

203

问题意识研究。此问卷包括五个维度：1）问题指向，指在学习过程中，遇到疑问时的寻求答案的心理倾向；2）问题敏感性，指在学习中善于发展问题，对问题感觉敏锐的思维品质；3）好奇心，指对事物内在关系或特征抱有浓厚的兴趣的心理倾向；4）思考兴趣，指对思维活动抱有较强的兴趣并愿意为之投入更多努力；5）质疑权威，指对权威敢于提出质疑的倾向。

中学生总体在问题意识及五个维度上的性别差异均不显著（见表5－7）。初一及高二学生在思考兴趣维度上存在性别差异，初一时女生思考兴趣水平显著高于男生，高二时男生显著高于女生。这种变化的原因可能在于教育中偏颇的性别认识。男生被认为是聪明、富有创造性、求知欲强的，女生则被认为是学习认真、刻苦、井井有条，在数理化方面是难以学好的。因此到高二时，这些刻板印象以及基于此的女生自我评价可能都会使女生的思考兴趣降低。

表5－7　　　　　中学生各年级问题意识及五个维度的性别差异

年级	性别	人数(人)	问题意识		问题指向		问题敏感性		好奇心		思考兴趣		质疑权威	
			平均数	标准差	平均数	标准差	平均数	标准差	平均数	标准差	平均数	标准差	平均数	标准差
初一	男	29	42.90	6.53	8.07	2.49	8.07	2.00	8.83	2.12	11.14	2.99	6.79	1.37
	女	21	44.24	5.02	8.19	1.86	7.76	1.73	8.90	2.07	12.90	2.55	6.48	1.33
	t值		0.788		0.188		0.567		0.128		2.194*		0.817	
初二	男	31	42.77	6.64	7.65	2.03	8.29	1.62	9.71	2.25	10.06	3.16	7.06	1.59
	女	27	43.48	5.41	7.93	1.77	8.30	1.03	8.89	1.91	11.59	2.95	6.78	1.28
	t值		0.441		0.558		0.016		1.484		1.893		0.749	
高一	男	13	43.38	5.69	9.00	1.23	8.23	1.74	8.92	2.06	9.23	2.42	8.00	1.41
	女	16	43.63	4.80	8.38	1.50	7.88	1.54	9.50	2.19	10.25	1.92	7.63	1.78
	t值		0.123		1.209		0.583		0.724		1.267		0.616	
高二	男	24	44.50	5.44	8.46	1.62	8.00	1.25	9.25	1.98	10.71	1.88	8.08	1.25
	女	18	41.94	5.09	8.06	1.39	7.72	1.27	9.11	1.57	9.50	1.95	7.56	1.10
	t值		1.548		0.848		0.706		0.245		2.032*		1.427	
总计	男	97	43.32	6.15	8.15	2.03	8.14	1.66	9.23	2.12	10.43	2.78	7.36	1.51
	女	82	43.37	5.10	8.11	1.65	7.95	1.39	9.06	1.92	11.21	2.74	7.04	1.43
	t值		0.054		0.161		0.836		0.544		1.871		1.469	

注：* 在0.05水平上显著。

② 创造性问题提出的性别差异

对初一到高二的中学生进行了创造性问题提出的性别差异比较，结果发现，创造性问题提出的独特性男生显著好于女生；在创造性问题提出维度总分和流畅性、灵活性两个维度上差异不显著。各年级中学生的创造性问题提出没有显著的性别差异（$F(1, 357) = 0.109, p > 0.05$），男女生水平相近，在创造性问题的三个维度上，男女中学生的流畅性（$F(1, 357) = 1.377, p > 0.05$）和灵活性（$F(1, 357) = 1.045, p > 0.05$）差异不显著，水平接近；而独特性方面男生显著好于女生（$F(1, 357) = 4.357, p < 0.05$），初一、初二、高二年级男生的独特性得分高于同年级女生的独特性得分。具体见表 5 - 8。

表 5 - 8　　中学生创造性问题提出各维度的平均数和标准差

		创造性问题提出			流畅性		灵活性		独特性	
		男生	女生	总计	男生	女生	男生	女生	男生	女生
初一	平均数	-1.53	-1.38	-1.46	-0.73	-0.64	-0.59	-0.49	-0.21	-0.26
	标准差	2.15	2.72	2.41	0.66	0.76	0.91	1.06	0.80	1.20
初二	平均数	-0.76	-1.42	-1.08	-0.34	-0.44	-0.13	-0.45	-0.28	-0.53
	标准差	2.27	2.39	2.34	0.68	0.75	1.04	0.94	0.80	0.90
高一	平均数	1.87	1.91	1.89	0.92	0.81	0.62	0.64	0.33	0.46
	标准差	2.61	2.42	2.50	1.31	1.00	0.91	0.97	1.04	1.15
高二	平均数	0.52	0.67	0.57	0.20	0.17	0.10	0.32	0.22	0.17
	标准差	1.48	2.05	1.69	0.49	0.57	0.53	0.82	0.81	0.90

男生所提问题更加独特新颖的原因可能在于，学校和家庭教育鼓励男生探索未知世界，发现新问题，他们思维活跃，容易摆脱习惯束缚进行创新；而女生从小被训练得更加乖巧、温和、顺从，解决问题时容易从众和墨守成规，缺乏主见。

③ 创造性倾向的性别差异

创造性倾向是指一个人对创造活动所具有的积极的心理倾向。具有高创造力倾向的人，其创造力水平一般也较高（Alter, 1989；Walker, 1995）。本研究对中学生创造性倾向进行了性别差异比较，结果发现，中学生创造力倾向的总体性别差异不显著（$F(1, 357) = 0.907, p > 0.05$）。在创造性倾向的冒险性（$F(1, 357) = 2.607, p > 0.05$）、好奇心（$F(1, 357) = 2.607, p > 0.05$）和挑战性（$F(1, 357) = 0.088, p > 0.05$）三个维度上性别差异不显著，想象力维度性别差异显著（$F(1, 357) = 5.191, p < 0.05$）。具体而言，初二年级男生的好奇心得分显著高于女生（$F(1, 83) = 6.373, p < 0.05$）；初一、初二、高一和高二年级的男生想象力得分均低于同年级女生（结果见表 5 - 1）。

创造性倾向中的想象力指倾向于视觉化和建立心像；幻想尚未发生过的事情；进行直觉地推测；超越感官及现实的界限。它指人们倾向于运用想象的程度，而不是想象能力本身（李小平等，2005）。一般观点认为女性更容易耽于幻想和想象，男性的想象力常常带有抽象与逻辑性的色彩，而女性则往往带有具体与形象性的特点。

总体看来，除几个维度外，中学生创造力的性别差异不像想象中的那样大，在创造力的很多方面男女表现相近。

（2）日常创造力不同表现群体的差异

学校中有创造性表现良好的学生群体和普通学生群体，这两个群体的创造力有何差异呢？本研究在某省省级创造发明特色高中中选取表现出良好创造性的学生群体，即学校发明协会成员（共70人，男37人，女33人），同时随机挑选出普通学生群体（共93人，男42人，女51人），对他们的创造性问题提出和创造性倾向进行差异比较。

① 创造性问题提出的群体差异

高创造力学生群体和普通学生群体的创造性问题提出及三个维度的平均数和标准差见表5-9（以下对两个群体分别简化为高组和低组）。结果表明，高组的创造性问题提出的得分显著高于低组得分（$t = 9.464$，$p < 0.01$）。高组在创造性问题提出的流畅性、灵活性和独特性三个维度上均高于低组，两组在灵活性方面的差异大于在流畅性和独特性两个维度的差异。高组群体三个维度得分的性别差异均不显著；低组群体三个维度的性别差异均显著（流畅性：$F(1, 91) = 4.383$，$p < 0.05$；灵活性：$F(1, 91) = 4.479$，$p < 0.05$；独特性：$F(1, 91) = 5.594$，$p < 0.05$），男生得分均高于女生得分。

表5-9　　　　中学生创造性问题提出三个维度的群体差异比较

		高组				低组			
		创造性问题提出	流畅性	灵活性	独特性	创造性问题提出	流畅性	灵活性	独特性
男	平均数	1.83	0.61	0.74	0.48	-0.85	-0.27	-0.41	-0.17
	标准差	2.45	1.32	0.82	0.91	1.79	0.52	0.68	0.82
女	平均数	1.75	0.45	0.75	0.55	-1.76	-0.51	-0.68	-0.57
	标准差	2.49	1.06	1.00	1.06	1.69	0.55	0.59	0.81
总计	平均数	1.79	0.53	0.74	0.52	-1.35	-0.40	-0.56	-0.39
	标准差	2.45	1.20	0.91	0.98	1.79	0.55	0.64	0.83

因此，在两个群体中，学生创造性问题提出的差异为，高组在创造性问题提出的流畅性、灵活性和独特性三个维度的得分均高于低组，在灵活性维度上高组与低组的差异最大；高组的性别差异不显著，而低组男生得分显著高于女生。

②创造性倾向的群体差异

在学校表现出高创造性的学生和普通学生的创造性倾向得分见表 5 - 10。两个群体在创造性倾向方面差异不显著（$t = 8.465$，$p > 0.05$），水平相当。而在创造性倾向四个维度上，高组得分在冒险性、好奇心、想象力和挑战性这四个维度均显著高于低组的得分（$F = 53.216$，$F = 56.504$，$F = 43.789$，$F = 49.057$；$p < 0.001$）。这表明，在学校表现出高创造性的学生群体和普通学生群体在创造性倾向方面的确存在差异。

表 5 - 10　　　两组在创造力倾向及四个维度的平均数和标准差

	创造力倾向		冒险性		好奇心		想象力		挑战性	
	平均数	标准差	平均数	标准差	平均数	标准差	平均数	标准差	平均数	标准差
高组	2.37	0.21	2.29	0.24	2.46	0.29	2.29	0.29	2.43	0.26
低组	2.05	0.26	2.00	0.26	2.09	0.33	1.97	0.33	2.14	0.27

（3）不同实践性思维水平学生的创造力差异

实践性思维是实践性智力（R. J. Sternberg，1996）的主要成分，强调个体的应用能力。在自然科学方面，实践性思维指将科学的原理应用于日常生活的能力，是个体将理论转化为实践，将抽象思维转化为实际成果的能力。因此个体的实践性思维水平可能会影响其在实际生活中发现问题、提出问题的能力。本研究探讨了学生实践性思维水平与其创造性问题提出的关系。

将学生的实践性思维水平分为高、中、低三个水平，在创造性问题提出上（见表 5 - 11），高中低三个组在创造性问题提出及三个维度上的得分差异均显著（创造性问题提出 $F_{(2, 87)} = 10.30$，$p = 0.000$；流畅性 $F_{(2, 87)} = 5.621$，$p = 0.005$；灵活性 $F_{(2, 87)} = 6.62$，$p = 0.002$；独特性 $F_{(2, 87)} = 9.03$，$p = 0.000$）。具体来说，在总分及三个维度上，高组的水平均显著高于低组和中组；另外在独特性上，中组的水平也显著高于低组（$MD = 1.647$，$p = 0.040$）。

表 5 - 11　　　　不同实践性思维水平学生在创造性问题
提出上的平均数和标准差

实践性思维水平	人数（人）	创造性问题提出		流畅性		灵活性		独特性	
		平均数	标准差	平均数	标准差	平均数	标准差	平均数	标准差
低	23	23.96	7.087	12.87	4.362	7.65	2.036	3.43	2.537
中	49	26.76	5.475	13.61	2.943	8.06	1.701	5.08	2.317
高	18	33.22	8.640	16.67	5.087	9.61	1.787	6.94	3.438

学生的实践性思维与创造性问题的提出和实际解决是相互联系、互相促进的，个体将理论转化为实际的意识可促进其进行创造性问题提出，实践性思维还有助于个体考虑所提出问题的科学性、效用性和价值性。因此，随着学生实践性思维水平的提高，他们提出问题的能力显著提高，提出问题的流畅性、灵活性以及独特性也显著提高。

二、学校环境与创造力

学校是培养创造性人才的摇篮。学校环境中究竟有哪些因素影响着学生创造力的培养？目前中小学环境是如何影响学生创造力培养的？如何创设有利于中小学生创造力培养的学校环境？本部分将就以上问题进行阐述。

（一）学校环境对创造力的影响

1. 校园文化对学生创造力的影响

校园文化是学校在教学、管理以及整个教育过程中逐渐形成的特定文化氛围和文化传统以及通过学校载体来反映和传播的各种文化现象。它潜移默化地影响个体的价值取向和思维方式，从而影响人们的创造性活动。

（1）校园文化氛围对学生创造力的影响

校园文化氛围是指学校成员共同的心理特质和公共情绪状态。目前比较认可的划分校园文化氛围的方法是将其划分为支持型氛围（supportive climate）和防卫型氛围（defensive climate）两种。支持型气氛的特征是"自信与信赖"、"宽容与互动"、"自发性与多样性"。防卫型氛围的特征是"恐惧与不信任"、"控制与服从"、"策略与操作"。日本押谷由夫等人①让分别是"支持型"氛围和"防卫型"氛围的两个小学五年级班级进行创造活动，然后对两个班级的各自的共同作品进行客观分析，结果发现，在创造力方面，具有"支持型"氛围的班级的作品要好得多。

（2）校园文化传统对创造力的影响

校园文化传统是长期的育人过程中积淀而成的，会不断延续并逐渐成为一种巨大的精神力量，影响着学校成员的心理状态、价值观和行为，对创造力培养起着重要的作用。这种作用主要体现在三个方面：导向和规范作用、凝聚和激励作用、熏陶和感染作用。

---

① 转引自：田友谊，《国外课堂环境研究新进展》，《上海教育科研》，2003，12：13～17。

（3）人际关系对创造力发展的影响

人际关系是校园文化的重要体现，对创造力发展有着至关重要的影响。人际关系的三个方面都会对创造力产生影响：一是交往的向度，具体指交往的方向性或指向性，它是由共同兴趣、志向、爱好、性格习惯等相近编织而成的。拥有共同的兴趣爱好等会使彼此更易信任、支持，有效地沟通思想、表达看法，这有利于活跃思维，发展创造力。二是交往的广度，具体指交往范围或数量。广泛的交往则会使学生拥有一个开放的、丰富的、多元的信息环境，使创造力可以在一个拥有丰富信息营养的环境中得到发展。三是交往的深度，具体指交往的深刻性。深刻的交往不只能为学生带来丰富的信息环境，而且还会使学生在观念和思维模式方面与他人产生碰撞，加大思维深度。

（4）某中学的实践经验

为了达到检验理论和丰富理论的目的，我们还调研了一些在创造力教育方面做得较为突出的学校，获得的信息很有参考价值。

浙江省某中学为省重点中学，1995年10月被命名为省级特色高中，是浙江省首批示范性高中之一。截至2003年，该中学学生共提出发明构想提案55 000多个，学生发明作品获省级以上奖项215项次，获国家级奖项46项次，国际级奖项4项次，拥有17项国家发明专利。科研成果《中学劳技教育与创造教育有机结合的实践与研究》于1998年11月通过国家级鉴定；1999年7月9日，《光明日报》在头版头条发表了介绍这所中学以创新教育为核心全面实施素质教育的长篇报道《让每个学生走向成功》；2001年9月，《擦亮未来的星空——××中学创新教育体系》由人民教育出版社公开出版发行；2002年6月《构建××中学创新教育体系》获浙江省第三届基础教育科研优秀成果一等奖。

在访谈中，这所中学的校长向我们介绍了大量传统的和新开展的文化活动，如"讲故事"、"科技创新大赛"、"星火计划"、"采访编写感动自己的事"、"十月放歌"、"课本剧汇演"、"古诗词背诵"、"运动会"、"校园十佳歌手比赛"等。这些活动有与课本知识紧密结合的，有直接鼓励发明创造的，也有纯粹是艺术文化的；有动脑思考的，也有动手实践的；有完成于学校的，也有融入社会的；有团体参加的，也有个人展现的，内容丰富、涉及广泛。而且所有的活动都是在全校范围内开展的，所有的学生都要作为主角参与进来并分享自己的成果，至少要在班级层面分享，很大一部分要在全校师生面前展示。结合这所中学的办校经验，我们认为一个丰富的、开放的、协作的、活跃的校园文化可以为学生提供进行创造性思考的时间和机会；集体活动中不断的思想碰撞和情感渗透，能促进学生创造性潜能的发挥。

2. 管理制度对学生创造力的影响

学校管理制度是针对学校师生员工必须遵守的要求所制定的条文形式的行为

准则。一个学校的管理制度是对这个学校的办学理念、价值取向、校园文化的实体化体现，它规定了校园内全体成员的行事准则和行为规范，是影响学校办学目标最终实现的重要因素。

（1）教学和学生管理制度对学生创造力的影响

教学管理制度规定了学校的日常教学事务，如开设什么样的课程，怎样组织教学，树立什么样的教学目标，采取何种教学形式，教学的计划和进度如何，采用什么样的评价形式和标准等问题。学生的管理制度则规定了学生在校期间学习、生活的形式和状态，如文化活动的开展，心理咨询服务的提供，意见反馈的机制等问题。教学管理制度和学生管理制度都会直接影响学生创造力的发展。如规定中班级规模的大小会直接影响着学生参与学习活动的效果。培养学生创造力的前提是让学生自主地参与学习，给每个学生以充足的尝试时间和表现空间，使每个学生都能获得平等参与的机会，充分调动起学生学习的积极性、主动性和创造性。把班级人数限制在一个合理的规模内，才可能为学生创造力的发展提供较为充实的时间和空间。管理中采用何种教学空间组合形式也会直接影响师生、生生之间的人际互动和交往，影响学生的创造动机和探索精神。这些不同的座位排列方式具有不同的空间特点和功能。以秧田式排列法为例，这种排列法是教学中使用最普遍的一种传统排列方式，在这种排列方式下，所有的学生都面向教师，教师最容易控制全班，师生之间的课堂交往也较容易进行，但极大地约束了学生的活动空间，不利于发挥学生的主体性，不利于师生、生生之间的交流互动，不能为学生创造潜能的发挥和创造力的发展提供灵活多样的物理空间。

（2）人事和财务管理制度对学生创造力的影响

人事管理制度规定了教师的聘用、薪酬、奖励等方面的问题。财务制度则保证了学校各项工作的正常开展。这两个方面都会间接影响学生创造力的发展。如果一个学校的人事管理制度对注重创造力培养的教师有鼓励倾向，那么长期保持这种倾向的结果必然是这个学校的教师越来越重视创造力的培养。创造力的培养终究是要落实到具体教学活动和学生活动当中去的，而任何活动的开展都是需要经费的支持，如果学校的财务制度能够对创造力培养活动多开绿灯的话，那么培养创造力就不会只是一句口号。

（3）某中学的实践

上面的几个研究例子说明了一些学校管理制度对学生创造力培养的影响，但绝不仅仅只有这几个方面，管理制度规定了学校里的方方面面，也就会从方方面面影响对学生的培养。下面我们还是来看看被调研学校的一些实践经验。

浙江某中学的校长向我们介绍了他们在培养学生创造力方面的三个保证：师资保证、经费保证、课时保证，正是通过这三个保证这所中学"培养了一大批创造发明的人才，同时也培养了一批老师，比如××老师，是今年'第六届全国十大杰出中小学中青年教师'，这些老师在成长之后，为学校创造发明教育做出了贡献"。为了改变教师的教学观念，提高教师的教学能力，这所中学在教学管理过程中加入了"教学艺术周"一类的活动，为教师提供交流平台，开阔视野，从而使教师避免死板的授课方式，能够以更灵活有效的方式与学生进行交流，增强学生思维的独立性。这些制度上的保证与规定，很好地体现了这所中学的办学理念，有效地发挥了学校在创造力培养方面的特色和优势。

（二）学校环境现状及其在创造力培养中面临的问题

根据已有的研究，学校环境具体主要表现为校园文化和管理制度，并通过这两方面影响学生创造力培养的状况。我们将就这两个方面分析探讨目前学校环境的现状及其在创造力培养中存在的问题。

1. 校园文化现状及其在创造力培养中面临的问题

校园文化主要表现为校园文化气氛和校园人际关系。校园文化会影响到校园人（学生、教师、行政人员）个体的价值取向和思维方式，从而影响到学校的创造力培养环境的质量。

（1）校园文化氛围现状及其在创造力培养中面临的问题

近年来，有学者提出环境本身就是创造力的一个必要组成部分，而促进创造力提高的重要的环境特征是：宽容、有节制以及资源丰富。我国中小学都保留了许多优良的传统，其中的信赖和宽容尤其突出，这些都对我国中小学校园文化气氛的健康发展以及创造力的培养起到了推动作用。

但目前校园文化气氛中也存在着一些制约创造力培养的因素。比如校园中存在的"功利主义思想"，以得到分数为目的功利主义偏离了学习、创造的教育精神。调查结果显示，很多教师认为我们教学中的应试教育导致学生认为只需要死记硬背知识，填出答案，根本没有必要去发挥创造力。调查中科技创新学校的教师还指出很多学生觉得科技创新也是为了加分，也是为了将来考试有一个砝码。另外一个方面，许多教师对创造力教学持以不乐观、不自信的态度，对创造力教学的发展前景存有疑虑和顾虑，没有形成坚定的信念。一些旧有的教学方式，如教师主导的灌输式的教学以及强调教师对学生的控制等，都成为创造力培养的制约因素。另外在我们的调查中，许多教师指出国内很多学校的课堂氛围还是以老师权威为主，创造力的培养目标在课堂教学里面就很难体现。

（2）校园人际关系现状及其在创造力培养中面临的问题

在校园文化中，除了校园文化气氛在学生创造力发挥重要作用之外，校园人

211

际关系作为校园文化的另一个体现，同样对学生创造力的发挥有重要影响。

① 领导方式现状及其在创造力培养中面临的问题

目前学校领导与教师之间的关系主要是由升学教育利益驱动为主导的控制—支配关系，领导方式背后的动机是单纯追求考试成绩，偏离了创造力培养的目标。班级成绩好，就受到学校的奖励；反之，则成了学校惩罚的对象。一位音乐教师的访谈中就提到了"学校追求的是考试，本身不重视音乐"。而且因为领导不重视，所以老师不重视，自然学生也不会去重视。音乐、美术等对于创造力培养非常重要的科目的教学质量无法得到保证，自然会降低学校创造力培养环境的质量。

② 师生关系现状及其在创造力培养中面临的问题

《中国教育报》组织的"新时期中小学师生关系大调查"[①] 显示，学生对"对班主任老师的印象"，"对班主任老师的喜爱和喜欢程度"，"班主任对自己的关心程度"，"班主任老师对待同学缺点或错误的态度"等问题的回答都反映出良好的师生关系。"中小学创新教育心理的调查"也表明：中小学班主任的领导方式总体趋向民主。

但也的确存在着一些不利于培养创造力的因素。教育部科学技术司、共青团中央学校部、中国科学技术协会青少年部和中国（科学技术协会）科普研究所分别于 1998 年、2000 年和 2002 年联合发起了三次"全国青少年创造能力培养社会调查"[②]。调查表明，约半数的学生受到思维定势的影响，并且存在过于严谨、尊崇权威的倾向。正是这种潜在的权威心理，导致师生之间更多的是管与被管的关系，缺乏平等的交流。在这样的师生关系中，学生往往被当作被动接受知识的"容器"，学生在学习中只有"继承"，几乎没有"批判"，这不仅直接降低了教学效果，而且导致了学生学习主动性的降低，创造性的丧失。

③ 同伴关系现状及其在创造力培养中面临的问题

在我国的班级制度下，班内学生之间存在着激烈的学业竞争，而这种竞争又导致学生之间关系紧张，重点中小学和重点班尤为突出。学校和教师的一些教育、管理措施（如普遍流行的考试排名次的做法；根据学生的学习成绩将学生分等级，并且给予不同对待的做法），都是导致这种情况的直接原因。学生家长和社会文化的一些因素也倾向于增强学生同伴之间的学业竞争。这些恶性竞争带来的压力，破坏了创造力培养必要的信赖、宽容、互动因素。

---

① 翟博、金志明、李伦娥：《今天，学校的师生关系怎么样？——新时期中小学师生关系大调查》，《中国教育报》，1999 年 9 月。

② 马抗美：《当代大学生创造力培养状况与对策分析》，《学校党建与思想教育》，2005（3）。

总的来说，校园人际关系目前在领导方式、师生关系和同伴关系中都存在着制约创造力培养的因素，面临着领导方式从支配模式向民主模式转变、师生关系中隔膜增加、同伴关系中恶性竞争等问题，这些都有悖于培养创造力所必需的宽容、自主、互动、自发、多样等因素。

2. 管理制度现状及其在创造力培养中面临的问题

学校管理制度主要体现为教学和学生管理制度、人事和财务制度。以创造力培养目标为指导，针对不同情况制定多样、弹性、科学的管理制度是学校创造力培养的重要条件。

（1）教学和学生管理制度现状及其在创造力培养中面临的问题

我们在调查中发现，许多学校的教师们在有限的时间、空间条件下做了许多积极的尝试。如"学校老师会创造一定的情境，如：学科渗透，科技方面的小创造、比赛等，还有开展思维训练班。另外就是让学生参加自主管理，给学生一定的空间。还有就是学校每个学期都安排开学要交一些模型、小发明、小制作之类的活动"。

但学校管理制度的确也存在着一些问题。许多教师提出学校的管理无法全面、彻底地渗透到教学中去，这涉及各种硬件、软件设施的因素。学校理念和现实条件的局限、教师和领导教育理念的差距都使得创造力培养在具体实施的有效程度上打了折扣。

（2）人事和财务管理制度现状及其在创造力培养中面临的问题

对于教师的聘用、薪酬和奖励体现在对教师的评价体系上，如何通过评价体系激发教师的创造力教学的主动性是需要解决的问题。目前的评价体系还很少考虑到这一点。财务制度方面，保证学校创造力培养教学目标实现是我们考察的重点。大多数学校在硬件设施以及教师的培训上的确做出了许多努力，但还存在投入不够的问题。另外与硬件投入相比，各个学校都存在着重硬件、轻软件的问题。比如，在教师培训等软件设施上的财力投入就相形见绌了。一些学校领导也提出目前的教师大多是应试教育培养起来的，让他们实施创造力培养需要新理念的教育和培训。这些都需要学校在财务制度给予倾斜。

（三）创设有利于学生创造力发展的学校环境

中小学阶段是学生创造力萌芽形成、创造力逐渐发展和创造力发挥的关键时期，而在此阶段，学校是他们学习、成长和成熟的重要场所，学校的环境是否有利于他们创造力的发展，是学生创造力培养至关重要的问题。创设有利于学生创造力发展的学校环境，需要有效利用积极的因素，同时，更要注重改进一些不利于甚至束缚创造力发展的因素。

1. 积极营造有利于创造力的发展的校园文化氛围

（1）改善校园文化的精神状态，营造有创造性的校园文化氛围

目前在校园文化中，阻碍学生创造力发挥的最突出的一个问题，是功利主义思想盛行的校园文化的精神状态。营造一种有创造力的校园文化氛围，需要从改善这种校园文化的精神状态开始。

① 认识和内化创造力，使创新意识深入人心。我们研究发现：即使在一些创造力的实验中学，也有许多教师对创造力的认识非常狭隘，将创造力视为少数人的"天分"，教师也就没有了挖掘学生创造潜力的愿望和责任。因此，在教学中，这些教师很少能发现学生的创造力。相反，对于创造力有深刻认识的教师，如认为创造力是"一种在思维和动手能力上表现出的不同"，或者"一个创新的意识"的教师，在他们的教学中则采用了较多的创造性教学方法，也能更珍视创造力的"火花"。

怎样使新的教育理念深入人心呢？调研中创造力教育实践开展较好的学校中的一位校长的几点建议值得我们探讨。他认为，首先，要保证理论上的先进性。要按照我们党的教育发展目标，普及教育学家陶行知先生的教育理念：即天天是创造之时，处处是创造之地，人人是创造之人[1]。其次，认识到创造力教学的重要性和时代意义。今天的生活是创造的结果，如果我们在前人的基础上，停滞不前，那社会就不会发展了，时代也不会进步了。知识的创新就是教学活动的创新，关键在于教育工作者教育理念和工作的创新。对于创造力意识薄弱的学校，要解决的一个关键问题就是"要在抓升学率和在创造力培养之间寻找一个平衡点"。而且，要积极学习一些在创造力教学方面做得好的学校，以它们为楷模，来改进自己的管理，使教育工作者坚定创造力教育的信念，使其能真正在教学实践中贯彻这种理念。

② 形成支持型校园气氛，营造学校创造性校园气氛。研究发现有些教师，在进行创造力启发教学时，认为"自己在冒险"，或者认为"这种教育方式不一定被领导重视和也难以得到同行的认可"。学生也不敢轻易说出自己的想法，"怕被老师否认，觉得奇怪"而保持沉默。托兰斯指出，创新精神的培养和创造力的开发，必须在自由而安全的气氛中进行。这就是说，要给老师更大的自主权，让他们尽力发挥自己的创造力，来产生各种有利于激发学生创造潜力的教学方法和教学活动；对于学生则是要给他们更多的时间和空间，让他勇敢地去探索，去发挥自己的潜力，并给他们表现自己的机会。不对学生和教师的独特想法

---

① 陶行知：《从今年的儿童节到明年的儿童节》，《陶行知全集第 2 卷》，湖南教育出版社，1985。

进行批评和挑剔，使其消除对批评的顾虑，获得创新的安全感，敢于表达自己的见解。

③ 开展创造力教学活动，激发师生的创造热情。学校要组织一系列有针对性的、有计划的活动来激发师生创造的热情。活动的开展不仅有利于创造意识的深化，而且更能营造创造性校园文化氛围。例如，某创造力教学示范中学在创造力教学中开展了许多活动，如："科技创新大赛"，"星火计划"，"十月放歌"的文化体育艺术节，"课本剧汇演"，邀请特高级教师进行讲座和点评等。这些活动不仅激发了教师和学生的创造潜力，而且调动了他们的创造热情和积极性。这些活动的开展，成为改善校园文化的精神状态，营造有创造性的校园文化氛围的有力途径。

（2）构建新型的校园人际关系，促进创造性人际关系的形成

① 树立民主型领导方式，改善领导与教师关系。建立有利于学生创造力发展的校园文化氛围，树立民主型的领导方式是非常必要的。树立民主型的管理方式的关键是进行"柔性化管理"，即挖掘情感对行为决策的正向引力，用情感来凝聚人心。在领导与教师的关系中，存在缺乏沟通及无效沟通等问题，是阻碍创造力发展的重要因素。这就提醒许多教育工作者，在学生创造力培养当中，领导与教师进行沟通的重要性。领导方面，要注重建立多种渠道，给教师提供充分的机会，积极提供"物质和精神支持"。在教师方面，教师要发挥主动性，积极在课堂教学上发挥自己的创造力，还要积极向管理者提供构建创造性管理的实践性改进的策略。

② 构建"我—你"型师生关系，改善师生关系。要促进学生创造力的培养，必须改变以教师为中心地位和师生之间的主动和被动关系。要建立一种地位平等，相互理解，相互沟通的"我—你"的新型师生关系。在这种"我—你"型师生关系中，师生双方都作为完整的、独特的个体而交往，在相互理解中接纳对方，教师要真正地体会到学生作为发展中的主体的独特个性，即自由、创造和选择，并且信任学生，尊重学生。它的核心是把教师和学生看成是平等的人。班主任与学生干部的关系也是师生关系的一个重要方面。我们的研究发现一些班主任在这方面做得比较好。他们能给学生宽广的个人空间，让他们去自主管理，效果非常好。比如，某中学的一位班主任，在课外活动方面，采用了学生自治的策略，如：学校组织演讲比赛，报名的同学先在班里进行演讲，让同学们自己做评委，投票决定谁去参加比赛。在班务工作上，让学生自己来管理，周日晚上开学生干部会议，周一上午，值周班长做一周的工作计划和总结，班主任只是做一些补充。这充分体现了，教师与学生的"我—你"型关系中的平等关系，有效地发挥了学生的创造力。

③ 积极开展"小组合作"学习，培养良好的同伴关系。积极、良好的同伴关系，可以给学生一种自由、安全的文化氛围，从而有利于学生创造力的发展。在我国中小学中，由于应试教育的种种弊端，使同学之间人际关系紧张，缺乏合作精神和合作意识。我们的研究发现，"小组讨论"作为一种积极的学习方式，不仅能使学生思维相互碰撞，产生更多创造性想法，培养学生与创造力密切相关的组织能力、协作能力、逻辑能力、语言表达能力、应变能力，更为重要的是，几乎每位教师都认为，它最能锻炼的是学生的合作能力。所以说"小组学习"可以是解决中小学生的竞争与合作关系问题的一个有效途径。

2. 创新学校组织管理制度，营造创造性校园

一个学校的管理制度是这个学校的办学理念、价值取向、校园文化的实体化体现，它规定了校园内全体成员的行事准则和行为规范，是影响学校最终办学目标实现的重要因素。怎样创新学校组织管理制度，建设创造性校园，对学生创造力的发挥显得非常重要。创新学校组织管理制度，首先需要提升学校管理层的教育理念。

一个学校是否有利于创造性教师的成长和发挥，是否有利于学生创造力的培养，主要看学校管理层的教育理念，即学校如何为自己的发展定位？

（1）重视在教学和学生管理中，给学生足够的课时和空间保证，是学生创造力发挥的前提

我们研究发现，许多教师都认为阻碍创造力发挥的最大因素，就是时间很难保证。同时，在我国当前的条件下，教室的布局也非常不利于学生创造力的发挥。这就要求，学校在教学管理中要在课程安排上重视创造力教学课程，并尽量采用有利于学生创造力发挥的小班规模。在我国现有条件下，可以采取灵活安排的方式，比如，在上创造力课时，临时组班，不仅有利于学生创造力的培养，而且有利于学生适应能力的加强；在创造力培养课中，教学空间组合形式尽量设计成小组式排列法和队列式排列法，让学生成为创造的主体，充分发挥其创造力。

（2）在学校经费管理中，给学生充分的经费保证，是学生发挥创造力的基础

我们研究发现，学校在支持创造力教学方面，存在经费不足的问题。这就要求，学校在经费管理上面，要多向创造力培养方面倾斜，比如：设立创造力评定小组，给创造力水平高的学生提供经费支持，让他们尽力发挥；给予创造力表现突出的学生及他们的指导老师丰厚的奖励等。

（3）积极实行分层管理，消除人事管理中"一刀切"问题对学生创造力的不利影响

从资料分析可以看到，某些学校在提倡创造力教学方面，即在教师的薪酬、

216

奖励等方面，以及学生的考核和选拔当中，有单一的倾向。这种倾向严重影响了教师和学生创造力的发挥。解决这一问题的关键在于，学校要根据自己的实际情况，因材施教地采用多种方法，即"管理中也要因具体的事情而异、因人而异、因材施教"。

（4）形成创新性评价制度，解除当前贯彻创新教育理念的束缚

我们研究发现，阻碍学生创造力发展的最大因素就是：现行的评价体系，或者考试评价制度。一切面向考试的应试思想的存在，使许多教师都承受很大的教学压力。这就说明要促进学生创造力的发展必须建立一种新的评价制度，这种制度"不仅包含考试评价，还应该包含能力评价"。

（5）在课堂教学活动中创新教学方法，切实贯彻创新教育理念

教师在课堂教学中发挥创造力对培养学生创造力具有重要意义。我们研究发现，尽管每一位教师都认为：小组讨论的教学方式对学生的创造力的培养有很大的作用，但是在实施小组讨论的教学方式的时候，创造力水平较低的教师，不仅不能顺利组织，而且还出现许多问题。相反，创造力水平较高的教师，则组织的比较有效，他们往往能够采用一些有效的方法。例如，为了调动大家的积极性，在设立讨论主题时，让主题和学生的现实生活相联系，并且难度适中，保证每位同学的参与，每位同学都有话说；再者，让同学们先进行讨论，然后再随即指定发言人，这样就保证每位同学都积极参与进去。

三、课堂教学与学生的创造力

学校教育的核心是课堂教学，因此，在学校教育中培养学生的创造力，要特别重视在课堂教学中培养学生的创造力。本部分通过对教学实践中课堂实录的进一步分析和点评，展示目前教师如何在教学实践中应用现代教学模式和理念培养学生的创造力。

1. 小学艺术课"草原上"课堂点评

艺术课教学是基础教育的重要组成部分，是实现素质教育的重要途径，又是培养学生创造力的重要学科。"草原上"这堂课，充分利用多媒体教学设备创设情境，在轻松的情境中激发了学生的创造力。学生是课堂学习的主体，主动参与是创造性教学的真谛。这堂课由一系列活动贯穿，环环相扣，学生们接触音乐、参与音乐，张开想象和创新的翅膀，尽情飞翔在充满创造快乐的音乐的殿堂中，激发了他们的学习兴趣，在学生的主动参与中将知识传授与创造力培养融为一体。

下面我们将分部分对整堂课中教师的教学和创造力的培养进行点评。

师（身着蒙古族传统服装）：今天，进行摔跤小能手和骑马小能手的比赛。骑马组的同学用马蹄奔跑的声音（象声表演：马蹄声），摔跤组的同学用"嘿、嘿"的声音。

全体同学都表演

【点评】：轻松的课堂环境有利于激发和培养学生的创造力。新课导入阶段的重点是激发兴趣以创造良好的课堂环境。教师多角度创设了一幅草原的美丽情境，发动全班同学参与活动，激发了学生的学习兴趣及创造力和表现力。教师充分使用多媒体教学设备体现了信息化教学模式在实践中的应用。

师：（声音变轻）同学们累了吧？让我们静静地坐在大草原上，欣赏美丽的大草原（学生都坐下了）！听（播放音乐）！看（老师开始跳起优美的蒙古族舞蹈）！还看到了什么？

生：看到了青青的山、白鹭在空中飞翔。

……

【点评】：激发学习兴趣，发挥学生的想象力是培养创造性思维和创造性人格的重要手段。这一阶段的教学，进一步设置情境，组织活动，在活动中，启发和鼓励学生发挥创造力，展开丰富的想象，培养了学生发散思维的能力。

师：同学们听到了什么呢？

学生回答。

师：好的，羊咩咩叫的声音，鸟儿的欢唱，赛场的热闹欢腾的声音，马叫声。我听到了（停顿，示意同学回答），对了，风儿轻柔的歌声，吹呀吹，我们用"噜"来模唱。

学生随着琴声唱上扬的"噜"。

师：（走向学生，手指平画）啊——，这条长长的旋律线像草原，表现草原的什么呀？

生：非常辽阔！

师：非常辽阔，我们来齐唱这首《草原上》！唱这首歌同学们有什么好的建议吗？

生：要甜美地唱、速度快一点、要欢快一点。

师：哦，要欢快一点，很欢快，特别是哪一句要欢快一点呀？

学生回答。

师："草原人欢笑"，这一句对不对？好，大家还有什么建议吗？要唱得怎么样？

生：优美一点。

师：优美一点，声音要怎么样？要柔柔的、轻轻的，是不是啊？我也有个建议，我觉得每一小节的尾字，声音要怎么样？要竖起来，对，还要拖长！你们说拖长的音就表示草原怎么……？

生：辽阔！

【点评】：创设问题情境，引发学生发现问题、解决问题，有利于创造力的培养，也反映了探究学习的教学模式在教学实践中的应用。这一段正式引入教学内容。首先通过声音的特点激发学生充分想象出辽阔的草原。然后采用提问的形式，鼓励学生思考怎样诠释这首歌，通过想和唱两个过程，发挥了学生的主体地位，培养了学生的联想力、创造力和艺术表现力。

师：同学们，古代的诗人还用诗词描绘美丽的大草原，你们知道有哪些吗？

学生回答。

师：对，《敕勒歌》！这首诗描绘的是什么呀？

生：辽阔的草原。有风吹的时候，草就会波动起伏，会看见羊群和牛群。

师：我们跟着这首古诗欣赏一下大草原的美丽景色。你们此时的心情是怎样的？

学生回答。

师：哦，开心！幸福！快乐！舒畅！那么让我们听着音乐带着舒畅的心情一起来朗诵吧！

学生朗诵完毕。

师：好美的一首诗啊！让我把这首诗配上我们今天学的旋律，来唱一唱，让我们唱起来！

【点评】：发散思维能力和创造力是密不可分的。这一阶段教师引导学生积极思考、发散思维，由前一段的音乐和歌舞，引到这一部分歌颂草原的古代诗歌，进一步描绘了草原的广阔秀美，并且发挥了师生的创造性，将古诗的词与《草原上》的曲相结合，从视听产生冲击，使学生加深理解和掌握《草原上》这首歌曲。这一部分的学习将学生原有的知识与新知识融会贯通，构成一张有机的知识网络，为学生以后的创造力发挥奠定了很好的基础。

在这堂课中教师应用了信息化教学和探究学习的教学模式培养学生的创造力。课堂上，教师带领同学们想象和模仿草原上的生活和见闻，培养了创造力。在学习和掌握了《草原上》的旋律后，又引导学生回忆古诗《敕勒歌》，通过两者的共性，创造性地将两者融合，加深对《草原上》的理解。在活动和游戏中教师从学生的实际出发，鼓励学生求新、求异，不断培养学生敢于创新的意识、勤于创新的思维和善于创新的能力。

2. 小学数学"寻找四边形"课堂点评

小学阶段的教育属于基础教育，数学教学又是基础中的基础。本课教师从开展"寻找四边形"的活动引入，让学生去寻找、去发现，发挥了学生的主体地位。然后将活动逐渐深入——从课堂走向生活，调动学生认真观察，充分联想，将创造力培养和课堂教学很好地融合在一起。最后通过分一分、剪一剪的实际动手活动，在巩固知识的同时，进一步开发了学生的创造性思维。

下面我们将分节对本堂课如何进行教学和培养学生的创造力做逐一点评。

师：大家找一找我们的体育馆里，都有哪些东西的面是四边形的？

生：这幅画、电脑屏幕、窗户……

师：还有吗？

生：乒乓球的网，乒乓球桌。

……

【点评】：敏锐的观察是创造思维的起步器，没有观察就没有发现，更不能创造。这堂课利用了环境刺激比较丰富的体育馆，便于学生发现。教师鼓励学生去寻找发现周围的四边形，激发了学生的学习兴趣和参与意识，有利于发现和创造。这一阶段的教学在一定程度上反映了探究学习的应用。

师：同学们再想想我们家里有四边形吗？

生：电视机的面。

师：嗯，还有吗？

生：房子、电脑面……

【点评】：浓厚的学习兴趣和发散思维能力，是培养创造力的要素。教师进一步调动学生已经活跃的思维发现生活中的四边形。从当前环境引到生活中，激发了学生的学习兴趣，体现了教学的层次感，体现了从书本中来到生活中去的学习结构，加深了对概念的理解和掌握，培养了学生发散思维的能力和思维的独创性、思维的流畅性等与创造力有关的思维品质，为创造力培养做好了思维准备。

师：老师准备了一些四边形，请同学们将这些四边形分类。

学生分类。

师：请一个小组讲他们是怎么分的。

生：这边是斜的，把它分为一类；这边是平的，把它分为一类。

师：好，那我们看这组同学如何分类。他们意思是说，一类图形中有一个角是直角，而另一类图形当中没有直角。那么他们是按照角来分的。别的组的同学还有什么分类方法？

生：我们按图形的这两条边对称来分，这一类是全部都对称，这一类是两条边对称。

师：按是否对称分类，一类有一对对称边，另一类有两对对称边！还有其他的方法吗？

生：我们是这样分的，正方形是单独一类的，因为它四条边都是相等的。长方形也是一类，因为它们对边相等，但是邻边不相等，这两个菱形也是这两边相等，这两边相等，所以我也要把它和长方形分在一起。还有就是对边不相等，邻边也不相等，所以把它们分一类。最后分成三类。

师：他们组最后分了三类。在刚才分长方形的时候你说了一句什么话？

生：对边相等，邻边不相等。

师：那正方形呢？

生：正方形是对边邻边都相等。

师：刚才同学们都是按照一定的标准来分的。我们在学长方形和正方形的时候，曾经说过，长方形和正方形是四边形里面比较特殊的四边形，它特殊在哪里？

生：每个角都是直角，正方形四条边都是相等的，但是长方形边不相等。

师：对了，这就是正方形和长方形的不同之处。

【点评】：创造力的培养离不开学生动手、动脑发现问题、解决问题的实践。教师采用合作学习和探究学习的形式组织学生给四边形分类，发挥了学生的主体地位。鼓励学生大胆尝试，多角度思考，培养了学生思维的变通性、深刻性和批判性，这些是培养创造性思维的基础。根据正方形和长方形边角的特殊性，巩固已有概念，也反映了学习的一般规律，即对事物的认识从特殊走向一般。在学习中培养了学生的合作能力，塑造了学生创造性良好的人格。

师：如果从四边形中剪掉一个角它可能会变成一个什么样的图形？

生：变成一个三角形或者五角形。

师：只有两种可能吗？

生：四边形。

师：一个四边形，任意剪掉一个角可能变成三角形，或四边形，再或五边形，共有三种可能。好了，通过这节课的学习，同学们是不是都已经认识四边形了？那四边形是怎样的呢？

生：有四条边，四个角。

【点评】：思考—假设—怀疑—创造是创造力培养的一个连续过程。这一阶段的教学是对前面学习的一个拓展和延伸。教学内容新颖且有一定难度，能够激发学习热情，引发学生去思考、假设、怀疑、创造，从而培养学生的创造性思维。将先前学习的知识和以后将学习的知识有机联系，为进一步培养学生的创造性奠定了知识基础。

总之，这堂课使用了探究性学习模式，让学生真正成为学习的主人，引导他们多思索、多发现、多创造。鼓励学生独立深入思考，善于发现、善于质疑，培养了思维的流畅性、独特性、批判性等与创造力有关的思维品质。并且还培养了学生的迁移能力，将课堂上学来的知识和能力，应用于日常生活中，进一步促进和发展了学生的创造力。

3. 高中劳动技术课课堂点评

教育部明确指出，开设劳动与技术教育课的目的在于，让学生联系社会实践，通过亲身体验和动手实践进行学习，积累和丰富实践经验，培养创新精神、创造能力、实践能力和终身学习的能力。因此，当今的中学劳动技术课教学，要在学生的动手实践中，加强科学思维方法和创造力的培养，发展和提高学生的创新能力，塑造学生的人格。

下面我们将分部分进行点评。

师：火药的主要成分是硫、碳和硝酸钾，那各成分要发生什么样的变化，才能爆炸？

学生们畅所欲言。

师：要发生化学变化。可是如果经过了化学变化，三种成分在形态上还是固体，能不能炸？

生：不能。

师：对，爆炸产生的气体是来自二氧化硫、二氧化碳的，那么氧气是从哪来的呢？

生：硝酸钾中的氧。

师：对，是硝酸钾中的氧与碳和硫发生了反应。这就是我国引以为豪的四大发明中的一个。

……

师：我国的四大发明，前两项是东西，后两项是技术。根据我们对四大发明的回顾，大家说说什么是"发明"？首先我们来看火药，这个东西是自然界中天然就有的，还是人造出来的？

生：人造出来的。

师：发明的特征就是人制造的，不是天然就有。发明就是制作新产品，这就是发明的简单定义。另外两项技术也属于发明，那么完整的发明就包括：制作新产品和发明新技术。

【点评】：发明和创造不是无本之木、无源之水，要依托原有知识。教师带领学生回顾我国古代的四大发明，引发深度思考，培养了学生思维的深刻性。教师启发学生独立假设对四大发明成果进行分类，全面地掌握"发明"的概念，培养了学生思维的独特性、批判性和全面性。

师：假设现有一杯不明浓度的氯化钠溶液，请问有什么方法，可以获得氯化钠溶液的浓度？

生：先称好氯化钠溶液的质量，然后加热氯化钠溶液直至蒸发出氯化钠晶体，再测干燥的氯化钠晶体的质量，得到氯化钠溶液的浓度。

师：很好，还有其他方法吗？

生：加硝酸银发生化学反应，间接计算氯化钠溶液的浓度。

师：这是第二种方法，还有没有其他的方法？

生：查出该温度下氯化钠的溶解度，然后在溶液中继续加入氯化钠晶体，直至有晶体析出形成饱和溶液，计算出新溶解的氯化钠晶体的质量，从而得到氯化钠溶液的浓度。

……

【点评】：创设问题情境，引导学生主动思考，就一个题目提出多种解决方法，是培养学生创造力的重要手段。教师使用探究性教学模式，提出现实问题，鼓励学生多角度发散性地思考，激发学生创造的热情，培养了学生的发散性思维的能力。要思考从新的角度解决问题，培养了学生思维的新颖性和独立性。还要考虑方法是否可行，又培养了学生思维的深刻性和批判性。

师：化学课的问题能用别的课上学来的方法求浓度吗？具体用什么方法？

生：物理课。浮力。

师：这个思路很好，借助浮力求浓度，那我们能不能根据她的思路再想得更具体些？

……

师：那我们回过头来看看，这个浓度计是否符合发明的特征？

生：符合。

【点评】：培养学生跨学科的迁移能力是创造力培养的重要环节。教师启发学生使用发散思维，从物理学的角度解决化学常见问题，鼓励学生们深入思考方法的可行性，培养了分析问题的能力。对事物可能性的充分思考、假设和验证，有利于学生创造能力的提高。

劳动技术课不仅是一门操作性、技术性的课程，还是一门动手与动脑相结合的课程，教师要在授课过程中培养学生的实践能力和创造能力。新课导入阶段，教师利用教学材料的熟悉性和新颖性，调动起学生浓郁的学习兴趣、强烈的动手愿望和丰富的知识储备，抓住了这个引导学生开展创新的好时机。设计讨论阶段更是开展创新教育的重要阶段。教师巧妙"设疑"，引导学生发现问题，鼓励学生参与知识成果探索的全过程，对稍有创新的构思予以肯定，引导学生对已有方案深入思考分析，让学生在学习和解决问题的过程中去发展自己的创造意识、创新方法、创造能力，以及创新人格。在一定程度上本课可作为探究性教学模式在教学实践中应用的典范。

四、教师与学生的创造力

在学校教育中课堂教学是核心，而在课堂教学过程中，教师的"教"在很大程度上决定了学生的"学"。学生创造力的发展具有很大的潜在可能性，教师既可以促使其创造力潜能向现实性转化，也可能阻碍他们创造力的发展。苏联教育家沙塔洛夫指出教师的创造力是学生创造力的源泉。除了教师的创造力之外，教师的教育观、教学行为特征等都会影响学生的创造力。尤其是近年来，研究者们日益认识到，教师的创造力内隐观也是影响学生创造力发展的不可忽视的因素。因此，本部分的内容首先从理论上简要探讨创造型教师的特征及其培养，然后主要通过实证研究考查教师的创造力内隐观，最后从实践的角度分析教师如何培养学生的创造力。

（一）创造型教师

1. 创造型教师的特征

创造型教师就是那些善于吸收最新教育科学成果，将其积极运用于教学中，并且有独特见解，能够发现行之有效的新教学方法的教师。创造型教师应具有创造性的教育观、知识结构、个性特征、教学艺术和管理艺术，特别是创造性的教育教学方法。

（1）创造型教师的知识特征

高深的专业知识、广博的文化知识和教育科学知识是一个创造型教师知识结构的组成要素。三个层面的知识相互支撑，相互渗透，有机整合，是教师教育行为的科学性、艺术性和个人独特性的基础。

（2）创造型教师的思维特征

教师独特的思维方式是教师职业最具有创造力的体现，是教师在把握某一领域和专业水平知识的基础上，融思维的逻辑性、原理的通识性、问题的新异性与想象的诗意性为一体的心理活动的展示过程。

（3）创造型教师的人格特征

创造型教师作为创造型人才，具有创造型人才的一般特征。对于创造型教师来说更重要的是独立性、好奇心、开放性、想象力、富于激情、坚忍不拔等六大人格特质。

（4）创造型教师的行为特征

创造型教师在教学过程中，对学生的幻想总是热情地肯定、鼓励和积极引导，绝不用僵化了的思想束缚学生。可以说，创造型教师既是一位善于发现、鉴别学生创造力的良师，也是一位关心爱护学生的益友，他总是更多的以鼓励、宽容、表扬的教育行为对待学生。

2. 创造型教师的培养

学校教育要培养出富有创造力的学生，提高学生的创造性，首先必须有创造型的教师。教学过程中，教师的"教"在很大程度上决定着学生的"学"。对于创造型教师的培养主要从思维和人格两方面入手。

（1）创造性思维的培养

思维是智力的核心成分，从心理学的角度分析，所有的创造活动都是一个优化的思维过程，而创造性则是人在活动表现出来的新颖、独特的思维品质。教师创造性劳动成果是创造性思维的外现和物化。教师开发自己的创造力，特别重要的方面就是改进思维的方式，提高创造性思维的水平。

创造型教师应注意培养自己的批判思维以及鼓励学生的批判思维。批判思维体现了思维的求异性、开放性。发现理论和发展中的新情况、新问题，或从新的角度研究老问题，或采用新材料、新方法进行概括，赋予新的解释让学生始终处于主动发展的状态。

创造型教师应注意培养自己的超前思维。超前思维是一种前瞻性的创造思维方式。有了超前思维，教师会变消极的埋怨责怪学生，为对学生有积极的期待和要求，会更重视教育措施对学生日后的、长远的作用。

创造型教师应注意培养自己的多向思维。多向思维主要是指从不同角度思考问题。它包括：有多种思维指向；多种思维起点；运用多种逻辑规则及其评价标准；多种思维结果四个方面。当代各门学科高度分化，教师在接受专业教育中，他的思维方式和习惯受到特定学科的逻辑准则的影响，无论知识视野还是思维方式难免有一定局限性。创造型教师就是要跳出原有的思维框架，寻找不同的思维起点，运用不同的参照系，从而达到对复杂的事物、复杂的过程以及多种因果效应的认识，以扩大教育途径和方法的选择余地。

（2）创造性人格的培养

教师在教育、教学实践过程中，社会和受教育者自身向教师提出的需要和教师已有的教育教学水平之间的矛盾，是教师的创造性人格不断发展的外部动力；教师对自身新的需要和已有的水平之间的矛盾，是教师创造性人格发展的内在动力。外部动力和内部动力在人格的塑造中都有重要意义。只有将两者很好地结合，才能对行为起最佳的推动作用。对于教师创造性人格的培养，可以从两个方面着手：

① 激发教师的自我创造意识。教师的自我创造意识是指教师作为从事教

育教学实践活动的主体，把所从事的职业与自我价值实现相结合的一种自觉意识，在职业活动中表现出较强的自我超越、自我发展的意识与动力，能自觉突破陈规、定势、经验的制约。具有较强创造意识的教师能够清楚地意识到，教育工作不仅仅是为了培养学生，也是实现自我生命价值的途径，在育人的过程中育己，这不过是同一个过程中的两个不同的侧面，共同体现在教师的生命活动之中。

② 培养教师的反思性教学能力。在教学实践中，教师的教学观念是以内隐的形式发挥作用的。如果能自觉意识到它的存在，将大大有助于教师发挥其积极因素，从而抑制其消极因素。反思正是将隐性的观念显性化的重要方式，强调教师在考虑教育权利关系的基础上，重新解释和重构教学经验、形成反思的意识和能力，将自己的理性认识转化为教育经验和教育智慧。

3. 创造型教师的培养实践

要进行创造型教学，首先要建设一支创造型的教师队伍。创造型的教师队伍的建设是培养和造就创造型人才的关键。在此，我们简单介绍一些创造型教师的培养实践，以起到抛砖引玉的作用。

(1) 加强教师的职业培训

教师创造性人格的发展贯穿于职前培养与职后培训的全过程。首先从职前培养入手，奠定教师自主成长的良好基础。要革新旧有的师范教育，向发展师范生独特、和谐、自主的生命创造的教育方向上拓展，为职前教师创设一种个人化的大学经历，为教师的自主成长奠定良好的基础。其次职后培训帮助教师应对学校组织内外的变化及自身发展的需要。这可以通过建立以校本培训、参与式培训与远程教育互为补充的职后继续教育体系等形式来实现。

(2) 营造适宜教师创造性人格发展的环境

教师创造性人格的培养还要借助于外部各方面的力量支持，尤其是学校和教育行政管理部门以及社会各方面的配合。首先，学校应最大限度地给予教师自由、自主的空间，充分尊重教师的专业自觉，鼓励教师按照自己的方式解决教育教学问题，减少不必要的限制和规定，从物质、观念等方面为教师提供资助和机会。其次，学校管理者应引导教师树立正确的价值取向，既要在教师之间展开教育、教学、科研竞争，以保持教师进取的动力与活力，又要提倡教师之间以及教师团体的合作，走竞争合作、共同发展之路。

(3) 重视教师创造性内隐观在教学中的作用

创造性内隐观的研究不仅为创造性的研究开辟了一条新途径，而且对创造教育中的教师培训具有重要意义。首先，教师培训想要获得成功，必须重视教师的内隐观念，对这些内隐观念的认识、理解、检验与批判应作为教师培训的一个重要方面。教师培训要给每位教师发表自己创造性内隐观的机会，让教师对自己原有的观念有清晰的认识，意识到自己现有的观念与社会倡导的观念的差异、冲突，这样才能使教师产生按照新的教育观念进行教育实践、改变自己原有观念的愿望。其次，教师观念的彻底改变是在教师认识到自身观念与创造教育的理论存在差异的基础上，能够把理论应用于实践、解决实践中的问题来实现的。教师教育观念与教育行为之间存在互相影响、互相作用的关系。

（二）教师的创造力内隐观

我们知道，教师自身的素质是影响学生创造力发展的关键因素之一。教师的信念、态度、期望和教育观直接影响其判断、知觉和其教学行为，进而最终影响着学生的发展。有关教师创造力内隐观的研究是探索我国创造力教育现有问题的一个新的切入点。

创造力内隐观（implicit theories）是与外显理论（explicit theories）相对的，是指人们在日常生活和工作背景下所形成的，且以某种形式存在于个体头脑中的关于创造力概念、结构及其发展的看法（也称为"内隐理论"或"公众观"）。创造力内隐理论的研究有助于验证和补充业已建立起来的各种创造力理论，重新框定创造力的研究范围，以及有效地了解创造力的培养和实践。因此，我们以中学教师为主要研究对象，通过实证研究，试图初步了解教师对创造力概念和对自身进行创造力教学的观念。

1. 中学教师关于创造力概念的认知

教师对创造力概念的认知是其创造力内隐观的核心和根本。我们根据已有资料，编制了中学教师对创造力概念认知的访谈提纲，对随机抽取的 17 名中学教师进行了个别访谈。要了解教师的创造力内隐观首先必须知道在教师头脑中，他们认为创造力是什么，或者创造力的构成要素有哪些。对访谈结果进行整理归纳发现：

（1）创造力的构成要素

中学教师认为创造力的构成要素包括四个方面：首先是创造性思维，比如多角度思考问题、发散的思维、思维比较活跃、善于发现问题、不同于常人的解决问题的思想方法、想象力等。其次是创造性人格，比如兴趣、创造意识、创新精神、在意识方面有没有创新的需求、要有信心等。其三是创造性产品，主要指各种发明或创作。最后是其他方面，如实践能力、动手能力、探索、体验生活等。但是，从总体上看，中学教师强调更多的是创造性思维和人格这两个方面。

（2）创造力的评价标准

中学教师评价创造力的标准主要有新颖、独特和与众不同。同时，他们认为

227

高创造性学生与低创造性学生相比，区别主要在于创造性思维和人格方面，尤其是强调人格。有些教师认为高创造性学生思维灵活、反应快、观察力强、爱动脑子、思维比较活跃、比较聪明、看问题比较敏锐和敏感、能够发现一些新的问题等。在创造性人格方面，有些教师认为高创造性学生更加自信、勤奋、合作、好奇、勤于动手、坚韧不拔、喜欢去思考、喜欢去研究、不安于现状、活跃、行为古怪等。

2. 中学教师关于创造力概念的认知结构

已有研究表明，一般人对创造力的概念和特征具有自己的内隐认知与评价标准，而且这种内隐认知具有一定的结构，是评价和衡量创造力的内在原型（Prototype）。如斯滕伯格等人（1981，1985）研究发现，一般人不仅具有结构良好、与专家的创造力理论很相似的结构，而且还能够在日常生活和工作中准确地使用这个结构评价自己和他人。近来，研究者日益关注教师的创造力内隐理论在其创造力教学中的作用，并且已有研究结果（Runco，1999；Ugur，2004；David & Chan，1999）都初步描述了教师对高创造力学生心理特征的认知。但是，这些研究没有深入揭示教师创造力认知的结构或原型，仅停留在描述水平。因此，我们通过收集前人研究结果中的形容词，编制创造力形容词表，考查了中学教师对创造力心理特征认知的一般结构或原型。

我们以南京市和杭州市三所普通中学随机选取的教师为正式被试，共发放问卷318份，收回有效问卷255份。通过对数据进行整理和分析，得到结果如下：

（1）中学教师对创造力一致认同的心理特征

我们首先对调查结果做初步整理，筛选出教师对创造力心理特征一致认同的项目。筛选标准是：项目评价的平均数在4以上，标准差在1以下。我们的目的是考查教师对创造力心理特征的一般结构，而不仅是内隐认知，因此须保证所得结构具有一定的代表性。整理后的结果发现，教师一致认同的有28个重要项目，按照重要程度排序依次为：想象力、喜欢思考、富有洞察力、自信、内部动机强、好奇心、关注新事物、透过现象发现规律、逻辑推理能力、发现事物间联系与区别、挑战性强、有进取心、意志坚强、机智地处理问题、抓住问题核心、好问的、重新组织新的知识结构、搜集并使用信息的倾向、适应能力强、勤奋、提出好的问题、举一反三、变通性强、发现相似和差异的能力、对传统的质疑、直觉力、不墨守成规、以新方式重新整合已有信息（注：重要程度排序是我们在整理过程中按照项目的平均数大小排列的，以下同）。可以看出，对于高创造性学生，教师一致认为最重要的10个心理特征是：想象力、喜欢思考、富有洞察力、自信、内部动机强、好奇心、关注新事物、透过现象发现规律、逻辑推理能力、发现事物间的联系与区别。

（2）中学教师对创造力概念的认知结构

虽然我们对形容词表的75个项目进行了筛选和整理，获得了教师一致认同的28个重要心理特征，但我们仍然可以发现两个问题：一是这些特征的罗列使人无法形成明确的认识；二是这些特征之间存在重叠的部分。经初步分析，我们认为重叠的原因是它们可能含有共同的因素或同一个因素使它们同时具有重要的意义。这就需要我们对这些项目做进一步分析。更重要的是，教师在评价这些心理特征的意义时，他们心中是有标准（scale）或原型的，并且依据这些原型或共同标准评价学生的创造力（Sternberg，1981，1985）。于是，我们对这28个项目进行因素分析，试图考查教师对创造力心理特征认知的结构。

对上面列举的28个项目进行探索性因素分析，运用主成分分析法，做最大正交旋转。根据因素分析理论，对因素数目的确定采用以下标准：①因素的特征根大于1；②符合碎石检验；③每个因素至少能解释3%的变异；④每一个因素至少包括3个项目；⑤理论上可以解释性原则。对数据结果进行 KMO 和 Bartlett 球形检验，结果表明可以对数据进行探索性因素分析（$\chi^2 = 2286.907$，$df = 253$，$p < 0.001$）。根据对数据初步因素分析的结果，抽取5个因素。具体结构是：第1个因素由5个项目组成，贡献率为13.900%；第2个因素由5个项目组成，贡献率为11.911%；第3个因素由4个项目组成，贡献率为11.739%；第4个因素由4个项目组成，贡献率为10.777%；第5个因素由5个项目组成，贡献率为9.785%；5个因素可以解释总体变异的58.113%。这些项目在各个因素上的载荷在0.430~0.787之间，且绝大多数项目的载荷在0.5以上。

根据每个因素所包含的心理特征，这5个因素可以分别命名为新颖灵活的思维风格、好奇且善于质疑、逻辑思维、问题发现、自信进取的性格。从各因素具体的项目可以看出，新颖灵活的思维风格，是指思考问题或加工信息时与众不同的角度和方式；好奇且善于质疑是指好奇心和思想不僵化，用新思路、新方式看待旧问题；逻辑思维是指与智力有关的某些具体成分对创造力的作用；问题发现是指善于发现信息之间的差异，缜密思考后能够形成问题；自信进取的性格是指个体通过主动引发、促进、调节和监控自身心理机能，为创造力的发挥提供心理状态和背景情境。由此可知，逻辑思维和问题提出偏重于创造性思维过程，新颖灵活的思维风格、好奇且善于质疑偏重于创造性思维风格，而自信进取的性格属于创造性人格。

3. 中学教师的创造力教学效能感的结构和影响因素

教师的创造力教学效能感是指教师在创造力教学活动中，对其能有效地完成教学工作、实现教学目标的一种能力的知觉和信念。根据已有教学效能感的研究，我们认为教师的创造力教学效能感包括两个维度，即创造力一般教育效能感和创造力个人教学效能感。其中，创造力一般教育效能感是指教师对有关创造力的教与学的关系，对教育在学生创造力发展的作用和影响的观念，比如，"教育对学生创造力的发展起着决定性的作用"。创造力个人教学效能感是指教师对自己从事创造力教学和培养是否有能力提高学生创造力的信念，比如，"只要我努力，我能提高每个学生的创造力"。研究中，我们初步探讨了中学教师创造力教学效能感的结构及其影响因素，以期丰富教师关于创造力教学观念的内容和成果。

我们根据俞国良、辛涛和申继亮（1995）的《教师教学效能感问卷》编制了《中学教师创造力教学效能感问卷》，并考查问卷的内部一致性，其各维度的同质性信度是：一般教育效能感的 α 系数为 0.8294，个人教学效能感的 α 系数为 0.8613，总量表的 α 系数为 0.8004。由此我们认为该问卷具有较好的信度。

我们仍然以南京市和杭州市的三所普通中学教师为正式被试，共发放问卷318 份，收回有效问卷 255 份。通过对数据进行整理和分析，得到结果如下：

（1）教师创造力教学效能感结构的验证性因素分析

根据已有的理论和研究，我们假设教师的创造力教学效能感心理结构分为两个维度，即创造力一般教育效能感和创造力个人教学效能感。利用 AMOS4.0 对问卷进行验证性因素分析，通过拟合指数考查教师创造力教学效能感的结构。

根据验证性因素分析的有关理论和指标，我们对问卷的一些项目进行了删除。然后再通过对问卷数据进行验证性因素分析，结果发现具有较好的拟合度（见表 5－12）。

表 5－12　　　　教师创造力教学效能感问卷模型拟合指数

拟合指标	χ^2	df	χ^2/df	NFI	TLI	CFI	RMSEA
研究模型	83.887	53	1.583	0.929	0.966	0.972	0.048

注：表中 χ^2 为卡方值，df 为自由度，χ^2/df 为卡方/自由度，越接近 1 越好；NFI 为标准拟合指数，TLI（即 NNFI）为非正态化拟合指数，CFI 为比较拟合指数，这三个指标越接近1，拟合性越好。一般来说，如果这些指标大于 0.90，表示数据支持构想假设；RMSEA 为近似均方根残差，越接近 0 越好，0.08 以内表示较好。

从验证性因素分析的结果看，该问卷的模型拟合度比较好，其中 NFI、TLI和 CFI 都大于 0.90，而且 RMSEA 为 0.048，远远小于 0.1。这说明该问卷具有较好的构想效度。两个维度所包含的项目及其在各个维度上的因素载荷见表 5－13。

表 5 – 13   教师创造力教学效能感问卷因素模型载荷估计结果

因素	项目	非标准化载荷	标准误	t 值	标准化载荷
一般教育效能感	X9	1.000			0.829
	X7	0.982	0.082	11.911	0.737
	X6	0.739	0.069	10.682	0.668
	X4	0.874	0.089	9.789	0.619
	X3	0.724	0.075	9.611	0.609
	X1	0.695	0.077	9.032	0.576
个人教学效能感	Y18	1.000			0.784
	Y16	0.888	0.074	11.994	0.751
	Y15	0.855	0.072	11.816	0.741
	Y13	1.005	0.086	11.667	0.732
	Y12	0.861	0.081	10.673	0.676
	Y10	0.748	0.079	9.439	0.605

从表 5 – 13 的结果可以看出，问卷所有项目在两个维度上的标准化载荷都在 0.576 ~ 0.829 之间，载荷都比较高，说明对于这两个维度而言，所有的项目都是十分理想的，而两个维度的相关系数为 0.127。由此我们可以得出，中学教师创造力教学效能感包括两个维度，即创造力一般教育效能感和创造力个人教学效能感。

（2）中学教师创造力教学效能感的影响因素

以教师创造力教学效能感的各变量为因变量，进行 2（性别）× 4（教龄）× 3（学历）× 3（职称）的多元方差分析，结果表明，只有性别多元主效应显著（$F_{(2,224)} = 3.430$，$p < 0.05$）；教龄多元主效应显著（$F_{(6,492)} = 2.791$，$p < 0.05$）；性别和教龄交互作用边缘显著（$F_{(6,492)} = 1.862$，$p < 0.08$）。而学历和职称多元主效应均不显著（$F_{(4,448)} = 0.885$，$p = 0.473$，$F_{(4,448)} = 1.990$，$p = 0.095$），其他交互作用也均不显著。分别考查了性别和教龄在创造力教学效能感上的差异，结果发现：

男女教师在创造力教学效能感上存在差异。在创造力一般教育效能感和总体效能感上，男教师的得分均显著高于女教师（$t = 2.451$，$p < 0.05$；$t = 2.628$，$p < 0.01$）。

教师在创造力一般教育效能感、创造力个人教学效能感和总体效能感上，教龄差异均达到显著性水平（$F = 2.792$，$p < 0.05$；$F = 5.098$，$p < 0.01$；

$F = 4.503$，$p < 0.01$）。教师在创造力教学效能感各变量上，随着教龄的增长都呈现不同的上升趋势：创造力个人教学效能感上升趋势最为明显，而创造力一般教育效能感表现出波动上升。关于教师创造力教学效能感的具体教龄差异，事后多重比较（Tukey HSD）发现，从教 5 年以下教师的创造力教学效能感明显低于其他各教龄组的教师。

（三）教师如何培养学生的创造力

在学校教育中，教师在学生创造力的培养过程中起到了重要的作用。而教师如何培养学生的创造力，是研究的最终目的和落脚点。针对这个问题，我们在以往研究和本课题的基础上，从以下两方面来阐述。

1. 树立科学的创造力培养观

研究表明，教师的教育观念对其教学行为有着重要的指导意义，直接影响教师的态度和行为。而在我们关于教师创造力内隐观的研究中发现，有些教师关于学生创造力及创造力培养的观念有待于进一步完善。

首先，教师要明确创造力的内涵及外延。教师不仅要了解有关创造力的理论，更重要的是，教师要对教学的创造性及创造力在学生中的体现有明确的认识。学生的创造力不仅仅是通常大家认同的发明创造，更多体现在其思考问题和解决问题的方式上。

其次，教师要认识到学生创造力培养的必要性和可行性。在目前的教育背景下，大多数教师都知道学生创造力培养的重要性，但并没有引起足够的重视。教师只有充分意识到这种必要性，才会切实地在教学实践中注重学生创造力的培养。某些教师由于对创造力和学生创造力存在认识偏差，把创造力作为一种先天的素质，怀疑创造力培养的可行性。个体的创造力的确存在一些先天的差异，但是大量的研究表明创造力是可以培养的，且适宜的环境和恰当的机会会激发创造力的表现和发挥。

最后，教师有关学生创造力培养途径的观念也是其创造力培养观的一个重要部分。有些教师认为，创造力培养需要专门的训练。实际上，专门的创造力训练只是创造力培养的一个途径，与各科的日常教学相结合的创造力培养是更为有效和可行的。在教学实践中培养学生创造力的方法可能正是部分教师所欠缺的，这部分的内容我们将在后面展开论述。

2. 实施学生创造力培养的教学实践

我们认为教学是教师的主要工作，也是教师与学生相互作用的主要途径，学生的创造力培养更多地要落实到教师的教学实践中。因此，教师在日常教学中对学生创造力的培养是我们关注的重点。我们在借鉴前人研究成果的基础上，编制了教师关于创造力培养的半结构访谈提纲，随机抽取了各个学科的教师共 26 名，以这些教师为对象进行个别访谈。通过对访谈所得信息进行归纳和分析，发现大部分的教师对如何在课堂教学中培养学生的创造力有较为明确的认识，认为日常教学是可以提高或培养学生的创造力的，具体来说，可以从学生的创造性认知和创造性人格的培养两方面来阐述学生创造力培养的教学实践。

（1）创造性认知的培养

所有的教师一致认为学生创造力培养的一个重要方面是创造性认知的培养，其中包括知识基础、创造性思维、创造性意识等。

创造是需要有基础的，要具备基本的知识基础。不少教师提到，"创造、创新都要有基础的"；"创造力本身，也要具备一定的基础知识"。为此，在实际的教学中，各科的教学都要强调知识基础的重要性。例如，一位数学教师指出"实际上要抓两个方面。一个方面就是高中阶段数学的概念，还有知识的理解。知识网络的掌握，当然非常重要。但是不够重视的就是有一个基本公式，基本公式呢，非常重要"。

对于创造性思维的培养而言，教师关注较多的主要是发散思维、批判思维等方面。大部分教师认为"发散思维是非常重要的"。在教学实践中，一题多解是一种典型的有利于促进学生思维发散的形式。写作也是一种训练发散思维的方法，"要学生突破，突破一些原来那种好像常规思维的障碍"，强调"思维的独创性要比文笔更重要"，鼓励他们提出自己不同于他人的想法和观点。在批判思维的训练中，教师常用的方法是纠错法。具体来说，一方面可以是让学生去寻找教辅书的错误，或者学生之间的相互矫正。另一方面是教师在学生可能犯错误的地方不予事先的提醒，让学生去发现错误，重新思考并改正错误，"我故意先自己犯这个错误，有意识地让学生错一错"。

创造性意识的培养也是创造力培养中不可忽视的组成部分。一位劳技课老师的做法是要求学生观察生活中的事物，发现不便利的地方或者存在的问题，然后想出改进的想法。学生在完成这个看似简单的任务的过程中，会培养出一种创造性解决问题的意识。

（2）创造性人格的培养

培养学生创造力的另一个重要的方面是学生创造性人格的培养。在我们访谈的资料中，教师对学生创新性人格的培养主要包括兴趣、自信心、自主性、敢于探索、敢于表达、坚持不懈等方面。

在问及教师如何培养学生的创造力时，2/3 的教师提到对学生兴趣的培养。其中，有一些教师认为对学生的兴趣培养是创造力培养的关键环节。为此，教师会采取一些新鲜的授课形式，如采用多媒体，配合课文的意境播放音乐和图片；

233

由学生扮演角色，把课文表演为情景剧；在理科的教学中，将知识用具体的实例来演绎，讲授理论的同时还可以伴有实物的演示，学生自己动手的实验也会激发其创造兴趣。教师提及较多的另一个有效的兴趣培养方法是密切联系生活，引导学生用学习到的知识来解决实际生活中的问题。有一些教师通过组织一些活动，如科技小制作、小发明，编一些报、评论、简报等，在学生参与活动的过程中培养其兴趣。还有教师指出，有条件的话，还可以带领学生到科技馆、大学的重点实验室考察学习，给学生创造与科学家见面交流的机会。

很多教师认为自信心是创造性人格的重要方面，有教师提到"信心是创造力的条件"。教师给学生提供更多体验成功的机会，对学生的表现和成果给出具体的正向的评价，让学生感受到老师的关注和信任，在成功中培养自己的自信心。如一位教师说到，"我每一次都给他一个评语，而且都是看到他的光明点、闪光点，哪怕不是创造性方面的东西。这样的话他就知道你在重视着他，重视着他的思考。至于说他这个路对不对，那是在你慢慢地引导下他会对的，他会用心的。这一点很重要。"

培养学生的创造性人格，必然要培养他们的耐挫能力和坚持不懈努力的精神。这是要在具体创造性实践活动中实现的。在学生有疑问的时候，不急于给出问题的解答，尽可能地让学生自己多加思考。在学生遇到挫折的时候，鼓励他们不要轻易地放弃。

在学生创造力人格的培养中，教师的作用很大一部分是给学生营造安全的氛围，提供学生发挥其创造力的机会。访谈中，有教师指出"其实学生都是很有表现欲望的啊，他的表现力能不能够发挥出来，就是你能不能放手让他去做"。因此，在个人的学习管理和班级事务方面，可以给学生更多的自主权，给学生发挥其自主性的空间。教师还可以设计组织一些活动，给学生创设一些情境，来引导和鼓励学生发挥自己的主动性。在课堂上，要营造一种宽松的氛围，学生在课堂上可以大胆的表达自己的想法，尤其是自己独特的想法。不论学生观点对错，只要讲出自己的道理，都会受到教师的鼓励。

参考文献

[1] 林崇德：《教育与发展》，北京师范大学出版社，2002。

[2] 俞国良：《创造力心理学》，浙江人民出版社，1997。

[3] 俞国良、辛涛、申继亮：《教师教学效能感：结构与影响因素的研究》，《心理学报》，1995（2）。

[4] 杨治良等：《大学生创造性内隐观的调查研究》，《心理科学》，2001.24（6），641~645。

[5] 蔡华俭等：《创造性的公众观的调查研究（I）》，《心理科学》，2001.24（1），46~49。

［6］蔡华俭等：《创造性的公众观的调查研究（Ⅱ）》，《心理科学》，2001. 24（4），432～435。

［7］岳晓东：《两岸四地大学生对创造力特征及创造力人才的认知调查》，《心理学报》，2001（2）。

［8］辛涛、申继亮：《论教师的教育观念》，《北京师范大学学报（社会科学版）》，1999（1），14～19。

［9］薛贵、董奇、周龙飞、张华、陈传生：《内部动机、外部动机与创造力的关系研究》，《心理发展与教育》，2001（1），7～12。

［10］张庆林、Sternberg R. J.：《创造性研究手册》，四川教育出版社，2002。

［11］Caroline D., Claudette M.（2001）. Implicit theories of intelligence, achievement goals, and learning strategy use. Psychologische beitrdge, 43（1）：34 – 53.

［12］David W. C., Chan L.（1999）. Implicit theories of creativity：teachers' perception of student characteristics in HongKong. Creativity Research Journal, 12（3）：185 – 195.

［13］David W. C.（2004）. Multiple intelligences of chinese gifted students in HongKong：perspectives from students, parents teachers, and peers. Roeper Review, 27（1）：18 – 24.

［14］Diakidoy I. N., Elpida K.（1999）. Student teachers' beliefs about creativity. British Educational Research Journal, 25（2）：225 – 243.

［15］Kirton, M. J.. Adaptors and Innovators：A description and measure, Jound of Applied Psychology, 61（5）, 1976, pp. 622 – 629.

［16］Niu W. H., Sternberg R. J.（2002）. Contemporary studies on the concept of creativity：the east and the west. Journal of Creative Behavior, 36（4）：269 – 288.

［17］Niu W. H., Sternberg R. J.（2001）. Cultural influences on artistic creativity and its evaluation. International Union of Psychological Science, 36（4）：225 – 241.

［18］Niu W. H., Sternberg R. J.（2003）. Societal and school influences on student creativity：the case of China. Psychology in Schools, 40（1）：103 – 114.

［19］Romo M., Alfono V.（2003）. Implicit theories of Spanish painters. Creativity Research Journal, 15（4）：409 – 415.

［20］Runco M. A.（1984）. Teachers' judgments of creativity and social validation of divergent thinking tests. Perceptual and Motor Skills, 59：711 – 717.

［21］Runco M. A.（1989）. Parents' and teachers' ratings of the creativity of children. Journal of Social Behavior and Personality, 4（1）：73 – 83.

［22］Runco M. A., Nemiro J., Walberg H. J.（1998）. Personal explicit theories of creativity. Journal of Creative Behavior, 32（1）：1 – 17.

［23］Runco M. A., Bahleda M. D.（1986）. Implicit theories of artistic, scientific, and everyday creativity. Journal of Creative Behavior, 20（2）：93 – 98.

［24］Runco M. A.. Creativity（2004）. Annual Reviews of Psychology, 55：657 – 687.

［25］Runco M. A., Diane J. J.（2002）. Parents' and teachers' implicit theories of children's creativity：a cross-cultural perspective. Creativity Research Journal, 14（3）：427 – 438.

［26］Rudowicz E., Yue X. D.（2000）. Concepts of creativity：similarities and differences among Mailand, HongKong and Taiwanese Chinese. Journal of Creative Behavior, 34: 175 - 192.

[27] Sternberg R. J. (1985). Implicit theories of intelligence, creativity, and wisdom. Journal of Personality and Social Psychology, 49 (3): 607 - 627.

[28] Sternberg R. J., Conway B. E., Ketron J. L. et al. (1981). People's conceptions of intelligence. Journal of Personality and Social Psychology, 41 (1): 37 - 55.

[29] Sternberg R. J. (1999). A propulsion model of types of creative contributions. Review of General Psychology, 3 (2): 83 - 100.

[30] Scott C. L. (1999). Teachers' biases toward creative children. Creativity Research Journal, 12 (4): 421 - 328.

[31] Tan A. G. (2001). Singaporean teachers' perception of activities useful for fostering creativity. The Journal of Creative Behavior, 35: 131 - 146.

[32] Ugur Sak (2004). About creativity, giftedness, and teaching the creatively gifted in the classroom. Roeper Review, 26 (4): 216 - 222.

[33] Okheuysen G. A. Structuring Change: Familiarity and Formal Interventions in Problem-Solving Groups. Academy of Management Journal, 2001, 44 (4): 749 - 808.

[34] Russell C. J. A Longitudinal Study of Top-Level Executive Performance. Journal of Applied Psychology, 2001, 86 (4): 560 - 573.

[35] Armstrong S. J., Priola V. Individual Differences in Cognitive Style and Their Effects on Task and Social Orientations of Sel-Managed Work Teams. Small Group Research, 2001, 32 (3): 283 - 312.

[36] Mohammed S., Angell L. C.. Personality Heterogeneity in Teams: Which Differences Make a Difference for Team Performance? Small Group Research, 2003, 34 (6): 651 - 677.

[37] Mollied E., Nauta A., Jehn K. A.. Person-Job Fit Applied to Teamwork. Small Group Research, 2004, 35 (5): 515 - 539.

[38] Gibson C. B.. Quality of Team Service: The Role of Field Independent Culture, Quality Orientation, and Quality Improvement Focus. Small Group Research, 2003, 34 (5): 619 - 646.

[39] Aritzeta A., Senior B., Swailes S.. Team Role Preference and Cognitive Styles. Small Group Research, 2005, 36 (4): 404 - 436.

[40] Bonner B. L.. The Effects of Extroversion on Influence in Ambiguous Group Tasks. Small Group Research, 2000, 31 (2): 225 - 244.

[41] Topi H., Valacich J. S., Rao M. T.. The Effects of Personality and Media Differences on The Performance of Dyads Addressing a Cognitive Conflict Task. Small Group Research, 2002, 33 (6): 667 - 701.

[42] Yang S. C., Lin W. C.. The Relationship Among Creative, Critical Thinking and Thinking Style in Taiwan High School Students. Journal of Instructional Psychology, 2004, 31 (1): 33 - 45.

第六章

教育技术与教育创新的研究*

信息时代的创新人才与教育创新的研究是在我国加速教育信息化进程以及国家全面基础教育课程改革的宏观背景下进行的，它包括两个层面的主要内容：一是信息时代的教育理论创新研究，力图提出指导信息时代创新人才培养的全新理论体系，包括教学结构理论、创造思维理论、儿童认知发展新论、语觉论（儿童语言发展新论）以及建构主义教学设计模式理论；二是在创新教育理论指导下教育创新实践研究，培养具有高度创新思维能力、良好信息素养、人文素养、外语水平、实践能力的创新人才，推动基础教育的跨越式发展（学生综合能力、学科知识、创新思维均显著改善），实现教育信息化的"大投入下的大产出，高投资下的高效益"。不管是理论还是实践研究，关注点都在于现代化的教育技术如何促进教育创新和创新人才的培养。

本研究首先是重新审视传统的教育理论，这是因为，网络时代就是以计算机和网络通信为代表的信息技术日益深刻地影响和改变着人类社会生产方式、工作方式、学习方式乃至生活方式的时代。以计算机和网络通信为代表的信息技术，不是一种普通的技术，它是当代最伟大、最活跃的生产力的具体体现。可见，在网络时代，"理论上应推陈出新，观念上应与时俱进"这是社会发展的必然要求，如果在理论上因循守旧，我们必将成为落伍者，甚至被时代所抛弃；反之，如果能在思想观念上不断破旧立新，我们就能勇立潮头，走在时代的前列，实现各种工作目标，包括教育工作的跨越式发展。

---

* 本章负责人：何克抗教授；报告执笔人：余胜泉教授；本章研究成员：何克抗、余胜泉、马宁、吴娟。

本项目的实践研究旨在把信息技术与课程改革有机地结合起来，使新课程改革在一个比较高的水准上推进，在小学的语文、英语、信息技术三个学科实现跨越式的发展，使中小学生在综合能力、学科知识、创新思维等方面均显著改善，其研究的主导思想与新课程改革的思想是完全一致的，就是要在先进的教育思想、理论的指导下，把以计算机及网络为核心的信息技术作为促进学生自主学习的认知工具与情感激励工具、学习环境的创设工具，并将这些工具全面地应用到各学科教学过程中，使各种教学资源、各个教学要素和教学环节，经过整理、组合，相互融合，在整体优化的基础上产生聚集效应，促进传统教学方式的根本变革，也就是促进以教师为中心的教学结构的变革，培养学生的创新精神、实践能力及自主学习的能力。

本研究以佛山市禅城区的 8 所跨越式实验校（其中包括小学实验校 5 所，中学实验校 3 所）为基地，对 2003 年度教育部哲学社会科学研究重大课题攻关项目"创新人才与教育创新研究"的子项目"教育技术与教育创新的研究"进行了深入探索。

一、研究目标及其理论基础

（一）实验目标

本实验的研究目标为：

大力推进信息技术与其他各学科课程的深层次整合，在培养创造性人才的创新教育理论指导下，运用以计算机为基础的信息技术所提供的学习资源和学习环境，并结合各学科自身特点，探索深层次整合的各种教学模式，彻底改变以教师为中心的传统教学结构，深化学科教学改革，全面推进素质教育。

在保证学生考试成绩有提高的基础上，培养学生良好的信息技术素养、思维品质、协作意识与能力、自我扩充知识结构的意识与能力、创新的意识与能力，具体包括：（1）培养学生获取、分析、加工和利用信息的知识与能力，为学生打好全面、扎实的信息文化基础，培养学生的信息素养与文化，其内涵包括：信息获取、信息分析、信息加工、信息利用、信息意识。（2）培养学生具有终身学习的态度和能力：具有主动吸取知识的愿望并能付诸于日常生活实践，要将学习视为享受，而不是负担；要能够独立自主的学习，能够自我组织、制订并执行学习计划，并能控制整个学习过程，对学习进行自我评估，学习过程受本人支配，对自己的学习全部负责。（3）培养学生掌握信息时代的学习方式：学习者将从传统的接受式学习转变为主动学习、探究学习和研究性学习，学习者必须学会利用资源进行学习、学会在数字化情境中进行自主发现的学习、学会利用网络通信工具进行协商交流，合作讨论式的学习、学会利用信息加工工具和创作平台，进行实践创造的学习。（4）培养学生的适应能力、应变能力与解决实际问题的能力。

概括来说，就是要在完全不增加课时、不增加学生课业负担的前提下，通过信息技术与课程的深层次整合，大幅提升教学质量与效率，从而实现基础教育的跨越式发展，主要体现在三个方面：（1）与学科相关的知识与能力（包括阅读、计算、写作、看图、识图、实验以及上机操作等）；（2）解决实际问题的能力（发现问题、提出问题、分析问题、解决问题的能力）；（3）创新思维能力（建立在创造性思维基础上的能力）。以上三个方面大幅提升教学质量与效率集中体现在五个字"好、快、多、强、乐"上。

好：实验班学生考试成绩不仅比同年级非实验班好，而且和外面同等级学校非实验班相比也好。

快：学生对于课程标准要求的知识学得快，可以提前达到学科教学的知识目标，可以有更多的时间开展以问题为驱动的综合实践活动，促进知识灵活运用与实际解决问题能力的形成。

多：实验班学生比其他班学生知识面多、宽、广，接受的信息量大，参与课堂的机会多、参与测试的机会多、参与实践解决问题的机会多、学生有良好的知识迁移能力。

强：培养学生良好的信息技术素养、思维品质、协作意识与能力、自我扩充知识结构的意识与能力、创新的意识与能力；信息技术能力强，综合能力强，动手与实践能力强、显性的能力和隐性的能力都强；让学生学会认知、学会做事、学会生存、学会共同生活。

乐：快乐学习，实验班学生精神面貌与非实验班相比要好，课堂氛围好，参与性强，学生有积极情感体验。

（二）实验的理论探索

创新的教育改革实践，必然是建立在创新的教育思想、教育理论的基础之上，本实验也不例外。本子项目的主持人——何克抗教授从儿童认知发展、儿童语言发展的客观规律出发，结合自己多年的教育改革（下面简称教改）实验研究实践，对传统的教育理论、心理理论进行了认真的审视与思考，在批判继承前人研究成果的同时，大胆地提出了自己的儿童思维发展新论、语觉论、双主教学结构理论和新型建构主义理论，并以此作为本实验的主要理论基础。

1. 教学结构理论

当前中小学教学改革的主要目标之一是要改变传统的以教师为中心的教学结构，建构一种既能发挥教师的主导作用又能充分体现学生学习主体作用的新型教学结构。在此基础上逐步实现教学模式、教学内容、教学手段和教学方法的全面改革。之所以要把教学结构作为教改的主要目标，是因为教学结构是指在一定的教育思想、教学理论和学习理论指导下的在一定环境中展开的教学活动进程的稳定结构形式，是教学系统四个组成要素（教师、学生、教材和教学媒体）相互联系、相互作用的具体体现。简单地说，教学结构就是指按照什么样的教育思想、教与学的理论来组织教学活动进程。所以教学结构是很重要的，它是教育思想、教与学理论的集中体现。教学结构的改变将引起教学过程的根本改变，也必将导致教育思想、教学观念、教与学理论的深刻变革。所以它比教学手段、教学方法的改革意义要重大得多，当然也困难得多。

目前在各级各类学校中采用的教学结构主要有两大类：一是以教师为中心的教学结构；二是以学生为中心的教学结构。

从我国的现实情况看，20世纪90年代以前的教学结构基本上都是以教师为中心。以教师为中心教学结构的特点是：

（1）教师是知识的传授者，是主动的施教者，并且监控整个教学活动的进程；

（2）学生是知识传授对象，是外部刺激的被动接受者；

（3）教学媒体是辅助教师教的演示工具；

（4）教材是学生的唯一学习内容，是学生知识的主要来源。

这种结构的优点是有利于教师主导作用的发挥，便于教师组织、监控整个教学活动进程，便于师生之间的情感交流，因而有利于系统的科学知识的传授，并能充分考虑情感因素在学习过程中的重要作用。其严重弊病则是：完全由教师主宰课堂，忽视学生的学习主体作用，不利于具有创新思维和创新能力的创造型人才的成长（按这种结构培养出的绝大部分是知识应用型人才而非创造型人才）。

以学生为中心的教学结构，则是进入20世纪90年代以后随着多媒体和网络技术的日益普及（特别是基于Internet的教育网络的广泛应用），才逐渐发展起来的。以学生为中心教学结构的特点是：

（1）学生是信息加工的主体，是知识意义的主动建构者；

（2）教师是课堂教学的组织者、指导者，是学生建构意义的帮助者、促进者；

（3）教学媒体是促进学生自主学习的认知工具；

（4）教材不是学生的主要学习内容，通过自主学习学生主要从其他途径

（例如图书馆、资料室及网络）获取大量知识。

　　这种教学结构由于强调学生是学习过程的主体，是知识意义的主动建构者，因而有利于学生的主动探索、主动发现，有利于创造型人才的培养，这是其突出的优点。但是，这种教学结构由于强调学生的"学"，往往忽视教师主导作用的发挥，忽视师生之间的情感交流和情感因素在学习过程中的重要作用；另外，由于忽视教师主导作用，当学生自主学习的自由度过大时，还容易偏离教学目标的要求，这又是其不足之处。

　　由以上分析可见，两种教学结构各有其优势与不足，不能简单地用后者取代或否定前者，也不能反过来用前者去否定或取代后者。而是应当彼此取长补短，相辅相成，努力做到既发挥教师的指导作用，又充分体现学生的学习主体作用，既注意教师的教，又注意学生的学，把教师和学生两方面的主动性、积极性都调动起来。其最终目标是要通过这种新的教学思想来优化学习过程和学习效果，以便培养出具有高度创新能力的跨世纪新型人才。为了与前面的以教为中心的教学结构和以学为中心的教学结构相区别，我们把按照这种思想和目标实现的教学结构称之为"学教并重"教学结构。"学教并重"教学结构的特点是：

　　（1）教师是教学过程的组织者，学生建构意义的促进者，学生良好情操的培育者；

　　（2）学生是信息加工与情感体验的主体，是知识意义的主动建构者；

　　（3）教学媒体既是辅助教师教的演示工具，又是促进学生自主学习的认知工具与情感激励工具；

　　（4）教材不是唯一的教学内容，通过教师指导、自主学习与协作交流，学生可以从多种学习对象（包括本门课程的教师、同学以及社会上的有关专家）和多种教学资源（例如图书资料及网上资源）获取多方面的知识。

　　2. 建构主义学习理论与教学理论

　　建构主义是一种哲学的学习体系，它强调在反思我们原有的经验的前提之下，来建构我们理解中的现实世界。每个人都会产生属于自己的"原则"和"智力模型"，利用它们搞清楚我们的体验。因此学习就是调整我们的智力模型以适应新的经验的过程。

　　建构主义的最早提出者可追溯至瑞士的皮亚杰（J. Piaget）。他是在认知发展领域最有影响的一位心理学家，他所创立的关于儿童认知发展的学派被人们称为日内瓦学派。皮亚杰的理论充满唯物辩证法，他坚持从内因和外因相互作用的观点来研究儿童的认知发展。他认为，儿童是在与周围环境相互作用的过程中，逐步建构起关于外部世界的知识，从而使自身认知结构得到发展。儿童与环境的相互作用涉及两个基本过程："同化"与"顺应"。同化是指把外部环境中的有关信息吸收进来并结合到儿童已有的认知结构（也称"图式"）中，即个体把外界刺激所提供的信息整合到自己原有认知结构内的过程；顺应是指外部环境发生变化，而原有认知结构无法同化新环境提供的信息时所引起的儿童认知结构发生重组与改造的过程，即个体的认知结构因外部刺激的影响而发生改变的过程。可见，同化是认知结构数量的扩充（图式扩充），而顺应则是认知结构性质的改变（图式改变）。认知个体（儿童）就是通过同化与顺应这两种形式来达到与周围环境的平衡：当儿童能用现有图式去同化新信息时，他是处于一种平衡的认知状态；而当现有图式不能同化新信息时，平衡即被破坏，而修改或创造新图式（即顺应）的过程就是寻找新的平衡的过程。儿童的认知结构就是通过同化与顺应过程逐步建构起来，并在"平衡—不平衡—新的平衡"的循环中得到不断的丰富、提高和发展。这就是皮亚杰关于建构主义的基本观点。在皮亚杰的上述理论的基础上，科尔伯格（L. Kohlberg）在认知结构的性质与认知结构的发展条件等方面做了进一步的研究；斯滕伯格和卡茨等人则强调了个体的主动性在建构认知结构过程中的关键作用，并对认知过程中如何发挥个体的主动性做了认真的探索；维果斯基创立的"文化历史发展理论"则强调认知过程中学习者所处社会文化历史背景的作用，在此基础上以维果斯基为首的维列鲁学派深入地研究了"活动"和"社会交往"在人的高级心理机能发展中的重要作用。所有这些研究都使建构主义理论得到进一步的丰富和完善，为实际应用于教学过程创造了条件。

建构主义认为，知识不仅仅是通过教师传授得到，而是学习者在一定的情境即社会文化背景下，借助其他人（包括教师和学习伙伴）的帮助，利用必要的学习资料，通过意义建构的方式而获得。由于学习是在一定的情境即社会文化背景下，借助其他人的帮助即通过人际间的协作活动而实现的意义建构过程，因此建构主义学习理论认为"情境"、"协作"、"会话"和"意义建构"是学习环境中的四大要素或四大属性。由上述"学习"的含义可知，学习的质量是学习者建构意义能力的函数。换句话说，获得知识的多少还取决于学习者根据自身经验去建构有关知识的意义的能力，而不仅仅取决于学习者记忆和背诵教师讲授内容的能力。

3. 儿童思维发展新论——语文跨越式实验的主要理论基础

由于语言是思维的物质外壳，语言与思维有着不可分割的联系。对思维发展过程及其与语言之间关系的认识是否科学，将对本民族语言的教学（即母语教学，也就是我们的语文教学）产生至关重要的制约作用——如果这种认识是科学的、客观的，则对语文教学将起到良好的促进作用；反之，将会严重地降低语文教学的质量与效率，并大大延缓与阻滞语文教学改革的进程。众所周知，在国际上关于儿童认知发展做出最深入研究、最重要贡献的有两位学者；一位是皮亚杰，另一位是布鲁纳，尤其是皮亚杰的"儿童认知发展阶段论"，不仅为这一领域的研究做出了开创性贡献，更成为这一领域最具权威性的经典理论。然而这一理论却无法解释这样一种现象：入学时只有六周岁左右的小学一年级跨越式实验班学生，为何仅仅通过两个学年的实验（只有七、八岁左右）即能普遍达到远远超出上述经典理论所规定的、该年龄段儿童所应具有的语言与智力发展水平。儿童思维发展新论正是在长期的实践探索和批判地继承皮亚杰理论合理内核的基础上提出的，它为语文教育的跨越式发展提供以下几方面的理论支持：

（1）刚进入小学一年级的儿童（约6岁），对于母语学习来说，并非毫无准备而是具有相当强大的基础

20世纪80年代末和90年代初我国心理学家的调查已经表明（朱智贤，1998），5～6岁的学龄前儿童其口头词汇已经掌握3 500个以上；90年代后期我国儿童语言学家的研究表明，4～5岁的学龄前儿童已经能够理解和运用汉语的各种句型（包括较复杂的疑问句）（李宇明、陈前瑞，1998）。这就大大降低了语文教学中对词语和句型教学的难度；在形、音、义三方面的教学要求中，只需侧重字形，而不是像传统教学那样——三者并重，从而使每一节课都可以腾出不少时间让学生去扩展阅读（只要扩展阅读材料适当加注拼音，学生即可无师自通地掌握生字的读音，并通过上下文了解生字及相关词语的含义），从而为实现语文教育的跨越式发展创造必要的条件。

（2）"以语言运用为中心"是儿童快速学习语言的根本途径与方法

儿童是在与人交际的过程中，即在语言的运用过程中学习语言。学习语言是为了沟通和交流，所以学了就要用。对于一年级小学生来说，其口头语言表达能力与思维能力均已具备写出结构完整、通顺流畅文章的客观条件。语文教学完全可以而且必须改变传统的教学方式——不是像多年来所习惯的那样，将识字、阅读和作文这三个教学环节加以孤立和割裂，而是要努力把这三个教学环节结合在一起，并使之融合于统一的语文教学过程之中。

（3）应当将语言能力的培养和思维能力（尤其是创新思维能力）的训练结合起来

"语言是思维的物质外壳"，一方面语言是思维发展的基础，另一方面属于认知范畴的思维能力反过来对语言能力的发展也有很大的制约作用。跨越式实验班的大量网上习作案例已经证明"基于命题假设的高级抽象逻辑思维能力（包括多种复合推理能力）"并非是11岁以后的儿童才能达到的要求，而是6～7岁儿童通过适当的教学环境和科学的教育方法人人都有可能达到的要求。因此，语文教学应该把语言能力的培养和思维能力（尤其是创新思维能力）的训练结合

起来，而且这种结合应该从小学一年级就开始，而不是像传统教学那样，要到小学五、六年级才开始尝试这种结合。

4. 语觉论——英语跨越式实验的主要理论基础

何克抗教授在深入分析和全面总结现有语言获得理论成果的基础上，吸纳其所长，抛弃其所短，并结合英语跨越式实验的研究实践，提出了一种全新的"儿童语言发展理论"，并以此作为指导第二语言教学改革的主要理论基础。语觉论对我国当前外语教学具有至关重要的现实指导意义：

（1）语觉具有先天性和关键期

具有先天遗传特性的语觉存在一个生长发育的关键时期（即最有利于儿童获得语言的关键时期）：0~12岁，而最佳敏感期一般来说是在9岁以前，从9岁以后开始下降，到12岁下降到1/2左右，到14岁则下降到15%~20%左右。外语教学必须紧紧抓住小学阶段这一关键期（尤其是1~4年级为最佳年龄段）。

（2）听、说能力和读、写能力是两种本质特性完全不同的言语能力

语觉论在对言语理解（即"听"）和话语生成（即"说"）所涉及的语音、语法、语义等三种不同的心理加工过程进行深入分析后得出结论：言语能力中的"听、说能力"主要靠先天遗传，"读、写能力"主要靠后天习得，所以是两种本质特性完全不同的言语能力。因此小学阶段不应当并列地提出"听、说、读、写"的要求。"听、说、读、写"四种言语能力中，在语觉关键期内（尤其是在最佳年龄段内）要特别强调"听、说"能力的培养；"读、写"能力因为主要靠后天习得，基本上不受语觉生长发育关键期的限制，所以推迟到小学高年级或初中阶段再来强调读写能力的训练也不为晚。为了有效地培养儿童的外语听说能力，在语觉生长发育关键期内必须为儿童创设良好的学习外语的语言环境，而且这种语言环境应当能同时支持"听力"和"说话"这两个方面的训练要求。

（3）外语课堂教学必须强调以语言运用为中心，即"以言语交际为中心"

依据"基于语觉的儿童语言获得模型"，特别是通过该模型的内外反馈机制所揭示的规律——"和真实的交际者进行实时双向言语互动（即言语交际）是语言学习者形成并掌握听、说能力的充分必要条件"，外语课堂教学必须强调以语言运用为中心，即"以言语交际为中心"，而不是"以语法分析为中心"，也不是"以听力训练为中心"，更不是"以读、写训练为中心"。

（三）培养创新人才的有效途径——五维创新教学

对于我们如何指导实验学校开展项目的教学研究，我们有一套具体的策略和指导方法，那就是五维创新教学模式。这个指导方法总结起来就是五句话：坚持一个中心、落实两个前提（条件）、突出三个重点、处理好四方面关系、注重五

个教学策略。

1. 坚持以"传统教学结构"转变为中心

在新一轮基础教育课程改革纲要中明确提出"大力推进信息技术在教学过程中的普遍应用，促进信息技术与学科课程的整合，逐步实现教学内容的呈现方式、学生的学习方式、教师的教学方式和师生互动的教学方式的变革，充分发挥信息技术的优势，为学生的学习和发展提供丰富多彩的教育环境和有力的学习工具"（教育部，2001）。运用信息技术促进教学改革、培养创新人才的关键点就在于转变传统的教学结构。

我们知道，传统的教学系统由教师、学生和教学内容构成，教师通过向学生讲授教材来达到知识传递的目的，它们之间的关系如图6-1所示。

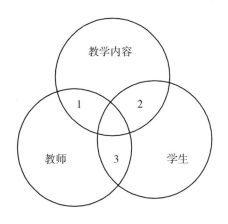

图6-1 传统教学系统结构

这三者之间是一种相对松散耦合的模式，它们之间相互联系的途径是：（1）传授；（2）接受；（3）师生交流，它们代表教学活动的基本形式。而在现代教学环境下，则要加入一种新的要素：现代教学媒体，现代教学媒体的介入使得教学系统的基本要素及它们之间的关系发生了一些质的变化，对教学内容来说，它是一种表现工具，它可以实现更优化的内容表现，对于教师来说，它是一种教学组织与实施的工具，它可代替教师做很多常规的工作，而对于学生，它是一个认知工具，不仅可以帮助其获取知识，而且还可以帮助发展学生认知能力、扩展学生的认知水平（见图6-2）。现代教学媒体的三种主要作用，使得教学系统由松散的耦合系统变成一种紧耦合系统，大大提高系统内部要素之间相互作用、相互联系的频率和强度，极大地提高了系统内部各要素之间信息传递和转化的效率，进而从整体上提高了教学系统的质量。教学系统四个核心要素不同的作用关系可以形成"以教为中心"、"以学为中心"、"主导—主体"等不同类型的教学结构。

而上述几种教学结构中究竟哪一个才能从根本上解决当代教学问题呢？

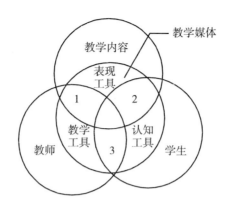

图 6 – 2　现代教学系统结构

　　以"教"为中心的教学结构的优点是有利于教师主导作用的发挥，有利于教师监控整个教学活动进程，有利于系统科学知识的传授，有利于教学目标的完成，对于知识、技能的学习掌握，对于全面打好学生的各学科知识基础是有利的；但由于把教师的指导作用任意夸大并绝对化导致了"重教轻学"，忽视学生的自主学习、自主探究，容易造成学生对教师、对书本、对权威的迷信，且缺乏发散思维、批判思维和想象力，这样培养出来的大多是知识应用型人才，而非创新型人才，显然它不能解决当前的问题。

　　以"学"为中心的教学结构则片面强调以学生为中心，完全让学生自由去探索，忽视教师（甚至也忽视教材）的作用，这种方式无疑对学生的创新精神与创新能力的培养是大有好处的，但是对教师主导作用忽视的直接后果就是学生基础知识的削弱。美国教育界的同行已经开始清醒过来，甚至有人提出要向中国基础教育学习：学习中国如何发挥教师的主导作用，以弥补美国长期以来在这方面存在的缺陷。显然这种教学结构是对我国的优良传统的完全放弃，也与现实国情不符。

　　而"主导—主体"教学结构吸收了上述两种教学结构的优点及其理论基础的优点，其核心在于既要发挥教师的指导作用，又要充分体现学生的主体作用。在按照这种教学结构所形成的教学活动进程中，学生是信息加工的主体和知识意义的主动建构者；教师是教学过程的组织者、指导者、意义建构的帮助者、促进者；教材（教学内容）所提供的知识不再是教师灌输的内容，也不是学生知识的唯一来源，而是学生主动建构意义的对象之一（建构意义的对象还包括其他教学资源）；媒体也不再仅仅是帮助教师传授知识的手段，而是用来创设情境、进行协作学习、讨论交流即作为学生自主学习和协作式探索的认知工具与情感激励工具。显然，在这种场合，教师、学生、教学内容与教学媒体等四要素和传统的以教师为中心的教学结构相比，各自有完全不同的作用，彼此之间有完全不同的关系。这种结构关系的转变，给教学带来了全面而又深刻的变革。

因此运用信息技术促进当代教学改革的关键就是要在先进的教育思想、教学理论与学习理论的指导下，运用计算机为核心的信息技术作为学生自主学习的认知工具与情感激励工具，改革在中国教育界统治很多年的以"教"为中心的教学结构，创建新型的既发挥教师主导作用又充分体现学生主体作用的"主导—主体"教学结构（如图6-3所示），在此前提下实现学科教学内容、手段、方法的整体改革，从而达到培养创新人才的目的。

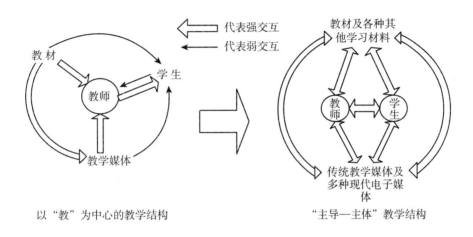

图 6-3   教学结构的转变

现在对这两种教学结构的特点比较如表6-1所示。

表 6-1   两种教学结构的特点比较

要素	以"教"为中心的教学结构	"主导—主体"教学结构
教师	知识的传授者，是主动的施教者，是教学的绝对主导者，监控整个教学活动的进程	教师要对学生及其学习过程中的教学内容及教学媒体进行总体的指导和把握；教师要根据学生的特点为其选择、设计特定的教学内容、教学媒体和交流方式；教师是教学过程的组织者，学生意义建构的促进者，学生良好情操的培养者；教师要善于引导学生自主、探究和协作学习
学生	是知识传授的对象，是外部刺激的被动接受者	学生拥有大量的经过教师选择、设计并控制的学习资源，是学习活动的主体，是信息加工与情感体验的主体，是知识意义的主动建构者

续表

要素	以"教"为中心的教学结构	"主导—主体"教学结构
教学媒体	辅助教师教的演示工具	教学媒体不仅是辅助教师教的演示工具，更重要的是促进学生自主学习的认知工具与情感激励工具，是学生协作学习的工具
教材	教学内容基本由教材决定，教材是学生的唯一学习内容，是学生知识的主要来源	教材不是唯一的教学内容，通过教师指导、自主学习与协作交流，学生可以从多种学习对象（包括本门课程的教师、同学以及社会上的有关专家）和多种教学资源（例如图书资料及网上资源）获取多方面的知识

从以计算机多媒体为代表的信息技术对教学的初步介入到对传统以"教"为主的教学结构的颠覆是一个几十年的漫长的过程，从 20 世纪 80 年代初到 20 世纪末的计算机辅助教学（CAI）是第一阶段，在此期间个人电脑以及数字投影设备开始在学校中出现并得到初步的应用，此阶段主要是利用计算机的快速运算、图形动画和仿真等功能，辅助教师解决教学中的某些重点、难点，大多以演示为主。第二阶段是大约从 90 年代中后期开始进入的信息技术与课程整合阶段。此阶段不仅将以计算机为核心的信息技术用于辅助教或辅助学，而更强调要利用信息技术创建理想的学习环境、全新的学习方式、教学方式，从而彻底改变传统的教学结构与教育本质。从 CAI 到信息技术与课程整合，绝对不仅仅是名词的变化，它反映信息技术环境下教学系统中四个核心要素相对作用关系的变化，也就是教学结构的变革。综上讨论，我们认为当前运用信息技术深化教学改革的关键在于，如何转变教学系统中四个核心要素的相互作用关系，如何充分发挥学生在学习过程中的主动性、积极性与创造性，使学生在学习过程中真正成为信息加工的主体和知识意义的主动建构者，而不是外部刺激的被动接受者和知识灌输的对象；教师则应成为课堂教学的组织者、指导者，学生自主、探究、协作学习的帮助者和促进者，而不是知识的灌输者和课堂的主宰。

2. 落实两个前提（条件）

落实两个前提就是两句话：一是开发跨越式发展创新教学所需的优质教学资源，二是实施跨越式创新教学设计。本项目不主张改变学校原有教材和课程结构，而是通过提供围绕教材的丰富优质的拓展资源来实现的。跨越式创新教学设计强调教学目标分析、学习环境、学习资源、学习活动及过程、教学评价的设计和运用诱导学生交流表达的教学策略，这样设计的目的就是要在课堂创设语言应用的环境。

3. 突出三个重点

突出三个重点是指在资源建设方面要以紧扣教材为核心进行拓展，同时要突出下面三个方面：

第一个重点是保证思想性、知识性的前提下，要突出趣味性。拓展材料的选择要紧扣课文主题，注重相关性。在语文学科方面要求的相关性是指：（1）与课文主旨的相关。比如说，课文本身是益智类文章，主要的教学目标是为了训练学生的思考和发现能力，那么在拓展材料的选择上可以选同样的训练学生这方面能力的科学性文章。（2）与文体的相关。课文不同的体裁对教学要求的有所不同，因此拓展资源的选择上也可以选择一些与课文文体相关的文章，加深课堂教学要求的同时也扩大了学生的阅读量。比如说，人教（人民教育出版社）版第一册中《四季》是一篇让学生学会欣赏的近似美文的文章，那么教师可以有意识地选择一些让学生欣赏自然风光的文章作为拓展资源。在英语学科方面要求的相关性是指：（1）语言情境的相关。语言的运用是在一定的情境之下的，现在小学生的英语课文一般都是选取一个主题，创设一个语言情境进行单词和句型的教授。那么在提供的拓展材料中也尽量选取能够使用新学习的单词和句型的情境。（2）单词、句型的相关。跨越式要求的拓展和大的信息量是基于课文要求的单词和句型基础上的拓展，不是漫无目标，任意选择的拓展。在单词和句型的拓展上要尽量和课文本身要求的内容相关，在难度上和应用范围上有所加大即可。

第二个重点是在注重图文并茂的前提下，要突出注音（语文学科指拼音，英语学科指配音）。我们要让学生大量阅读，必然就会遇到不会的字词，这时候标注汉语拼音显得尤为重要。对于英语来说，只有提供准确，纯正的配音，才能让学生时刻有"听、说"的语言环境，才能够解决听说的问题。可以这样认为：图文并茂的材料是激发低年级段学生学习兴趣的有效手段。提供拼音和配音是实现大信息量输入的必要前提。只有通过提供图、文、音并茂的大量的拓展资源，才有可能给学生创设一个真正能够发挥其自主性的进行自主探索学习的平台，才能够利用网络环境的优势充分考虑教师的教学限度和学生的个别性差异，从而有可能实现学生跨越式发展的目标。

第三个重点是在字、词、句、篇教学内容的安排上，要突出段落篇章。我们在学习语言中都有这样的体会，有的时候单个的词或是某个独立的句子让人很费解，甚至有的根本无法理解，可是一旦放到篇章中的时候就很容易了。而且我们在语言的应用中也有类似体会，很多话只有在一定的情境中才容易理解。因此我们强调拓展资源的选择和使用不局限在字、词、句上，而是要字、词、句、篇结合起来，突出在篇章中学习。

4. 处理好四个方面的关系

处理好四个方面的关系是指在教学设计中要注意处理好四个方面的关系：第一，处理好教师主导与学生主体的关系；第二，处理好以教为主的教学设计与以学为主教学设计的关系；第三，处理好自主学习与协作学习的关系；第四，处理好课标要求与项目要求的关系。

第一要处理好教师主导与学生主体的关系，这需要完成学生、教师、媒体几个方面的角色转变。

首先，要转变学生的角色。要使学生在教师的引导下进行自主学习，成为学习的主体；使学生有机会和能够主动思考、建构，能够把所学知识真正内化到自己的认知结构中；使学生有机会面临复杂的问题，并且有机会去尝试解决；要使得学生在新型课堂环境下敢于大胆想象，敢于提问、质疑；课堂中要出现教师预想不到的思想火花。学生能够在信息技术环境下学习，除了教材，还有信息技术提供的更为广阔的知识空间。学生要以小组为单位进行学习，以小组为单位进行评估，学习团队之间可以进行大范围、深层次的讨论，学习者不再是个体独自学习，学生之间的协作和交流可以大大提升学习的效率和效果，并培养学生高层次的认知能力和思维品质。

其次，要转变教师角色。在信息技术环境下，教师的主导地位如何体现？教师作为知识的选择者，作为教学资源准备者，作为课堂教学的组织者、指导者，是学生建构意义的帮助者和促进者，要诱导学生进行思考，帮助学生解决问题，并作为学生学习团队的一名成员与学生共享学习环境。学生则是在教师指导下进行自主学习。教师的主导作用还体现在教学过程中充分考虑个性差异、因材施教，师生间可以建立平等、互动的促进关系。我们要正确处理好"教为主导、学为主体"的关系。

最后，在尊重学生主体地位、发挥教师主导作用的同时，我们还要改变教学媒体的角色。以前的计算机通常被拟人化作为导师、学伴、助手等角色被应用到教学中。计算机辅助教学的CAI就是来源于这样的思想。但是现在，我们要还信息技术以其本来的物质本性，把它作为教学资源、教学情境、教学工具、学习工具来应用。在计算机辅助教学时代，我们更多地关注脚本设计、媒体工具、关注媒体素材库的建设、关注课件开发工具，但是现在更多是关注信息化学习环境、关注把信息技术作为认知工具来使用，关注网络环境下的评估和管理。因此，信息技术环境下的教学设计要从以课件为中心转变为以教学过程为中心。课件的界面如何美观、应用的技术如何高超复杂已不再是我们关注的核心，因为在日常教学中应用更多的是一些简单而实用的技术和素材。教师们（特别是学科教师）关注的重心应该是教学过程的设计，而不是课件的制作。我们对课的评价不在于课件多么完美，而是课件在实际教学过程中的应用效果是否得当。

第二要处理好以教为主的教学设计与以学为主的教学设计的关系。

以前，教师主要以教为主，备课时也主要是编写教案，侧重于对所教授知识的梳理，对教材的重新组织。而现在信息环境下的教学设计则侧重教学活动与教育资源的设计，产生的物质成果是教学设计单元包，包括教学设计方案、学生作品规范/范例、评价量表、学习材料（参考资源、信息调查模板、实验报告模板）、教学活动过程实施方案等。以前以教为中心的教学设计注重教案编写、课件开发、教学内容表现为中心，学习内容以单学科知识点为中心，教学模式常采用讲授式、辅导式、演示型和操作练习型。教学周期以课时为单位，教学评估是面向反应性行为的，学习管理注重反应性记录。而以学为中心的教学设计的核心则是教学过程、教学活动和教学资源。强调交叉学科专题的学习，教学模式注重研究性、协作性和探究性。学习周期比较灵活，以周甚至学期为单位。教学评估面向学习过程，采用档案袋法进行管理。

第三要处理好自主学习与协作学习的关系。

在以教师为主宰的课堂上，学生常采用的是被动的接受式学习方式，现在我们就要转变学生的学习方式，提倡和发展多样化的学习方式，特别是要提倡自主、探究与合作的学习方式，让学生成为学习的主人，使学生的主体意识、能动性和创造性不断得到发展，发展学生的创新意识与实践能力。自主和探究的学习方式有些什么样的特点呢？学习是以学生为中心的，学习是个性化的、能满足个体需要的；学习是以课程知识为主线，围绕某个问题或主题为中心而展开的；学习过程是进行互动交流的，学习者之间是协商的、合作的；学习是具有创造性和生产性的，学生有作品产生。学习方式的转变不仅是行为的转变，更是思维方式的转变。只有以积极的情感体验和深层次的认知参与为核心的学习方式，才能促进学生包括高层次思维在内的全面的素质提高。

第四要处理好课标要求与本项目目标要求的关系。

2001年颁布试行的课标标准要求是本项目的底线，它通过课文内容体现；项目要求是更高水准的目标，它通过扩展内容体现。课标的要求与项目的要求不是相互冲突的关系，而是相互依赖的关系。项目的要求简单地讲是指在完成课标要求内容的基础上，根据儿童认知发展的理论，通过在多媒体网络环境下的拓展教学，在不增加学习者负担的前提下（不增加负担的内涵不是缩减学习内容，而是提高学习者的兴趣。老师逼着学的东西，那是负担；学生愿意去学的，愿意参与的活动，那是兴趣爱好），充分挖掘学生的潜能，实现学生在课标要求的基础上的更高能力的飞跃。

5. 注重五个教学策略

对于语文学科来说，其教学策略可以概括成五个字，即扩、打、留、篇、思。

扩：即紧紧围绕教材，大量进行扩展阅读。在大量阅读中识字，在大量识字的基础上阅读。我们不提倡孤立地集中识字，而是强调识字、阅读、写作"三位一体"。

打：即打字训练提前，打字与写字并重。我们并不是说不要求学生写字，而是课标要求的字，要求必须会写，但是对于扩展的字，只需会打、会认。而且这些字都不是机械的打，而是他写作的时候会用，在语境中打字。

留：鼓励在留言板上发帖子，以练习写作。鼓励学生表达，要学生自觉自愿的写作，鼓励学生写出自己想说的话、自己的感受，教师以激励与诱导为主，避免千篇一律。即使学生写的是一个很小的东西，教师也要及时给予正面的鼓励，使学生有成就感。在前一段开展实验的阶段，我们有实验班的学生已写了两本共1 200多页的作文集，有学生凭兴趣改编《三国演义》，前后陆续写了十多万字。

篇：即在字、词、句、篇的教学要求上，不要在字、词的精讲细究上花过多时间，要把重点放在段落篇章上，强调语言的整体感知、整体语境的理解。尤其对于拓展阅读的材料，即使有不认识的字，在具体的语境里，看见几次之后学生就会领悟其中的意思，因此，教师要鼓励学生通过上下文猜测感知字词的含义。

思：即在语文学科培养听、说、读、写能力的同时努力培养学生的思维能力，特别是创新思维能力，强调课堂的生成性、学生思维多样性、不可预测性。也就是在课堂上要引发学生深层次的思考，要引导学生进行发散思维。

对于英语来说，则是听、说、背、唱、演五个策略。

听：听儿歌、故事、顺口溜，对照计算机上的录音机说，并听自己的发音。要尽可能地利用多媒体技术，给学生创设丰富的听的环境，并且要丰富有趣，让学生听起来不觉得累。

说：利用网络或是课堂面对面交流的机会，采取多种说的方式，鼓励学生开口讲话。可以个人说、俩俩说、小组说。可以说人、说事、说物、说故事。

背：适当背诵儿歌、背格言、背谚语、背名篇、背优美的文章。学生在背的过程中潜移默化地掌握英语的语法规律和培养英语语感。

唱：即使教学内容韵律化，唱英文的儿歌和优秀歌曲。不仅容易营造课堂氛围，容易引起学生兴趣，更能够让学生在体验艺术之美的同时培养学生的语感。

演：即进行各种角色扮演。在教学内容和拓展内容中有一些是有情节的，让学生先听、看，听、看完了离开教材、离开课件再进行表演，在这样的过程中学生能够实践语言交流与表达，使他们在表演的过程中深层次地内化语言。

以上是我们英语教学主要强调的五个策略。此外，对于英语我们还有五个补充的教学策略。这五个策略也要在教学中适时应用，但这不是主要的，是辅助的。这就是协、评、思、打、移。

协：就是协作学习。师生协作，生生协作。我们强调，要把协与研结合起来，要在小学英语教学中开展一些以小组为单位的研究性的或综合性的活动，促进其语言技能在真实的、综合的环境下运用并促进高级认知能力的发展。

评： 即在课堂教学中，诱导学生对其他学习者的口语表达进行评价和纠正。如果学生能够评价别人的表现并进行纠正，表明学生的知识内化达到一个比较深的层次。在协作小组内部，学生之间的相互纠正和评价能深化课堂教学的效果。

思： 强调用英语直接思考，直接感悟英语语义，而不是经过中文转化后的中式英语，强调多听、多说后语感的形成。

打： 即打字练词、打字表达写作。教师可以鼓励学生在留言板上用英语给老师和同学留言，如节日问候、表达自己的感受和看法等，也可以引导学生在活动课或课余制作一些英语电子卡片。即使学生写的是几个单词或非常简单的句子，教师也应注意多加鼓励。（低年级段的英语教学只强调听、说，不强调写，写只是补充的策略，适当采用。）

移： 就是我们要让学生对课内获得的口语表达规律，在课外、在家里继续进行巩固练习。在家庭或学校内外，创设英语物质环境，比如英语单词卡片、英语标语、校园英语板画、故事板等，创设英语听、说、交流的环境，比如录音、英语电视节目、英语卡通片、家庭与学校日常用语英语化等。

二、研究实施情况

自 2003 年 9 月佛山市禅城区项目启动以来，项目组便成立了专门的指导小组，对项目进行了跟踪指导。在三年的实验过程中，本项目主要开展了以下科研工作：

（一）提供全方位的现代教育技术培训

自实验开展以来，项目组根据项目的进展情况和具体需求，每个学期都会安排相应的培训内容。三年来，项目组先后对佛山市禅城区的实验教师及实验学校相关领导进行了理论、方法、模式和技术四个层面的培训，具体专题如下（参见图 6-4、图 6-5）：

1. 理论、模式、方法

—— 基础教育跨越式发展创新探索实验目标及理论基础；

—— 基础教育跨越式发展创新探索实验的实施策略；

—— 基础教育跨越式发展实验研究的理论基础（中学）；

—— 信息技术环境下的基础教育课程改革（中学）；

—— 信息技术与课程整合；

—— 信息技术与课程整合的误区分析；

—— 信息技术与课程整合的模式与方法；

—— 语文教育中的创造性思维;

—— 小学低年级语文识字、阅读、写作"三位一体"教学模式探索;

—— 网络环境下小学英语教学创新探索;

—— 信息技术与文科整合的模式及案例分析（中学）;

—— 信息技术与理科整合的模式及案例分析（中学）;

—— 信息技术环境下的教学设计方法;

—— 跨越式发展教学资源建设的原则与方法;

—— 研究性学习的设计、实施、评价;

—— 信息技术与课程深层次整合的优秀案例分析;

—— 小学语文整篇课文教学设计;

—— 英语学科以交际为中心模式及策略;

—— 英语学科单元教学设计。

2. 技术

—— 基于 FrontPage 的网络课件设计与开发;

—— Flash 多媒体动画设计;

—— 综合课例的设计与制作;

—— 教学设计单元包的设计、制作和评价;

—— 主题网站的设计与开发;

—— 资源建设培训;

—— 基础教育跨越式发展创新实验支持平台的使用;

—— 学科资源网站的使用;

—— Vclass 教学平台的使用;

—— 研究性学习平台的使用;

—— 发展性教学评估系统的使用;

—— 网络课程资源的组织与管理;

—— 网络服务器的配置及维护。

图 6-4　何克抗教授在做培训　　图 6-5　余胜泉博士在城南小学评课

（二）扎实抓好每月的指导课

项目组成员每个月一次下到各个实验学校进行实地教学指导，与实验老师进行面对面的交流，倾听实验老师的问题并帮助解决，是我们项目组最重视的基本工作之一。具体来讲，项目组在指导课期间主要推进以下四方面工作：

1. 观摩、点评优秀课例

项目组成员组织实验教师观摩、点评跨越式创新教学优秀课例，先让实验教师对跨越式创新教学有感性的认识，在此基础上摸索实践，创造性地开展工作。三年来，中小学集中观摩优秀案例四十多个，项目组以光盘的形式下发优秀案例四十多个。

小学语文：

a)《小小的船》（广州市东山区东风东路小学）；

b)《识字五》（广州市东山区东风东路小学）；

c)《一分钟》（深圳福田福民小学）；

d)《要下雨了》（深圳南山向南小学）；

e)《一去二三里》（佛山禅城铁军小学）；

f)《北京》（深圳市南山区白芒小学）；

g)《两只小狮子》（深圳南山区南油小学）；

h)……

小学英语：

a)《Let's play》（广州市东山区东风东路小学）；

b)《Animals》（南海实验小学）；

c)《What's the weather like today》（南海实验小学）；

d)《Which season do you like》（深圳南山向南小学）；

e)《Colors》（河北保定市师范学校附属小学）；

f)《In my classroom》（深圳市福田区福田小学）；

g)……

中学：

a)《游戏公平吗?》——几何；

b)《整式的运算》、《平行四边形的判定》——代数；

c)《走马大佛山》——研究性学习；

d)……

2. 教学设计方案指导

为了加强项目指导的针对性，从实验启动初期，项目组就形成了先与教师共同备课，再听课，然后评课，最后教师反思改进的工作思路。每一次指导基本上按照"提交教学设计方案—集体共同研讨教学设计方案—上课实施教学设计方案—课后集体研讨评课—教学反思—修改教学设计方案—提交项目组"的工作流程来进行。实验教师每个月根据自己对跨越式教学模式和教学设计的理解来设计课，并提前通过 E - mail 的方式和项目组指导人员交流，另外专门安排时间就本次要上的课的设计方案进行深入的面对面的交流、指导，同时组织实验教师之间互相交流，努力汲取集体的智慧，共同设计切实可行且能达到最好教学效果的教学设计方案。最后要求实验教师按照商定的教学设计方案来上研讨课。在经过课后专家、教师间的集体研讨之后，实验教师们会根据研讨进行反思，进一步修改教学设计方案，并将方案提交项目组。通过研讨和教学设计方案的反复修改，老师们能够很快地熟悉项目的基本理念和模式，对于如何进行信息技术和学科的深层次整合也有了自己的独到理解和方法。

3. 听课、评课

项目组指导成员按常规每个月都深入教学现场听课，及时发现教学实施过程中存在的问题。听完课后与学校领导、学科组教师和实验教师充分交换意见，对教学中的优点加以肯定，对不足之处给予指出，并针对具体的情况给出可操作的改进建议。此外，对部分学校的实验教学进行随机抽听和日常的指导。

4. 座谈交流

在项目开展的过程中，必然会有部分老师和家长对项目的理念和具体操作存在一些困惑或者误解，为了确保跨越式的各种理念等得以正确的实施，项目组积极主动地与实验学校相关领导、实验教师以及学生家长进行深入的座谈交流，解答他们在实验过程中的疑惑，向他们介绍其他实验地区的成功的经验，增强他们实验的信心。

（三）开展交流与教研

1. 竞赛

开展了"项目成果竞赛"，主要包括学生英语口语竞赛、学生语文打写竞赛、教师赛课、学生英语节目汇演这几个部分。

2. 全区教研活动

为了促进区内研讨，项目组在每月的指导期间重点指导一两所学校做出较好的交流课，邀请相关的区领导和其他学校实验教师听课、评课。

3. 分片教研活动

为了促进工作的开展，项目组确定了"以点带面，核心实验学校带动其他实验学校的共同发展"的思路。根据各实验学校的情况，贯彻执行动态管理实验的办法，以两所左右学校为核心实验学校，以点带面，形成辐射作用。各实验学校除了经常性到核心实验学校听课、交流之外，形成课题小组加强集体的教研，开展各个层次的教研活动，推行校内（一周一次）＋小组内（一月一次）＋区内（一月一次）的教研形式。教研活动注意从探讨实验开展的各种问题、共同寻求解决方案的角度出发，做到每次教研活动都是有准备、有目的和有收获的，让实验教师切身体会"行动研究法"的内涵，通过共同解决问题来推动项目的发展（参见图6－6、图6－7）。

图6－6　何克抗教授、马宁博士认真地听课　　　图6－7　谢海燕老师在上课

4. 开展跨区交流与教研

为开阔实验领导和教师的教学思路，使实验教师能较快地理解项目的相关理念，促进区域研讨，项目组提供了跨区交流与研讨的机会。开展了多次项目年会与交流会。

项目组牵线搭桥，组织学校相关领导和实验教师去深圳市南山区、广州市越秀区、佛山市南海区等实验区的学校学习参观，取他人之长补己之短，促进项目朝好的方向发展。

（四）提供全面的软件支持环境

本研究是一个探索信息技术与课程深层次整合的研究项目，信息技术的各种形式是必不可缺的基础。为顺利开展项目实验，项目组研制开发了一系列的平台和软件，为项目开展、教师发展、课堂教学、评价测量、教学资源管理等构建了系统技术环境，成为科研的必不可少的信息平台，它们是：项目门户网站、Vclass中学网络互动教学平台、小学课堂互动教学平台、4A网络教学平台、研究性学习平台、发展性评估平台、识字测评Web软件、新课程资源网站、资源管理FTP、《教育技术通讯》在线杂志、《信息技术与课程整合通讯》电子杂志以及知识媒体实验室和实验教师的blog群。他们从各个方面支持项目研究，提高项目开展的效率，总体信息化支持环境结构如图6－8所示。

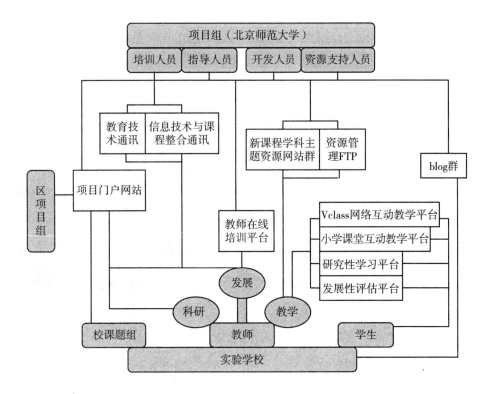

图 6-8　项目开展的技术支持环境图

　　这些形式多样的网站和软件共同构成了项目的系统技术环境，在各实验学校得到了广泛使用，为该实验项目的顺利开展提供了技术支持，有力地支持了教师们的实验研究和日常的教学工作。这些信息化的手段，大大提升了教师教学、科研的效率，也大大提高了项目开展的效率。多种技术形式融入到学校的教学、科研和管理中，推动着信息技术与教学整合往更深层次的方面发展（参见图 6-9、图 6-10、图 6-11）。

图 6-9　项目支持网站之首页

图 6 - 10　"通讯"电子杂志光盘

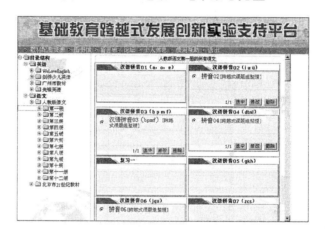

图 6 - 11　实验支持平台资源管理界面

（五）建设与学校使用教材配套的丰富的优质资源

本实验要求提供大量内容广泛、表现形式多样化、符合学生心理特点的与各学习主题相关的拓展学习资源，在这样的资源库支持下，通过教师创新的教学设计，为学生创设理想的听读环境。项目资源统一采用网络课程的形式，即根据教学设计的要求，以课为单位，对课文涉及的各种素材进行整理加工，做成网页形式的资源。项目组充分发挥不同实验区之间的合作优势，制定了一套科学合理的组织与管理办法：

■ 基本原则：目标导向、分头开发、优化组合、共建共享。

■ 组织策略：自上而下，总体规划；分工合作，共建共享；激励机制，积极高效。

■ 学校建设资源的基本模式：

对于学校而言：成立资源建设项目组→任务分析→确定标准→资源建设培训→分工开发→资源评审→资源提交→总结分析；

对教师而言：对课程进行教学设计→根据教学设计收集相应的各类素材→将素材整理成网络课程形式的网页。

■ 学校获得共建资源方式：共建共享，加倍返还。

截至 2006 年 8 月，小学 1~3 年级与教材相配套的语文与英语资源都已建设完毕且发放给实验学校，具体情况如下：

小学语文：人教版第 1~9 册已经全部完成。

小学英语：儿童英语学生用书 1、学生用书 2 已完成；剑桥小学英语入门阶段、剑桥小学英语学生用书 1、剑桥小学英语学生用书 2 已完成。

中学资源根据学科特点采取按照教材目录和知识点主题梳理两种方式，为实验学校提供了语文、英语、数学、物理、政治、地理、生物、历史等学科的资源容量达 40G 左右（参见图 6-12）。

图 6-12 中学英语资源样例《Food and drink》之 words（5）

三、项目取得的成果

尽管禅城区 8 所实验学校参与项目的时间前后不一，在经过一段时间的实验研究之后，无论在理论创新、模式构建和方法探索方面，还是在提高实验学校的办学水平、教师的教研能力和学生的综合素质方面都已取得了较显著的阶段性成果。

（一）积极进行理论创新探索

在成功进行语文教育跨越式创新探索实验的基础上，项目组积极致力于理论创新研究，撰写了《儿童思维发展新论——对皮亚杰认知发展阶段理论的质疑》

一文，对一直被奉为经典的皮亚杰的"儿童认知发展阶段论"提出质疑，提出了关于儿童语言与思维发展的全新理论，为语文教育跨越式发展实验奠定了坚实的理论基础。该文已在《电化教育研究》2002 年第 10、11、12 期连载。此外，项目组还在深入分析语言学习心理学和神经生理学等领域研究成果的基础上，提出了关于第二语言学习的全新理论——语觉论，从而为英语教育跨越式发展实验奠定了理论基础。在推动此实验的过程中，何克抗教授还结合国内外教育技术理论研究的最新成果和国内教育技术的研究实践，发表了一系列具有广泛影响的教育技术理论文章，如《论语文教育中的创造性思维培养》、《从 Blending Learning 看教育技术理论的新发展》。2004 年 12 月和 2005 年 12 月，在何克抗教授的指导下，项目组分别在小学英语、小学语文两个学科组织了两组文章发表在《中国电化教育》杂志上，其中包括：《基于语觉论的英语教育跨越式发展创新试验》、《基于儿童思维发展新论的语文教育跨越式发展创新试验》等。这两组文章既是对项目理论与经验的梳理，也为项目进一步开展提供指导。

项目组的主要工作人员余胜泉等在信息技术与课程深层次整合方面，发表了一系列具有广泛影响的文章，如《论教学结构——答邱崇光先生》、《教育资源管理的新发展》、《教育信息化（2002）回顾与展望》、《教育资源建设技术规范体系结构与应用模式》、《教育资源管理的新发展》、《信息技术与课程整合的层次》、《信息技术与课程整合的目标与策略》、《中小学信息技术环境下常见误区分析》等，推动教育教学理论的发展，为项目的深入开展提供了理论保障。

部分禅城区实验教师也在项目实践中对所教的学科进行积极探索，并撰写了相关的理论文章，并在国家级会议及佛山市、禅城区等组织的评比中获奖，还有老师的论文在杂志上得以发表。如同济小学花园校区的陈焕然老师、林志红老师，元甲学校的谢海燕老师，城南小学的莫美红老师，荣山中学的陈光强老师、叶宇兰老师、李剑雄老师等。

（二）建构了识字教学中的创造性思维培养模型和培养策略

1. 识字教学中的创造性思维培养模型

以儿童思维发展新论为理论基础的语文教学认为，识字教学是与拼音、阅读、写作紧密相连、不可分割的。在跨越式三效识字教学研究中，其教学环节包含了拼音、识字、阅读、写作这四大方面。以创造性思维结构为基础的创造性思维元素分析为我们揭示了低年级教学中可以培养的五大创造性思维元素，即发散思维、形象思维、直觉思维、逻辑思维和辩证思维。针对这五大元素，我们列出了相关的思维加工手段和方法。通过自上而下的理论研究及自下而上的实践反馈，我们认为，低年级语文教学中创造性思维五大元素的培养可以与拼音、识字、阅读、写作这四个教学环节（也可称为教学内容）结合在一起，同时，将产生不同的教学策略。因此，我们搭建了如图 6-13 所示的跨越式三效识字教学中的创造性思维培养模型。

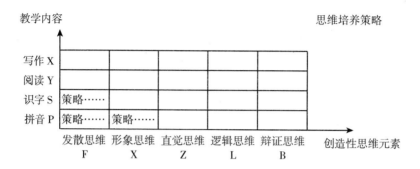

图 6-13 跨越式三效识字教学中的创造性思维培养模型

跨越式三效识字教学中的创造性思维培养模型包括以下含义：

（1）创造性思维培养策略可以用"创造性思维元素—教学内容"的二维矩阵来建构。对于教学内容来讲，主要有拼音（P）、识字（S）、阅读（Y）、写作（X）四个方面。对于创造性思维元素来讲，主要包括除去横纵思维的其他五个元素。为了便于表征，我们分别用上述词汇中文发音的第一个字母来代表。因此，构成了 4×5＝20 的创造性思维培养策略子集，如"发散思维—识字"策略子集，我们可以用字母将其表示为"F-S"集。

（2）对于 20 个创造性思维培养策略子集，其本身有以下两种形式：①该子集存在 1 个以上的思维培养策略，即有多种策略适合于该子集。如头脑风暴法、自由联想法等都适合"F-S"集。②该子集为空。即没有发现合适的策略适合该子集。当然，这种为空并不是指绝对意义上的为空，可能是因为笔者没有发现较好的策略适合该集合。

（3）20 个创造性思维培养策略子集之间，可能存在以下关系：①子集之间存在交集，即某个或某几个策略可能同属于几个子集。如观察法即属于"X-S"集，又属于"X-P"集等。②子集之间不存在交集，即彼此的策略相对独立，不具有共享性和兼容性。以上两种关系与策略的抽象概括程度以及各子集的特点有关。

（4）本模型侧重的是以跨越式三效识字教学为主要目标的思维培养，其中涉及的思维培养策略也主要以识字教学为出发点。在以阅读或以写作为主要内容的教学中，可能需要进行再调整和优化。

（5）该模型是开放的，20 个策略集中的策略可以进行不断的完善和补充。

2. 识字教学中的创造性思维培养策略研究

根据"创造性思维元素—教学内容"的二维矩阵模型，我们通过实践归纳和理论演绎，提出了十一种教学策略。这十一种教学策略的参与主体都是学生，所以都是以学生为主体进行命名的。同时我们对这十一种教学策略所适合的创造性思维培养元素及适合的教学内容进行了分析和标注。表 6 – 2 介绍了十一种教学策略的名称、含义、适合的创造性思维元素和教学内容。

表 6 – 2　　跨越式三效识字教学中的创造性思维培养策略表

序号	策略名称	策略描述	创造性思维元素	教学内容
1	头脑风暴法	与奥斯本（Osborn）提出的脑力激荡法无异，强调参与者的自由发挥、禁止批判。	F, B	P, S, Y, X
2	自由联想法	对某一指定的汉字、事物等进行相似、相关、相反联想，在合理的同时强调发散性。	F, X, L	P, S, Y, X
3	表象积累法	可通过多种感观、多种方式来加强学生的属性表象和关系表象积累，从而为思维发展提供条件和基础。	X, Z	P, S, Y
4	观察法	引导学生发现拼音、文字的形状表象；发现事物的属性表象；发现事物的发展、变化规律。	X, L	P, S, X
5	比较法	引导学生对拼音、汉字等从各个属性上进行比较，找到异同点，加强对表象的深层认识。	X, Z, L	S
6	类比法	指导学生比较类似的各种情况，发现事物之间的相似之处，做出适当的类比推理和比拟。	X, L, F	S
7	想象法	对事物的后续发展进行想象、推理，包括再造想象和创造想象。	F, X, Z, L	P, S, Y, X
8	模仿法	在对事物的表象和规律理解的基础上进行模仿、创造。	L	Y, X

263

续表

序号	策略名称	策略描述	创造性思维元素	教学内容
9	创编法	针对给定的表象、概念、规则等进行自由创作、编写作品。	F, X, L	S, Y, X
10	质疑法	引导学生从多角度、多方面进行提问、质疑。	F, L	P, S, Y
11	问题解决法	设置问题，鼓励学生来解决。	F, X, Z, L, B	Y, X

（三）促进了学生学科能力的发展

在经过短短的几个月的项目研究后，实验班的学生已初步表现出常规教学模式培养的同龄儿童所不及的信息技能、学习方式、思维品质等综合素质的全面提升。

截至 2005 年 6 月，五所小学实验校的一年级实验班的大部分学生能认读 1 500～2 000 左右汉字，能流畅地写出 200～500 字的文章，可顺利阅读一般的文字材料。学生的口语能力、思维能力也得到了迅速发展，很多教师和家长反映学生的学习风气、学习习惯、文明礼貌等方面也得到了很好的发展。两所中学实验校的学生无论在学科成绩，还是在文艺上面都有较好的发展。具体表现如下：

1. 识字能力发展

跨越式识字教学的目标之一，是通过两年左右的学习，学生能认识 2 500～3 000 个左右的汉字，在识字量方面达到小学毕业生的水平。为了了解学生识字量的情况，项目组开发了"识字测试软件"，并对一年级、二年级、三年级的学生进行了识字量测试。

该软件包括管理员、监考教师和考生三类用户，其主要用户包括两类，即管理员和考生。管理员可以单独或批量地生成监考教师用户、考试班级及考生用户。考生可通过下载并安装客户端的方式，利用客户端进行测试，然后将测试结果提交给服务器；也可以通过网页的形式直接访问服务器端软件进行测试（如图 6-14 所示）。

"识字测试软件"的测试内容为人教版教材中一至六年级的所有生字。根据人教版教材，小学阶段语文教学共有生字 3 079 个，分布在一至六年级的十二册书中，具体分布情况见表 6-3。由于人教版教材是我国比较权威的教材，其各

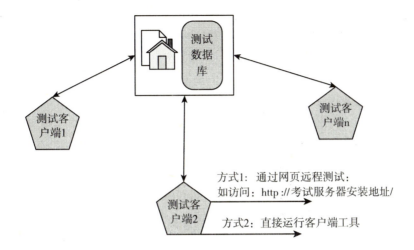

图 6 – 14　识字测试软件体系架构

年级识字量的确定都是严格以《语文课程标准》为基础的，因此我们将其理解为课程标准的规定。

表 6 – 3　　　　　人教版教材一至六年级各册书生字量分布表

教材分册名	一年级上	一年级下	二年级上	二年级下	三年级上	三年级下
生字量（个）	400	550	449	397	200	200
教材分册名	四年级上	四年级下	五年级上	五年级下	六年级上	六年级下
生字量（个）	190	180	160	155	99	99

　　在该软件中，学生登录进平台后，可自由选择某册书的生字作为测试内容（如图 6 – 15、图 6 – 16 所示）进行测试。然后，屏幕上会依次呈现该册书所包含的生字，每个生字会伴随三个读音，测试者要在 8 秒钟内对汉字进行识别，并选择正确的读音。测试过程中，测试者可以暂停休息或提交结果；对于不认得的汉字，可点击"我不会读"按钮而进行下一个汉字的测试。测试结束后，学生可返回列表选择其他册书进行测试或退出系统。

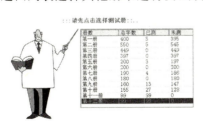

图 6 – 15　测试导航页面

图 6 – 16　汉字测试界面

　　在所有学生测试结束后，管理员可以在服务器端一次性导出学生的测试结果报表。测试结果报表包含了每个测试学生的详细的测试情况，具体包括：学生基本信息、12册书生字测试情况（学生总体得分、超时的生字个数、不会的生字个数、未测的生字个数），以及各册书的生字测试情况（该册书生字总数、学生得分、超时的生字个数、不会的生字个数、未测的生字个数）等。

　　我们采取"识字测试软件"，于 2006 年 3 月对两个一年级实验班、两个二年级实验班、一个三年级实验班进行了施测。此时，三个年级的实验班分别参与该项目一个该学期、三个学期、五个学期。测试数据统计情况见表 6 - 4 及图 6 - 17。

表6 - 4　　一至三年级实验班学生识字量测试统计表（2006 年 3 月）

实验班名称	有效人数/全班人数	最大识字量（个）	最少识字量（个）	平均识字量（个）	课标要求识字量（个）	2 500 字以上人数及占有效人数百分比
城南小学1（1）班	50/50	1 886	1 118	1 410	400	—
铁军小学1（4）班	43/46	1 758	1 027	1 376	400	—
城南小学2（5）班	42/46	2 850	2 215	2 500	1 399	19（45.2%）
铁军小学2（4）班	48/48	2 804	2 309	2 564	1 399	30（62.5%）
城南小学3（2）班	47/47	3 004	2 463	2 747	1 996	45（95.7%）

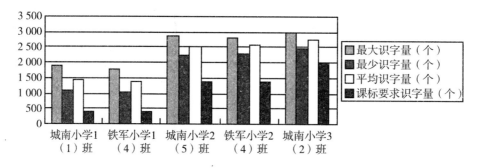

图 6 - 17　一至三年级实验班学生识字量测试统计图（2006 年 3 月）

由上述数据可见，经过一个学期的学习，两个一年级实验班学生平均识字量分别达到 1 410 个汉字和 1 376 个汉字，已远远超出教材规定的 400 个汉字的识字量目标，相当于课程标准规定的二年级上学期即完成三个学期学习的识字量目标。在两个一年级实验班中，学生最大识字量已达到 1 886 个汉字，最少识字量是 1 027 个汉字。

经过三个学期的学习，两个二年级实验班学生平均识字量分别达到 2 500 个汉字和 2 564 个汉字，已远远超出课程标准规定的 1 399 个汉字的识字量目标，相当于课程标准规定的四年级下学期即完成八个学期学习的识字量目标，已基本达到本项目要求的认识 2 500 个汉字的目标。在两个二年级实验班中，学生最大识字量已达到 2 850 个汉字，已基本接近课程标准规定的小学阶段认识 3 000 个汉字的目标，最少识字量是 2 215，离 2 500 个汉字的目标底线已非常接近。在两个二年级实验班中，有 49 名学生的识字量已超过 2 500 个汉字，占这次二年级测试学生有效人数总数的 54%。

经过五个学期的学习，三年级实验班学生平均识字量达到 2 747 个汉字，学生最大识字量为 3 004 个汉字。在该实验班中，有 45 名学生的识字量已超过 2 500 个汉字，达到本项目要求的认识 2 500～3 000 个汉字的目标，占这次三年级测试学生有效人数总数的 95.7%。

由于开展识字测试的时间处于一个学年的中间，我们没有获得恰好完成两个学年即四个学期的跨越式课题的实验班学生的识字量情况。但通过上面的数据分析，我们仍然可以得出如下结论：本项目规定的在两年的学习中认识 2 500～3 000 个汉字的目标是可以达到的。

2. 写作能力发展

从 2004 年 9 月起，项目组每月都会在实验学校开展打写测试，即项目组发布作文题目，学生在半个小时内当场构思、打写作文。从几次学生的打写作文结果统计来看，学生的作文能力发展良好，能力逐渐提高。目前，五所实验校的实验班学生都出了自己的作品集，学生打写进步很快，用词用句的积累远远好于非实验班学生。表 6－5 和表 6－6 中所列内容是 2004 年 12 月 28 日和 2005 年 4 月 28 日各校语文打写测试统计情况，从中可以看出铁军小学的 1（4）、城南小学的 1（5）和 2（2）、元甲学校的 1（1）、同济小学花园分校的 1（4）都在测试中取得了很好的成绩。

表 6 – 5 禅城区实验校 2004 年 12 月 28 日语文打写
测试统计情况

学校名称	班级	总人数（人）	有效人数（人）	最短字数（字）	最长字数（字）	平均字数（字）
铁军小学	1（4）	47	47	83	279	161.6
城南小学	1（5）	46	44	40	277	150
	2（2）	49	49	202	1 061	418
同济小学花园分校	1（4）	38	38	47	192	105
元甲学校	1（1）	39	39	13	177	92.1
	1（2）	45	45	8	137	52.8

表 6 – 6 禅城区实验校 2005 年 4 月 28 日语文打写
测试统计情况

学校名称	班级	总人数（人）	有效人数（人）	最短字数（字）	最长字数（字）	平均字数（字）
铁军小学	1（4）	48	48	111	492	238
城南小学	1（5）	44	44	95	517	254
	2（2）	47	47	129	954	399
同济小学花园分校	1（4）	37	37	98	569	237
元甲学校	1（1）	46	46	10	559	215
	1（2）	46	46	26	363	158

在进行实验探索的过程中，实验班的学生积累了不少优秀的作品，在项目第三届全国年会上，禅城区学生作品选入会议光盘成为推荐材料。下面是两个二年级学生打写的对二十年后自己生活的想象。

城南小学 黄予昕 2005 年 6 月

20 年后的我，是一个非常高的小姑娘。足足有一棵柳树那么高吧！我们那些人啊，非常苗条，如果是（以）20 年以前那些婴儿来记的话，那我们现在的婴儿已经轻飘入燕（身轻如燕）了！

我的头发是红红的，衣服是粉红色的。（ ）挺好看的。因为我们只有两件衣服，一件是刚才说的那件，另一件的上衣是黄色的，裤子是咖啡色的。我们在那里的生活是无忧无虑的，想怎么样就怎么样。我们根本不用工作，并且，住的地方是一块块大大的海绵！我们的教师也跟现在的不一样，讲台是用一块块香喷喷的巧克力做的。桌椅呢，可以按照同学们的意见来调整。其实，桌椅也是一些软绵绵的零食，它们都是用棉花糖、香口胶和蛋糕来做的，小朋友们做（坐）上去是软绵绵的，非常舒服的哟！

我们最喜欢上体育课，并且，女孩子都会踢足球呢！我们会怎么样踢呢？原来啊，我们是用那些可以做（坐）上去的机器人来踢的。我们握着操控器，就可以让机器人跳起来、或者做许多动作。

我们是怎样上学的呢？告诉你吧，我们的交通工具很特别，没有红绿灯，也没有人行道。大家有三种办法来去自己想去的地方。老人就用"飞"来去自己想去的地方。而成年人呢，就是按照自己属性来骑坐动物。比如说，属鼠的，就把现在的摩托车变成像老鼠一样的形状；属牛的呢，就骑牛；属虎的呢，就骑老虎；属兔的呢，就把汽车或者摩托车变成像兔子一样的形状，并且，那些摩托车和汽车还是开得最快的……都是按照那些属性的。大的就可以骑那些动物，而小的呢，就可以用摩托车来变成他们相似的形状。小朋友呢，不用说了吧，他们都是跟大人一起坐的。他们到31岁才可以按照属性来骑坐，要不然，是犯法的。

我们的饭菜是非常美味的东西，有鱼啦，虾啦，还有海带啦，海苔啦……可丰盛了！我们吃饭的时间是这样的：凌晨6或5点是吃海里的东西；早上7或8点是吃蔬菜；中午1或2点是吃水果的；下午4或5点是吃水果的；晚上7或8点是吃零食的；晚上10或11点是喝饮料的。我们每一次吃的都是1斤，全天加起来吃6斤，比以前少多了。

我们每一年都会有春假、暑假、秋假喝（和）寒假。我们那里的钱就是20年以前的10万！

（字数：854）

城南小学　李紫筝　2005年6月

20年后，我要坐上一个多功能的微型公共汽车，汽车上有服务员里服侍你，要是渴了，就按一下红色的按钮，服务员就会按照今天的天气是热的还是冷，要是是夏天，服务员就会立即拿来一个樱桃形的大雪糕，这个雪糕可以让你吃上几天，要是是冬天的话，服务员就会拿来一杯热水，和一套冬装的衣服。晚上时，服务员就会帮你们拿来一盘饭菜，只要你吃饱了，就翻一翻牌子，服务员就会过来，拿来一盘水果，一个洗脚盆，帮你把脚洗的干干净净，还有，如果你吃饱了，就按一按桌上蓝色的按钮，让你惊奇的世镜（事情）便会发生，你一转眼，一张椅子就变成了一张床，就像来到了大房间里面，还有，按一下黄色的按钮，你的旁边就立刻有一个厕所，你上完厕所，不用冲水，水就自动会把厕所洗得干干净净，不一会儿，这个厕所就会消失。

20 年以后的我，还要乘坐月球上最新的太阳能汽车，到处去旅游。

20 年以后的我，还要口袋里装着一个掌上电脑和一个多功能的可视电话，再坐上最新的载人飞船，到月球，到火星上，去各地旅游。

20 年以后的我，能用一个最小的小电视，来看节目，比如说：爸爸和妈妈带我去玩，在路上，我就可以把小电视拿出来，再按上红色的按钮，小电视就立即会突然间变得大大的。去旅游的路上，会觉得非常的闷，我就从口袋里拿出小电视，然后，按绿色的按钮，立刻就能听到广播里音乐之声的频道里，你在车上就不会觉得闷了。

"唉，这只是我在遐想，根本不是事实，要是真的有这几种机器，人们也不用这么烦恼了。"

要是真的能有这几种机器的话，人们就能痛痛快快地享受一辈子，可是这根本不是事实呀！只要我们这些人类能够动脑筋，我相信，我想的这些都可以变成事实。

（字数：680）

3. 英语能力发展

实验班在英语教学中坚持"以语言运用为中心"的教学理念，学生每节课都扩展听读了很多与主题相关的英语对话、故事、儿歌等，不仅大大提高了学生学习英语的兴趣，而且促进了英语能力的发展。在历次学校组织的成绩测试中，各校实验班学生的英语成绩基本都好于非实验班的英语成绩。以元甲学校 2005年 7 月的考试为例，实验班和对比班均采用元甲学校自己出的试题，考查内容分为听力和认读能力两部分。试卷难度适中，内容较少，未能体现实验班学生的能力优势。不过从成绩统计仍然可以看出，2 个实验班优秀率高于非实验班，满分人数和 90 分以上的人数更是突出（见表 6 - 7）。

表 6 - 7　　元甲学校实验班与非实验班成绩分析（2005 年 7 月）

类型	考查人数（人）	平均分（分）	合格率（%）	优秀率（%）	各分段人数（人）			
					100	90/99	80/89	70/79
实验 1 班	46	98.4	100	95.7	37	7	2	
实验 2 班	46	98.6	100	97.8	37	8	1	
对比班	57	95.7	100	81	20	26	9	2

实验班学生不仅在英语听说方面有良好的发展，更是以英语手工画的方式促进对知识的积累与迁移，提升英语学习的兴趣。下面是铁军小学实验班学生在日常学习中创作的英语手工画（参见图 6 - 18）。

图 6 – 18   学生手工画作品样例

4. 中学实验班与非实验班成绩比较分析

无论在考试成绩，还是在综合素质方面，荣山中学与汾江中学的实验班学生都取得了很好的成绩。

下面我们以两个学校 2003 年 9 月参与项目的四个实验班为例（每个学校各 2 个实验班）来介绍一下项目的情况。

荣山中学 2003 年 9 月入学的两个实验班取得了较为显著的成绩，下面我们介绍一下实验班与非实验班学生的成绩比较（其中 9 班、10 班是实验班，1 班是非实验班。要说明的是，1 班是同年级非实验班中成绩最高的班）。

2003 年 9 月入学时，学校从语文、英语、数学三个学科对全校学生进行了测试，从表 6 – 8 可以看出，实验班 9 班和 10 班在 2003 年 9 月入学时的成绩是差不多的，都比年级平均分高 20 分左右。到初一上学期，10 班的成绩发展已明显优于非实验班，总分平均分超出 1 班 15 分左右；9 班与 1 班成绩相仿。三个班分别处于年级的前三名。在随后的实验中，实验班成绩稳步发展，10 班成绩更是遥遥领先，9 班逐步缩小与 1 班的差距，有时甚至超出 1 班而成为年级第二名。三个班的成绩更是遥遥领先于年级中的其他班级。而中考成绩更加表明，实验班学生成绩远远高于非实验班学生，尤其是入学成绩低于一班 4 分之多的 9 班，在中考中，平均成绩居然高于一班 8.5 分之多。这些数据无不说明实验班学生的水平确实是高于非实验班的。

表6-8　　　　荣山中学实验班与非实验班历次大型考试成绩比较

	110 班	109 班	101 班	年级平均总分
初一入学	236.9	232.2	236.4	214.9
初一上学期末	341.52	325.71	326.3	304.9
初一下学期末	335.9	321.3	319.8	297.6
初二上学期末	391.8	371.6	372.1	338.6
初二下学期末	420.9	402.2	403.7	365.4
初三上学期末	395.1	375.91	378.4	
中考成绩	447.6	436.7	428.2	

从图6-19中可以看出，初一入学时，两个实验班学生进入年级前100名的有34人，到中考时进入年级前100名的有49人，提高了39%。

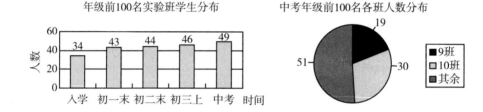

图6-19　实验班成绩对比

经过三年的实验，汾江中学的两个主要实验班也取得了丰硕的成果。汾江中学自2003年9月参与项目以来，两个实验班一直在历次考试中稳居年级前两名，而且分数远远超出非实验班。两个实验班学生不仅考试成绩高，在艺术发展、解决问题的能力、实践能力方面也有很好的发展，在两年的项目研究中，实验班学生多次开展研究性学习、综合实践活动课等，大大提升了发现问题、解决问题的能力。实验班的公开课、现场课、综合课例等很多，听课的老师都为学生的能力而赞叹。在中考中，他们的成绩更是喜人：初三（1）班全体同学考上省一级学校，其中14人考上省重点学校，2人获得市级优秀学生称号，2人获区优秀学生干部称号。由于综合能力的提高，各类比赛中有很多人获奖。初三（6）班全体同学考上省一级学校以上学校，其中1人获得区级优秀学生称号，1人获区优秀学生干部称号，39人次在各类比赛中获奖（见表6-9及图6-20）。

表 6 – 9 　　　　　　　　　汾江中学中考各班成绩对照表

班别	政治	语文	数学	英语
1	81.74	107.22	99.28	117.59
2	54.25	76.33	40.75	49.75
3	72.19	99.54	76.65	92.06
4	56.62	83.81	53.87	61.89
5	52.1	76.69	44.08	54.9
6	77.61	99.78	97.43	101.52
中考区平均分	64.4	91	67.3	83.5

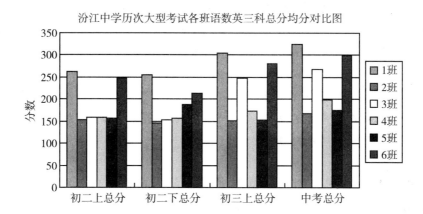

图 6 – 20　汾江中学实验班成绩对比

注：初一年级末时，班级做了重新编排，实验班由原来 1、5 班变为 1、6 班，并做了人员上的调整，因此在统计时只统计了初二年级和初三年级的成绩。

从上面的中考成绩中可以看出，汾江中学的两个实验班（1 班和 6 班）的成绩不仅是远远高于区平均成绩，而且也是远远高于其他班平均成绩的。从汾江中学历次考试各班语数英三科成绩总分对比表中可以看到，随着实验时间的增长，实验班（1 班和 6 班）的成绩与非实验班的成绩之间的差距是越来越大的。

汾江中学在 2005 年 11 月的项目总结中写到：

"实验班学生的进步比较明显。通过对比我们发现，实验班的学生在学习热情、学习主动性以及与人合作方面明显比非实验班要好。他们在课堂上积极发言，大胆发问，思维活跃，勇于探究，这都给听课的老师留下了深刻的印象。如在 2004 年 5 月 19 日，我校邀请了佛山科技学院的陈老师为我们的同学做关于地球资源的报告，实验班的同学表现得特别积极，面对近二百名同学，他们能大胆请教，并积极提出非常有价值的问题，博得在场师生的热烈掌声。2005 年的公开周上，实验班初三（1）班的积极表现给所有听课教师留下了深刻的印象，是我校公开周上表现最突出的一个班。由此可见实验班同学求知热情之高以及创新精神的萌芽。

2004 学年度下学期全区期末统考中，初二的重点实验班（2003 年 9 月入学）各科平均分均名列全年级前茅，由重点实验班黄伟峰老师执教的数学平均分与优秀率还名列全区前列。初一重点实验班（2004 年 9 月入学）在原来入学摸底检测时数学成绩低于平衡班 1 分左右，在本次全区统考中却比平衡班高出了将近 5 分，该实验班（由一位年轻教师任教）的语文成绩入学时也比平衡班低，但在一年的实验后，该班的语文在多次考试中，与由一位经验丰富的教师执教的平衡班已并驾齐驱，甚至有时还超越这个平衡班，该实验班的政治科成绩更是一直遥遥领先。在本年度全国'语通杯'语文竞赛中，各实验班获特等奖、一等奖近 100 人，是全校（包括其他年级的重点班）中成绩最好的班。2005 年暑期的第十七届'祖庙之夏'暑期青少年文化活动征文比赛中，实验班有两位同学荣获区一等奖，是我校本次比赛中唯一的一等奖。在区教育局和中国电信联合举办的'中国电信·宽带城市'杯——禅城区'牢记历史丰碑，争当现代公民'青少年暑期主题教育系列活动中，我校初二、初三实验班的同学所获得的奖项是同年级非实验班所无法比拟的。"

（四）促进了学生创造性思维能力和非智力因素的发展

本项目的目标之一就是要培养学生的创造性思维，在本研究中，我们采用创造性思维测评的方式对实验班和非实验班的思维发展情况进行比较分析。

1. 创造性思维测评量表

我们采取创造性思维测评量表，了解实验班学生和非实验班学生在创造性思维发展方面的差异。在本论文中，我们选用了北京师范大学心理学院郑日昌教授和肖蓓玲老师研发的《创造性思维测验手册》。该套练习适用于初一至大四的学生，主要包括言语部分和图形部分两部分内容。由于这套练习对学生基于言语概念的逻辑思维能力要求不是很高，因此我们仍采用了这套练习。该套练习主要从思维的流畅性、变通性、独创性等几个方面来了解学生的创造性思维发展情况。

流畅性（F1）：迅速地产生大量意念和见解。

变通性（F2）：思维变化多端，根据需要灵活改变思维方向。

独创性（O）：产生新颖独特、别有见地的见解。

该套测试主要包含五部分内容：

（1）词语联想（F1，发散思维）

该题目包含四个小题，每个小题测试时间2分钟，各小题分别计时。在每个小题中，教师先给定学生一个汉字（如"同"字），然后要求学生对给定的汉字进行组词（如"同学"），然后以所组词的最后一个字为首字进行组词（如"学生"），一直这样首尾相连的组下去（见下例）。

同学	学生	生产	产品	品德	德育	育才	才能	能力	力气
气体	……								

当学生无法以某个字为首组词时，可以用上一个字为首字组词，再继续写下去。如：写到"品德"时，想不起来以"德"开头的词，则可重新以"品"开头组词，再继续写下去（见下例）。

同学	学生	生产	产品	品德	品行	行为	……		

各小题的测试一直到2分钟的测试时间结束或组不出其他词汇为止。在该测试中，每个汉字有四十个预留空间。

该题目主要测试学生创造性思维的流畅性，反映了学生创造性思维结构中的发散思维。在语文素养方面，反映了学生汉语词汇的掌握情况。

该题计分规则如下：

$F1 =$ 正确的词数$\times 0.2$（分）[1、4小题得分之和与2、3小题得分之和分别四舍五入成整数]。在每小题中，连续按某一词头重组的词不计分、有错别字的词不计分、在任何一个小题中重复出现的本题或其他题已有的词不计分、多音字可以任何读音组词。

（2）故事标题（F1，O，逻辑思维）

在该题中，学生将读到两个非常简单的小故事，并要求为每个故事起标题，起的标题越多、越新颖越好。该题在评分时将分别从标题数量和质量两个方面进行，标题数量反映了学生创造性思维的流畅性，质量方面反映了学生创造性思维的独创性。该题还反映了学生创造性思维结构中的基于言语概念的抽象逻辑思维能力。在语文素养方面，反映了学生的阅读水平。

（3）设计（F2，O，发散思维，形象思维，直觉思维）

该题要求学生为公园设计建亭子和道路的方案，题干如下："公园的一大块不平地上要建7个亭子。请你设计建亭子的位置及道路的分布，使亭子的布局和道路的安排既美观又实用。亭子用小圆圈表示，道路用短线表示，每个亭子都要有道路可以到达。发挥你的想象力，设计尽可能多的图样。在下面的每一个大方格内画一个设计图样，画得越多越好，剩下方格不画也可以。"为了帮助低年级学生理解，在编制试卷时，我们为学生提供了两个案例，并提供了 23 个大方格。

该题目反映了学生创造性思维的变通性和独创性。变通性为设计方案的不同类型数，如：线式、圈式、放射式等；独创性为美观、实用的设计数。该题目还反映了学生创造性思维结构中的发散思维、形象思维和直觉思维。

（4）添画（F2，O，发散思维，形象思维，直觉思维）

该题目要求学生为给定的椭圆进行补画，使其成为别人一眼就可以看得懂的不同的东西，不允许用文字说明，学生画的东西越多越好，越独特越好。在该题中，我们为学生提供了 21 个椭圆。

该题目反映了学生创造性思维的变通性和独创性。变通性为画的类型数，如：人（包括男人、女人、老人、小人等）、狗、飞机等；独创性为距离生活较远、从别的角度观察、构思巧妙等类型的画的个数。该题目还反映了学生创造性思维结构中的发散思维、形象思维和直觉思维。

（5）画影子（F2，形象思维，直觉思维）

该题目要求学生画出将正方体、圆纸片、铅笔、圆锥体等四个物体分别放到灯光下时，所能看到的投射到桌面上的物体的影子。

该题目反映了学生创造性思维的变通性，其得分为正确的影子类型数。此外，还反映了学生创造性思维结构中的形象思维和直觉思维。但是，该题目对低年级儿童来讲比较难。

2. 创造性思维测评统计与分析

2006 年 4 月，我们选用北京师范大学心理学院郑日昌教授和肖蓓玲老师研发的《创造性思维测验手册》，在铁军小学二年级、城南小学三年级的实验班与非实验班进行了测试。在测试的基础上，我们从创造性思维的流畅性、变通性、独创性、总分等四个方面，对实验班和非实验班的测试成绩进行了独立样本 T 检验，进行了均值比较和差异比较。下面，我们将分别从不同的年级入手对两所学校的测试情况进行统计分析。

（1）铁军小学二年级实验班与非实验班创造性思维测评分析

铁军小学二年级实验班（48 人）与非实验班（43 人）的创造性思维测评成绩如表 6 - 10 所示。从均值统计分析可见，实验班学生在思维的流畅性、变通性、独创性与总分方面都高于非实验班学生的成绩。T 检验的结果表明，实验班与非实验班在四个方面的差异均非常显著，$p < 0.001$。

表 6-10 铁军小学二年级实验班与非实验班创造性
思维测评统计表（*M* ± *SD*）

	流畅性	变通性	独创性	总分
实验班	10.38 ± 3.64	21.83 ± 9.61	3.21 ± 2.04	35.42 ± 12.38
非实验班	8.56 ± 4.03	16.14 ± 5.40	2.44 ± 2.09	27.14 ± 9.00
t 值	2.26	3.43	1.77	3.61

（2）三年级实验班与非实验班创造性思维测评分析

为了整体了解三年级实验班与非实验班学生在创造性思维发展方面的差异，我们对城南小学、福南小学、福民小学（其中福南小学、福民小学是与城南小学同时参与项目的福田区的两所实验学校）的三个实验班与三个非实验班成绩进行了总体的独立样本 T 检验（人数分别为 133 人，146 人），见表 6-11。从均值统计分析可见，实验班学生在思维的流畅性、变通性、独创性与总分方面都高于非实验班学生的成绩。T 检验的结果表明，实验班与非实验班在四个方面的差异均非常显著，$p < 0.001$。

表 6-11 三所学校三年级实验班与非实验班创造性
思维测评统计表（*M* ± *SD*）

	流畅性	变通性	独创性	总分
实验班	15.68 ± 7.96	21.67 ± 6.61	7.51 ± 4.82	44.86 ± 13.94
非实验班	10.82 ± 6.40	16.25 ± 6.42	5.46 ± 4.50	32.53 ± 13.23
t 值	5.64	6.94	3.68	7.58

此外，从二年级与三年级分别进行的实验班与非实验班的独立样本 T 检验，我们还可以发现，二年级实验班与非实验班在思维的流畅性、变通性、独创性与总分方面的均值差别分别是：1.8 分、5.7 分、0.8 分和 8.3 分。三年级实验班与非实验班在思维的流畅性、变通性、独创性与总分方面的均值差别分别是：4.9 分、5.4 分、2.1 分和 12.3 分。三年级实验班与非实验班在创造性思维方面的分值差异大于二年级实验班与非实验班的分值差异。这说明，随着跨越式课题的深入开展，实验班学生与非实验班学生在创造性思维发展方面的差异逐渐增大。

3. 非智力因素发展

通过问卷调研我们发现，实验班孩子绝大部分都认为"学习是一件有趣的事情，觉得参加实验班以来学到了很多东西，感到非常满意"。大部分孩子喜欢阅读材料、读课外书，并从中学到很多有意思的东西；85% 的孩子喜欢写故事，觉得写故事一点都不难。从中看出学生学习兴趣提高，学习变得积极，学科能力增强（听、说、读、写等），思维能力有所提高，思维较开阔、灵活，例如，对同样的"学生扶老爷爷"的图片，普通班的孩子都写成扶老爷爷过马路，但实验班的孩子不是这样认为，有的认为是爷爷送孙子上学，有的认为是和爷爷去散步，有的写成和爷爷欣赏秋天的景色，有的写孙子给爷爷讲故事等。

汾江中学在 2005 年 11 月的项目总结中写到：

"本实验提高了学生的信息素养。现在实验班学生认识到，现代信息技术不仅是娱乐工具，更是自己重要的学习、认知的工具；开始懂得如何运用电脑及互联网进行自主学习与协作交流，也在学习过程中逐步培养出收集、加工、处理信息的初步能力。他们的电脑应用技术，主要正是在学科学习的需要中发展起来的，而不是主要靠电脑课学到的。

本实验激发了学生的学习热情，提高了学生参与的主动性与积极性，因此带动的不仅是学科学习的进步，也促进了学生整体素质的提高，在体育比赛、文艺表演等各种活动中，实验班所取得的优异成绩，也是全校其他班别无法比拟的。"

（五）推动了学校的教育信息化工作，提升了教育科研和办学水平

以教育信息化带动教育现代化，实现基础教育跨越式发展，是教育领域的共识。本项目的开展有力地推动了禅城区教育信息化工作的开展。8 所实验学校的软硬件环境得到了迅速优化与改善，目前禅城区有网络实验班 10 个，非网络实验班 15 个。实验学校在优化硬件设施的同时，大力抓好软件建设，通过参与项目组的资源建设任务、购买资源、多方寻找资源等，大力完善了教育教学资源质量。

此外，在先进教育教学理念的指导下，大力推进了教育信息化工作的有效应用与开展，提升了学校的教育教学质量与效果。在 2005 年 12 月的项目中期评估期间，我们面向 7 所实验学校（南庄三中除外）发放了教师问卷、领导问卷、学生问卷、家长问卷。从教师问卷和领导问卷的反馈情况来看，大家一致认为"项目有效推动了学校教育信息化工作的有效开展"，很多学校成为教育信息化的示范校，如荣山中学、汾江中学、城南小学、铁军小学等。

尽管禅城区项目启动时间不长，但部分实验学校已经脱颖而出，在教育科研水平、办学水平和社会影响等方面都有很大的提高。荣山中学、汾江中学、城南小学、铁军小学、元甲学校等多次承担全国、全区的公开课任务，接待来自不同省市代表、禅城区教师的听课访问。在 2005 年 6 月的第三届项目年会上，来自全国的与会代表听了荣山中学、汾江中学、城南小学的公开课，对学生的能力发

展印象深刻、赞不绝口。同济小学花园分校、冼可澄纪念学校也大力推进教育科研工作的开展，取得了比较显著的成绩。在 2006 年的跨越式课题第四届年会上，佛山禅城区的很多信息技术与课程深层次整合的综合课例都获得了较好的奖次（参见图 6-21、图 6-22）。

汾江中学在总结中写到：

"三年的课题实验，我校每年成功推出近 70 堂课题研讨课，分别接受了来自北京、山东、深圳等地区专家老师的观摩指导；也多次承担了项目区级示范课，2004 年上半年，我校还作为全国实验第二次年会的分会场，成功承担了中学组三堂全国研讨示范课的其中两堂；2005 年下半年，我校还协助区教育局及总题组，承办了我区项目中期检查工作，得到各级领导和同行的高度评价。三年的项目实验，促进了黄伟峰、周丽华、赵志坚、尤秀芳、卓滨芬、杨婉思、黄明坚、李德菁、杨煜敏、何敏铃、古新章、陈国贤等一大批教师——尤其是年轻教师的迅速成长，使他们成为了学校、禅城区甚至是佛山市的学科骨干教师。他们的课题论文、教学设计、综合课例等成果多次被课题组及教育有关部门评为一等奖。多年来，我校一批实验教师的课题成果被教育部有关部门收集发表，是我区成果发表以及荣获奖项密度最大的中学。"

图 6-21　中学网络教室　　　　图 6-22　小学网络教室

（六）促进了实验教师的专业化发展

为了有力地推动实验的顺利开展，项目组对参加实验的教师先后进行了有关教育理论和学习理论、教学设计方法、信息技术和信息技术与课程整合模式等四个层面，约二十个专题的全方位的培训以及每月一次的深入课堂教学第一线的面对面的听课和评课指导交流。通过培训和指导交流，大部分教师转变了思想观念，提高了他们的理论素养、信息技术水平和教研能力，更有一批教师成长为学校甚至于一个地区的骨干教师。荣山中学王纯副校长在调查问卷中讲到："项目有利于提升学校的师资水平，特别是教师现代教育理念与信息化素养的提高……"

1. 实验教师的信息技术水平和信息化教学水平明显提高

通过项目组不同层面、不同形式的培训和指导及实验教师的积极努力，实验教师整体上对实验的指导思想、理论基础、教学模式、资源建设和利用等方面的认识进一步明确和深化。他们的信息技术水平、信息化教学技能有了很大提高。很多教师已经从刚开始的不能熟练应用技术、排斥网络教学发展成为信息技术与学科课程深层次整合的专家型教师，能够在先进的教育教学理论的指导下恰到好处地使用信息技术为教学服务，提高教学质量。在实验过程中不仅受传统教育思想影响较少的年轻教师，一些受传统教学思想影响较深的老教师也开始转变观念，教育技术应用意识、能力和水平都得到了大大的提升。实验教师由开始的怀疑、疑惑跨越式实验与新课程改革的一致性，到现在都已经认识到两者不是矛盾的，而是可以相互促进的。

荣山中学的叶宇兰等老师在项目刚开始的时候，对网络教学总是心里发憷，觉得一上网络课就会问题百出、无法控制，不仅不能提高教学质量和效率，反而大大降低了教学效率，但是，经过半年的实验之后，通过与项目组指导人员的交流与共同探索，叶老师很快就掌握了信息技术和课程深层次整合的具体方法和策略，能在网络教室中游刃有余了。《观舞记》便是叶老师在网络教学探索过程中设计出来的一节具有示范意义的整合课。如今，对于绝大多数的实验教师而言，无论您何时推门听课，他们准会给您一堂设计新颖的课。

冼可澄纪念学校的黄霞老师是一位新加入的实验教师。在刚开始的时候，黄老师对于如何上好非网络环境下的实验课常常充满疑惑，特别是在课堂教学中处理课标内容与拓展内容的关系的时候，黄老师经常会遇到一些问题。一年来，在黄老师自己的勤奋努力及项目组的多次指导交流下，黄老师进步显著，她执教的《lunch time》本次年会中荣获了综合课例一等奖的好成绩，并作为非网络环境下英语教学的典型案例推荐到年会非网络会场进行案例交流与发言。

汾江中学在总结中这样写到：

"（项目）提高了教师有效运用现代教育技术于课堂教学的能力水平，建设了一个学习型、研究型、创新型的教师群体。经过一个学年的实践探索，我们实验老师运用现代教育技术提高教育质量的水平有了明显进步；在教学实施上，当初只注重知识的传授，现在懂得如何做情景创设，以激发学生的学习动机，开始懂得如何指导学习利用网络资源和技术进行自主探究与协作交流，开始懂得思考如何在发展学生相关学科素养的同时，培养学生创新精神与实践能力；在教学思考上，当初往往仅凭经验出发，现在已经认识到教中有学、学能促教的道理，慢慢意识到教育过程本身就是一个永无止境的探究过程；开始发现，教师不是一支'燃烧自己照亮别人'的蜡烛，教育的本身其实是学生与教师共同创造和发展自

我的创新劳动。由于有了这些新的觉悟，我们实验教师的创新实践就更积极
自觉。"

2. 实验教师的教育科研能力也有了很大的提高

实验老师们除了在信息技术能力、教学能力方面有了明显进步之外，他们在
教育科研能力方面也得到了很大提高。一些实验教师基于自己的教学实践探索，
进行经验总结和反思，撰写了相关的研究论文，设计并开发出了许多具有鲜明跨
越式发展特色和示范意义的优秀课例和课件，其中很多研究论文、课例和课件已
经发表，有些还在全国或省、市的评奖活动中获奖（参见图6-23、图6-24）。

图6-23 汾江中学黄伟峰老师
在做经验介绍

图6-24 荣山中学胡柳虹老师
在做经验介绍

实验开展至今，很多实验教师逐渐走向成熟，并在国家级、省级、区级的各
项评比中获得较好成绩，这些奖项正是对实验教师能力提高的肯定。

（七）以点带面，全面推动

本项目取得的另外一个成果就是以点带面，全面推动实验学校乃至禅城区教
育科研水平的提升。

1. 教师队伍发展

尽管在实验启动初期参与项目的实验教师很少，每个学校2~3人，但在近
三年的项目研究中，随着实验班的扩大和项目影响的深入，核心实验教师和参与
教师队伍迅速壮大，目前，8所实验校共有核心实验教师60多人，参与教师近
两百人。汾江中学吴堪锋校长讲到："通过三年的实验研究，汾江中学的绝大多
数教师都将逐步地参与到课题中，每位老师都将得到培训和发展，汾江中学将拥
有一支优秀的教师队伍"。

2. 向其他学科渗透

在中学，本项目已经从语文、英语、数学等几个学科渗透到历史、地理、生
物、物理、政治、综合实践等学科，促进了信息技术与各学科课程整合的研究。

在小学，很多学校也将课题的理念、工具等引用到其他学科教学中。铁军小学将本项目的互动平台推广到学校的各个教学班，目前很多中高年级的英语课、德育课、信息技术课、第二课堂等都充分发挥本项目的理念与工具，取得了很好的效果。

城南小学也不失时机地将实验取得的经验推广到其他学科中去。以实验为参照，以建构主义学习理论为指导思想，以多媒体计算机网络为技术平台，开展各学科教学模式的探索，在思想品德、数学、音乐、美术、科学、心理、综合等学科进行了积极的探索和尝试，开展了个别化和协作式学习，课堂教学效率和学生自学能力得到全面提高。

2005 年 10 月，荣山中学将本项目从初中扩展到高中，并建立了高中课题队伍。

3. 向禅城区其他学校渗透

在实验开展期间，项目组开展了很多参观学习活动，每个学期都会面向全区开展公开课、示范课等教研活动，吸引了众多禅城区学校的参与。2004 年 3 月，项目组组织实验学校到深圳南山区参观学习，禅城区有十几所非实验学校同去学习。2004 年、2005 年，项目组每个学期的大型活动都吸引了禅城区很多学校的教师的参与，如：张槎中学、南庄三中等，其中南庄三中在 2005 年 11 月也加入了项目组，推动了教育教学理念向全区的渗透。

四、学校领导、老师、家长及学生对项目的反馈

2005 年 10 月，项目组向实验学校的教师、领导、家长和学生发放了问卷，根据问卷反馈信息和平时的交流，现对各方人员对项目的反馈摘录如下。

（一）学校对项目的反馈

总体来讲，各校基本认为本项目对学校发展起了如下推动作用：

a）推动学校教育信息化工作的开展；

b）完善学校软硬件环境；

c）绝大多数学校认为实验教师成长迅速，小组教研和校本培训得到强化，有力推进了师资水平的提升；

d）在一定程度上提升了学校的办学质量；

e）学校的教育科研水平提升了；

f）学生学习兴趣提高，学习变得积极；

g）学生学科能力增强（听、说、读、写等）；

h) 学生思维能力提高（思维开阔、灵活、敏锐、逻辑性增强等）；

i) 学生掌握了一定的学习方法；

j) 学生之间的关系变得更和谐；

k) 学生动手能力增强，解决问题的能力增强。

学科教师是教育教学理念的实践者和传播者，他们对学生的发展、项目的理论与实践、项目对教育教学的整体影响等有最切身的感受。因此，我们实在不能忽视教师对整个项目开展与效果的认识与反思。以下是执教教师自我报告举例：

基本信息：莫美红，女，广东省佛山市城南小学语文老师，26岁，毕业于广东省教育学院汉语言文字专业，学历本科，教龄5年。

本人于2003年9月参加实验研究。一开始接触这个课题，我就下决心要在这个课题中自我提升，并为下一代的成长作出自己应尽的责任和努力。陆续地，北京师范大学总课题组为我们这些佛山的第一批别人口中的"孺子牛"进行了苛刻的"军事训练"，理论培训、观摩现场课、信息技术培训、资源建设等，当时感觉就是没日没夜地学习学习再学习。现在自己回想起，也觉得不可思议。不过正是由于这样的严谨的学习与有效的管理，才有今天自己教学水平与教育水平的提升，我当初的自我实现的目标总算可以达到。参与该课题两年多来，我的认识如下：

（1）本研究首先是一个信息技术与学科教学整合的研究，与新课标的要求是一致的，但该课题的内涵更深。

信息技术与学科教学整合的理论基础之一是建构主义。建构主义学习理论提倡的学习是教师指导下的、以学生为中心的学习；建构主义学习环境包含情境、协作、会话和意义建构等四大要素。与其相适应的教学模式概括为："以学生为中心，在整个教学过程中由教师起组织者、指导者、帮助者和促进者的作用，利用情境、协作、会话等学习环境要素充分发挥学生的主动性、积极性和首创精神，最终达到使学生有效地实现对当前所学知识的意义建构的目的。"

学生的语文素养不单靠教师的堂上讲解就能形成，更大的程度上都依赖学生日积月累的"泡书澡"。信息技术与语文课程整合，使语文教学不再像传统的教学中那样将识字、阅读、写作三个教学环节孤立和割裂，而是在信息技术环境下使三者有机地结合起来，这次实验中的识字教学是与阅读过程密切相关的。这就与新课标不谋而合。让孩子们多读书，读好书，而我们的资源里都是精挑细选的佳文，也有孩子们身边的故事动画与喜闻乐见的故事，孩子们爱读，爱看，懂操作，很快地适应了社会的这一需求——打字与电脑操作，这对学生的能力发展有着不可低估的作用。

（2）教育的四大支柱是学会认知，学会做事，学会共同生活和学会生存。从适应未来社会所必需的学习能力出发，我不断鼓励、激发学生的求异思维，让儿童说自己的话，并给予鼓励性的评价，不做语法上的理论讲解。在大量扩展阅读与轻松的学习氛围下，孩子们的创造性思维得到了很大的提高，这不仅表现在语文课堂中，其他学科教师也有同样的感受，听到其他教师的称赞，我总是很高兴。此外，我们班的孩子们还积极参与到小记者报发起的高年级学生的"当一天大学生活动"中，在音乐课上、语文课上，还有其他课上，如果所讲的内容所学的知识，能加上动作，能用笔画下来的话，他们都毫不吝惜自己的才华，尽情用动作、用笔表达出自己的理解，这在其他班上是没有的。在这个课题中，有一部分学生已经达到了我们共同的目标，已有六年级的语文素养，听、说、读、写、打，都让家长、领导、老师欣美。二年级时，我班的学生参加全市的作文比赛拿到了特等奖，参加全国的作文比赛也获得了一等奖等多项奖励。在英语课本剧的表演上，对当时的临场发挥也让人感到惊讶。学生的自信、自强、创新、好学的能力得到了科任老师、听课老师的一致好评。此外，由于阅读了大量优秀的文章，我们班的孩子还更团结、互助，家长都反映孩子们比同龄儿童更懂事，学生的综合素质有了一定的发展。

部分校领导、老师、学生的反馈摘录如下：

汾江中学吴堪锋校长（2003年11月）：何老师对几节课进行了深入浅出的点评，非常中肯。通过何老师和马宁博士等课题组成员的指导，学校已经做了14节课，实验老师的进步比较大，学生学习的兴趣也提高了。

荣山中学王纯副校长（2005年11月）：本项目有利于提升学校的师资水平，特别是教师现代教育理念与信息化素养的提高；有利于从多角度增强学生的学习兴趣、能力；有利于增大课堂容量，使教学直观、生动。

荣山中学葛主任（2004年2月）：通过上学期3次指导，实验班的骨干教师上了一些公开课。个人感觉，实验老师已初步入门，以前对网络课一无所知，现在已对网络课有初步的感觉。但还是刚刚起步，至于如何做得更好，使传统经验和网络相结合。

荣山中学胡柳虹老师（2004年2月）：自己的收获很大，使用了几何画板、课件等工具，自己这半个学期在电脑这方面是突飞猛进；但在课题开展方面比较迷茫，希望能走出去看一看。

荣山中学叶宇兰老师（2004年4月，在上了《观舞记》之后）：终于体会到在网络教室中上课的成功，体会到该如何去实施了。

荣山中学梁主任（2004年5月26日，荣山中学上了两节全区公开课后）：实验教师的进步很大，对在网络环境下上课有了新的认识和了解，课上得很成功，希望能带动更多的教师有所发展。

汾江中学吴校长（2004年5月）：两个实验班的学生不仅学科知识与能力优

于其他班级，学生在艺术特色、道德品质等方面也优于其他班级。

铁军小学（2005年10月）：一年多的实验，学生应用信息技术的能力、独立阅读和写作能力比较好。语文英语能通过丰富多彩、趣味性强的网络资源，为学生创设听读、对话、交流的语言活动环境，把识字、阅读、写作有机结合起来，增大阅读量，活跃学生的思维，拓展视野，展现个性，提高学生的综合运用知识的能力。

元甲学校（2004年2月）：课题组工作做得很踏实，资源提供很及时，学校愿意从下学期组建新的实验班参与实验。

铁军小学（2004年2月）：老师对理论培训越来越感兴趣，对项目的理解也逐步加深，我们对老师上课的评价很切合实际，对老师们的帮助也很大。

城南小学（2004年2月）：很感谢何教授对城南小学的重视和信任，项目对全校教师的教学理念有很大冲击，对全校教学的提高都很有作用，教师们的积极性也很高，希望非实验班也尝试这种方式，也希望城南小学能做出好的成绩。

元甲小学赵慧勤老师（2005年10月）：每月一次的指导课这种形式有助于开展此课题的学校和老师的交流。

汾江中学学生代表（2003年12月）：在网络教室中上课大大提高了学习的兴趣，思维的深度和广度、观察能力等也得到了提高。但有时教师提的问题思考空间不大，有时教师受课件限制，一些知识点的讲解不深入。

（二）家长对项目的反馈

总体来讲，实验班学生家长基本认为项目对学生的发展起了如下促进作用：

1. 增强了孩子的阅读、理解和表达能力，能够自己查阅相关的资料；
2. 相对于同龄的小孩，学的知识更多，知识面更广；
3. 对学习的兴趣提高了，打字写字能力提高了，拼读能力比较强；
4. 学习认真，思维快，接受新鲜事物的能力强，求知欲强；
5. 识字量大，能够独立识字，阅读量大；
6. 创新能力强，独立处理问题的能力强了；
7. 计算机的操作能力非常强，对学习的兴趣浓厚；
8. 孩子活泼、大方，懂礼貌，能和小朋友融洽相处；
9. 成绩普遍有所提高，动手能力强；
10. 孩子对所学知识的应用能力强，想象力强。

实验学校部分家长的反馈摘录如下：

城南小学二（2）班家长反馈：

1. 这一年半，孩子学懂了不少基本知识，特别是认识了不少汉字，我有时都会惊讶于孩子居然在这么短的时间内，就能掌握基本的汉字，能阅读简单的读物。

2. 课堂上增加了学习的知识面。每一节课上除了课文之外，还有一些相应的名人名言和小故事，无形当中比其他同龄的孩子学了更多的知识，进一步扩展了孩子们的知识面。

3. 孩子现在无论是学习、生活，首先想到的就是借助电脑这一工具。现在，不但能较为熟练地打字、上网查询有关学习上的信息，还养成了较为严谨的学习态度和良好的生活习惯。同时，这一创新实验教学培养了孩子较其他孩子浓厚的学习兴趣和较为科学的学习方法，同时也养成了孩子不懂就问、互相沟通、信息共享的好习惯。

4. 学习认真、思维快，接受新鲜事物能力强，词语、句子运用、作文能力强，数学教育、口语交际、英语等都比同年级孩子有了质的飞跃，从一个无知，经常违反课堂纪律的调皮儿，经过老师引导，在创新教育方法的吸引下，对学习的兴趣加深了，成绩也有了很大的进步。

5. 识字量多，独立识字能力强。由于老师经常布置打写训练和多阅读课外书，在这样的环境下学习，孩子的学习兴趣浓。我平时观察小孩，她看的书有：寓言、成语故事、古诗等。现在认识的字比较多，所以她特别喜欢看书。创新能力增强：表现在在计算机上能创造出很多美丽的图案出来，编写一些故事等；女儿能用普通话与人交流，讲古诗，有时还自己编故事。根据老师的布置，能用一个词造句，也不忘记编上一个故事，能把学过的优美的词应用在写作上。

6. 我们的孩子在日常口语交际方面和社会认识方面相对来说是比较优秀的，思维也较活跃，计算机的操作能力相当强。在学校老师教过的知识，回家后能够举一反三地操作，并有自我钻研的行为，实在令人意想不到。

7. 写作文的能力在一年半来，进步很快，能运用学过或看过的周记、句子写作文，一些日记，看上去具备了初级的写作技巧。

8. 与幼儿园相比，活泼、开朗、大方了很多，爱护家人如爷爷奶奶，懂礼貌，能和小朋友融洽地相处，喜欢做一些游戏和小制作。

9. 生活上基本能自理，有时在家里能自觉做家务。做人方面：对人基本上都很有礼貌、能同他人和睦相处，见到老人家能礼貌对待。

参考文献

[1] 何克抗：《创造性思维理论——DC 模型的建构与论证》，北京师范大学出版社，2000。

［2］ 何克抗：《从 Blending Learning 看教育技术理论的新发展》，《电化教育研究》，2004（3）、2004（4）；何克抗：《儿童思维发展新论和语文教育的深化改革——对皮亚杰"儿童认知发展阶段论"的质疑》，《教育研究》，2004（1）。

［3］ 何克抗：《关于〈中小学教师教育技术能力标准〉》，《电化教育研究》，2005（4）。

［4］ 何克抗：《林君芬基于语觉论的英语教育跨越式发展创新实验》，《中国电化教育》，2004（12）。

［5］ 何克抗：《网络时代呼唤教育理论创新——对皮亚杰"儿童认知发展阶段论"的质疑》，《电化教育研究》，2002（10）、2002（11）。

［6］ 何克抗：《现代教育技术与创新人才培养》，《现代远程教育研究》，2003（1）。

［7］ 何克抗：《信息技术与课程深层次整合的理论与方法》，《中国大学教学》，2005（5）。

［8］ 何克抗：《信息技术与课程整合的目标与意义》，《教育研究》，2002（4）。

［9］ 何克抗：《语觉论——儿童语言发展新论》，人民教育出版社，2004。

［10］ 何克抗：《论语文教育中的创造性思维培养》，http：//www.etc.edu.cn/学者专访。

［11］ 黎加厚：《知识管理对网络时代电化教育的启迪》，《电化教育研究》，2001（8）。

［12］ 李小平：《新世纪创新人才应具有全面的创造性》，《高等教育研究》，2002（06）。

［13］ 林崇德、辛自强：《关于创新人才培养的心理学思考》，《国家教育行政学院学报》，2004（04）。

［14］ 林崇德、白学军、李庆安：《关于智力研究的新进展》，《北京师范大学学报（社会科学版）》，2004（01）。

［15］ 林崇德：《创造性人才·创造性教育·创造性学习》，《中国教育学刊》，2000（01）。

［16］ 林崇德：《关于创造性学习的特征》，《北京师范大学学报（社会科学版）》，2000（01）。

［17］ 林崇德：《思维心理学研究的几点回顾》，《北京师范大学学报（社会科学版）》，2006（05）。

［18］ 刘儒德：《信息技术与教育相整合的进程》，《高等师范教育研究》，1997.9（3）。

［19］ 孙众、余胜泉、徐凤君：《中小学信息技术环境下常见误区分析》，《中国远程教育》，2002（3）。

［20］ 叶澜主编：《新编教育学教程》，华东师范大学出版社，1993。

［21］ 余胜泉，An Exposition of the Crucial Issues in China's Educational Informatization Educational，Technology Research and Development，2005，October.

［22］ 余胜泉、陈莉：《信息技术与课程有效整合的基本特征》，《中小学信息技术教育》，2005（4）；余胜泉、陈玲：《论教学结构的实践意义——再答邱崇光先生》，《电化教育研究》，2005（2）。

［23］ 余胜泉：《基于建构主义的教学设计模式》，《电化教育研究》，2000（12）。

［24］ 余胜泉、林君芬：《2002 年教育信息化应用回顾与展望》，《中国电化教育》，2003（2）。

［25］ 余胜泉、马宁：《论教学结构——答邱崇光先生》，《电化教育研究》，2003（6）。

［26］ 余胜泉：《区域性教育信息化的应用推进》，《中国电化教育》，2005（9）。

［27］余胜泉：《人民教育信息技术与课程整合的目标与策略》，2002（2）。

［28］余胜泉、吴娟：《信息技术与课程整合——网络时代的教学模式与方法》，上海教育出版社，2005。

［29］余胜泉、张建伟：《教育技术理论导读——信息时代的教学理论与实践》，高等教育出版社，2001。

［30］翟芸：《信息技术环境下中学生创造性思维培养策略研究》，南京师范大学，2006。

［31］张建伟、陈琦：《从认知主义到建构主义》，《北京师范大学学报（社会科学版）》，1996（4），75～82。

［32］张文兰、杨开城：《建构主义思想的辩证唯物主义解析暨意义建构的心理机制的探讨》，《电化教育研究》，2004（2）。

［33］钟启泉、崔允漷、张华主编，朱慕菊主审：《为了中华民族的复兴，为了每位学生的发展，基础教育课程改革纲要（试行）解读》，华东师范大学出版社，2002年6月，《基础教育课程改革纲要（试行）》，2001年6月。

［34］朱智贤、林崇德：《思维发展心理学》，北京师范大学出版社，1991。

［35］朱智贤：《儿童心理学》（1993年修订版），人民教育出版社，1998（2）。

［36］祝智庭著：《现代教育技术——走向信息化教育》，教育科学出版社，2002版。

［37］庄寿强：《试论创造性思维的思维过程思维模式及其训练的根据》，《煤炭高等教育》，1999（02）。

［38］李宇明、陈前瑞：《语言的理解与发生：儿童问句系统的理解与发生的比较研究》，华中师范大学出版社，1998。

［39］教育部：《基础教育课程改革纲要（试行）》，2001。

第七章

大学生创造力、心理健康的发展特点及其相互关系*

一、创造力和心理健康的关系

大学生的创造力培养和心理健康教育是当前高等教育界普遍关心的两个重要课题。创造力是根据一定目的和任务，运用一切已知信息，开展能动思维活动，产生出某种新颖、独特、有社会或个人价值的产品的能力或心理特质。心理健康是指个体能够充分发挥身心潜能，同时也能够妥善地处理和适应人与人、人与社会、人与环境之间的相互关系，对环境有良好的适应。具体说来，心理健康至少包括两种含义：一是没有心理疾病；二是具有积极的心理状态。判断心理健康的标准是什么呢？以往研究者提出的标准可以归为两类，一类是一种相对标准，即个体的心理健康状况是比照同社会中大多数人的心理特点来判断的，这类标准假定社会成员中绝大多数人的心理行为是正常的，偏离这一正常范围的心理行为才被看作异常。目前心理健康测验工具的编制大都遵循这一原则。另一类则根据"精英原则"来制定心理健康的标准，如马斯洛（Maslow）认为自我实现的人才代表真正的心理健康[①]，弗洛姆（Fromm）则认为心理健康的人是"有创造力"的[②]。

长期以来，有些研究者认为天才与丧失理智有必然联系，认为创造力与心理

---

* 本章负责人：俞国良教授主持；报告执笔人：罗晓路、俞国良；本章研究成员：俞国良、罗晓路、董妍和曾盼盼等。

① 马斯洛：《动机与人格》，华夏出版社，1987。

② 弗洛姆：《爱的艺术》，1956。

病理学的特征是相吻合的。如，英国心理学家菲利克斯·波斯特博士曾用 10 年的时间对 300 个著名人物进行了研究，结果发现，政治家中有 17%，科学家中有 18%，思想家中有 26%，作曲家中有 37%，小说家中有 46%的人患有某种程度的精神病理疾病。创造性和心理障碍或精神病有些类似的渊源，这个证据来自大量的遗传学研究。在对患有精神分裂症的母亲所抚养的后代的研究中，汉斯顿（Heston，1966）发现，虽然约半数人表现出社会心理的无能，但其余半数是一些具有显著成就的成年人，他们具有艺术天才并表现出在对照组中不多见的对生活富有想象的适应。卡尔逊（Karlsson，1968）考察了冰岛一个宗族的 7 代人。发现具有伟大创造性成就的个人在精神分裂症患者的亲戚中发生率很高。麦克尼尔（McNeil，1971）研究了在高创造性的养子（女）及其生身父母中精神疾病的发生情况。在养子女及其生身父母中的精神疾病发生率与养子女的创造性水平有显著的正相关。

有关精神病患者与高创造性的正常人之间类似性的研究，常常沿着两个方向发展：一是精神病患者的思想功能混乱，类似于正常的创造性思维；一是高创造性的正常人具有像精神病患者相似的个性品质。伍迪和克拉里奇（E. Woody，G. Claridge，1977）对 100 位大学生进行个性、发散思维和集中思维的测验发现，"精神病症"与发散思维相关这一假说得到了证实。艾森克（Eysenck，H. J.）认为，天才——无论是艺术领域抑或科学领域里的天才，都表现出高水平的精神分裂症状（psychoticism）。他有不少研究支持高创造力者和精神分裂病人很多时候有着非常一致的行为表现，但是，精神分裂并不是成为天才的必要条件，许多天才的创造者也并非精神病患者。还有许多研究（e.g.，Andreasen，1987；Jamison，1989；Ludwig，1995）论述了创造性作家倾向于经历心理疾病的困扰，但这种关系并没有真正得到进一步的检验。

为此，James C. Kaufman（2001）对 1 629 名作家进行了研究，发现女诗人比男作家和女性作家经历更多的心理疾病的困扰。这可能与女诗人的情绪状态有关。进一步追溯该类研究时，我们可以清楚看到，巴伦（F. Barron，1968）在研究创造性作家时发现，他们在 MMPI 测定精神分裂症倾向、抑郁症倾向、癔病倾向和心理变态倾向的一些量表中，得分较高。如果我们认真而谨慎地接受这些测验的结果，那么作家似乎比普通人心理健康水平更高，也更成问题。换言之，他们有更多的心理问题，但也更有能力解决这些问题。巴伦认为，只有这样才能更好地解释作家的社会行为。他们显然是一群高效率的人，他们骄傲地、与众不同地驾驭自己，但他们置身于现实世界时却是痛苦的，这个世界常常容不下他们，有时又是冷漠和令人畏缩的现实，而且他们的确也容易对此大动感情。然而这些心理品质显然都是正常的品质，他们在诊断测验中较高的得分便是这些品质的标志。赖恩—艾希鲍姆（1932）提到，许多变成精神病患者的天才，只是在完成了他们的伟大事业之后才生病的。如哥白尼、多尼采第、法拉第、康德、牛顿、司汤达等。哈夫洛克·埃利斯（Hovelock Ellis，1904）在对英国天才人物的研究中，发现有 4.2% 的天才确实患有精神病。他认为"天才与精神病之间的联系不是没有意义的。但证据表明这种情况的出现仅仅不到 5%。面对这一事实，我们必须要对任何关于天才乃是精神病的一种形式的理论采取蔑视态度。"据此，我们推测天才者的"精神病理疾病"的比例高低与创造性劳动的形式有关，也可以说与思维类型有关。在政治家和科学家中，其抽象思维占优势，而在作曲家、画家、小说家中，形象思维占绝对优势，因而心理疾患严重；优秀的创造性人格有助于防范创造激情所诱发的种种精神异常症状；心理疾患将随着社会文明程度的提高而被逐渐认识，它像身体疾病一样，任何人都可能患有，而不仅仅是天才的一种"专利"。

但是，还有另一种意见，认为创造力在某种程度上是每个人所固有的，而且只要创造性潜力一实现，不管其范围如何，都使人在心理上处于正常状态。一些精神病学家认为，借助于唤起病人创造性能力的精神治疗，应当是心理疗法的全部目的。他们把创造性能力的培养，视为使神经官能病患者养成克服对他们来说苦难情境的行为的心理治疗程序。通过学习解决日常问题的战略方面的课程，加强了人的心理稳定性。在这种情况下，起主要作用的并不是所获得的知识，而是有可能变换策略和使行为正常化的灵活性。根据这种观点，"个人创造性天赋"与"正常人的心理"的概念的意义是相同的（A. H. 鲁克，1985）。人本主义心理学家认为，真正的创造力是两种创造力的整合，即初级创造力（primary creativity）和次级创造力（second creativity）。初级创造力来源于无意识里的冲突，而次级创造力则是自我状态良好的、心理健康的成人的行为中自然的、逻辑的产物。人本主义关于创造性人格的观点和高自尊的特征基本相同。只有那些具有高自尊的个体才能获得高水平的创造力（Yau C.，1991）。Eunice M. L. Soriano de Alencar（2001）研究了阻碍大学生个人创造力的因素，发现缺乏时间/机会、压抑/羞怯是两个重要因素，且男女生存在显著差异。这为教育者帮助大学生减少阻碍创造力发展的因素提供了科学依据。

近年来，我国学者从不同角度对创造力和心理健康的关系进行了研究。俞国良（2002）从理论上具体阐述了创造意识和创造精神、创造性思维和创造性人格、创造能力与实践能力，以及这些特征与心理健康的关系，并明确提出以心理健康教育为突破口，全面培养和提高青少年儿童的创造素质。王极盛等发现中学生创新心理素质与心理健康水平关系较为密切，创新意识与学习压力、抑郁、焦虑显著负相关，创新能力与学习压力、抑郁显著负相关，与适应不良显著正相关，竞争心与抑郁、焦虑、学习压力、有显著的负相关；心理健康水平高者其创新意识和竞争心较心理健康水平低者高；学习压力对创新意识和竞争心的预测作用较大，学习压力、适应不良和抑郁对创新能力的预测作用较大（王极盛、丁新华，2003）。卢家楣等（2002）通过教学现场实验，研究了情绪状态对学生创造性的影响，结果表明，学生在愉快情绪状态下的创造性总体水平显著高于难过情绪状态，且主要体现在流畅性和变通性两个方面。这些研究从不同角度说明健康的心理是创造性活动得以顺利进行的基本心理条件。

综观创造力和心理健康关系的研究，我们不难发现长期以来存在两种针锋相对的观点，一是认为创造力和精神病等不健康的心理因素密切联系，另一种观点则认为心理正常或心理健康是创造性活动顺利进行的保证。如人本主义心理学家认为只有那些具有高自尊的个体才能获得高水平的创造力。近年来，我国学者的研究均支持健康的心理是创造性活动得以顺利进行的基本心理条件这一观点。

二、以往大学生创造力和心理健康研究的局限

以往研究者对大学生创造力和心理健康的关系进行了一些研究，得出了一些有价值的结论，但也存在一些问题和不足，值得我们进一步探讨和完善。在创造力研究方面，存在的不足主要表现在以下几方面：

一是研究内容缺乏系统性。有的研究者或者是定义创造力的概念，或者提出创造力的结构，或者研究创造力的发展，缺乏对创造力比较系统的、全面的和深入的研究。

二是研究对象大多是成年人中的专家、学者和名人。对未成年人以及大学生创造力的研究比较薄弱，对影响大学生创造力的因素及如何培养大学生创造力的相关研究也很少。

三是以往关于大学生创造力的研究多为小样本研究，研究结果的代表性较差。

已有的关于大学生心理健康研究的不足表现在：

第一，已有大学生心理健康的研究多为大学生心理健康的现状调查，对大学生心理健康的标准论述不清楚、不具体，缺乏相应的理论基础。

第二，关于创造力与心理健康关系的实证研究比较少。诚如前述，目前对两者的关系存在着截然不同的认识，一是认为高创造力者常有更多的心理疾患，一是认为心理健康是创造力得以发挥的重要保障。关于两者关系的研究结论多是从个案研究或小样本研究中得出，从这些研究中我们很难全面地认识心理健康和创造力之间的真正关系。

三、大学生创造力和心理健康关系的研究

鉴于以往大学生创造力和心理健康研究的不足，我们就这个问题进行了一系列的研究，由三个既相互独立又有内在逻辑联系的实验研究组成，即大学生创造力发展的特点，大学生心理健康发展特点及其与创造力的关系，以及基于心理健康的大学生创造力培养实验。

（一）研究的整体设想

1. 大学生创造力特点研究

鉴于创造力具有多侧面的本质，我们从创造性思维、创造性思维能力的典型表现和创造性人格这三个方面入手考察大学生创造力的特点。创造性思维是提供新颖的、独特的有价值的产品的思维，它是多种形式思维协调活动的综合体。研究者常从思维成果的新颖性、独特性来评价创造性思维水平。创造性表现能力指把创造意图转变为创造性产品的能力，主要指与某种创造活动相关的知识、方法、技能和技巧。创造性人格是创造力发展的动力和方向保证，主要指个体在创造活动中表现出来的个性心理倾向。本研究拟从创造性思维、创造性人格和创造性思维能力的典型表现这三方面入手，深入了解不同年级、性别和专业大学生的创造力发展特点及其影响因素。

2. 大学生心理健康的特点和现状研究

首先，本研究对参加研究的每个大学生整体的心理健康状况进行测量。其次，由于在文献和实践工作中我们看到，焦虑和抑郁是目前困扰青少年学生的两种常见不良情绪，且有一些研究涉及创造力和焦虑、抑郁情绪之间的关系，因此，本研究把焦虑和抑郁作为大学生心理健康的两个主要指标进行考查。其三，由于人格是心理健康中的重要组成部分，个体普通的人格特点和创造性人格特点有密切联系，因此本研究从决定人格的三个基本因素——内外向性、神经质和精神质来测量大学生的人格特点，由此再进一步了解其与创造性人格的关系，与创造性思维能力的关系。

3. 大学生创造力与心理健康的关系

以往研究在创造力和心理健康的关系上形成两种不同的意见，本研究将在大样本研究的基础上考察大学生创造力和心理健康特点之间的内在关系。

4. 基于心理健康的大学生创造力培养研究

由于创造力与个体的心理健康之间存在密不可分、相辅相成的关系，在前三个研究的基础上，用现场实验的方法，探索培养大学生创造力的有效途径。

（二） 研究对象及工具使用

研究采用整群随机抽样的方法，选取来自北京、上海、山东、四川、重庆、贵州等地 10 所不同类型大学一到四年级学生 1 043 名，有效被试 1 008 名。被试的年龄介于 17~28 岁之间，平均年龄为 20.79 岁，标准差为 1.28。

1. 大学生创造力的测量工具

（1）大学生创造性思维的测量：采用中国科学院心理研究所编制的"创造性能力测验"中的"实用创造力测验"（查子秀，1994）分测验，该测验把创造力分解为如下三个维度：流畅性、变通性和新颖性。流畅性即思维敏捷，反应迅速，对于特定的问题情景能够顺利产生多种反应或提出多种方案；变通性，即具有较强的应变能力和适应性，具有灵活改变取向的能力；新颖性，即产生新的非凡思想的能力，表现为产生新奇、罕见、首创的观念和成就。测验中流畅性根据被试产生的反应数量来计分，变通性根据被试在相邻反应间的类别转换来计分，新颖性根据被试的反应在总体反应中的出现频率来计分。测验要求被试尽可能多地想出日常生活中用品的不常见的各种用途。测验分两项：①（木头做的）尺子；②报纸。每一项的测验时间为 6 分钟。测验以班级为单位进行集中施测，每个班由一名受过培训的心理学教师作为主试。

（2）大学生创造性人格的测量：采用威廉斯创造力倾向量表（WLS，林幸台、王木荣修订），该量表由 50 道三选一的选择题组成，反映受测者的观念倾向，包括四个维度：好奇心、想象力、挑战性和冒险性。好奇心包括刨根问底的精神，主意多，乐于接触新奇的环境，深入思索事物的奥秘，把握特殊的现象；想象力包括视觉灵敏和建立心像能力，幻想尚未发生过的事情，直觉地推测，能够超越感官及现实的界限；挑战性包括寻找各种可能性，了解事情的可能及与现实间的差距，能够从杂乱中理出秩序，愿意探究复杂的问题；冒险性包括勇于面对失败或批评，敢于猜测，在杂乱的情境下完成任务，为自己的观点辩护。

（3）大学生创造性思维能力的典型表现的测量：对 2003 年由骆方编制的典型行为的创造性思维能力测验进行修订，使测验的各项目内容符合大学生创造力的特点，本测验共 46 个条目，有较好的结构效度、效标关联效度、信度和区分度。本测验包括 10 个维度：

① 把握重点（seizing keystone）。寻找问题的核心，把握重点和关键处。

② 综合整理（synthesis）。将两种或两种以上的事物以某种规则串联在一起，使信息在头脑中能够有序安排。

③ 联想力（association）。能把以往的观念、情绪、过去经验、表征、相关的情景线索之间有机联结起来，能把看上去毫不相干的东西连在一起，在脑海中

涌现出大量新颖、奇异的想法。

④ 通感（synaesthesia）。视、听、动、触等感觉互相串联，互相激发的能力。

⑤ 兼容性（resolution-incongruity）。糅合不相称的元素；同时经验两种以上的不相称的情绪或感觉；由紧张中获得松弛的经验；化重要为不重要，化不重要为重要。

⑥ 独创力（originality）。能由不同的角度，独辟蹊径地分析、探讨和处理问题。

⑦ 洞察力（insight）。能够超越外表的限制，跳出设定的局限，看透问题的本质和根本动因。

⑧ 概要解释力（summarily explaining）。能精确传达信息，以简洁的字眼或动作提供充分的信息，将整个情境呈现出来。

⑨ 评估力（evaluation）。指个人依据某种标准（例如统一性、相似性、一贯性等），能够对事物分析其好坏、是非、适当与否，进行价值判断和决定取舍的能力。

⑩ 投射未来（pointing on future）。能够保持开放的心态，将自己的世界，投向无限的未来。

2. 大学生心理健康的测量工具

（1）大学生心理健康总体状况的测量：采用精神症状临床自评量表（SCL-90）。该量表由德罗加蒂斯（Derogatis, L. R., 1975）编制，包含广泛的精神病症状学内容，如思维、情感、行为、人际关系、生活习惯等共 9 个因子：躯体化、强迫症状、人际关系敏感、抑郁、焦虑、敌对、恐怖、偏执、精神病性以及 7 个附加项目。量表为五级评分，（0～4），0 = 从无，1 = 轻度，2 = 中度，3 = 相当重，4 = 严重。分数越高，表明其症状越严重。此量表在评价心理健康水平上有较好的信度和效度，在国外有广泛的应用，也是目前我国各大学普遍采用，对学生进行心理健康筛查，以及各学校建立心理健康档案所常采用的工具。

（2）大学生焦虑情绪的测量：采用 William W. K. Zung 于 1971 年编制的自评焦虑量表（SAS），该量表适用于具有焦虑症状的成年人，与汉密尔顿焦虑量表（HAMA）的 Pearson 相关系数为 0.365，Spearman 等级相关系数为 0.341，具有相当高的效度。国外研究认为 SAS 能较准确地反映有焦虑倾向的患者的主观感受。SAS 采用 4 级评分，主要评定项目为所定义的症状出现的频度，1 = 没有或很少有时间有，2 = 小部分时间有，3 = 相当多时间有，4 = 绝大部分或全部时间都有。

（3）大学生抑郁情绪的测量：采用 William W. K. Zung 于 1965 年编制的自评抑郁量表（SDS），该量表用于衡量抑郁状态的轻重程度及其在治疗中的变化。

由 20 个陈述句和响应问题条目组成。按 1~4 级评分。反映抑郁状态四组特异性症状：精神性—情感症状、躯体性障碍、精神运动性障碍、抑郁的心理障碍。SDS 评定的抑郁严重度指数 = 各条目累计分/80（最高总分），指数范围为 0.25~1.0，指数越高，表示抑郁程度越重，抑郁指数在 0.5 以下者为无抑郁，0.50~0.59 为轻微至轻度抑郁，0.60~0.69 为中至重度抑郁，0.70 以上为重度抑郁。SDS 具有较高的信度和效度，在国内外已广泛应用。

（4）大学生人格测量：采用艾森克成人人格问卷（EPQ，龚耀先，1989 年修订版），由英国伦敦大学心理系和精神病研究所艾森克教授编制，包含决定人格的三个基本因素——内外向性（E）、神经质（又称情绪性）（N）和精神质（又称倔犟、讲求实际）（P）。掩饰性（L）测定被试的掩饰、假托或自身隐蔽，或者测定其社会性朴实幼稚的水平。L 与其他量表的功能有联系，但它本身代表一种稳定的人格功能。人们在 E、N、P 三方面的不同倾向和不同表现程度，便构成了不同的人格特征。E、N、P 人格维度不但经过许多数学统计上的行为观察方面的分析，而且也得到实验室内多种心理实验的考查。这就使得它们在分析人格结构的研究中受到广泛重视，并且也是目前医学、司法、教育和心理咨询等领域应用最为广泛的问卷之一。

四、大学生创造力发展特点的研究

2003 年使用实用创造力测验、威廉斯创造力倾向量表、典型行为的创造性思维能力测验对采用随机整群抽样的方法从北京、上海、山东、四川、重庆、贵州等地十所大学抽出的 1 008 名大一至大四学生进行问卷调查。被试的年龄介于 17~28 岁之间，平均年龄为 20.79 岁，标准差为 1.28。被试人数和性别的具体分布情况见表 7-1。

表 7-1　　　　　　　　　被试的分布情况

年级	性别		合计（人）
	男（人）	女（人）	
大一	84	121	205
大二	196	160	356
大三	199	195	394
大四	32	21	53
总计	511	497	1 008

（一）大学生创造力发展的总体特点

1. 大学生在实用创造力测验上得分的总体情况

首先，考查大学生在实用性创造力测验上得分的总体情况，结果见表7-2。

表7-2　　大学生在实用性创造力测验上得分的总体情况

实用性创造力	流畅性	变通性	新颖性
平均数	5.18	4.57	13.52
标准差	2.64	2.17	7.60

从表7-2可以看出，本研究中，大学生在创造性思维方面较为突出的是思维的新颖性。

2. 大学生在威廉斯创造力倾向量表上得分的总体情况

本研究中，大学生在威廉斯创造力倾向量表上得分的总体情况见表7-3。

表7-3　　大学生在威廉斯创造力倾向量表上得分的总体情况

	冒险性	好奇心	想象力	挑战性
平均数	2.16	2.25	1.89	2.29
标准差	0.31	0.37	0.31	0.36

从表7-3可以看出，大学生的创造力个性特点，较为突出的是挑战性，较低的是想象力。

3. 大学生在典型行为的创造性思维能力测验上得分的总体情况

本研究中，大学生被试在典型行为的创造性思维能力测验上得分的总体情况见表7-4和图7-1。

表7-4　　大学生在典型行为的创造性思维能力测验上得分的总体情况

创造力	把握重点	综合整理	联想力	通感	兼容性	独创力	洞察力	概要解释力	评估力	投射未来
平均数	4.24	4.07	4.08	4.46	4.23	3.93	4.28	4.34	4.50	4.52
标准差	0.84	1.14	1.13	1.04	0.75	1.00	1.03	0.97	0.84	0.93

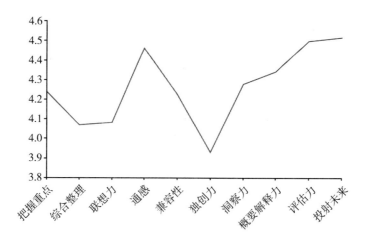

图7-1　大学生在典型表现的创造性思维能力测验上的得分

从表7-4和图7-1可以看出，总体上，大学生在典型表现的创造力思维能力测验上得分较高的维度是投射未来、评估力、通感，得分较低的维度是独创力、综合整理和联想力。

（二）不同专业大学生的创造力发展特点

1. 不同专业的大学生在实用创造力测验得分上的差异

我们对不同专业的大学生在实用创造力测验上的得分情况（标准分）进行了统计分析，结果见表7-5和图7-2。

表7-5　不同专业的大学生在实用创造力上测验的得分情况比较

专业分类	新颖性		流畅性		变通性	
	M	标准差	M	标准差	M	标准差
经济类（1）	-0.28	0.73	-0.24	0.74	-0.27	0.72
艺术类（2）	-0.39	0.79	-0.36	0.89	-0.44	0.76
管理类（3）	0.07	0.91	0.09	0.89	0.10	0.85
理工类（4）	0.34	1.03	0.30	0.98	0.31	0.99
社科类（5）	-0.29	1.07	-0.29	1.14	-0.28	1.18
F 值	18.898***		16.272***		17.523***	

注：M 为实用创造力量表得分转化为统一的标准分数后的平均数，*** 为 $p < 0.001$。

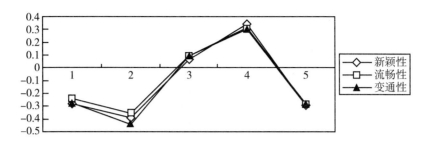

图7－2　不同专业大学生在实用创造力测验上的得分情况

对不同专业大学生在实用性创造力的得分进行了多元方差分析，结果发现，Wilk'sΛ=6.988，$p<0.001$，说明不同专业大学生在实用性创造力测验得分上存在显著差异。具体表现为，不同专业的大学生在新颖性、流畅性和变通性上均存在显著差异。在新颖性、流畅性和变通性上理工类大学生的得分显著高于管理类、社科类、经济类和艺术类的大学生；管理类的大学生在新颖性上的得分显著高于社科类、经济类和艺术类的大学生；经济类、艺术类和社科类的大学生在实用性创造力三个维度上的得分没有显著差异。

2. 不同专业的大学生在威廉斯创造力倾向量表得分上的差异

对不同专业的大学生在威廉斯创造力倾向量表上的得分情况进行统计分析，结果见表7－6和图7－3。

表7－6　不同专业的大学生在威廉斯创造力倾向量表上的得分情况比较

专业分类	冒险性		好奇心		想象力		挑战性		总分	
	平均数	标准差	平均数	标准差	平均数	标准差	平均数	标准差	平均数	标准差
经济类	2.18	0.24	2.29	0.30	1.85	0.27	2.34	0.32	2.16	0.22
艺术类	2.24	0.28	2.31	0.31	2.05	0.30	2.40	0.34	2.25	0.26
管理类	2.20	0.36	2.27	0.34	1.91	0.35	2.31	0.36	2.17	0.27
理工类	2.14	0.30	2.26	0.36	1.88	0.32	2.30	0.38	2.14	0.27
社科类	2.12	0.27	2.19	0.32	1.88	0.28	2.23	0.31	2.11	0.22
F 值	2.941*		3.359*		2.491*		3.238*		3.597**	

注：＊为 $p<0.05$，＊＊为 $p<0.01$。

对不同专业大学生在威廉斯创造力倾向量表的得分进行多元方差分析，结果发现，Wilk'sΛ=2.244，$p<0.01$，说明不同专业大学生在威廉斯创造力倾向量表得分上存在显著差异。进一步分析发现，不同专业的学生在威廉斯创造力倾向量表的四个维度及其总分上均存在显著差异。在冒险性上艺术类、管理类学生的

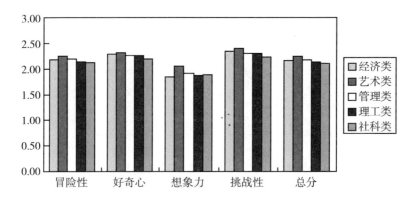

图7-3　不同专业大学生在威廉斯创造力倾向量表上的得分

得分显著高于社科类学生；在好奇心上艺术类、经济类、管理类和理工类学生的得分显著高于社科类学生；在想象力上艺术类学生的得分显著高于经济类学生；在挑战性上艺术类、经济类学生显著高于社科类学生；在总得分上艺术类、管理类学生的得分显著高于社科类学生。

3. 不同专业的大学生在典型行为的创造性思维测验得分上的差异

对不同专业的大学生在典型行为的创造性思维测验上的得分情况进行统计分析，结果见表7-7和图7-4。

表7-7　不同专业的大学生在典型行为的创造性思维测验上的得分情况比较

专业分类	把握重点		综合整理		联想力		通感		兼容性		独创力		洞察力		概要解释力		评估力		投射未来	
	平均数	标准差	平均数	标准差	平均数	标准差	平均数	标准差	平均数	标准差	平均数	标准差	平均数	标准差	平均数	标准差	平均数	标准差	平均数	标准差
经济类	4.37	0.72	4.11	0.91	4.16	0.95	4.47	0.97	4.40	0.71	4.07	0.73	4.33	0.80	4.47	0.85	4.54	0.69	4.55	0.91
艺术类	4.73	0.75	4.36	0.87	4.77	0.80	4.66	1.08	4.67	0.75	4.27	0.75	4.61	1.08	4.90	0.63	4.66	0.69	4.57	1.06
管理类	4.23	0.77	4.16	1.12	4.05	1.04	4.57	1.08	4.25	0.71	3.86	0.88	4.32	0.83	4.44	1.05	4.55	0.72	4.59	0.89
理工类	4.24	0.78	4.18	1.14	4.09	1.04	4.39	1.06	4.19	0.74	3.97	0.94	4.33	1.16	4.28	1.02	4.57	1.02	4.61	0.94
社科类	4.14	1.01	3.81	0.89	4.02	1.38	4.39	1.00	4.11	0.79	3.88	1.28	4.12	1.15	4.19	0.85	4.32	0.83	4.30	0.93
F值	3.526**		5.272**		2.471*		1.593		5.492**		1.912		2.496*		5.151**		4.037**		4.972**	

注：* 为 $p < 0.05$，** 为 $p < 0.01$。

对不同专业大学生在典型行为的创造性思维测验上的得分进行了多元方差分析，结果发现，Wilk's$\Lambda = 2.309$，$p < 0.001$，说明不同专业大学生在典型行为的创造性思维测验得分上存在显著差异。具体表现为，不同专业的大学生在把握重点、综合整理、联想力、兼容性、洞察力、概要解释力、评估力、投射未来维度上的得分存在显著差异。在把握重点维度上艺术类大学生的得分显著高于经济

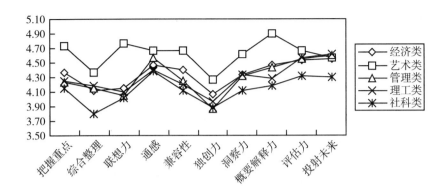

图7-4　不同专业大学生在典型行为创造性思维测验上得分情况

类、管理类、理工类和社科类的大学生，经济类大学生的得分显著高于社科类的得分，其他专业大学生之间在把握重点维度上的得分没有显著差异；在综合整理维度上艺术类、理工类、管理类和经济类大学生的得分显著高于社科类的大学生，其他专业大学生之间在综合整理维度上的得分没有显著差异；在联想力维度上，艺术类大学生的得分显著高于其他各类大学生；在兼容性维度上的得分艺术类的大学生显著高于管理类、理工类和社科类大学生，经济类的大学生的得分显著高于理工类和社科类的大学生；在洞察力维度上，艺术类、管理类和理工类的大学生的得分显著高于社科类大学生；在概要解释力上的得分艺术类的大学生得分显著高于管理类、理工类、社科类大学生，经济类、管理类的大学生的得分显著高于社科类的大学生；在评估力维度上经济类、管理类和理工类大学生的得分显著高于社科类大学生；在投射未来维度上艺术类、经济类、管理类和理工类的大学生的得分显著高于社科类的大学生，其他各类大学生之间在投射未来维度上得分没有显著差异。

（三）不同人格特点大学生的创造力发展

根据艾森克人格量表的内外向分量表和稳定性分量表的得分情况，按照标准分（50分）以上、标准分及标准分以下将大学生的人格分为四类：内向稳定、内向不稳定、外向稳定、外向不稳定。

1. 不同人格特点的大学生在实用创造力测验上的得分

采用多元方差分析，考查了人格特点不同的大学生在实用创造力测验上的得分差异。见表7-8和图7-5。

表 7 - 8   不同人格特点的大学生在实用创造力测验上的得分

	新颖性		流畅性		变通性		总分	
	M	标准差	M	标准差	M	标准差	M	标准差
内向稳定	-0.20	-0.13	-0.17	-0.09	-0.20	-0.08	-0.57	-0.296
外向稳定	0.08	0.08	0.08	0.08	0.08	0.08	0.22	0.231
内向不稳定	0.07	-0.07	0.08	-0.08	0.06	-0.06	0.221	-0.213
外向不稳定	0.06	0.08	0.06	0.08	0.06	0.08	0.166	0.247
F 值	3.181*		2.843*		2.783*		3.004*	

注：M 为实用创造力量表得分转化为统一的标准分数后的平均数，* 为 $p < 0.05$。

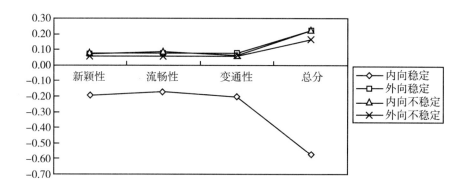

图 7 - 5   人格特点不同的大学生在实用创造力测验上的得分

结果表明，不同人格特点的大学生在实用创造力测验上的得分有显著差异，Wilk's$\Lambda = 2.069$，$p < 0.05$。具体表现在新颖性、流畅性、变通性和总分维度上。进一步分析发现，外向稳定的大学生在新颖性上的得分显著高于内向稳定和内向不稳定的大学生；外向稳定的大学生在流畅性上的得分显著高于内向稳定的大学生；外向稳定的大学生在变通性上的得分显著高于内向稳定的大学生。

2. 不同人格特点的大学生在威廉斯创造力倾向量表上的得分情况

对不同人格特点的大学生在威廉斯创造力倾向量表上的得分进行多元方差分析。见表 7 - 9 和图 7 - 6。

表 7 - 9　　不同人格特点的大学生在威廉斯创造力倾向量表上的得分情况

不同人格特点	内向稳定	外向稳定	内向不稳定	外向不稳定	总分	F 值
冒险性平均数	2.07	2.18	1.85	2.23	2.08	6.096**
标准差	0.24	0.29	0.34	0.29	0.21	
好奇心平均数	2.25	2.30	1.92	2.34	2.20	2.635**
标准差	0.33	0.37	0.33	0.37	0.28	
想象力平均数	2.06	2.19	1.88	2.26	2.10	1.043**
标准差	0.25	0.35	0.26	0.38	0.22	
挑战性平均数	2.21	2.31	1.95	2.35	2.20	2.065**
标准差	0.25	0.30	0.32	0.31	0.24	

注：** 为 $p < 0.01$。

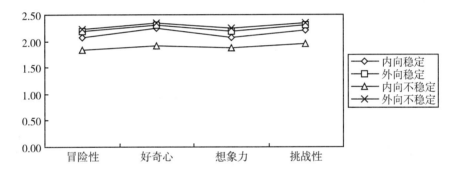

图 7 - 6　　不同人格特点的大学生在威廉斯创造力倾向量表上的得分情况

　　结果发现不同人格特点的大学生在威廉斯创造力倾向量表上的得分有显著差异，Wilk'sΛ = 6.572，$p < 0.001$。进一步分析发现，在冒险性、好奇心、想象力、挑战性及总分维度上不同人格特点的大学生得分均有显著差异。在冒险性上外向不稳定和外向稳定人格的大学生的得分显著高于内向不稳定及内向稳定人格的大学生；在好奇心上外向稳定和外向不稳定人格的大学生的得分显著高于内向不稳定人格特点的大学生；在想象力上外向稳定和外向不稳定的大学生的得分显著高于内向不稳定和内向稳定人格特点的大学生；在挑战性上外向稳定和外向不稳定的大学生的得分显著高于内向不稳定和内向稳定的大学生；在总分上外向稳定和外向不稳定的大学生的得分显著高于内向稳定和内向不稳定的大学生。

　　3. 不同人格特点的大学生在典型行为的创造性思维测验上的得分情况

　　对不同人格特点的大学生在典型行为的创造性思维测验上的得分进行多元方差分析。结果见表 7 - 10 和图 7 - 7。

表 7 - 10   不同人格特点的大学生在典型行为的创造性思维
能力测验上的得分情况

	把握 重点	综合 整理	联想 力	通 感	兼容 性	独创 力	洞察 力	概要 解释力	评估 力	投射 未来	总 分
内向稳定 平均数	4.15	4.01	3.73	4.26	3.97	3.67	4.09	4.14	4.26	4.22	4.05
标准差	1.07	1.23	0.91	1.09	0.68	0.77	1.32	0.85	0.78	0.94	0.63
外向稳定 平均数	4.41	4.24	4.21	4.61	4.50	4.14	4.49	4.56	4.68	4.58	4.44
标准差	0.77	1.35	1.01	1.01	0.69	1.23	1.09	0.82	0.69	0.95	0.64
内向不稳 定平均数	3.96	3.81	4.05	4.36	3.88	3.76	4.11	3.93	4.34	4.46	4.07
标准差	0.80	1.00	0.98	1.10	0.73	0.80	0.87	0.84	1.22	0.85	0.58
外向不稳 定平均数	4.33	4.18	4.42	4.64	4.40	4.03	4.31	4.48	4.54	4.68	4.40
标准差	0.74	0.84	0.92	0.98	0.73	0.80	0.80	0.67	0.70	0.87	0.55

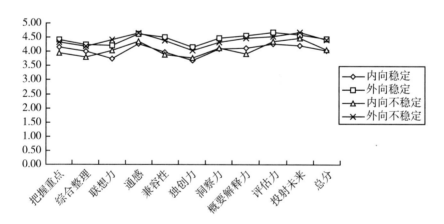

图 7 - 7   不同人格特点的大学生在典型行为的创造性思维
能力测验上的得分情况

结果发现不同人格特点的大学生在典型行为的创造性思维测验上的得分有显著差异，Wilk's$\Lambda=6.371$，$p<0.001$。进一步分析发现，在把握重点、综合整理、联想力、通感、兼容性、洞察力、独创力、概要解释力、评估力、投射未来及总分维度上不同人格特点的大学生得分均有显著差异，$F=11.731$，$p<0.001$；$F=15.278$，$p<0.001$；$F=5.347$，$p<0.01$；$F=15.278$，$p<0.01$；$F=6.050$，$p<0.01$；$F=40.277$，$p<0.01$；$F=10.778$，$p<0.001$；$F=7.191$，$p<0.001$；$F=26.401$，$p<0.001$；$F=11.328$，$p<0.001$；$F=8.311$，$p<0.001$。进一步分析表明，在把握重点维度上内向稳定的得分显著高于内向不稳定大学生的得分，外向稳定和外向不稳定的得分显著高于内向稳定和内向不稳定的大学生的得分；在综合整理维度上外向稳定大学生的得分显著高于内向稳定和内向不稳定的大学生的得分，外向不稳定大学生的得分显著高于内向不稳定的大学生的得分；在联想力维度上，外向稳定和外向不稳定的大学生的得分显著高于内向稳定和内向不稳定的大学生，外向不稳定的大学生的得分又显著高于外向稳定的大学生的得分，内向不稳定的大学生的得分显著高于内向稳定的大学生的得分；在通感维度上，外向稳定和外向不稳定特点的大学生的得分显著高于内向稳定和内向不稳定大学生的得分；在兼容性维度上，外向稳定和外向不稳定维度的大学生的得分显著高于内向稳定和内向不稳定特点的大学生；在洞察力维度上，外向稳定和外向不稳定特点的大学生的得分显著高于内向稳定和内向不稳定特点的大学生；在独创力维度上，外向稳定特点的大学生的得分显著高于内向稳定和内向不稳定特点的大学生；在概要解释力维度上，外向稳定和外向不稳定特点的大学生的得分显著高于内向稳定和内向不稳定特点的大学生，内向稳定特点的大学生的得分显著高于内向不稳定特点的大学生；在评估力维度上，外向稳定和外向不稳定特点的大学生的得分显著高于内向稳定和内向不稳定特点的大学生；在投射未来维度上，外向稳定特点的大学生的得分显著高于内向稳定和内向不稳定特点的大学生，内向不稳定特点和外向不稳定特点的大学生的得分显著高于内向稳定特点的大学生；在总分维度上，外向稳定特点和外向不稳定特点的大学生的得分显著高于内向稳定特点和内向不稳定特点的大学生。

（四）不同年级、不同性别的大学生创造力发展特点

1. 不同年级、不同性别大学生在实用创造力测验上的得分差异

首先，对不同年级、不同性别的大学生在实用创造力测验上的得分进行了描述统计，结果见表7-11。

表 7-11　不同性别、不同年级大学生在实用创造力测验上的得分情况

年级	大一		大二		大三		大四	
维度 ＼ 性别	男	女	男	女	男	女	男	女
新颖性 M	-0.56	-0.51	0.32	0.49	-0.01	-0.09	-0.24	-0.40
标准差	1.08	0.94	1.02	0.98	0.89	0.87	0.66	0.71
流畅性 M	-0.62	-0.50	0.29	0.49	-0.01	-0.02	-0.38	-0.28
标准差	0.99	1.05	1.02	0.94	0.87	0.89	0.49	0.84
变通性 M	-0.63	-0.56	0.31	0.49	0.00	-0.01	-0.29	-0.35
标准差	1.06	1.01	0.99	0.91	0.90	0.90	0.55	0.74

注：M 为实用创造力量表得分转化为统一的标准分数后的平均数。

对不同年级、不同性别大学生的实用创造力测验得分进行了多元方差分析。结果发现，年级主效应显著（Wilk's $\Lambda = 17.948$，$p < 0.001$），性别主效应显著，年级与性别的交互作用不显著。进一步分析结果表明，年级的主效应表现在实用创造力测验的所有维度及总分上，$F = 44.926$，$p < 0.01$；$F = 45.668$，$p < 0.01$；$F = 50.117$，$p < 0.05$；$F = 48.574$，$p < 0.01$。在新颖性维度上大二学生的得分显著高于大三、大四和大一学生的得分；大三学生的得分显著高于大一学生的得分；其他年级之间没有显著差异，见图 7-8。在流畅性上，大二学生的得分显著高于大三、大四和大一学生；大三学生的得分显著高于大四和大一学生，见图 7-9。在变通性上，大二学生的得分显著高于大三、大四和大一学生；大三学生的得分显著高于大四和大一学生，见图 7-10；在总分上大二学生的得分显著高于大一、大三和大四学生，大三学生的得分显著高于大一和大四学生。

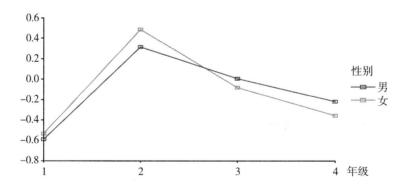

图 7-8　不同性别、不同年级大学生在新颖性上的得分情况

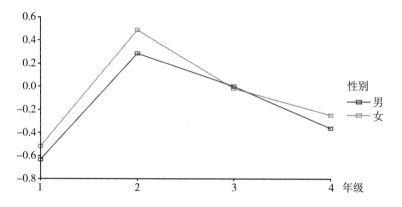

图7-9　不同性别、不同年级大学生在流畅性上的得分情况

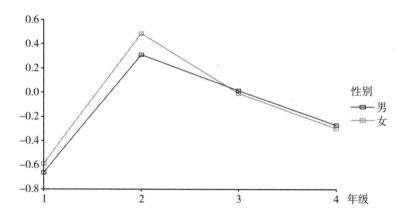

图7-10　不同性别、不同年级大学生在变通性上的得分情况

2. 不同年级不同性别大学生在威廉斯创造力倾向量表得分上的差异

对不同年级、不同性别的大学生在威廉斯创造力倾向量表上的得分进行了描述统计，结果见表7-12。

表7-12　不同年级、性别大学生在威廉斯创造力倾向量表得分上的情况

年级 性别 维度	大一		大二		大三		大四	
	男	女	男	女	男	女	男	女
冒险性平均数	2.13	2.14	2.13	2.20	2.12	2.18	2.31	2.27
标准差	0.27	0.41	0.29	0.26	0.29	0.26	0.53	0.26
好奇心平均数	2.21	2.16	2.30	2.25	2.26	2.24	2.32	2.27
标准差	0.34	0.35	0.36	0.31	0.37	0.29	0.27	0.26

年级	大一		大二		大三		大四	
维度 \ 性别	男	女	男	女	男	女	男	女
想象力平均数	1.94	1.90	1.85	1.93	1.86	1.89	1.82	1.84
标准差	0.37	0.27	0.30	0.29	0.34	0.31	0.28	0.22
挑战性平均数	2.25	2.24	2.28	2.31	2.30	2.31	2.44	2.31
标准差	0.35	0.32	0.36	0.38	0.38	0.32	0.24	0.30

对不同年级、不同性别大学生的威廉斯创造力倾向量表得分进行了多元方差分析。结果发现,年级的主效应显著(Wilk's$\Lambda = 3.054$, $p < 0.001$),性别主效应、性别与年级的交互作用不显著(Wilk's$\Lambda = 0.992$, $p > 0.05$;Wilk's$\Lambda = 0.989$, $p > 0.05$)。进一步分析结果表明,年级的主效应主要表现在冒险性上、好奇心上,$F = 3.03$, $p < 0.01$;$F = 3.512$, $p < 0.05$。具体表现为,大四学生在冒险性上的得分显著高于大二、大一和大三学生,见图 7-11;大一学生在好奇心上显著低于大二、大三和大四学生,见图 7-12。

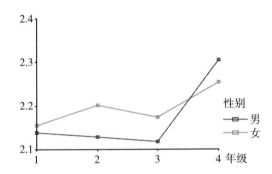

图 7-11　不同年级、性别大学生在冒险性上的得分情况

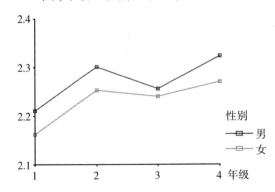

图 7-12　不同年级、性别大学生在好奇心上的得分情况

3. 不同年级、不同性别大学生在典型行为的创造性思维测验得分上的差异

对不同年级、不同性别的大学生在典型行为的创造性思维测验上的得分进行了描述统计，结果见表 7 - 13 和图 7 - 13。

表 7 - 13　　　　　不同年级、性别大学生在典型行为的创造性
思维测验上的得分情况

年级	大一		大二		大三		大四	
性别 维度	男	女	男	女	男	女	男	女
把握重点平均数	4.15	3.96	4.22	4.24	4.33	4.36	4.33	4.29
标准差	0.82	0.86	0.82	0.73	0.76	1.02	0.61	0.60
综合整理平均数	3.91	3.94	4.19	4.11	4.07	4.03	4.27	4.07
标准差	0.99	0.93	1.21	1.66	0.99	0.90	0.76	0.79
联想力平均数	4.08	4.05	4.06	4.27	3.95	4.06	4.22	4.35
标准差	0.93	0.99	1.03	1.58	0.97	0.99	1.65	0.88
通感平均数	4.32	4.29	4.46	4.70	4.36	4.51	4.41	4.77
标准差	1.05	1.08	1.08	0.97	1.08	0.97	1.12	0.76
兼容性平均数	4.14	4.06	4.17	4.26	4.31	4.32	4.08	4.32
标准差	0.86	0.78	0.77	0.71	0.73	0.67	0.90	0.64
独创力平均数	3.87	3.97	3.93	3.87	4.05	3.87	3.86	3.95
标准差	0.85	1.66	0.99	0.81	0.81	0.87	0.94	0.78
洞察力平均数	4.23	3.96	4.36	4.21	4.41	4.29	4.52	4.31
标准差	1.69	0.87	0.94	0.82	1.22	0.77	0.77	0.56
概要解释力平均数	4.20	4.10	4.21	4.37	4.51	4.48	4.47	4.29
标准差	0.87	0.85	0.90	0.75	1.39	0.76	0.74	0.60
评估力平均数	4.19	4.18	4.60	4.43	4.67	4.58	4.65	4.46
标准差	0.91	0.80	1.16	0.69	0.73	0.63	0.72	0.54
投射未来平均数	4.35	4.19	4.62	4.47	4.76	4.46	4.60	4.51
标准差	0.98	0.93	0.94	0.84	0.95	0.87	1.05	0.78

对不同年级、不同性别大学生的典型行为的创造性思维测验得分进行了多元方差分析。结果发现，性别存在主效应（Wilk's$\Lambda = 2.440$，$p < 0.01$），年级存在主效应（Wilk's$\Lambda = 2.738$，$p < 0.001$），性别与年级的交互作用不显著

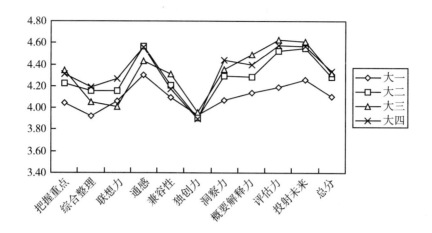

图 7 – 13　不同年级的学生在典型行为的创造性思维测验上的得分

（Wilk's$\Lambda = 1.056$，$p > 0.05$）。进一步分析表明，性别在通感、洞察力和投射未来维度上有显著差异，$F = 3.973$，$p < 0.05$；$F = 4.457$，$p < 0.05$；$F = 4.811$，$p < 0.05$。年级在把握重点、通感、兼容性、洞察力、概要解释力、评估力和投射未来维度及总分上有显著差异，$F = 5.416$，$p < 0.01$；$F = 3.325$，$p < 0.05$；$F = 3.751$，$p < 0.05$；$F = 3.188$，$p < 0.05$；$F = 6.391$，$p < 0.01$；$F = 12.402$，$p < 0.01$；$F = 6.371$，$p < 0.01$；$F = 5.559$，$p < 0.01$。性别差别具体表现为，在通感维度上女生得分显著高于男生；在洞察力和投射未来维度上男生得分显著高于女生。年级差异具体表现为，在把握重点维度上大二、大三和大四学生得分显著高于大一学生；在通感维度上大四、大二学生得分显著高于大一学生；在兼容性维度上大三学生得分显著高于大一学生；在洞察力维度上大二、大三、大四学生得分显著高于大一学生；在概要解释力维度上大三学生得分显著高于大一和大二学生；在评估力维度上大二、大三和大四学生得分显著高于大一学生；在投射未来维度上大三、大四和大二学生的得分显著高于大一学生；在总分维度上大二、大三和大四学生的得分显著高于大一学生。

（五）对大学生创造力的一点思考

认识大学生创造力的发展特点，不仅有助于进一步从理论上弄清楚大学生创造力发展的本质、过程和规律，而且有助于加强和促进对大学生创造力的培养和训练，开发大学生的创造潜能，为我国培养创新人才提供坚实的基础。

1. 大学生创造力的本质特点

本研究发现，总体上，大学生在创造力思维的新颖性上得分较高，表明大学生具有产生新奇、罕见、首创的观念和成就的潜能。大学生的流畅性和变通性的得分并不是很高，流畅性反映的是速度，是在短时间内迅速做出反应的能力；变通性反映的是灵活，是开阔思路、随机应变的能力；因此，虽然在得分上大学生思维的流畅性和变通性并没有新颖性高，但是，大学生具有创造力思维的本质品质。一言以蔽之，大学生具有创造力思维的核心品质，具有较强的创造潜能。

本研究考查了大学生的创造性人格特点。创造性人格也称创造性个性，就是指创造者所具有的那种特殊的对创造力发展和创造任务完成起促进或保证作用的个性特征。不同类型的创造者具有不同的人格特质。但是，各类创造性人格亦有共通之处。在创造性个性方面，大学生较为突出的是挑战性，说明大学生能够适应时代的要求，具有勇于面对挑战的心理准备，这为充分发挥大学生的创造潜能提供了很好的前提条件。

创造性思维是创造活动的核心，本研究通过典型行为对大学生的创造性思维进行了测量，发现大学生具有较强的通感、投射未来和评估力，这表明，大学生能够对事物从多种感觉通道进行认知，并能激发自己对事物的多方面的认知。并且大学生已经开始对未来进行思考，能够保持心胸开阔，思路和兴趣比较宽广，为创造力活动的发生打下了比较好的知识基础。另外，大学生已经具备了较强的评价能力，对自己和他人的思想和言行都有自己的评断标准，并能辨明事情的好坏、做事的得失及事物的优劣，不再盲从，喜欢独立行事。但是，从本研究的几个创造力测验的维度得分来看，也发现大学生相对来说独创力、综合整理能力、联想力较差。综合整理能力需要一定的综合技巧和广度，才能把庞杂的文献、资料信息按照某一规则整理到一起，这正是把创造力潜能化为创造力产品必不可少的一个思维品质。联想力或想象力是将以往的观念、情绪、过去经验、表征、相关的情景线索之间有机联结起来，能把看上去毫不相干的东西连在一起，在脑海中涌现出大量新颖、奇异的想法。这说明，需要在这些方面对大学生进行培养和训练，以使大学生的创造才能得到充分的发挥。

2. 不同专业大学生创造力的特点

以往对不同专业大学生创造力特点的研究较少，一些以大学生为被试进行的实证研究通常取样也只为艺术类和科学类大学生，这样得出的结论往往不具有代表性。在本研究中，为了避免上述问题的出现，考查了几乎所有国内现有学科类别的大学生，并将所有大学生的专业划分为五个类别包括经济类、艺术类、管理类、理工类和社科类。从研究结果来看，我国不同专业的大学生在创造力的发展上表现出不平衡性。总体来看，专业类别对大学生创造力的发展有显著的影响。本研究中艺术类学生的创造力较为突出，这与以往的一些对杰出艺术家研究的结论是相同的。艺术类学生在创造力个性方面，具有冒险性、好奇心、想象力和挑战性；在创造思维方面，在把握重点、综合整理、联想力、通感、兼容性、独创力、洞察力、概要解释力和评估力上均得分最高。这可能是因为艺术类学生多采用直觉的、主观的和情感的表达方式来进行艺术创作，这种思维方式更有利于创造力潜能的开发。但是，艺术类学生在实用性创造力测验上的得分并不是很高，这可能是因为报纸和木头尺子这两种常见物品不能激发出他们的创造热情，他们可能更喜欢将一些不寻常的东西作为自己创作的源泉。

本研究中，社科类学生的创造力较差，尤其是在把握重点、综合整理、洞察力、概要解释力、评估力和投射未来等方面，社科类学生明显差于其他专业的学生，而且社科类学生在个性上也缺少冒险性、好奇心、挑战性。说明社科类学生可能由于缺乏创造性人格而导致了他们在创造性思维能力方面的欠缺。管理类、经济类和理工类学生在创造力上基本没有显著差异，均处于中间水平。这可能是因为这些专业需要学生具有客观的逻辑推理得出结论的能力，这种能力需要的多是聚合思维，缺少发散思维。无论是社科类、管理类、经济类还是理工类大学生都是国家未来的人才，因此，在大学教育中要注重加强对社科类学生创造个性的培养，注重对他们发散和聚合思维能力的训练，加强对管理类、经济类和理工类大学生发散思维能力的训练，以提高他们的创造才能，使当代的大学生能够适应时代发展的需要，成为真正的创新型人才。

3. 不同人格特点大学生创造力的发展

在研究中发现，内外向个性特点对大学生创造潜能的开发有很大影响，总体上外向的大学生要比内向的大学生更具有创造性思维能力，具有更大的创造潜能。但是稳定性与不稳定的特点对大学生的影响不大。可见，不同人格特点的大学生创造力发展存在不同特点。因此，在大学教育中不仅要注重对大学生创造力的开发，更应该结合大学生的人格特点对大学生进行创造性训练，以便更有针对性地对大学生的创造力进行开发。

4. 大学生创造力的发展特点

本研究还考查了大学生创造力发展的年级、性别差异。发现年级和性别在大学生创造力的发展过程中没有显著的交互作用，性别差异也很少，这与以往的研究结论是一致的。本研究发现，只有在通感、洞察力和投射未来方面有明显的性别差异。表现为女生的通感能力好于男生，男生的洞察力和投射未来的得分高于女生。说明女生可能更善于多种感觉通道的串联，感官知觉更为发达，男生在认识外界事物的时候，能超越外表的限制，跳出设定的局限，能够看透问题的本质和根本动因。而且男生更加关注自己的未来，能够以发展的角度看待事物和问题。

在本研究中大学生创造力发展的年级差异表现特别明显。总体上大学二年级和三年级学生表现出了较强的创造力，而一年级学生创造力较差。分析其原因，可能是大一新生刚刚进入大学校园，对周围的生活环境还没有适应造成的。也有可能是大一学生的创造潜能还没有从高考复习的紧张气氛中释放出来。到了大学二年级和三年级，由于学生对学校的学习、生活等各个方面已经基本适应了，大学的各种氛围相对宽松、自由，另外，大学的教育与中小学教育相比，是一种更开放的课程教育体制，更加注重对思维能力的培养和训练，因此，在这一阶段使他们的创造力潜能得到了很大的开发。

五、大学生心理健康的发展特点及其与创造力的关系

2003 年，采用精神症状临床自评量表、自评焦虑量表、自评抑郁量表、艾森克人格问卷、实用创造力测验、威廉斯创造力倾向量表、典型行为的创造性思维能力测验，对 796 名用随机整群抽样的方法从北京、上海、山东、四川、重庆、贵州等地十所大学抽出的大一至大四学生进行了调查研究。被试的年龄介于 17～28 岁之间，平均年龄为 20.19 岁，标准差为 1.32。被试的具体分布情况见表 7－14。

表 7－14   **被试的分布情况**   （单位：人）

年级	性别		合计
	男	女	
大一	80	112	192
大二	160	127	287
大三	126	165	291
大四	7	19	26
总计	373	423	796

（一）大学生心理健康的一般发展特点

1. 大学生在 SCL－90 上得分的一般情况

对大学生进行的 SCL－90 调查表明，我国大学生在 SCL－90 各维度上的得分最高的是人际敏感，其次是强迫症状。各维度在 3 分以上的比例在 4.1%～22% 之间。具体情况见表 7－15 和图 7－14。

表 7 – 15   我国大学生在SCL – 90 各维度上的得分情况

SCL – 90	躯体化	强迫症状	人际敏感	抑郁	焦虑	敌对	恐怖	偏执	精神病性
平均数	1.57	2.18	2.29	1.94	1.80	1.89	1.59	1.94	1.79
标准差	0.60	0.70	0.80	0.76	0.66	0.75	0.64	0.71	0.61
3分以上比例(%)	4.1	15.8	22	12.1	7.7	10.9	4.9	11.1	5.4

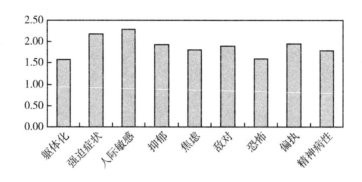

图 7 – 14   我国大学生在SCL – 90 量表上的得分情况

从研究结果来看，我国大学生的心理健康水平不容乐观。在症状自评量表上3 分以上为症状相当严重。从本研究的结果来看，我国大学生在3 分以上的人数比例在有些维度上还相当高。特别是人际敏感、强迫症状、抑郁、偏执等。说明大学生在这些方面可能存在较为严重的心理困惑。

2. 大学生在自评抑郁量表上的得分情况

采用自评抑郁量表对大学生的心理健康状况进行调查，结果表明我国大学生SDS 量表上的平均分为34.196 ±9.464。不同抑郁指数人数的比例为：抑郁指数在0.5 以下者（无抑郁者）为73.4%；抑郁指数在0.5~0.59 之间（轻微至轻度抑郁者）为16.7%；抑郁指数在0.6 ~0.69 之间（中至重度抑郁者）为9.2%；抑郁指数在0.7 以上者（重度抑郁）为0.7%。

3. 大学生在自评焦虑量表上的得分情况

采用自评焦虑量表对大学生进行焦虑水平的调查，结果发现，我国大学生焦虑水平的平均得分为33.798 ±8.63，高于常模的总分均值（29.78 ±0.46）。

（二）不同专业大学生心理健康发展特点

1. 不同专业大学生在SCL – 90 得分上的差异

对不同专业大学生在SCL – 90 量表上的得分情况进行统计分析，结果见表7 – 16 和图7 – 15。

表7-16　　　　　各专业学生在SCL-90量表上的得分情况

专业分类	经济类		艺术类		管理类		理工类		社科类		F值
	M	标准差	M	标准差	M	标准差	M	标准差	M	标准差	
躯体化	1.61	0.61	1.53	0.68	1.42	0.49	1.41	0.46	1.85	0.70	21.233***
强迫症状	2.18	0.67	2.04	0.79	2.08	0.69	2.07	0.70	2.40	0.67	8.38***
人际敏感	2.25	0.76	2.14	0.99	2.14	0.76	2.20	0.83	2.56	0.76	10.101***
抑郁	1.96	0.80	1.85	0.82	1.77	0.69	1.80	0.72	2.23	0.75	14.208***
焦虑	1.88	0.75	1.68	0.65	1.65	0.58	1.63	0.53	2.07	0.71	17.022***
敌对	2.00	0.81	1.83	0.80	1.77	0.73	1.67	0.65	2.14	0.72	13.085***
恐怖	1.52	0.54	1.61	0.62	1.44	0.53	1.44	0.49	1.93	0.76	24.674***
偏执	1.98	0.71	1.93	0.91	1.81	0.66	1.83	0.70	2.16	0.70	9.112***
精神病性	1.85	0.64	1.68	0.67	1.66	0.54	1.63	0.53	2.02	0.66	15.549***

注：M 为各维度得分的标准分，*** 为 $p < 0.001$。

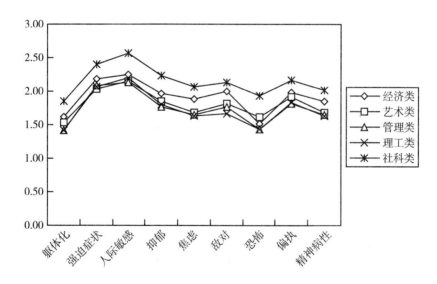

图7-15　各专业学生在SCL-90量表上的得分情况

对不同专业大学生在 SCL-90 各维度上的得分情况进行了多元方差分析，结果发现，Wilk's$\Lambda = 4.421$，$p < 0.001$，说明不同专业大学生在 SCL-90 测验得分上存在显著差异。具体表现为，不同专业大学生在躯体化、强迫症状、人际敏感、抑郁、焦虑、敌对、恐怖、偏执和精神病性上的得分均存在显著差异。在躯体化维度上社科类学生的得分显著高于其他各类学生的得分；经济类大学生的得分显著高于管理类和理工类的大学生。在强迫症状维度上社科类学生的得分显

著高于其他各专业学生。在人际敏感维度上社科类学生的得分显著高于其他各专业学生的得分。在抑郁维度上，经济类学生的得分显著高于管理类学生；社科类学生的得分显著高于其他各专业学生。在焦虑维度上，经济类学生得分显著高于管理类和理工类学生；社科类学生的得分显著高于其他各专业学生。在敌对维度上社科类学生、经济类学生的得分显著高于管理类和理工类学生。在恐怖维度上社科类学生的得分显著高于其他各专业学生。在偏执维度上，社科类学生的得分显著高于艺术类、管理类和理工类；经济类学生的得分显著高于管理类学生。在精神病性维度上社科类学生的得分显著高于其他各类学生的得分；经济类学生的得分显著高于艺术类、管理类和理工类学生的得分。

2. 不同专业的大学生在自评抑郁量表上的得分差异

对不同专业大学生在自评抑郁量表上的得分情况进行了统计分析，结果见表7－17和图7－16。

表7－17　　　　各专业学生在自评抑郁量表上的得分情况

专业分类	经济类	艺术类	管理类	理工类	社科类	合计
平均数	35.16	36.20	32.27	30.95	38.15	34.20
标准差	9.34	8.27	8.65	8.36	9.84	9.46

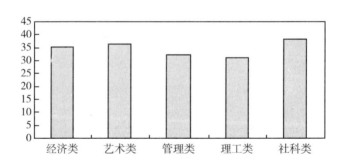

图7－16　各专业学生在自评抑郁量表上的得分情况

对不同专业大学生在自评抑郁量表上的得分情况进行方差分析，结果发现，$F = 20.02$，$p < 0.001$，说明不同专业大学生在自评抑郁量表得分上存在显著差异，社科类学生的得分显著高于经济类、管理类和理工类学生，艺术类、经济类学生的得分显著高于管理类和理工类学生。

3. 不同专业的大学生在自评焦虑量表上的得分差异

对不同专业大学生在自评焦虑量表上的得分情况进行统计分析，结果见表7－18和图7－17。

表7-18　　　不同专业的大学生在自评焦虑量表上的得分情况

专业	经济类	艺术类	管理类	理工类	社科类
平均数	35.59	34.90	31.93	30.72	37.21
标准差	9.02	8.16	7.89	7.36	8.80

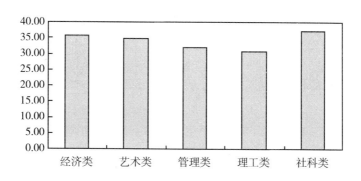

图7-17　　不同专业的大学生在自评焦虑量表上的得分情况

对不同专业大学生在自评焦虑量表上的得分情况进行方差分析，结果发现，$F=20.623$，$p<0.001$，说明不同专业大学生在自评焦虑量表得分上存在显著差异，经济类、社科类学生的得分显著高于管理类和理工类学生，艺术类学生的得分显著高于理工类学生的得分。

4. 不同专业大学生在艾森克量表上的得分差异

对不同专业大学生在艾森克量表上的得分情况进行统计分析，结果见表7-19和图7-18。

表7-19　　　不同专业大学生在艾森克量表上的得分情况

专业类别	P分量表		E分量表		N分量表	
	平均数	标准差	平均数	标准差	平均数	标准差
经济类	52.61	9.43	56.76	8.89	49.83	13.88
艺术类	54.75	11.86	56.00	11.42	50.00	8.58
管理类	49.49	9.09	55.53	9.70	45.86	12.67
理工类	49.68	8.64	53.62	11.51	45.89	11.81
社科类	57.04	11.60	53.79	9.74	51.25	10.87

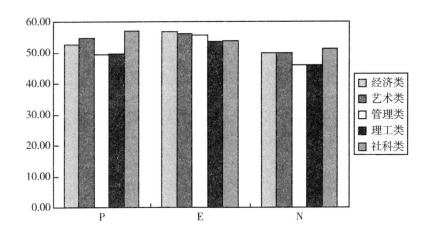

图 7 - 18　不同专业大学生在艾森克量表上的得分情况

对不同专业大学生在艾森克量表上的得分情况进行多元方差分析，结果发现，Wilk'sΛ = 9.464，$p < 0.001$，说明不同专业大学生在艾森克量表得分上存在显著差异。具体表现为，在所有维度（P、E、N）上都存在显著差异，F = 21.555，$p < 0.001$；F = 2.705，$p < 0.001$；F = 8.221，$p < 0.001$。进一步分析发现，在精神质（P）维度上，经济类和艺术类学生的得分显著高于管理类和理工类学生；社科类学生的得分显著高于经济类、管理类和理工类学生。在内外向（E）维度上，经济类学生的得分显著高于理工类和社科类学生。在稳定性（N）维度上，艺术类、经济类和社科类学生的得分显著高于理工类和管理类学生。

（三）不同年级、不同性别大学生心理健康特点的研究

1. 不同年级、不同性别大学生在 SCL - 90 量表上的得分差异

对不同年级、不同性别的大学生在 SCL - 90 量表上的得分进行描述统计，结果见表 7 - 20 和图 7 - 19。

表 7 - 20　不同年级、不同性别大学生在 SCL - 90 量表上的得分情况

年级	性别	躯体化 平均数	躯体化 标准差	强迫症状 平均数	强迫症状 标准差	人际敏感 平均数	人际敏感 标准差	抑郁 平均数	抑郁 标准差	焦虑 平均数	焦虑 标准差	敌对 平均数	敌对 标准差	恐怖 平均数	恐怖 标准差	偏执 平均数	偏执 标准差	精神病性 平均数	精神病性 标准差
大一	男	1.77	0.71	2.23	0.67	2.37	0.82	2.02	0.72	1.89	0.73	1.94	0.79	1.82	0.81	2.02	0.72	1.94	0.68
	女	1.79	0.73	2.35	0.78	2.52	0.86	2.16	0.79	2.07	0.76	2.00	0.73	1.95	0.82	2.12	0.76	2.01	0.72
大二	男	1.50	0.58	2.15	0.77	2.25	0.88	1.81	0.79	1.69	0.65	1.76	0.73	1.44	0.58	1.83	0.75	1.68	0.61
	女	1.38	0.42	2.02	0.65	2.13	0.76	1.80	0.72	1.64	0.56	1.70	0.71	1.47	0.48	1.84	0.67	1.64	0.53

年级	性别	躯体化		强迫症状		人际敏感		抑郁		焦虑		敌对		恐怖		偏执		精神病性	
		平均数	标准差	平均数	标准差	平均数	标准差	平均数	标准差	平均数	标准差	平均数	标准差	平均数	标准差	平均数	标准差	平均数	标准差
大三	男	1.56	0.59	2.20	0.65	2.26	0.75	1.95	0.80	1.74	0.60	1.95	0.79	1.51	0.54	2.00	0.69	1.85	0.59
	女	1.59	0.56	2.22	0.64	2.31	0.71	2.01	0.69	1.88	0.65	2.04	0.73	1.59	0.54	1.96	0.64	1.76	0.54
大四	男	1.20	0.24	1.96	0.49	1.98	0.73	1.53	0.45	1.51	0.37	1.67	0.45	1.24	0.38	1.71	0.47	1.56	0.51
	女	1.52	0.54	2.11	0.55	2.19	0.71	1.69	0.62	1.68	0.64	1.77	0.52	1.38	0.55	1.82	0.69	1.62	0.56

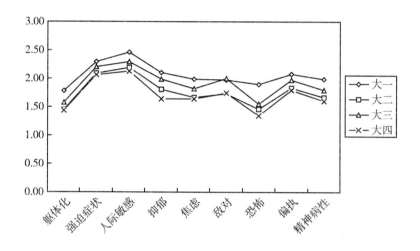

图 7 - 19　不同年级的大学生在 SCL - 90 上的得分情况

对不同年级、不同性别大学生在 SCL - 90 量表上的得分进行了多元方差分析。结果发现，年级存在主效应（Wilk'sΛ = 4.179，$p < 0.001$），性别不存在主效应（Wilk'sΛ = 0.682，$p > 0.05$），性别与年级的交互作用不显著（Wilk'sΛ = 1.067，$p > 0.05$）。具体分析表明，在躯体化、强迫症状、人际敏感、抑郁、焦虑、敌对、恐怖、偏执和精神病性上均存在显著差异，F = 13.340，$p < 0.001$；F = 3.723，$p < 0.05$；F = 4.303，$p < 0.05$；F = 7.145，$p < 0.01$；F = 9.064，$p < 0.01$；F = 7.330，$p < 0.001$；F = 20.569，$p < 0.001$；F = 4.791，$p < 0.001$；F = 11.065，$p < 0.001$。在躯体化方面，大一学生得分显著高于大二、大三和大四学生；在强迫症状方面，大一和大三学生的得分显著高于大二和大四学生；在人际敏感性方面，大一学生的得分显著高于大四、大二和大三学生；在抑郁维度上，大一和大三学生的得分显著高于大二和大四学生的得分；在焦虑维度上，大一学生的得分显著高于大二、大三和大四学生，大三学生的得分显著高于大二和

大四学生；在敌对维度上，大一和大三学生的得分显著高于大二和大四学生；在恐怖维度上，大一学生的得分显著高于大二、大三和大四的学生；在偏执维度上大一和大三学生的得分显著高于大二和大四学生；在精神病性方面，大一学生的得分显著高于大二、大三和大四学生，大三学生的得分显著高于大二和大四学生。

2. 不同年级、不同性别大学生在自评抑郁量表上的得分差异

对不同年级、不同性别大学生在自评抑郁量表上的得分情况做描述性统计，见表 7 – 21 与图 7 – 20。

表 7 – 21　　不同年级、不同性别的大学生在自评抑郁量表上的得分情况

年级	大一		大二		大三		大四	
性别	男	女	男	女	男	女	男	女
平均数	37.19	37.71	31.91	30.85	34.82	35.27	28.29	31.32
标准差	10.52	9.40	9.33	7.68	10.02	8.61	7.67	8.60

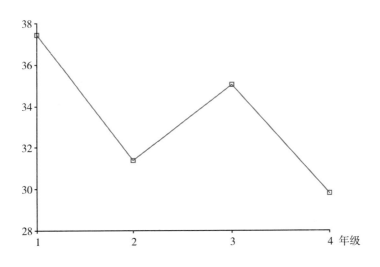

图 7 – 20　不同年级的学生在抑郁量表上的得分情况

对不同年级、不同性别大学生在自评抑郁量表上的得分进行方差分析，结果发现年级主效应显著，$F = 19.115$，$p < 0.001$；性别主效应不显著，$F = 0.420$，$p > 0.05$；性别与年级的交互作用不显著，$F = 0.606$，$p > 0.05$。具体分析表明，大一学生的得分显著高于大二、大三和大四学生；大三学生的得分显著高于大二和大四学生。

3. 不同年级、不同性别大学生在自评焦虑量表上的得分差异

对不同年级、不同性别大学生在自评焦虑量表上的得分情况做描述性统计，见表 7 – 22 与图 7 – 21。

表 7 – 22　不同年级、不同性别的大学生在自评焦虑量表上的得分情况

年级	大一		大二		大三		大四	
性别	男	女	男	女	男	女	男	女
平均数	35.16	36.49	32.26	30.66	34.32	35.27	31.14	30.84
标准差	8.24	9.92	8.43	7.33	8.69	8.34	5.61	5.90

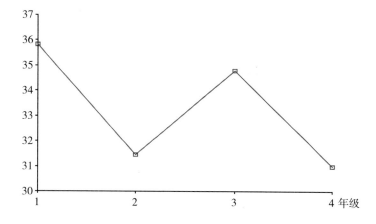

图 7 – 21　不同年级的学生在焦虑量表上的得分情况

对不同年级、不同性别大学生在自评焦虑量表上的得分进行方差分析，结果发现年级主效应显著，$F = 12.938$，$p < 0.001$；性别主效应不显著，$F = 0.009$，$p > 0.05$；性别与年级的交互作用不显著，$F = 1.533$，$p > 0.05$。进一步分析表明，大一和大三学生在自评焦虑量表上的得分显著高于大二和大四学生。

4. 不同年级、不同性别大学生在艾森克量表上的得分差异

对不同年级、不同性别大学生在艾森克量表上的得分情况做描述性统计，见表 7 – 23。

表 7 – 23　　不同年级、不同性别大学生在艾森克量表上的得分情况

年级	大一		大二		大三		大四	
性别	男	女	男	女	男	女	男	女
P 分量表平均数	55.13	57.63	49.72	50.35	52.02	51.64	47.14	52.89
标准差	11.88	12.87	8.78	8.50	10.55	8.94	5.67	11.22

年级	大一		大二		大三		大四	
性别	男	女	男	女	男	女	男	女
E 分量表平均数	52.38	54.11	51.69	57.68	53.81	57.70	55.00	57.89
标准差	9.48	10.29	11.14	9.53	9.70	8.63	13.23	8.71
N 分量表平均数	49.13	49.15	46.38	46.77	48.85	49.24	46.43	47.11
标准差	11.02	11.37	13.67	12.08	12.51	12.03	9.88	14.07

对不同年级、不同性别大学生在艾森克量表上的得分进行方差分析，结果发现，性别存在主效应（Wilk's $\Lambda = 4.498$，$p < 0.01$），年级存在主效应（Wilk's $\Lambda = 6.443$，$p < 0.001$），性别与年级的交互作用不显著（Wilk's $\Lambda = 1.090$，$p > 0.05$）。进一步分析表明，性别在 E 分量表的得分上有显著差异，$F = 8.848$，$p < 0.001$；年级在 P 分量表和 E 分量表上的得分有显著差异，$F = 15.429$，$p < 0.001$，$F = 2.896$，$p < 0.05$。具体表现为，在 E 分量表上，女生的得分显著高于男生。在 P 分量表上大一学生的得分显著高于大二、大三和大四的学生，大三学生的得分显著高于大二学生；在 E 分量表上大三和大四学生的得分显著高于大一学生。

（四）不同心理健康程度的大学生创造力发展的特点

1. 心理健康与创造力之间的关系

本研究中，大学生在心理健康量表各维度上的得分，与实用创造力测验、威廉斯创造力倾向量表、典型行为的创造性测验各维度之间的相关，结果见表7-24。

从心理健康量表各维度与实用创造力测验、威廉斯创造力倾向量表、典型行为的创造性测验之间的相关来看，总体上心理健康的得分与创造力得分呈显著负相关。由于心理健康得分越高越有心理问题，也就是说心理健康得分越低心理越健康，因此，可以说心理健康水平越高，创造力得分越高。但是，可以看出有些创造力维度与心理健康的关系不显著，特别是创造性人格中的想象力，与心理健康的各个方面都没有显著相关；创造性人格中的挑战性与强迫症状、人际敏感、抑郁、焦虑、敌对、恐怖、偏执等都没有显著相关。在创造性思维中联想力（除与恐怖维度之外）和洞察力与 SCL-90 的各维度得分之间也没有显著相关。

表7-24　　心理健康量表各维度与创造力测验各维度之间的相关分析

心理健康	躯体化	强迫症状	人际敏感	抑郁	焦虑	敌对	恐怖	偏执	精神病性	SDS分	SAS分	P量表	E量表	N量表
新颖性	-0.19**	-0.16**	-0.14**	-0.13**	-0.18**	-0.11**	-0.23**	-0.11**	-0.20**	-0.21**	-0.19**	-0.14**	0.11**	-0.07**
流畅性	-0.20**	-0.16**	-0.14**	-0.13**	-0.18**	-0.10**	-0.26**	-0.11**	-0.20**	-0.21**	-0.19**	-0.15**	0.09**	-0.07**
变通性	-0.21**	-0.15**	-0.13**	-0.12**	-0.18**	-0.09**	-0.25**	-0.10**	-0.19**	-0.21**	-0.19**	-0.16**	0.09**	-0.05**
冒险性	-0.15**	-0.20**	-0.23**	-0.22**	-0.16**	-0.12**	-0.17**	-0.13**	-0.18**	-0.18**	-0.21**	-0.12**	0.34**	-0.17**
好奇心	-0.06	-0.06	-0.12**	-0.11**	-0.06	-0.05	-0.12**	-0.05	-0.08**	-0.08**	-0.16**	-0.13**	0.20**	-0.06
想象力	-0.02	0.00	-0.02	0.02	-0.03	0.02	0.00	0.02	0.00	-0.03	-0.04	-0.07	0.13**	0.02
挑战性	-0.11**	-0.10	-0.14	-0.11	-0.08	-0.06	-0.11	-0.04	-0.07*	-0.08*	-0.15**	-0.13**	0.18**	-0.06
把握重点	-0.21**	-0.29**	-0.32**	-0.27**	-0.25**	-0.17**	-0.25**	-0.15**	-0.25**	-0.24**	-0.28**	-0.16**	0.25**	-0.20**
综合整理	-0.10**	-0.16**	-0.19**	-0.19**	-0.12**	-0.14**	-0.10**	-0.10**	-0.13**	-0.13**	-0.22**	-0.10**	0.17**	-0.13**
联想力	0.00	-0.06	-3.07	-0.04	0.00	0.01	-0.08**	0.05	-0.01	-0.05	-0.09**	0.01	0.22**	0.05
通感	-0.11**	-0.09**	-0.12**	-0.12**	-0.13**	-0.12**	-0.14**	-0.07**	-0.08**	-0.11**	-0.14**	-0.18**	0.18**	-0.01
兼容性	-0.21**	-0.29**	-0.37**	-0.33**	-0.27**	-0.24**	-0.27**	-0.25**	-0.25**	-0.25**	-0.28**	-0.22**	0.43**	-0.27**
洞察力	0.03	-0.10	-0.10	-0.10	-0.03	-0.04	-0.03	0.02	-0.06	-0.06	-0.08	-0.01	0.24**	-0.10**
独创力	-0.12**	-0.15**	-0.18**	-0.17**	-0.13**	-0.10**	-0.15**	-0.04	-0.15**	-0.14**	-0.18**	-0.10**	0.19**	-0.15**
概要解释力	-0.20**	-0.30**	-0.34**	-0.29**	-0.24**	-0.22**	-0.25**	-0.20**	-0.28**	-0.20**	-0.24**	-0.18**	0.34**	-0.21**
评估力	-0.21**	-0.21**	-0.25**	-0.24**	-0.21**	-0.19**	-0.26**	-0.15**	-0.23**	-0.21**	-0.26**	-0.27**	0.23**	-0.14**
投射未来	-0.17**	-0.15**	-0.17**	-0.17**	-0.12**	-0.19**	-0.17**	-0.11**	-0.16**	-0.17**	-0.21**	-0.25**	0.18**	0.00

注：＊为 $p < 0.05$，＊＊为 $p < 0.01$。

323

2. SCL - 90 高低得分组大学生在创造力测验上的得分

借阅国内外的相关研究，按照前后 27% 的标准对 SCL - 90 的总分进行划分，本研究中，将大学生分为 SCL - 90 高分组和 SCL - 90 低分组。

（1）SCL - 90 高低得分组大学生在实用创造力测验上的得分

采用多元方差分析，考查了高分组和低分组大学生在实用创造力测验上的得分差异。结果见表 7 - 25 和图 7 - 22。

表 7 - 25　　SCL - 90 高低分组在实用创造力测验上的得分情况

SCL - 90	新颖性		流畅性		变通性		总分	
组别	低分组	高分组	低分组	高分组	低分组	高分组	低分组	高分组
M	0.18	- 0.29	0.16	- 0.29	0.15	- 0.28	0.49	- 0.87
标准差	1.01	1.01	1.00	1.05	0.99	1.08	2.93	3.11
F 值	23.638***		20.795***		19.116***		21.726***	

注：M 为实用创造力量表得分转化为统一的标准分数后的平均数，*** 为 $p < 0.001$。

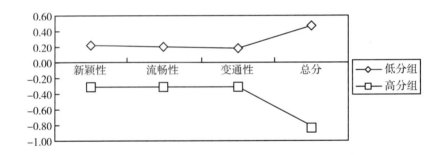

图 7 - 22　SCL - 90 高低得分组在实用创造力测验上的得分情况

结果表明，高低两组在实用创造力测验上的得分有显著差异，Wilk'sΛ = 9.073，$p < 0.001$。具体表现在新颖性、流畅性、变通性和总分维度上。进一步分析发现，SCL - 90 低分组大学生在新颖性、流畅性、变通性和总分维度上得分都显著高于 SCL - 90 高分组。

（2）SCL - 90 高低得分组大学生在威廉斯创造力倾向量表上的得分

采用多元方差分析，考查了高分组和低分组大学生在威廉斯创造力倾向量表上的得分差异，见表 7 - 26。

表 7 - 26   SCL - 90 高低得分组在威廉斯创造力倾向量表上的得分情况

	冒险性		好奇心		想象力		挑战性		总分	
	低分组	高分组	低分组	高分组	低分组	高分组	低分组	高分组	低分组	高分组
平均数	2.27	2.09	2.32	2.21	1.94	1.90	2.34	2.26	2.21	2.12
标准差	0.37	0.27	0.37	0.33	0.32	0.32	0.40	0.34	0.30	0.23
F 值	31.254***		9.589**		1.944		4.835*		15.013***	

注：* 为 $p < 0.05$，** 为 $p < 0.01$，*** 为 $p < 0.001$。

结果表明，高低两组在威廉斯创造力倾向量表上的得分有显著差异，Wilk'sΛ = 8.358，$p < 0.001$。具体表现在冒险性、好奇心、挑战性和总分维度上。进一步分析发现，SCL - 90 低分组大学生在冒险性、好奇心、挑战性维度上的得分显著高于高分组；总分上 SCL - 90 低分组大学生的得分也显著高于高分组。

（3）SCL - 90 高低得分组大学生在典型行为的创造性思维测验上的得分

采用多元方差分析，考查了高分组和低分组大学生在典型行为的创造性思维测验上的得分差异，见表 7 - 27 和图 7 - 23。

表 7 - 27   SCL - 90 高低得分组在典型行为的创造性 思维测验上的得分情况

		把握重点	综合整理	联想力	通感	兼容性	独创力	洞察力	概要解释力	评估力	投射未来	总分
低分组	平均数	4.63	4.41	4.21	4.64	4.54	4.14	4.63	4.71	4.76	4.80	4.55
	标准差	0.98	1.51	1.02	1.10	0.68	0.88	1.54	0.78	0.64	0.92	0.65
高分组	平均数	3.95	3.86	4.03	4.31	3.92	3.83	4.11	4.02	4.20	4.30	4.05
	标准差	0.83	0.91	0.96	1.05	0.76	1.31	0.84	0.86	0.88	0.99	0.60

结果表明，高低两组在典型行为的创造性思维测验上的得分有显著差异，Wilk'sΛ = 12.787，$p < 0.001$。进一步分析发现，在把握重点、综合整理、通感、兼容性、洞察力、独创力、概要解释力、评估力、投射未来及总分维度上不同 SCL - 90 得分组的大学生得分均有显著差异，并且均为 SCL - 90 低分组的得分显著高于 SCL - 90 高分组大学生的得分（$F = 60.874$，$p < 0.001$；$F = 22.187$，$p < 0.01$；$F = 10.176$，$p < 0.01$；$F = 78.053$，$p < 0.01$；$F = 8.080$，$p < 0.01$；$F = 19.344$，$p < 0.001$；$F = 74.515$，$p < 0.001$；$F = 56.262$，$p < 0.001$；$F = 29.568$，$p < 0.001$；$F = 67.679$，$p < 0.001$）。

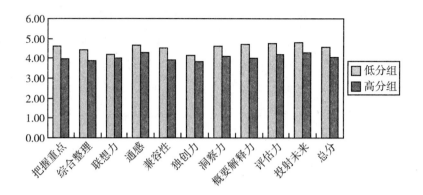

**图 7 - 23　SCL - 90 高低得分组在典型行为的创造性
思维测验上的得分情况**

3. 自评抑郁量表高低得分组大学生在创造力测验上的得分

借鉴国内外的相关研究，按照前后 27% 的标准对自评抑郁量表的总分进行划分，将大学生分为抑郁高分组和抑郁低分组。

（1）自评抑郁量表高低得分组在实用创造力测验上的得分

采用多元方差分析，考查了高分组和低分组大学生在实用创造力测验上的得分差异，见表 7 - 28。

表 7 - 28　　不同抑郁得分组在实用创造力测验上的得分情况

组别	新颖性		流畅性		变通性		总分	
	低分组	高分组	低分组	高分组	低分组	高分组	低分组	高分组
M	0.28	- 0.29	0.28	- 0.28	0.27	- 0.29	0.84	- 0.87
标准差	1.04	1.02	1.01	1.06	0.99	1.09	2.96	3.14
F 值	36.664 ***		35.415 ***		34.401 ***		36.772 ***	

注：M 为实用创造力量表得分转化为统一的标准分数后的平均数，*** 为 $p < 0.001$。

结果表明，高低两组在实用创造力测验上的得分有显著差异，Wilk'sΛ = 12.681，$p < 0.001$。具体表现在新颖性、流畅性、变通性和总分维度上。进一步分析发现，低分组大学生在新颖性、流畅性、变通性和总分维度上的得分都显著高于高分组。

（2）自评抑郁量表高低得分组在威廉斯创造力倾向量表上的得分

采用多元方差分析，考查了高分组和低分组大学生在威廉斯创造力倾向量表上的得分差异，见表 7 - 29。

表 7 - 29   不同抑郁得分组在威廉斯创造力测验上的得分情况

组别	冒险性		好奇心		想象力		挑战性		总分	
	低分组	高分组	低分组	高分组	低分组	高分组	低分组	高分组	低分组	高分组
平均数	2.25	2.09	2.33	2.20	1.92	1.90	2.36	2.24	2.22	2.11
标准差	0.36	0.27	0.34	0.36	0.31	0.31	0.36	0.32	0.28	0.23
F 值	31.076***		15.166**		0.472		13.595***		20.163***	

注：** 为 $p < 0.01$，*** 为 $p < 0.001$。

结果表明，高低两组在威廉斯创造力倾向量表上的得分有显著差异，Wilk'sΛ = 8.989，$p < 0.001$。具体表现在冒险性、好奇心、挑战性和总分维度上。进一步分析发现在冒险性、好奇心、挑战性和总分维度上均是抑郁低分组大学生的得分显著高于抑郁高分组大学生的得分。

（3）自评抑郁量表高低得分组在典型行为的创造性思维测验上的得分

采用多元方差分析，考查了高分组和低分组大学生在典型行为的创造性思维测验得分上的差异，见表 7 - 30。

表 7 - 30　不同抑郁得分组在典型行为的创造力测验上的得分情况

	把握重点	综合整理	联想力	通感	兼容性	独创力	洞察力	概要解释力	评估力	投射未来	总分
低分组平均数	4.54	4.45	4.25	4.72	4.54	4.14	4.55	4.62	4.79	4.79	4.54
标准差	0.68	1.40	1.03	1.02	0.64	0.85	1.18	0.78	0.60	0.84	0.59
高分组平均数	3.94	3.78	4.05	4.31	3.97	3.86	4.01	4.10	4.21	4.26	4.05
标准差	0.83	0.96	0.95	1.05	0.80	1.32	0.85	0.88	1.15	0.94	0.65

结果表明，高低两组在典型行为的创造性思维测验上的得分有显著差异，Wilk'sΛ = 12.602，$p < 0.001$。进一步分析发现，在把握重点、综合整理、联想力、通感、兼容性、洞察力、独创力、概要解释力、评估力、投射未来及总分维度上不同抑郁得分组的大学生得分均有显著差异，并且均为抑郁低分组的得分显著高于抑郁高分组大学生的得分（$F = 73.844$，$p < 0.001$；$F = 36.827$，$p < 0.01$；$F = 4.80$，$p < 0.05$；$F = 18.998$，$p < 0.01$；$F = 73.195$，$p < 0.01$；$F = 7.518$，$p < 0.001$；$F = 32.098$，$p < 0.001$；$F = 47.003$，$p < 0.001$；$F = 47.626$，$p < 0.001$；$F = 41.728$，$p < 0.001$；$F = 74.004$，$p < 0.001$）。

4. 自评焦虑量表高低得分组大学生在创造力测验上的得分

借鉴国内外的相关研究，按照前后 27% 的标准对自评焦虑量表的总分进行划分，将大学生分为焦虑高分组和焦虑低分组。

（1）自评焦虑量表高低得分组在实用创造力测验上的得分

采用多元方差分析，考查了高分组和低分组大学生在实用创造力测验上的得分差异，见表 7 – 31。

表 7 – 31　　自评焦虑量表高低得分组在实用创造力测验上的得分情况

组别	新颖性		流畅性		变通性		总分	
	低分组	高分组	低分组	高分组	低分组	高分组	低分组	高分组
M	0.20	-0.33	0.19	-0.35	0.19	-0.36	0.57	-1.03
标准差	0.98	1.01	0.98	1.04	0.97	1.07	2.88	3.09
F 值	31.191***		30.197***		30.876***		31.643***	

注：M 为实用创造力量表得分转化为统一的标准分数后的平均数，*** 为 $p < 0.001$。

结果表明，高低两组在实用创造力测验上的得分有显著差异，Wilk'sΛ = 10.541，$p < 0.001$。具体表现在新颖性、流畅性、变通性和总分维度上。进一步分析发现，低分组大学生在新颖性、流畅性、变通性和总分维度上得分都显著高于高分组。

（2）自评焦虑量表高低得分组在威廉斯创造力倾向量表上的得分

采用多元方差分析，考查了高分组和低分组大学生在威廉斯创造力倾向量表上的得分差异，见表 7 – 32。

表 7 – 32　　自评焦虑量表高低分组在威廉斯创造力倾向量表上的得分情况

威廉斯测验 焦虑分组	冒险性		好奇心		想象力		挑战性		总分	
	低分组	高分组	低分组	高分组	低分组	高分组	低分组	高分组	低分组	高分组
M	2.26	2.11	2.31	2.22	1.91	1.89	2.35	2.27	2.21	2.12
标准差	0.35	0.26	0.33	0.36	0.31	0.29	0.35	0.36	0.27	0.23
F 值	27.129***		6.799*		0.360		5.347*		12.252**	

注：M 为各维度得分的标准分，* 为 $p < 0.05$，** 为 $p < 0.01$，*** 为 $p < 0.001$。

结果表明，高低两组在威廉斯创造力倾向量表上的得分有显著差异，Wilk'sΛ = 7.373，$p < 0.001$。具体表现在冒险性、好奇心、挑战性和总分维度上。进一步分析发现，自评焦虑量表上的低分组大学生在冒险性、好奇心、挑战性和总分维度上的得分显著高于高分组大学生。

（3）自评焦虑量表高低得分组在典型行为的创造性思维测验上的得分

采用多元方差分析，考查了高分组和低分组大学生在典型行为的创造性思维测验上的得分差异，见表 7 – 33。

表 7 – 33　　　自评焦虑量表高低得分组在典型行为的创造性
思维测验上的得分情况

	把握重点	综合整理	联想力	通感	兼容性	独创力	洞察力	概要解释力	评估力	投射未来	总分
低分组平均数	4.53	4.37	4.21	4.67	4.48	4.04	4.55	4.57	4.70	4.66	4.48
标准差	0.98	1.64	1.07	1.08	0.71	0.90	1.51	0.80	0.65	0.91	0.66
高分组平均数	4.00	3.91	4.02	4.32	3.98	3.85	4.11	4.11	4.27	4.25	4.08
标准差	0.85	0.92	0.95	1.02	0.76	1.34	0.86	0.85	1.18	0.95	0.64

结果表明，高低两组在典型行为的创造性思维上的得分有显著差异，Wilk's$\Lambda = 7.315$，$p < 0.001$。进一步分析发现，在把握重点、综合整理、联想力、通感、兼容性、洞察力、概要解释力、评估力、投射未来及总分维度上不同焦虑得分组的大学生得分均有显著差异，并且均为焦虑低分组的得分显著高于焦虑高分组大学生的得分（$F = 36.825$，$p < 0.001$；$F = 13.057$，$p < 0.01$；$F = 4.054$，$p < 0.01$；$F = 11.955$，$p < 0.01$；$F = 49.305$，$p < 0.01$；$F = 13.951$，$p < 0.001$；$F = 34.852$，$p < 0.001$；$F = 23.207$，$p < 0.001$；$F = 21.249$，$p < 0.001$；$F = 41.135$，$p < 0.001$）。

（五）大学生心理健康的概况

1. 大学生心理健康状况

本研究发现，总体上我国大学生在 SCL – 90 量表上得分较高的是人际敏感、强迫症状、抑郁、偏执。从 SCL – 90 的检出率来看，各维度在 3 分以上的人数比例在 4.1% ~22% 之间，说明总体上我国大学生的心理健康水平较好。但是，人际敏感、强迫症状、抑郁、偏执等维度 3 分以上者偏多。本研究还发现，从总体上看，我国大学生抑郁人数较多，无抑郁症状的占 73.4%，中到重度抑郁的人数达 9.9%。我国大学生的焦虑程度也较高，显著高于全国常模。因此，应加强我国大学生的心理健康教育，提高大学生的心理健康水平，注重对大学生情绪的调节和控制训练。

本研究考查了不同专业的大学生心理健康发展的特点。从研究结果来看，不同专业的大学生在心理健康水平上有显著差异。从 SCL – 90 的测量结果来看，在所有的 9 个维度上，理工类和管理类大学生的心理健康水平最好，社科类大学生的心理健康水平最差，艺术类和经济类的心理健康水平居中。从自评抑郁、自评焦虑量表的得分上看，不同专业的大学生也表现出了相同的趋势。

大学生心理健康也表现出了典型的年级差异，SCL-90的各维度得分和自评抑郁、自评焦虑量表的得分就是大一学生最高，其次是大三学生。说明，大一和大三学生的心理健康水平较差。分析其原因，大一学生由于刚刚进入学校，对大学的环境可能还没有完全适应，因此，在心理可能会存在种种困惑，焦虑和抑郁的水平也比较高。大三学生，由于进入了专业课学习的关键阶段，又面临着学习、交友、恋爱等事情，因此可能也有种种心理困扰导致他们的心理健康水平较差。

本研究还采用艾森克的成人人格问卷考查了大学生的心理特点。发现，不同专业的大学生有不同的心理特点。社科类、艺术类在精神质方面（P量表）得分较高。说明他们可能更喜欢一些稀奇古怪的事情，不惧怕安危，总喜欢做一些恶作剧，喜欢做一些令人不可思议的事情。他们相对理工类和管理类、经济类的学生可能更不会关心人，有些时候会有些麻烦，有不适应性，从这一方面看，艺术类、社科类学生可能更容易出现心理问题。从E量表的得分来看，经济类的学生最外向，理工类和社科类学生最内向。说明经济类学生比较爱交际，朋友较多，渴望兴奋的事，喜欢冒险，喜欢谈笑，宁愿动而不愿静，但有时可能会有情绪方面的困扰。理工类和社科类学生相对比较安静，喜欢内省，喜爱读书，日常生活有规律。从N量表来看，社科类和艺术类学生最不稳定，理工类和管理类学生最稳定。说明，社科类学生有时容易紧张和焦虑，有时情绪过于强烈和激动，这也从稳定性维度上说明了社科类学生容易发生焦虑等心理问题。而理工类和管理类学生相对来说，情绪反应较为平缓，因此，其心理健康水平可能更好一些。从性别差异上看，女生比男生更外向，但从精神质（P）和稳定性（N）上看，两者并无显著差异。从年级上看，大一学生的精神质得分显著高于大二、大三和大四学生。大三学生的外向性高于大一学生。因此，从年级特点上看，艾森克问卷反映出大一学生更容易出现心理问题。

从本研究的结果来看，加强大学生的心理健康教育要注重解决大学生的人际困惑，重点培养大学生学会情绪调节方法，使大学生能够控制自己的情绪。本研究的结果提示，要特别加强对大一学生的心理健康教育。

2. 不同心理健康水平大学生的创造力发展特点

本研究考查了不同心理健康水平的大学生创造力发展的特点。研究发现，除了挑战性、想象力、洞察力、联想力等少数维度与心理健康的相关不是很大之外，创造力的各个维度几乎与心理健康的所有维度都存在显著相关。在各个创造力测验中，均是心理健康程度高的大学生，创造力得分也高，并且与得分低的大学生相比有显著差异（除了想象力、洞察力之外）。这说明心理健康是创造力发展和发挥的重要内在条件。这与以往一些研究的结论是一致的。埃利斯（1904）曾经从英国（国家传记字典）选出 1 030 名在智慧上有特殊表现的名人加以研究。在这些人中并没有包括因贵族或家世关系而成为有名的人。除了应用字典中的资料之外，作者也参考了三百册以上的传记以及其他的有关资料。他研究的范围包括这些人的遗传、阶级、教育程度、寿命以及身心的健康等。在精神病方面，他现在所研究的名人中，只有 4.2% 接近疯狂。这些人中有 31 位是短期性（疯狂）的，13 位非常明显的患有疯狂症。这种数目实在太少，可见多数的创造人才并没有与疯狂不可分离。以往对情绪与创造力关系的研究也说明积极的情绪能够促进创造性问题的解决（Benjafield，1996；Hirt，1999）。与这个结论一致，最近的实证研究表明，在鉴别相似性的时候，具有积极情绪的被试与控制组相比能够更好地产生和使用更广的类别；当鉴别差异性时，也能更多地转移到更细微的类别上，这些能力都是与创造性问题解决相关的。维斯伯格（Vosburg，1998）的研究说明积极情绪能增加发散性思维的流畅性，考夫曼和维斯伯格（Kaufmann & Vosburg，2002）也通过研究证明了积极情绪能够促进创造力的发展。吉尔福特对儿童的研究也得出了类似的结论，即尽管每个儿童具有巨大的创造潜能，但由于心理健康水平高的儿童比其他儿童更善于对待他人的批评和社会的压力，对他人的批评和社会的压力采取更为合理的取舍，因而他们在创造力的测验中成绩更高[①]。

但本研究与另外一些研究的结论却并不完全一致，安德雷森和坎托（Andreasen & Canter，1974）发现 15 个具有创造力的作家中有 10 个经受了情感失调的痛苦，8 个经受了抑郁。在他们 1987 年的研究中又发现有 37% 的被试经历了非单向的情感失调，而正常情况这种情感失调的比例是 4.4%。贾米森（JaMison，1989）研究发现 47 名优秀的英国作家和艺术家中，有 33% 的诗人，63% 的剧作家和 13% 的艺术家经历了一种心理问题的治疗。路德维格（Ludwig，1992）通过对纽约时报 20 世纪个人生平的调查也支持了该结论。Stack（1996）等也得出了类似的结论。James C. Kaufman（2001）通过研究发现，女诗人比起女作家和男作家有更多的心理问题。他们还分析了 520 名杰出的女性（诗人、小说作家、非小说作家、艺术家、政治家和演员），再一次发现诗人可能更容易有心理问题。这些研究与本研究存在相互矛盾的结论，可能有以下几个原因：第一，本研究的被试采用的为我国的大学生，这些个体大部分是心理健康状况良好的个体，而且具备了开发创造力的一些前提条件，如具备较高的知识经验水平，具备较高的智商等。这些被试在中国青年中具有一定的代表性，而以往有关心理健康与创造力关系的研究多采用高成就的艺术家、科学家等，这些被试是整个人群中的少数，不具有典型的代表性。即使有些研究采用的是大学生被试，也只是艺术

---

① （美）J. P. 吉尔福特著，施良方等译：《创造性才能》，1991。

类的大学生，而这些专业的大学生是整个大学生群体中的一小部分，因此，这些研究得出的结论依然不能代表整个大学生群体。因此，从这一角度来看，本研究的结论更具有代表性和说服力。第二，本研究和以往研究所采用的研究工具和方法不一样。以往研究通常采用传记回溯他评的研究方法，将高创造力的群体和低创造力的群体进行对比来考查心理健康和创造力的关系。而本研究中采用的是对大学生的心理健康和创造力水平进行同时测量的方法，是一种即时自评的研究，因此本研究更具有时间性和科学性。另外，有研究表明（ Kaufmann & Vosburg, 2002），情绪与创造产品的数量关系受时间的影响和限制。在开始阶段，积极情绪能够促使被试产生最多数量的创造性想法，在后来阶段积极情绪能使被试产生最少量的创造性想法。但是控制组被试和消极情绪组被试则是在后来才有大量的创造性想法。这个研究的结论可以解释本研究与以往研究存在分歧的原因。

从本研究的结果来看，心理健康与创造力之间有着极为密切的关系，心理健康为创造力的开发和创造潜能的实现提供必需的认知、人格等心理条件。实际上创造力也是现代人心理健康的重要表现和基本内容，并能促进认知、个性及适应性等心理品质的发展。美国心理学家阿瑞提将创造力划分为普通的创造力和伟大的创造力①。认为普通的创造力是每个心理健康的人都具有的，它能使人获得满足感，消除受挫感，为人类提供一种对于生活的积极态度。现代的心理健康观，已不仅指没有心理疾病，而是指包含具有创新见解、能创造性地解决问题和具有创造新事物能力等多种心理素质健全的积极心理健康观。从这个角度来看，本研究测量的是大学生的一般创造力，因此得出心理健康水平越高，创造力越好的结论是符合现代心理健康观的。

总之，个体创造力的发展必须建立在一定的心理健康水平之上，即心理健康是个体创造力发展、发挥的基础。心理健康对创造力的发挥与发展起着促进和保证的作用，而创造力的提高，反过来也会增进心理健康的水平和质量。因此，培养大学生的创造力，是现代教育的任务，也是个体完善、发展的基础。积极维护心理健康，对大学生创造力的开发也具有特别重要的意义。

六、基于心理健康的大学生创造力培养实验

前面的研究分别探讨了大学生创造力的特点、心理健康的特点以及二者之间的关系，结果表明，心理越健康的学生表现出越高的创造力，心理健康是大学生更好地发挥自身创造力的一个重要前提。但在高校中怎样以开展心理健康教育来

---

① （美）S. 阿瑞提著，钱岗南译：《创造的秘密》，辽宁人民出版社，1987。

促进大学生创造力的发展，还需做进一步的研究。本研究在前面研究的基础上，从心理健康教育中的个别心理咨询和团体心理辅导为突破口，用自然实验的方法，对大学生创造力的培养进行干预研究。

对 2002 年 9 月至 2004 年 4 月期间，到北京师范大学等四所大学心理咨询中心寻求心理帮助，经诊断为中至重度抑郁症状、焦虑症状的学生进行单盲实验，采用现场自然实验，探讨接受心理辅导干预后，大学生心理健康水平和创造力情况的发展变化。研究中使用了精神症状临床自评量表、自评焦虑量表、自评抑郁量表、实用创造力测验、威廉斯创造力倾向量表。被试分布情况见表 7 - 34。

表 7 - 34   **被试的分布情况**   （单位：人）

年级	焦虑症状		抑郁症状		合计
	男	女	男	女	
大一	9	11	7	8	35
大二	10	8	8	10	36
大三	7	9	9	9	34
大四	7	6	7	7	27
合计	33	34	31	34	132

（一）实验设计

采用实验组—控制组—对照组的前后测设计，将研究对象随机分配为实验组和控制组。实验组和控制组均接受心理辅导干预，实验组接受心理健康和创造力的前测和后测，为避免前测效应，控制组的被试不参加前测。在 2002 年 10 月进行的新生心理健康测试中 SCL - 90 的总分为前 27% 的学生中，随机选取 40 名作为对照组，对照组不做任何心理辅导干预。实验设计如下（见表 7 - 35，表 7 - 36）

R = 将所选的被试随机分配到实验组和控制组

X = 根据实验设计和实验目标对被试进行的治疗和干预

O = 对独立变量的观察和测量

因此，前后测的实验设计可以表达如下：

Group1（实验组）：RO1   X1   O2

Group2（控制组）：   X2   O3

Group3（对照组）：O4   O5

表 7 – 35   本研究焦虑组实验设计

组别	分配方式	前测	实验处理	后测
	R	O1	X1	O2
Group1 （实验组）		实用创造力测验	实施	实用创造力测验
N = 34		威廉斯创造力倾向量表	心理辅导干预	威廉斯创造力倾向量表
Group2 （控制组）			X2 实施	O3 实用创造力测验
N = 33			心理辅导干预	威廉斯创造力倾向量表
Group3 （对照组）		O4 实用创造力测验		O5 实用创造力测验
N = 40		威廉斯创造力倾向量表		威廉斯创造力倾向量表

表 7 – 36   本研究抑郁组实验设计

组别	分配方式	前测	实验处理	后测
	R	O1	X1	O2
Group1 （实验组）		实用创造力测验	实施	实用创造力测验
N = 33		威廉斯创造力倾向量表	心理辅导干预	威廉斯创造力倾向量表
Group2 （控制组）			X2 实施	O3 实用创造力测验
N = 32			心理辅导干预	威廉斯创造力倾向量表
Group3 （对照组）		O4 实用创造力测验		O5 实用创造力测验
N = 40		威廉斯创造力倾向量表		威廉斯创造力倾向量表

自变量：本研究的自变量指实验组所接受的心理辅导实验处理。实验组和控制组接受每周一次 1 小时的心理咨询和心理辅导；对照组不接受任何实验处理。

因变量：本研究的因变量是被试在接受心理咨询、辅导后，与辅导前相比，在 SCL – 90、实用创造力测验和威廉斯创造力倾向量表中所表现出的由自变量引起的变化。

控制变量：为了减少实验误差，降低实验干扰因素，本研究的设计采取了如下措施：

（1）实验效应的控制。

本研究采用了实验组、对照组和控制组的三组实验设计，由此可以仔细考察因变量的变化，了解实验效应的存在情况，避免因实验效应而引起的误差。为了避免实用创造力测验和威廉斯创造力倾向量表的前测可能产生学习和记忆作用，本研究特设控制组被试，不参加前测。

（2）实验者误差的控制。

来自四个学校心理咨询中心的 8 名咨询员每个月就抑郁和焦虑个案进行讨论分析，对个案进行录像，请专家督导。

（3）被试控制。

为避免被试自我期待对实验结果的影响，实验组被试并不知道自己是被试。

（二）焦虑、抑郁实验组和对照组前测在实用创造力测验和威廉斯创造力倾向量表上的差异

本研究首先比较了焦虑实验组学生与正常学生在创造力上的差异，结果见表 7-37。在实用创造力测验的三个维度上，焦虑组的得分显著低于正常学生（对照组）。而在威廉斯创造力倾向量表上，焦虑组学生只有在好奇心和想象力上的得分与正常学生有明显差异。在冒险性、挑战性和 WLS 总分上，正常学生的得分略高于焦虑学生，但二者的差异并不显著。

表 7-37　　焦虑实验组和对照组前测在创造力各维度上的差异结果

创造力各维度	组别	N	均值	标准差	F 值	t 值	自由度	显著性
流畅性	焦虑实验组	34	3.176	2.492	0.121	-3.567 ***	71	0.001
	对照组	40	5.425	2.644		-3.592 ***	69.902	0.001
变通性	焦虑实验组	34	2.926	2.239	0.634	-3.043 **	71	0.003
	对照组	40	4.500	1.954		-3.006 **	64.514	0.004
新颖性	焦虑实验组	34	8.25	6.708	0.130	-3.114 **	71	0.003
	对照组	40	13.5	6.968		-3.129 **	69.466	0.003
冒险性	焦虑实验组	34	2.122	0.277	1.616	-1.838	71	0.070
	对照组	40	2.341	0.292		-1.906	68.459	0.061
好奇心	焦虑实验组	34	2.210	0.247	1.450	-2.159 *	71	0.034
	对照组	40	2.320	0.563		-2.294 *	58.378	0.025
想象力	焦虑实验组	34	1.890	0.242	1.839	-2.077 *	71	0.041

续表

创造力各维度	组别	N	均值	标准差	F 值	t 值	自由度	显著性
	对照组	40	1.925	0.447		− 2.121*	70.958	0.037
挑战性	焦虑实验组	34	2.348	0.445	0.255	− 0.578	71	0.565
	对照组	40	2.374	0.263		− 0.612	60.409	0.543
WLS 总分	焦虑实验组	34	2.142	0.207	2.795	− 1.838	71	0.070
	对照组	40	2.240	0.293		− 1.906	68.459	0.061

注: * 为 $p < 0.05$, ** 为 $p < 0.01$, *** 为 $p < 0.001$。

抑郁实验组和正常学生（对照组）在创造力各维度上的前测差异见表 7 - 38。与焦虑组的结果一样，抑郁组学生在实用创造力测验各维度上与正常学生有显著差异，特别是在流畅性和变通性上，抑郁组学生显著低于正常学生。在威廉斯创造力倾向量表上，抑郁组学生的冒险性、好奇心明显低于正常学生，而在想象力和挑战性上，二者的差异不显著。在 WLS 总分上二者的差异也较显著。

表 7 - 38　　抑郁实验组和对照组前测在创造力各维度上的差异结果

创造力各维度	组别	N	均值	标准差	F 值	t 值	自由度	显著性
流畅性	抑郁实验组	33	4.045	1.981	0.262	− 3.086**	71	0.003
	对照组	40	5.425	2.644		− 3.118**	70.451	0.003
变通性	抑郁实验组	33	3.742	1.686	0.391	− 2.589**	71	0.012
	对照组	40	4.500	1.954		− 2.5726**	66.479	0.012
新颖性	抑郁实验组	33	10.015	5.741	0.143	− 2.649*	71	0.010
	对照组	40	13.5	6.968		− 2.665*	69.743	0.010
冒险性	抑郁实验组	33	2.051	0.247	2.248	− 2.735*	71	0.008
	对照组	40	2.341	0.292		− 2.921*	55.668	0.005
好奇心	抑郁实验组	33	2.179	0.274	0.002	− 2.133*	71	0.036
	对照组	40	2.320	0.563		− 2.141*	69.347	0.036
想象力	抑郁实验组	33	1.857	0.304	0.375	− 0.734	71	0.466
	对照组	40	1.925	0.447		− 0.760	68.721	0.450
挑战性	抑郁实验组	33	2.241	0.314	0.094	− 1.965	71	0.053
	对照组	40	2.374	0.263		− 1.931	60.409	0.058
WLS 总分	抑郁实验组	33	2.082	0.198	1.698	− 2.631*	71	0.010
	对照组	40	2.240	0.293		− 2.728*	68.459	0.008

注: * 为 $p < 0.05$, ** 为 $p < 0.01$。

从表 7 - 37 和表 7 - 38 我们看到,在没有进行心理健康实验干预以前,焦虑实验组和抑郁实验组学生的创造力水平明显不如正常学生(对照组)。这也从一个侧面反映了我们在前面研究中得到的结果。

(三)焦虑、抑郁实验组和对照组后测在实用创造力测验和威廉斯创造力倾向量表上的差异

经过实验干预,焦虑实验组被试的焦虑水平下降到正常水平后,我们对其再次施测实用创造力测验和威廉斯创造力倾向量表,其后测结果与正常学生(对照组)的后测结果差异见表 7 - 39。焦虑实验组和正常学生后测在创造力的各个维度上的差异均不显著,说明经过心理咨询、心理辅导,实验组学生的心理健康恢复正常水平后,其创造力的发挥也恢复到正常水平。

表 7 - 39   焦虑实验组和对照组后测在创造力不同维度上的差异结果

创造力各维度	组别	N	均值	标准差	F 值	t 值	自由度	显著性
流畅性	焦虑实验组	34	5.823	3.106	1.885	1.362	72	0.177
	对照组	40	4.775	2.42		1.330	60.007	0.188
变通性	焦虑实验组	34	4.911	2.401	0.167	0.750	72	0.456
	对照组	40	4.325	2.173		0.740	65.488	0.462
新颖性	焦虑实验组	34	14.455	10.039	0.796	0.633	72	0.529
	对照组	40	12.812	7.577		0.617	59.559	0.539
冒险性	焦虑实验组	34	2.088	0.273	1.094	- 0.896	72	0.373
	对照组	40	2.150	0.312		- 0.906	71.928	0.368
好奇心	焦虑实验组	34	2.122	0.277	0.026	0.524	72	0.602
	对照组	40	2.260	0.425		0.528	71.485	0.599
想象力	焦虑实验组	34	1.893	0.280	0.791	- 0.348	72	0.729
	对照组	40	1.917	0.300		- 0.350	71.349	0.727
挑战性	焦虑实验组	34	2.335	0.445	0.058	0.455	72	0.650
	对照组	40	2.288	0.444		0.450	70.068	0.650
WLS 总分	焦虑实验组	34	2.157	0.259	0.271	0.044	72	0.965
	对照组	40	2.154	0.317		0.045	71.907	0.964

抑郁实验组学生经过实验干预后，心理健康水平恢复到正常水平（抑郁指数小于 0.5），再次施测创造力测验，与正常学生（对照组）创造力测验后测的差异见表 7-40。抑郁实验组和对照组（正常大学生）在创造力各个维度上的差异均不显著，说明抑郁学生的抑郁情绪得到改善，恢复到正常水平后，其创造力的发挥也得到了提高。

表 7-40　抑郁实验组和对照组后测在创造力不同维度上的差异结果

创造力各维度	组别	N	均值	标准差	F 值	t 值	自由度	显著性
流畅性	抑郁实验组	33	5.075	3.356	1.885	1.362	72	0.177
	对照组	40	4.775	2.420		1.330	60.007	0.188
变通性	抑郁实验组	33	4.484	2.473	0.167	0.750	72	0.456
	对照组	40	4.325	2.173		0.740	65.488	0.462
新颖性	抑郁实验组	33	13.393	8.507	0.796	0.633	72	0.529
	对照组	40	12.812	7.577		0.617	59.559	0.539
冒险性	抑郁实验组	33	2.261	0.270	1.094	-0.896	72	0.373
	对照组	40	2.150	0.312		-0.906	71.928	0.368
好奇心	抑郁实验组	33	2.368	0.250	0.026	0.524	72	0.602
	对照组	40	2.260	0.425		0.528	71.485	0.599
想象力	抑郁实验组	33	1.973	0.302	0.791	-0.348	72	0.729
	对照组	40	1.917	0.300		-0.350	71.349	0.727
挑战性	抑郁实验组	33	2.367	0.286	0.058	0.455	72	0.650
	对照组	40	2.288	0.444		0.450	70.068	0.650
WLS 总分	抑郁实验组	33	2.242	0.216	0.271	0.044	72	0.965
	对照组	40	2.154	0.317		0.045	71.907	0.964

（四）焦虑、抑郁实验组和控制组后测在实用创造力测验和威廉斯创造力倾向量表上的差异

为了检验在本实验中实验组创造力的提高是否存在前测效应，在本研究中，特意安排了没有前测的控制组。焦虑实验组和控制组后测在创造力各维度上的差异见表 7 - 41。尽管在实用创造力测验的三个维度上，实验组的均值略大于控制组，但这种差异不显著。在威廉斯创造力倾向量表的各维度上，实验组的均值都略低于控制组，而这种差异也不显著。从这个结果我们可以认为，在本研究中不存在前测效应。

表 7 - 41   焦虑实验组和控制组后测在创造力不同维度上的差异结果

创造力各维度	组别	N	均值	标准差	F 值	t 值	自由度	显著性
流畅性	焦虑实验组	34	5.823	3.106	3.107	1.532	65	0.130
	控制组	33	4.636	2.169		1.541	57.608	0.129
变通性	焦虑实验组	34	4.911	2.401	0.993	1.074	65	0.287
	控制组	33	4.151	1.847		1.079	60.358	0.285
新颖性	焦虑实验组	34	14.455	10.039	1.516	0.876	65	0.384
	控制组	33	12.257	6.76		0.882	57.095	0.382
冒险性	焦虑实验组	34	2.088	0.273	1.228	- 1.653	65	0.103
	控制组	33	2.206	0.311		- 1.650	63.377	0.104
好奇心	焦虑实验组	34	2.122	0.277	0.771	0.146	65	0.884
	控制组	33	2.297	0.353		0.147	64.634	0.884
想象力	焦虑实验组	34	1.893	0.280	0.031	- 0.851	65	0.398
	控制组	33	1.952	0.282		- 0.851	64.899	0.398
挑战性	焦虑实验组	34	2.335	0.445	2.613	- 0.647	65	0.520
	控制组	33	2.394	0.266		- 0.651	54.291	0.518
WLS 总分	焦虑实验组	34	2.157	0.259	0.118	- 0.906	65	0.368
	控制组	33	2.212	0.240		- 0.907	64.843	0.368

对抑郁组的被试我们做了同样的检验，抑郁实验组和控制组后测在创造力不同维度上的差异见表 7 - 42。抑郁实验组被试和正常大学生（控制组）在后测创造力的各个维度上差异不显著。这个结果同样说明，对抑郁组被试来说，不存在前测效应。

表 7 - 42　　　　抑郁实验组和控制组后测在创造力不同维度上的差异结果

创造力各维度	组别	N	均值	标准差	F 值	t 值	自由度	显著性
流畅性	抑郁实验组	33	5.075	3.356	3.107	1.532	65	0.130
	控制组	32	4.636	2.169		1.541	57.608	0.129
变通性	抑郁实验组	33	4.484	2.473	0.993	1.074	65	0.287
	控制组	32	4.151	1.847		1.079	60.358	0.285
新颖性	抑郁实验组	33	13.393	8.507	1.516	0.876	65	0.384
	控制组	32	12.257	6.76		0.882	57.095	0.382
冒险性	抑郁实验组	33	2.261	0.270	1.228	-1.653	65	0.103
	控制组	32	2.206	0.311		-1.650	63.377	0.104
好奇心	抑郁实验组	33	2.368	0.250	0.771	0.146	65	0.884
	控制组	32	2.297	0.353		0.147	64.634	0.884
想象力	抑郁实验组	33	1.973	0.302	0.031	-0.851	65	0.398
	控制组	32	1.952	0.282		-0.851	64.899	0.398
挑战性	抑郁实验组	33	2.367	0.286	2.613	-0.647	65	0.520
	控制组	32	2.394	0.266		-0.651	54.291	0.518
WLS 总分	抑郁实验组	33	2.422	0.216	0.118	-0.906	65	0.368
	控制组	32	2.212	0.240		-0.907	64.843	0.368

（五）焦虑实验组前后测在实用创造力测验和威廉斯创造力倾向量表上的差异

在上面研究结果的基础上，进一步考查心理健康干预对创造力的影响，我们比较了实验组前后测在创造力各维度上的差异。表 7 - 43 反映了焦虑实验组在实验前后的创造力差异，焦虑实验组的前、后测在实用创造力测验的三个维度上差异均显著，而在威廉斯创造力倾向量表的各维度上前、后测差异均不显著。

表 7 - 43　　　　焦虑实验组在创造力各维度上的前、后测差异结果

创造力各维度	N	前测		后测		平均差	t 值	显著性
		均值	标准差	均值	标准差			
流畅性	34	3.176	2.492	5.823	3.106	-2.647	3.876***	0.000
变通性	34	2.926	2.239	4.911	2.401	-1.985	3.531**	0.001
新颖性	34	8.250	6.708	14.455	10.039	-6.205	3.053**	0.004
冒险性	34	2.122	0.277	2.088	0.273	0.034	-0.472	0.640

创造力各维度	N	前测		后测		平均差	t 值	显著性
		均值	标准差	均值	标准差			
好奇心	34	2.210	0.247	2.122	0.277	0.088	1.072	0.292
想象力	34	1.890	0.242	1.893	0.280	-0.003	0.049	0.961
挑战性	34	2.348	0.445	2.335	0.445	0.013	-0.110	0.913
WLS 总分	34	2.142	0.207	2.157	0.259	-0.015	0.215	0.831

注：** 为 $p < 0.01$，*** 为 $p < 0.001$。

（六）抑郁实验组前后测在实用创造力测验和威廉斯创造力倾向量表上的差异

抑郁实验组在创造力各维度上的前、后测差异见表 7-44。抑郁组被试在冒险性、好奇心和 WLS 总分上的前、后测差异显著，而在实用创造力测验的三个维度以及 WLS 的想象力、挑战性维度上差异不显著。

表 7-44   抑郁实验组在创造力各维度上的前、后测差异

创造力各维度	N	前测		后测		平均差	t 值	显著性
		均值	标准差	均值	标准差			
流畅性	33	4.045	1.981	5.075	3.356	-1.030	-1.523	0.138
变通性	33	3.742	1.686	4.484	2.473	-0.742	-3.272	0.148
新颖性	33	10.015	5.741	13.393	8.507	-3.378	-1.482	0.057
冒险性	33	2.051	0.247	2.261	0.270	-0.210	-3.272*	0.003
好奇心	33	2.179	0.274	2.368	0.250	-0.189	-2.850*	0.008
想象力	33	1.857	0.304	1.973	0.302	-0.116	-1.593	0.121
挑战性	33	2.241	0.314	2.367	0.286	-0.126	-1.590	0.122
WLS 总分	33	2.082	0.198	2.242	0.216	-0.160	-2.994*	0.005

注：* 为 $p < 0.05$。

本培养研究通过对大学生心理健康水平的改善来促进其创造力的发展，本研究的落脚点是通过心理咨询、心理辅导的技巧，对焦虑和抑郁这两种大学生中最常见的不良情绪，进行干预，使大学生的心理健康水平恢复到正常状态。

这是目前许多大学心理咨询中心都在开展的工作。本研究采用单盲的方法，对到心理咨询中心求助的具有中至重度焦虑和抑郁情绪的学生进行创造力培养研究。

焦虑、抑郁这两种不良情绪的改善，对学生创造力的发挥究竟产生什么影响？我们从结果中看到，焦虑组的被试通过心理咨询、治疗，其焦虑水平恢复到正常水平（总分均值低于 29.78 ± 0.46）后，对其施测实用创造力和威廉斯创造力倾向量表，结果显示，在流畅性、变通性和新颖性上，前、后测的差异显著，说明其创造力水平的发挥随焦虑情绪的降低而得到了明显的改善，这一结果与国外的某些研究结果相一致（如 Benjafield，1996；Hirt，1999；Isen，1993），说明正性情绪对于完成创造性任务具有促进作用。因为在正性情绪状态下，个体更愿意去探究新奇的过程和各种可能性，从而促进创造性的问题解决。而在威廉斯创造力倾向量表的各个维度上，被试的前后测差异不显著，这说明焦虑情绪水平的降低对创造性倾向的改善并不明显。这一结果符合"创造性人格是一种较为稳定的心理特征。"其形成不是一朝一夕的事情。我们在焦虑实验组学生与正常学生的创造力前测差异中也看到，二者在威廉斯创造力倾向量表上的差异也不是十分显著，只在好奇心、想象力这两个维度上略有差异。这可能是因为处于焦虑状态下的学生，对周围事物的兴趣会降低，用更多的精力去关注自身的感受。对抑郁组学生来说，通过心理咨询和治疗，抑郁水平降低到正常状态（抑郁指数低于 0.5），其创造力的水平也得到了一定提高，但是，在实用创造力测验的三个维度上，这种改善的差异并不显著，而在威廉斯创造力倾向量表上也只有冒险性和好奇心这两个维度上的差异显著。这可能是由于这些学生尽管其抑郁情绪得到了改善，已恢复到正常状态，但可能还有其他心理困扰影响其心理健康的整体水平，如人际关系、学习困难等，这就需要在今后研究中全面考查影响学生心理健康的因素，使其心理素质得到全面提高。

本研究在自然条件下通过心理咨询、治疗的形式，改善大学生的心理健康水平，从而发现其创造力水平也得到了相应的提高，验证了我们的假设之一，即学生心理健康水平的提高，能促进其创造性思维的提高，也部分验证了假设之二：心理健康水平的提高能改善学生的创造性人格，但这需要一个长期的心理健康教育过程。研究结果向我们展示了一条全新的创造力培养的途径，那就是通过对学生进行各种形式的心理健康教育，提高其心理健康水平，可以促进其创造力水平的发挥和发展。因此，我们在教育观念上要树立起创造力培养离不开心理健康教育这样一个指导思想，把心理健康教育作为大学创新教育系统工程中的一个重要子系统。在进一步的研究中，探讨如何通过多种形式的心理健康教育，促进大学生心理素质的全面提高，为大学生创造力的正常发挥和进一步发展提供必要的条件。

七、研究结论

从我们对大学生创造力和心理健康的系列研究，我们可以得出如下研究结论：

1. 我国大学生有较强的创造潜能，突出表现为创造性个性富有挑战性；创造性思维的核心品质的新颖性表现突出；创造性思维能力的典型表现中投射未来、评估力和通感特点较为明显。

2. 专业类别对大学生创造力的发展有显著影响，艺术类大学生的创造力较为突出，社科类大学生的创造力较差，管理类、经济类和理工类大学生的创造力没有显著差异，其发展水平介于两者之间；大学生创造个性和创造性思维的年级差异明显，大学二年级和三年级学生优于一年级学生。

3. 不同人格特征（内、外倾）的大学生在创造性人格和创造性思维上存在显著差异；具有外向稳定人格特征的大学生创造力水平较高。

4. 大学生的心理健康水平不容乐观，主要表现是对人际敏感、强迫症状、抑郁和偏执，同时，焦虑和抑郁也显著高于全国常模；不同专业的大学生在心理健康水平上有显著差异，理工类、管理类大学生的心理健康水平较高，艺术类、经济类大学生居中，社科类大学生的心理健康水平较低。

5. 大学生的心理健康水平性别差异较小，年级差异显著。一、三年级大学生心理健康水平较低。

6. 大学生创造力与心理健康存在显著相关，心理健康水平高的大学生，其创造力水平也高，与心理健康水平低的大学生相比有显著差异。

7. 对中等程度焦虑和抑郁情绪的大学生的心理咨询和治疗，使个体的焦虑和抑郁情绪恢复到正常状态后，可以提高大学生创造力的发挥水平。

参考文献

［1］查子秀：《超常儿童心理与教育研究 15 年》，《心理学报》，1994（4）。

［2］林崇德：《培养和造就高素质的创造性人才》，《北京师范大学学报》，1999（1），5～13。

［3］骆方：《中学生创造性思维能力测评问卷的编制——一个典型表现测验》，北京师范大学，硕士学位论文，2003。

［4］俞国良、曾盼盼：《中小学生创造力的测量和评价》，《山东教育科研》，2001，2～3。

［5］ Amabile, T. M.. The social psychology of creativity. New York: Springer – Verlag, 1983.

［6］ Andreasen, N. C., & Canter, A.. The creative writer: Psychiatric symptoms and family history. Comprehensive Psychiatry, 1974 (15), 123 – 131.

［7］ Benjafield, J. G.. The Developmental Point of View: A History of Psychology. MA: Simon & Schuster Company, 1996.

［8］ Feldhusen, J. F., Goh, B. E.. Assessing and accessing creativity: An integrated review of theory, research, and development. Creativity Research Journal, 1995 (3): 231 – 247.

［9］ Hirt, E. Mood. Encyclopedia of Creativity (vol. 2, pp. 241 – 250). Academic Press, 1999.

［10］ Hong, E., & Milgram, R. M.. The structure of giftedness: The domain of literature as an exemplar. Gifted Child Quarterly, 1996 (40), 31 – 40.

［11］ Hunsaker, S. L. & Callahan, C. M.. Creativity and giftedness: Published instrument uses and abuses. Gifted Child Quarterly, 1995 (39), 110 – 114.

［12］ G. Kaufmann & S. Vosburg. The Effects of Mood on Early and Late Idea Production. Creative Research Journal, 2002, Vol. 14, Nos. 3&4, 317 – 330.

［13］ Isen, A. M.. The asymmetry of happiness and sadness in effects on memory in normal college students. Journal of Experimental Psychology: General, 1985 (114), 388 – 391.

［14］ Isen, A. M.. Positive affect and decision making. In M. Lewis & J. M. Havilanda (Eds.), Handbook of emotions (pp. 261 – 277). New York: Guilford Press, 1993.

［15］ Jausovec N.. Affect in analogical transfer. Creativity Research Journal, 1989, No. 2, pp. 255 – 266.

［16］ Ludwig, Arnold M.. The price of greatness: Resolving the creativity and madness controversy. P. 310. NY, US: Guilford Press, 1996.

［17］ Murdock, M. C. & Puccio, G. J.. A contextual organizer for creativity research. In S. G. Isaksen, M. C. Murdock, R. L. Firestien, & D. J. Treffinger (Eds.). Understanding and Recognizing Creativity: The Emergence of a Discipline (pp. 249 – 280). Norwood, NJ: Ablex, 1993.

［18］ Stack, S.. Gender and suicide risk among artists: a multivariate analysis. Suicide & Life-Threatening Behavior, 1996 (26): 374 – 379.

［19］ James C. Kaufman. Genius, lunatics, and poets: Mental illness in prize-winning authors. Imagination, cognition, and personality. 2001 (20), No. 4, 305 – 314.

［20］ Vosburg, S. K.. The effects of positive and negative mood on divergent thinking performance. Creativity Research Journal, 1998 (11), No. 2, 165 – 172.

后　记

　　我们所承担的教育部哲学社会科学研究重大课题攻关项目"创新人才与教育创新研究"于2007年3月顺利结题，并于2007年11月通过了教育部有关专家组的鉴定，被评为优秀。

　　从整整4年的艰苦研究过程中，我深感研究成果的来之不易，在《创新人才与教育创新研究》付梓出版之时，我最深的一点体会就是，该研究成果的获得不仅需要依靠人和、依靠团结，还需要依靠团队精神、依靠集体的研究力量。与此，首先我想向参与"创新人才与教育创新研究"课题研究的所有同仁们表示感谢。

　　同时，"创新人才与教育创新研究"这一课题，从课题的申请到研究成果的最终出版，自始至终都得到了教育部社政司（现社会科学司）的大力支持，并先后得到了靳诺、张宝生、杨光、张东刚、李健平和魏贻恒等有关部门的领导同志们的关心和支持。

　　在整个研究的过程中，北京师范大学同样给予了我们巨大的支持和鼓励，并为我们的课题研究提供了相应的配套经费，特别是得到了相关主管部门社会科学处的周作宇、韦蔚和范立双等的大力相助。

　　在"创新人才与教育创新研究"整个课题的申报到研究过程中，我的研究生们也帮我做了大量的具体而细致的工作，特别是刘慧娟、罗良、黄四林和邢淑芬等。

　　在此一并表示真诚的谢意。

已 出 版 书 目

书　名	首席专家
《马克思主义基础理论若干重大问题研究》	陈先达
《网络思想政治教育研究》	张再兴
《高校思想政治理论课程建设研究》	顾海良
《马克思主义文艺理论中国化研究》	朱立元
《弘扬与培育民族精神研究》	杨叔子
《当代科学哲学的发展趋势》	郭贵春
《当代中国人精神生活研究》	童世骏
《面向知识表示与推理的自然语言逻辑》	鞠实儿
《中国大众媒介的传播效果与公信力研究》	喻国明
《楚地出土戰國簡册［十四種］》	陳　偉
《中国特大都市圈与世界制造业中心研究》	李廉水
《WTO 主要成员贸易政策体系与对策研究》	张汉林
《全球经济调整中的中国经济增长与宏观调控体系研究》	黄　达
《中国产业竞争力研究》	赵彦云
《东北老工业基地资源型城市发展接续产业问题研究》	宋冬林
《中国民营经济制度创新与发展》	李维安
《东北老工业基地改造与振兴研究》	程　伟
《中国加入区域经济一体化研究》	黄卫平
《金融体制改革和货币问题研究》	王广谦
《中国市场经济发展研究》	刘　伟
《我国民法典体系问题研究》	王利明
《中国农村与农民问题前沿研究》	徐　勇
《城市化进程中的重大社会问题及其对策研究》	李　强
《中国公民人文素质研究》	石亚军
《生活质量的指标构建与现状评价》	周长城
《人文社会科学研究成果评价体系研究》	刘大椿
《教育投入、资源配置与人力资本收益》	闵维方
《创新人才与教育创新研究》	林崇德
《中国农村教育发展指标研究》	袁桂林
《高校招生考试制度改革研究》	刘海峰
《基础教育改革与中国教育学理论重建研究》	叶　澜
《处境不利儿童的心理发展现状与教育对策研究》	申继亮
《中国和平发展的国际环境分析》	叶自成

即将出版书目

书　名	首席专家
《中国司法制度基础理论问题研究》	陈光中
《完善社会主义市场经济体制的理论研究》	刘　伟
《和谐社会构建背景下的社会保障制度研究》	邓大松
《社会主义道德体系及运行机制研究》	罗国杰
《中国青少年心理健康素质调查研究》	沈德立
《学无止境——构建学习型社会研究》	顾明远
《产权理论比较与中国产权制度改革》	黄少安
《中国水资源问题研究丛书》	伍新木
《中国法制现代化的理论与实践》	徐显明
《中国和平发展的重大国际法律问题研究》	曾令良
《知识产权制度的变革与发展研究》	吴汉东
《全国建设小康社会进程中的我国就业战略研究》	曾湘泉
《现当代中西艺术教育比较研究》	曾繁仁
《数字传播技术与媒体产业发展研究报告》	黄升民
《非传统安全与新时期中俄关系》	冯绍雷
《中国政治文明与宪政建设》	谢庆奎